„Es geht um die Menschen“

„Es geht um die Menschen“

Beiträge zur Wirtschafts- und Sozialgeschichte
des Mittelalters
für Gerhard Fouquet zum 60. Geburtstag

Herausgegeben von
Harm von Seggern und Gabriel Zeilinger

PETER LANG
Frankfurt am Main · Berlin · Bern · Bruxelles · New York · Oxford · Wien

Bibliografische Information der Deutschen Nationalbibliothek
Die Deutsche Nationalbibliothek verzeichnet diese Publikation in der Deutschen Nationalbibliografie; detaillierte bibliografische Daten sind im Internet über http://dnb.d-nb.de abrufbar.

Umschlaggestaltung:
© Olaf Gloeckler, Atelier Platen, Friedberg

Gedruckt mit Unterstützung
der Christian-Albrechts-Universität zu Kiel.

Gedruckt auf alterungsbeständigem,
säurefreiem Papier.

ISBN 978-3-631-70786-9

www.peterlang.de

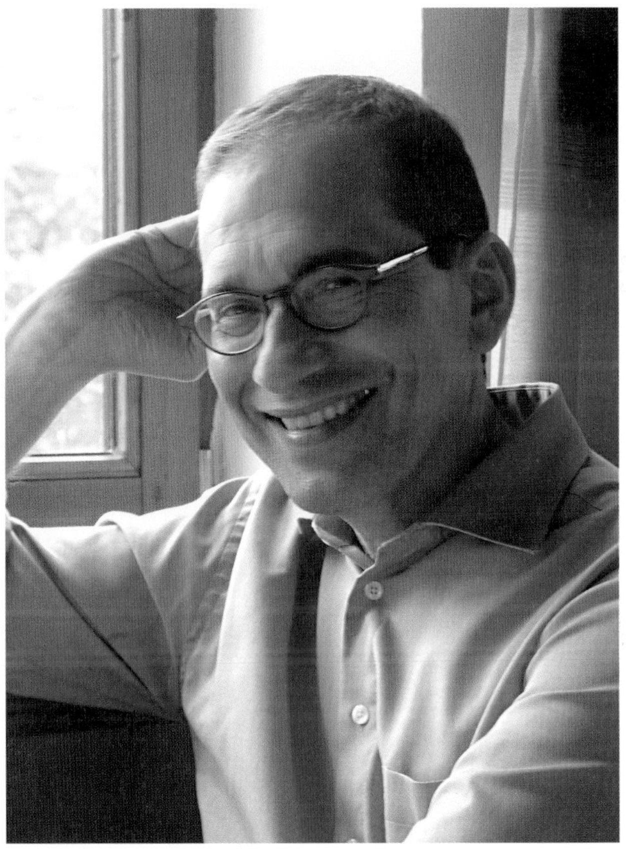

Gerhard Fouquet bei einem Qualifikantenseminar im Juli 2011
(Bild Meesenburg/Zeilinger)

„Es geht um die Menschen“. Gerhard Fouquet als Lehrer der Geschichte

Am 22. November 2012 wird Gerhard Fouquet 60 Jahre alt. Zu diesem Anlass möchten ihm seine Kieler Schülerinnen und Schüler diesen Band als Dank und Ehrung darbringen. Die darin enthaltenen Beiträge sind als bunter Blumenstrauß gedacht und gleichzeitig auch Ausweis der vielfältigen Impulse, die Gerhard Fouquet als Hochschullehrer und Betreuer nicht allein von Qualifikationsschriften gegeben hat. Denn in seinem Selbstverständnis war und ist er als Professor – noch vor allen Leistungen und Verpflichtungen als Forscher und in der universitären Selbstverwaltung bis hin zu seiner Amtszeit als Präsident der Christian-Albrechts-Universität zu Kiel – doch zuerst Hochschullehrer und Mentor. So möchten wir mit diesem Vorwort nicht den ohnehin nie fixen ‚Stand‘ der Forschung zur mittelalterlichen Wirtschafts- und Sozialgeschichte beschreiben, sondern Gerhard Fouquet als akademischen Lehrer würdigen.

„Es geht um die Menschen“ – der Obertitel dieser Festgabe drückt nicht nur in gewisser Weise, sondern ganz explizit das Credo des Historikers und Hochschullehrers Gerhard Fouquet aus. Er bringt diese Aufforderung in jede seiner Lehrveranstaltungen ein, sie ist auch immer wieder in seinen Einführungsvorlesungen zur mittelalterlichen Geschichte zu hören. „Es geht um die Menschen“, das steht zum einen für sein nicht nur erklärtes, sondern gelebtes humanistisches Menschenbild, das zum anderen auch sein Geschichtsbild ganz wesentlich prägt. Schon der akademische ‚Großvater‘ Erich Maschke bekannte 1980, wenige Jahre vor seinem Tod, in seinen „Begegnungen mit Geschichte“: „Meine Fragen galten dem Menschen, dem einzelnen wie dem im Kollektiv“[1]. Aber auch und besonders der akademische Vater und Freund Ulf Dirlmeier vertrat die Auffassung, dass Menschen als Individuen und in ihren sozialen Gruppen nicht von den ‚großen‘ Strukturen, Prozessen und Institutionen der mittelalterlichen und der Wirtschafts- und Sozialgeschichte verdeckt, sondern vielmehr in diesen sichtbar gemacht werden sollen. Gerhard Fouquet hat dies nicht nur in seinen eigenen, gewichtigen Qualifikationsschriften vorgeführt,[2] er hat dies auch in unzähligen Büchern, Editionen und Aufsätzen[3] auf viele Untersuchungsfelder und Fragestellungen ausgeweitet. Damit hat er die ‚klassische‘ Wirtschafts- und Sozialgeschichte, die er seit 1996 in Kiel als einzigem Standort in Deutschland mit dem Schwerpunkt Mittelalter vertritt, u. a. um alltags-, umwelt- und wahrnehmungsgeschichtliche Ansätze erweitert – Forschungs-

1 Erich MASCHKE: Begegnungen mit Geschichte, in: DERS.: Städte und Menschen. Beiträge zur Geschichte der Stadt, der Wirtschaft und Gesellschaft 1959-1977 (Vierteljahrschrift für Sozial- und Wirtschaftsgeschichte, Bh. 68), Wiesbaden 1980, S. VII-XIX, Zitat S. XVI.

2 Gerhard FOUQUET: Das Speyerer Domkapitel im späten Mittelalter (ca. 1350-1540). Adlige Freundschaft, fürstliche Patronage und päpstliche Klientel (Quellen und Abhandlungen zur mittelrheinischen Kirchengeschichte, 57), 2 Teile, Mainz 1987 [Dissertation Siegen 1985]; DERS.: Bauen für die Stadt. Finanzen, Organisation und Arbeit in kommunalen Baubetrieben des Spätmittelalters. Eine vergleichende Studie vornehmlich zwischen den Städten Basel und Marburg (Städteforschung, Reihe A, 48), Köln/Weimar/Wien 1999 [Habilitationsschrift Siegen 1994].

3 Siehe die fortlaufend aktualisierte Aufstellung unter www.histsem.uni-kiel.de/de/ abteilungen/ wirtschafts-und-sozialgeschichte/publikationen/veroeffentlichungen-prof.-dr.-gerhard- fouquet-1.

stränge, die seine Schülerinnen und Schüler zum Teil aufgenommen haben, wie dieser Band zeigt.

„Es geht um die Menschen“, das heißt in Gerhard Fouquets Lehre aber auch: Es geht um die Quellen. Die gemeinsame Quellenlektüre, das gemeinsame Etablieren der Kontexte und das gemeinsame Ringen um plausible Ergebnisse stehen in seinen Kursen stets im Mittelpunkt. Dabei ist ihm in jeder Sitzung die Freude am Arbeiten mit den verschiedenartigen Zeugnissen von Menschen vor allem, aber nicht nur des Mittelalters anzumerken – ja, er versteht es, mit seiner Begeisterung anzustecken. Dass Gerhard Fouquet ein ‚kommunaler' Mensch ist, manifestiert sich eben nicht nur in seiner im Laufe der Jahre ausgeprägten Konzentration auf die Erforschung der vormodernen Stadt in praktisch all ihren Facetten. Denn für ihn, dem eine akademische Laufbahn keine Selbstverständlichkeit war, steht mit dem gemeinsamen Arbeiten von Lehrenden und Lernenden auch die Förderung von Interessen und die Eröffnung von Chancen in direkter Verbindung, sie sind ihm Berufung und Herzensanliegen. ‚Kommunal' ist im Übrigen auch die Kommunikation im Mitarbeiterkreis und in den Kolloquien, in welchen bei Projektvorstellungen und Gastvorträgen eine bisweilen gefürchtete, aber oft mit Erstaunen aufgenommene Direktheit der Aussprache gepflegt und zum Widerspruch aufgefordert wird. Seine ansteckende Lust am Kolloquium in einem breiteren Sinne, dem wenn möglich auch ein Konvivium folgt, springt auch aus der diesem Band vorangestellten Photographie hervor, welche während des Qualifikantenseminars am Westensee im Juli 2011 aufgenommen wurde – gleichsam auf einer Insel von Vertrauten in der stürmischen See der Hochschulpolitik. In dieser Zeit musste die gemeinsame Anschauung von Geschichte am Ort, wie sie auf den vielen von Gerhard Fouquet geleiteten Exkursionen praktiziert wurde, zuletzt leider oft zurückstehen. Aber auch in dieser Hinsicht darf man sich auf noch kommende Zeiten (und Fahrten) freuen.

Die breit gestreuten Interessen Gerhard Fouquets in Forschung und Lehre spiegeln die zahlreichen von ihm angeregten und betreuten Examensarbeiten, Dissertationen und Habilitationsschriften wider. Dass sich hier nur die Mehrzahl der promovierenden und promovierten sowie der habilitierenden und habilitierten Kieler Schülerinnen und Schüler versammeln konnte, ist angesichts der vielen von ihm vor allem auch im Examen betreuten Studierenden zu beklagen. Dieses Buch ließ sich aber aus ganz praktischen Gründen leider kaum anders verwirklichen. Die hier dargebrachten Beiträge unterschiedlicher Genres stellen zu einem Teil Weiterungen laufender oder abgeschlossener Qualifikationsarbeiten dar, zum anderen Teil sind es aber auch neue Themen oder Projektideen. Sie sind in alphabetischer Reihenfolge der Autorinnen und Autoren angeordnet, weil thematische Untergruppen eine zu schematische Sortierung ergeben hätten. Dass Epochengrenzen generell, aber insbesondere im Bereich der vormodernen Wirtschafts- und Sozialgeschichte bloße Konstrukte der Forschungsorganisation sind, bedingt, dass einige Beiträge bewusst in die Frühe Neuzeit hineinragen – wiederum ein Spiegel der Interessen Gerhard Fouquets.

Um die Entstehung und den Druck dieser Festgabe haben sich viele Menschen sehr verdient gemacht: Zunächst waren es natürlich die Beitragenden, die ihre Werkstücke in relativ großer zeitlicher Disziplin eingereicht haben. Sodann haben sich die Hilfskräfte und die wissenschaftlichen Mitarbeiterinnen und Mitarbeiter der Professur sowie mehrere bereits in die Ferne gezogene Kolleginnen und Kollegen die Mühen der

Redaktion und der Korrekturarbeit geteilt. Franka Zacharias, die unverzichtbare ‚Mutter der Kompanie', hat den Satz für den Druck erstellt. Die Betreuung und Herstellung des Buches lag beim Peter Lang Verlag, allen voran bei Michael Rücker in Hamburg, wie immer in guten Händen. Schließlich haben Frank Eisold, der Kanzler der CAU, und Ulf-Peter Holst, der Leiter der Abteilung Finanzmanagement, den Druckkostenzuschuss nicht nur bereitgestellt, sondern auch sehr diskret behandelt. Ihnen allen von Herzen Dank für die Hilfe und Mitarbeit – und für die Verschwiegenheit, die aus diesem Buch ein Überraschungsgeschenk machten!

Und zu guter Letzt: Lieber Gerhard Fouquet, wir alle gratulieren sehr herzlich zum 60. Geburtstag, wir wünschen Glück, Gesundheit und Segen! *Ad multos annos – non solum laborandos sed etiam docendos*!

Die Herausgeber im Namen aller Beitragenden

Inhaltsverzeichnis

Christian Hagen

Meraner Maurer vor Gericht – aus der Lebenswelt Südtiroler Handwerker im 15. Jahrhundert*

Die Geschichte des Tiroler Handwerks ist wie für den gesamten deutschsprachigen Raum intensiv erforscht.[1] Ein weites Spektrum, vom Büchsenbinder bis zum Zinngießer reichend, hat beispielsweise Erich Egg bearbeitet.[2] Mehrfach wurde das Handwerk der Fleischhauer und Metzger, ebenso das Bozner Schneiderhandwerk untersucht.[3] Vergleichsweise zahlreich sind auch die Arbeiten zu den Tiroler Maurern und Steinmetzen, zuletzt von Klaus Brandstätter um Erkenntnisse aus der Rechnungsüberlieferung von Hall in Tirol ergänzt.[4] Dennoch wurden längst nicht alle Aspekte der Handwerksgeschichte Tirols umfassend beleuchtet.

* Auf die hier beschriebenen Vorgänge bin ich dank der Aufzeichnungen von Dr. Karl Moeser (1877-1963) gestoßen, die einen wertvollen Ausgangspunkt boten. Siehe Innsbruck, Tiroler Landesmuseum Ferdinandeum (im Folgenden TLMF), Nachlass Karl Moeser. Die Originale der Gerichtsprotokolle konnten alle eingesehen werden, nur jene von 1468 waren nicht auffindbar. Für dieses Jahr greife ich auf die Abschrift Moesers zurück, die mir gemäß dem Vergleich anderer Abschriften und Originale verlässlich erscheint. Für Anregungen und Hinweise danke ich Herrn Dr. Gustav Pfeifer (Bozen) sowie den Kieler Kollegen.

1 Überblicksartig zuletzt Knut SCHULZ: Handwerk, Zünfte und Gewerbe. Mittelalter und Renaissance, Darmstadt 2010. Zum Forschungsstand: Wilfried REININGHAUS: Stadt und Handwerk. Eine Einführung in Forschungsprobleme und Forschungsfragen, in: Karl H. KAUFHOLD/Wilfried REININGHAUS (Hrsg.): Stadt und Handwerk in Mittelalter und Früher Neuzeit (Städteforschung A, 54), Köln u. a. 2000, S. 1-19; Gerhard FOUQUET: Stadtwirtschaft: Handwerk und Gewerbe im Mittelalter, in: Günther SCHULZ u. a. (Hrsg.): Sozial- und Wirtschaftsgeschichte. Arbeitsgebiete – Probleme – Perspektiven. 100 Jahre Vierteljahrschrift für Sozial- und Wirtschaftsgeschichte (Vierteljahrschrift für Sozial- und Wirtschaftsgeschichte, Beihefte, 169), München 2004, S. 69-94.

2 Siehe Erich EGG: Das Handwerk der Uhr- und Büchsenmacher in Tirol (Tiroler Wirtschaftsstudien, 36), Innsbruck 1982; DERS.: Das Handwerk der Tiroler Zinngießer (Tiroler Wirtschaftsstudien, 52), Innsbruck 1998.

3 Agathe GAISBÖCK: Zur Geschichte der Zünfte in Tirol, vor allem in Innsbruck, in: Tiroler Heimat 7 (1934), S. 117-182, hier S. 174-177; Nikolaus GRASS/Hermann HOLZMANN: Geschichte des Tiroler Metzgerhandwerks und der Fleischversorgung des Landes Tirol (Tiroler Wirtschaftsstudien, 35), Innsbruck 1982; Franz HUTER: Vom Bozner Schneiderhandwerk. Zunftordnung und Zunftleben, in: DERS./Georg ZWANOWETZ/Franz MATHIS (Hrsg.): Erzeugung, Verkehr und Handel in der Geschichte der Alpenländer. Festschrift für Univ.-Prof. Dr. Herbert Hassinger (Tiroler Wirtschaftsstudien, 33), Innsbruck 1977, S. 157-174; jüngst dazu Hannes OBERMAIR: Das alte Schneiderhandwerk in Bozen. Essay zum European Tailor Congress, Bozen, 13.-16. Mai 2010, in: Der Schlern 85 (2011), H. 1, S. 32-36.

4 Franz HUTER: Archivalische Funde zur Südtiroler Kunstgeschichte. 4. Die Tagsatzung der Tiroler Steinmetzen zu Sterzing 1496, in: Der Schlern 21 (1947), S. 108-112; Erich EGG: Aus der Geschichte des Bauhandwerks in Tirol (Tiroler Wirtschaftsstudien, 4), Innsbruck 1957; DERS.: Die Bruderschaft der Steinmetzen und Maurer in Tirol, in: Ernest TROGER (Hrsg.): Neue Beiträge zur geschichtlichen Landeskunde Tirols. Festschrift Franz Huter zum 70. Lebensjahr (Tiroler Wirtschaftsstudien, 26), Innsbruck 1969, S. 69-83; Heinz MOSER: Die Steinmetz- und Maurerzunft in Innsbruck. Von der Mitte des 15. bis zur Mitte des 18. Jahrhunderts (Veröffentlichungen des

Auf den folgenden Seiten werden die Ansätze der Handwerks- und Kriminalitätsforschung zusammengeführt: Die Gerichtsprotokolle dienen als Ausgangspunkt, um sich der Lebenswelt kleinstädtischer Handwerker anzunähern, vornehmlich anhand der Brüder Konrad und Jörg Erber, die beide als Maurer im südtirolischen Meran tätig und sesshaft waren.

Im Zuge der historischen Kriminalitätsforschung ist Gerichtsbüchern und -protokollen seit den 1990er Jahren vermehrt Aufmerksamkeit geschenkt worden.[5] Auch die Tiroler Forschung hat bereits einen Teil der Bestände erschlossen, wie der Überblick in der Themen-Ausgabe der Zeitschrift ‚Geschichte und Region' von 2007 zeigt.[6] Schon 2003 verfasste Brigitte Rath ihre Dissertation, für die sie ein Bozner Gerichtsbuch auswertete und in Hinblick auf geschlechtsspezifische Kriminalität an der Wende zum 16. Jahrhundert untersuchte.[7] Besonders ertragreich für die Fragestellung ist die sozialgeschichtliche Analyse ausgewählter Meraner Protokolle durch Marlene Huber.[8]

Im Gegensatz zu älteren Arbeiten, die überwiegend Zunftordnungen heranzogen, um ein Bild von der Organisation und den gemeinschaftlichen Normen zu gewinnen, ermöglicht das Auswerten der Protokolle einen erweiterten Blick auf die soziale Gruppe der Handwerker in Meran und Umgebung. Zumindest in Ansätzen lassen sich auf diese Weise soziale Interaktionen der Zunftmitglieder nachzeichnen. Gleichwohl wird

Innsbrucker Stadtarchivs NF, 4), Innsbruck 1973; Joseph NEUWIRTH: Die Satzungen des Regensburger Steinmetztages nach dem Tiroler Hüttenbuche von 1460, in: Zeitschrift für Bauwesen 46 (1896), Sp. 176-218; Klaus BRANDSTÄTTER: Schwerarbeitende Frauen im Mittelalter: Bauarbeiterinnen in Hall in Tirol, in: Julia HÖRMANN-THURN UND TAXIS (Hrsg.): Margarethe „Maultasch". Zur Lebenswelt einer Landesfürstin und anderer Tiroler Frauen des Mittelalters. Vorträge der wissenschaftlichen Tagung im Südtiroler Landesmuseum für Kultur- und Landesgeschichte Schloss Tirol, Schloss Tirol, 3. bis 4. November 2006 (Schlern-Schriften, 339), Innsbruck 2007, S. 277-281.

5 Für das Mittelalter siehe beispielsweise Peter SCHUSTER: Eine Stadt vor Gericht. Recht und Alltag im spätmittelalterlichen Konstanz, Paderborn u. a. 2000. Zum Forschungsstand vgl. Gerd SCHWERHOFF: Kriminalitätsgeschichte im deutschen Sprachraum. Zum Profil eines verspäteten Forschungszweiges, in: Andreas BLAUERT/Gerd SCHWERHOFF (Hrsg.): Kriminalitätsgeschichte. Beiträge zur Sozial- und Kulturgeschichte der Vormoderne (Konflikte und Kultur – Historische Perspektiven, 1). Konstanz 2000, S. 21-67; in demselben Band zahlreiche weitere einschlägige Beiträge.

6 Siehe das Editorial, in: Geschichte und Region/Storia e regione 16 (2007), H. 1, S. 5-10, sowie die darin enthaltenen Aufsätze. Anekdotenhaft hingegen die Arbeit von Bruno MAHLKNECHT: Von großen und kleinen Übeltätern. Hundert „Fälle" und „Geschichten" aus Südtiroler Gerichtsakten des 16. Jahrhunderts (Schlern-Schriften, 327), Innsbruck 2005.

7 Brigitte RATH: Aspekte geschlechtsspezifischer Kriminalität in Bozen um 1500, ungedr. phil. Diss., Wien 2003; auch DIES.: Familienstand und geschlechtsspezifische Kriminalität in Bozen im 16. Jahrhundert, in: Siglinde CLEMENTI/Alessandra SPADA (Hrsg.): Der ledige Un-Wille. Zur Geschichte lediger Frauen in der Neuzeit, Wien 1998, S. 257-268.

8 Marlene HUBER: „Damit im sein glimpf, trew und er wider geben." Le offese all'onore nel Gerichtsprotokollbuch (libro del giudizio) di Merano del 1471, ungedr. tesi di laurea, Trento 2001/2002; Marlene HUBER: „Damit im sein glimpf, trew und ehr wider geben." Ehrverletzung im Landgericht Meran im Jahr 1471, in: Geschichte und Region/Storia e regione 16 (2007), H. 1, S. 79-108; mit sprachwissenschaftlichem Schwerpunkt Eva KIEM: Meraner Kundschaftsprotokolle aus dem Jahr 1497. Text, sprachliche und prosopographische Untersuchungen. Anhang: Wortformenindex, ungedr. phil. Diplomarbeit, Innsbruck 1994.

zunächst in einer ersten Annäherung vor dem Hintergrund der bekannten Zunftordnungen die Situation der Maurer im spezifischen städtischen Kontext beschrieben. Unter Zuhilfenahme von Gerichtsprotokollen und ergänzenden Quellen soll danach ein 1473 geführtes Verfahren gegen Jörg Erber untersucht werden, dem Diebstahl zur Last gelegt wurde. Auf diese Weise erfahren wir Näheres über die Bruderschaft und ihre Mitglieder und gewinnen einen aufschlussreichen Blick auf die Mittel und Personen, die Konrad Erber aktivierte, um seinem Bruder zu helfen. An den genannten Fall schlossen sich in den Folgejahren zwei weitere Verfahren wegen Beleidigung (Unzucht) an, in denen Konrad Erber selbst Beklagter war. Bei der Erklärung der dazugehörigen Umstände und Verhaltensweisen muss ausdrücklich auf die handlungsleitenden Ehrvorstellungen der Akteure eingegangen werden.[9] Die Bedeutung der ‚Ehre' liegt in Gerichtsangelegenheiten gewissermaßen auf der Hand. Darüber hinaus ist der Ehrenstatus von der Sozialgeschichte bei der Betrachtung von Kaufleuten ebenso wie von Handwerkern als Merkmal sozialer Distinktion wiederholt thematisiert worden.[10]

Die Gerichtsprotokolle beinhalten eine Fülle von Informationen für die lokale Stadt- wie auch für die Sozial- und Kulturgeschichte im Allgemeinen. Dennoch ist zu berücksichtigen, dass der Einblick zum einen zweckbezogen selektiv ist, handelte es sich doch bei den Protokollen dezidiert um Hilfsmittel für die Arbeit des Gerichts. Zum anderen enthalten sie tendenziöse Darstellungen, die meist von juristisch geschulten und erfahrenen Anwälten (*rednern*) stammten und vom Protokollanten zusätzlich sprachlich überformt wurden.[11] Auch der Detailreichtum der fingierten wörtlichen Rede ist daher immer als Versuch der Glaubwürdigkeitsbeteuerung zu verstehen und somit Teil der zeitgenössischen Konstruktion, der mit Vorsicht zu begegnen ist.[12]

Diese überlieferungsbedingt eingeschränkte Perspektive kann durch ergänzende Urkunden, Steuerregister und Rechnungen bereichert werden, wenngleich anhand des vor-

9 Zum Forschungsstand über Ehrkonzepte in Mittelalter und Neuzeit siehe Martin DINGES: Der Maurermeister und der Finanzrichter. Ehre, Geld und soziale Kontrolle im Paris des 18. Jahrhunderts (Veröffentlichungen des Max-Planck-Instituts für Geschichte, 105), Göttingen 1994, S. 13-42; Klaus SCHREINER/Gerd SCHWERHOFF (Hrsg.): Verletzte Ehre. Ehrkonflikte in Gesellschaften des Mittelalters und der Frühen Neuzeit (Norm und Struktur, 5), Köln u. a. 1995; Peter SCHUSTER: Ehre und Recht. Überlegungen zu einer Begriffs- und Sozialgeschichte zweier Grundbegriffe der mittelalterlichen Gesellschaft, in: Sibylle BACKMANN u. a. (Hrsg.): Ehrkonzepte in der Frühen Neuzeit. Identitäten und Abgrenzungen (Colloquia Augustana, 8), Berlin 1998, S. 40-69.

10 Vgl. Gerhard FOUQUET: Städtische Lebensformen im Spätmittelalter. Neue Perspektiven und neue Forschungen, in: Jahrbuch für Regionalgeschichte 22 (2003), S. 12-36, hier S. 15. Zuletzt Knut SCHULZ: Geburt, Ehre und Integrität. Zur Handwerksehre vom 13. bis zum 16. Jahrhundert, in: Elisabeth HARDING/Michael HECHT (Hrsg.): Die Ahnenprobe in der Vormoderne. Selektion – Initiation – Repräsentation (Symbolische Kommunikation und gesellschaftliche Wertesysteme, Schriftenreihe des Sonderforschungsbereichs 496, 37), Münster 2011, S. 157-174.

11 Arend MIHM: Die Textsorte Gerichtsprotokoll im Spätmittelalter und ihr Zeugniswert für die Geschichte der gesprochenen Sprache, in: DERS./Michael ELMENTALER (Hrsg.): Sprachwandel im Spiegel der Schriftlichkeit: Studien zum Zeugniswert der historischen Schreibsprachen des 11. bis 17. Jahrhunderts, Frankfurt a. M. 2007, S. 349-370, hier S. 358-360 und 364f.

12 Problematisierend zur mündlichen Überlieferung Simon TEUSCHER: Erzähltes Recht. Lokale Herrschaft, Verschriftlichung und Traditionsbildung im Spätmittelalter (Campus Historische Studien, 44), Frankfurt a. M. 2007, S. 184-186.

handenen Materials keine regelrechten Lebensläufe oder dichte Beschreibungen für alle Akteure erstellbar sind. Bewusst handelt es sich bei der vorliegenden Studie um eine lokal und zeitlich begrenzte Untersuchung, die mit mikroskopischem Blick vorgeht und deren Interesse den einzelnen Menschen gilt, ohne den größeren Zusammenhang aus den Augen zu verlieren.[13] Gerade derartige Mikrostudien, so formulierte es Gerhard Fouquet, „bieten das methodische Instrumentarium, den in Handwerk und Gewerbe arbeitenden Menschen ihre Würde und ihren Platz in der Geschichte zu geben"[14].

I.

Die Südtiroler Stadt Meran entwickelte sich im 13. Jahrhundert aus dem seit 1237 nachweisbaren Markt.[15] Die Kleinstadt wuchs im Mittelalter nie über eine Zahl von 1500 Einwohnern hinaus, profitierte aber zunächst von der nahe gelegenen Residenz des Landesherrn (Schloss Tirol) sowie den Handelsströmen am Oberen und Unteren Weg. Der Ort büßte durch die Verlegung der Residenz nach Innsbruck (1420) und der Münze nach Hall (1477) bedeutende Funktionen ein und fiel in seiner wirtschaftlichen Geltung spätestens im 16. Jahrhundert hinter die Messestadt Bozen zurück. Bereits das Steuerverzeichnis von 1304 bezeugt den hohen Anteil von Handwerkern unter den Einwohnern: Von insgesamt 215 aufgeführten Zensiten ist zwar nur bei einem geringen Anteil der Beruf angegeben, aber etwa vierzig Personen sind eindeutig dem produzierenden Gewerbe zu zuordnen.[16] Im Laufe des 14. Jahrhunderts entstanden in Tirol auch die ersten gewerblichen Vereinigungen; die ältesten in Meran nachweisbaren Bruderschaften waren die der Bäcker, Müller und Schneider.[17]

Der Ausgangspunkt für die organisatorische Zusammenarbeit der Tiroler Bauleute war die Zusammenkunft aller deutschen Steinmetze und Bauhandwerker auf dem Hüt-

13 Stellvertretend für einen Überblick zur Mikrohistorie seien nur angeführt Carlo GINZBURG: Mikro-Historie. Zwei oder drei Dinge, die ich von ihr weiß, in: Historische Anthropologie 1 (1993), S. 169-192; Otto ULBRICHT: Mikrogeschichte. Menschen und Konflikte in der Frühen Neuzeit, Frankfurt a. M. 2009, S. 9-60, zum Mikro-Makro-Verhältnis besonders S. 34f., 57-60.

14 FOUQUET: Stadtwirtschaft (wie Anm. 1), S. 94.

15 Zu Meran grundlegend immer noch Cölestin STAMPFER: Geschichte von Meran, der alten Landeshauptstadt des Landes Tirol von der ältesten Zeit bis zur Gegenwart, Innsbruck 1889 [ND 1986]; außerdem Karl MOESER: Meran – die alte Hauptstadt des Landes Tirol, in: Bruno POKORNY (Hrsg.): Meran. Hundert Jahre Kurort 1836-1936, Innsbruck 1936, S. 147-174; Otto STOLZ: Meran und das Burggrafenamt im Rahmen der Tiroler Landesgeschichte. Von den Anfängen bis 1918 (Schlern-Schriften, 146), Bozen 1956; Franz-Heinz HYE: Die Städte Tirols, 2. Teil: Südtirol (Schlern-Schriften, 313), Innsbruck 2001, S. 267-311; dort auch weitere Literaturhinweise.

16 Eduard WIDMOSER: Meraner Stadtsteuerliste vom Jahre 1304, in: Veröffentlichungen des Museum Ferdinandeum 31 (1951), S. 681-689.

17 Noch im 19. Jahrhundert wurden die alten, inzwischen hinfälligen Handwerksordnungen von Mitgliedern des Handwerks zum Teil privatim aufbewahrt. Vgl. Otto FREIHERR VON REINSBERG-DÜRINGSFELD: Culturhistorische Studien aus Meran. Sprache – Literatur – Volksbräuche – Zunftwesen – mit vielen ungedruckten Dokumenten, Leipzig 1874, S. 121, 140f., mit Abdruck S. 159-192; siehe auch o. V., Zunftbrief der Meraner Schuster-Innung vom Jahre 1406, in: Der Sammler. Blätter für Tirolische Heimatkunde und Heimatschutz 3 (1808/1809), S. 102-108.

tentag im April 1459 in Regensburg. Insbesondere die überregionale Ausrichtung der Steinmetze machte es nötig, sich weiträumig, häufig auch gemeinsam mit Vertretern anderer Bauberufe, zu organisieren.[18] Zwar waren keine Tiroler Abgeordneten anwesend, aber schon im Februar 1460 gründeten die Tiroler in Sterzing eine Bruderschaft, die sich an der Regensburger Ordnung orientierte und zunächst nur das Inntal umfasste. Auch die Südtiroler Meister verpflichteten sich zum großen Teil den Artikeln.[19] Widerstand ging einzig von den Boznern aus, die sich gegen die Entlassung Comasker Steinmetze wehrten, da sie ohne diese den Bau der Pfarrkirche gefährdet sahen.[20] Das Buch der Bruderschaft enthält unter anderem die Regensburger Ordnung, die Inntaler Ordnung wie auch ein Verzeichnis von Mitgliedern für die Zeit von 1460 bis 1565.[21] Mit der Gründung 1460 wurde die Bruderschaft in lokale ‚Büchsen' unterteilt. Diese Untereinheiten umfassten meist eine Stadt und ihr Umland, denen je ein Büchsenmeister vorstand. In den Meraner Protokollen wird dieser als Brudermeister bezeichnet. Er verwaltete die Kasse (Büchse bzw. Lade) und Parliere wie Gesellen waren ihm direkt unterstellt, während die übrigen Meister nur dem federführenden Meister der Bruderschaft unterstanden.[22] Aufnahme fanden sowohl Steinmetze als auch Maurer, das belegen nicht zuletzt die Meraner Gerichtsprotokolle, in denen nicht immer klar zwischen den beiden Gewerken getrennt wird. Auf die Unterscheidung beider Berufe wurde innerhalb der Bruderschaft aber sehr wohl geachtet, speziell den Maurern war jegliche Steinmetzarbeit unter Strafandrohung untersagt.[23] Einen wertvollen Einblick in die berufliche Gliederung der spätmittelalterlichen Einwohnerschaft Merans präsentierte jüngst Gertraud Zeindl mit ihrer vornehmlich quantitativ orientierten Studie.[24] Anhand der Steuerregister lassen sich für das 15. Jahrhundert im Durchschnitt acht bis

18 Zum Regensburger Tag siehe Günther BINDING: Baubetrieb im Mittelalter, Darmstadt 1993, S. 107-120. Die Entstehung gemeinschaftlicher Zünfte betont Rainer S. ELKAR: Bauen als Beruf: Notizen und Anmerkungen zu einer Handwerksgeschichte des Hochbaus. Eine Vorbemerkung, in: Ulf DIRLMEIER/Rainer S. ELKAR/Gerhard FOUQUET (Hrsg.): Öffentliches Bauen in Mittelalter und Früher Neuzeit. Abrechnungen als Quellen für die Finanz-, Wirtschafts- und Sozialgeschichte des Bauwesens (Sachüberlieferung und Geschichte, 9), St. Katharinen 1991, S. 1-26, hier S. 12f.

19 EGG: Geschichte (wie Anm. 4), S. 32-43; DERS.: Bruderschaft (wie Anm. 4), S. 69-71; MOSER: Maurerzunft (wie Anm. 4), S. 34-48. Unter jenen, die gelobten, sich an die Inntaler Ordnung zu halten, waren auch die beiden *Maister Thomas* und *Maister Strobel von Meran*, siehe NEUWIRTH: Satzungen (wie Anm. 4), Sp. 214.

20 HUTER: Funde (wie Anm. 4); EGG: Geschichte (wie Anm. 4), S. 34.

21 Die in der Österreichischen Nationalbibliothek befindliche Handschrift (Cod. 14898 Han) ist abgedruckt bei NEUWIRTH: Satzungen (wie Anm. 4).

22 EGG: Geschichte (wie Anm. 4), S. 33.

23 NEUWIRTH: Satzungen (wie Anm. 4), Sp. 216-218; EGG: Geschichte (wie Anm. 4), S. 45-48. Die unterschiedslose Bezeichnung kennen wir ebenfalls aus Basel. Vgl. Gerhard FOUQUET: Bauen für die Stadt. Finanzen, Organisation und Arbeit in kommunalen Baubetrieben des Spätmittelalters. Eine vergleichende Studie vornehmlich zwischen den Städten Basel und Marburg (Städteforschung A, 48), Köln u. a. 1999, S. 182.

24 Gertraud ZEINDL: Meran im Mittelalter. Eine Tiroler Stadt im Spiegel ihrer Steuern (Tiroler Wirtschaftsstudien, 57), Innsbruck 2009; für die transkribierten Steuerlisten vgl. Gertraud ZEINDL: Die Meraner Stadtsteuerregister. Eine sozialgeschichtliche Studie, ungedr. phil. Diss., Innsbruck 2004.

zehn gleichzeitig in der Stadt tätige Maurer nachweisen.[25] Als Ursache für die Anwesenheit so zahlreicher Bauhandwerker und der hieraus ableitbaren regen Bautätigkeit in diesem Zeitraum führt Zeindl die wiederkehrenden „Naturkatastrophen und Kriegswirren“[26] an. Tatsächlich hatte eine der verheerendsten Überschwemmungen der Passer 1419, bedingt durch den Ausbruch des Passeirer Sees, die Zerstörung des gesamten Heilig-Geist-Spitals zur Folge.[27] Der folgende Neubau von Kirche und Spitalhaus zog sich mit Unterstützung von landesherrlicher Seite bis mindestens 1436 hin.[28]

Der hohe Bedarf an Maurern und Steinmetzen ist jedoch nur zum Teil durch die Reparatur dieser Schäden erklärbar und auch die erst ab 1450 vereinzelt überlieferten Rechnungen der städtischen Baumeister bieten keine ausreichende Erklärung.[29] Von größerer Bedeutung waren hingegen die Bauvorhaben um die Stadtkirche St. Nikolaus: Eine am nordöstlichen Ende des Friedhofs gelegene alte Beingruft wurde ab etwa 1422 abgerissen und durch die St. Barbara-Kapelle ersetzt, wie urkundliche und archäologische Zeugnisse bestätigen.[30] Ab der zweiten Hälfte des 15. Jahrhunderts bemühten sich die Meraner Bürger erneut um eine Erweiterung von St. Nikolaus, bei der das Langhaus seine endgültige Größe samt Einwölbung bekommen sollte und der Turm um den dritten Abschnitt mit Schallfenstern aufgehöht wurde.[31] Zur Finanzierung des Baus war der Kirchpropst unter anderem angehalten, Kerzen vor der Kirche feilzubieten und der Notar Leonhard Vend reiste nach Mantua, um bei Papst Pius II. Ablass für alle spendenwilligen Besucher zu erreichen – vom Erfolg dieser Reise erfahren wir jedoch nichts.[32] Einzig die Nachricht von der Neuweihe der Kirche sowie dreier Altäre im Jahr 1465 gibt einen Hinweis auf den vorläufigen Abschluss des Baus.[33] Es war der im Bürgerbuch der Stadt erwähnte Meister Stefan Tobler, der höchstwahrscheinlich die damaligen Arbeiten leitete und auch in den folgenden Jahrzehnten in Meran aktiv

25 Ich zähle durch die namentliche Identifizierung durchweg mehr als ZEINDL: Meran (wie Anm. 24), S. 122-124.

26 ZEINDL: Meran (wie Anm. 24), S. 122.

27 STAMPFER: Geschichte (wie Anm. 15), S. 50; Burkhard ZINK: Die Chroniken der schwäbischen Städte. Augsburg, Bd. 2 (Die Chroniken der deutschen Städte vom 14. bis ins 16. Jahrhundert, 5), Leipzig 1866 [ND Göttingen 1965], S. 68.

28 Ausführlich Karl MOESER: Zur Baugeschichte der drei Meraner Gotteshäuser aus der Zeit der Gotik, in: Beiträge zur Kunstgeschichte Tirols. Festschrift zum 70. Geburtstag Josef Weingartners (Schlern-Schriften, 139), Innsbruck 1955, S. 119-130, hier S. 128f.

29 Die Rechnungen aus der zweiten Hälfte des 15. Jahrhunderts verzeichnen keine umfangreichen Baumaßnahmen, sondern enthalten überwiegend Ausgaben für gewöhnliche Instandsetzungsarbeiten an Brunnen oder Wasserläufen. Vgl. Meran, Stadtarchiv (SA M), SBR 1 [Stadtbaumeisteramtsrechnungen 1451-1500]. Ein höheres Bauaufkommen infolge einer Überschwemmung lässt sich aber sehr wohl anhand der städtischen Rechnungen aus dem Jahr 1503 belegen. SA M, SBR 2.

30 Im Zuge der archäologischen Begleitung von Restaurierungsarbeiten wurden drei Mauersockel freigelegt, die einer früheren Struktur zugeschrieben werden. Vgl. Denkmalpflege in Südtirol – 2004, Bozen 2006, S. 217f. sowie MOESER: Baugeschichte (wie Anm. 28), S. 126f.

31 Leo ANDERGASSEN: Die Stadtpfarrkirche St. Nikolaus in Meran, Lana 1994, S. 15-22; MOESER: Baugeschichte (wie Anm. 28), S. 121, 125.

32 Vgl. Raimund SENONER: Bedeutsame Dokumente für die Meraner Pfarrkirche und die dazugehörigen Kapellen, in: Stadtpfarrkirche St. Nikolaus Meran. Ein Gotteshaus im Wandel der Zeit, Meran 2003, S. 102-147, hier S. 135 (Nr. 24); MOESER: Baugeschichte (wie Anm. 28), S. 122f.

33 SENONER: Dokumente (wie Anm. 32), S. 136f. (Nr. 25).

blieb.[34] Er spielte bei den Auseinandersetzungen, die sich um Jörg und Konrad Erber innerhalb der Bruderschaft entfalteten, eine zentrale Rolle.

II.

Ein erster Hinweis auf die Brüder Erber findet sich in den Gerichtsprotokollen des Jahres 1468. Die Kundschaft, ausgestellt für den Maurer Jörg Erber, enthält die Zeugenaussagen von vier Meraner Einwohnern, die ein Jahr zuvor in einer Streitsache Erbers mit Christel in der Volten aus Völlan vermittelt hatten.[35] Aufgrund nicht näher bezeichneter Beschuldigungen war dem Maurer das Handwerk in der kleinen Ortschaft südwestlich von Meran verboten worden. Über die genauen Vorgänge innerhalb der Bruderschaft erfahren wir an dieser Stelle nichts, jedoch versuchte Jörg Erber den erwähnten Meraner Meister Stefan Tobler für die entstandenen Verluste aufkommen zu lassen – wahrscheinlich vergeblich.[36] Als Fürsprecher verhandelten für ihn zwei andere Maurer: Brudermeister Hans Strobel sowie Konrad Erber, Jörgs Bruder.

Über die Herkunft der Brüder oder die genaueren Familienverhältnisse ist nur wenig bekannt, ein weiterer Bruder Peter wird 1471 erwähnt, in den Jahren ab 1472 ist er wie Konrad als Steurer im Steinachviertel bezeugt, auch er war Maurer.[37] Gebürtige Meraner waren alle drei wohl nicht, zumindest sind sie für die Zeit vor 1471 nicht als Steuerzahler erkennbar. Konrad Erber urkundete 1503 im Zuge eines Weidestreits, er sei ungefähr sechzig Jahre zuvor, als Diener des Ritteradligen Zyprian von Leonberg (Lanaberg), nach Meran geritten.[38] Weiteres über diese Anstellung bei dem nicht näher bekannten Rat Herzog Sigmunds lässt sich nicht in Erfahrung bringen, aber aus diesem Dienstverhältnis muss Konrad im Laufe der Zeit ausgeschieden sein.[39] Denn

34 Innsbruck, Tiroler Landesarchiv (TLA), Südtiroler Archivalien, Bürgerbuch, fol. 32r: *hat die kirchen zu sant Niclaus hie an Meran gwelbt.* Die Randbemerkung im Bürgerbuch stammt laut Karl Moeser von der Hand eines späteren Stadtschreibers (circa 1534-1561). Die Ansicht, der Kirchenbau habe erst um die Mitte der 1490er Jahre seine Einwölbung erhalten, ist von Moeser ausführlich widerlegt worden. Diese Fehlinterpretation erhielt durch Stampfer Einzug in die Literatur. Vgl. MOESER: Baugeschichte (wie Anm. 28), S. 123f. STAMPFER: Meran (wie Anm. 15), S. 55; Stampfer folgend EGG: Bruderschaft (wie Anm. 4), S. 78. Auch ist Stefan Tobler nicht erst, wie Egg behauptet, 1496 als Bürger aufgenommen worden, was sich zum einen aus den diversen früheren Quellenangaben, zum anderen aufgrund einer Besonderheit des Meraner Bürgerbuchs ergibt: Der erste eingetragene Namensbestand enthält keine Neuaufnahmen, sondern beschreibt den Status Quo zum Zeitpunkt der Anlage des Buches.

35 TLA, Südtiroler Archivalien, Gerichtsprotokoll 1468, fol. 78v.

36 TLMF, Nachlass Moeser, Gerichtsprotokoll 1468, fol. 79r: *Darauff antwurt maister Steffan, er het daz durch sich selbs getan, daz er den Jorgen auff hat haissen sten, vermainet er vil schaden zu im ze suͤchen, darumb wär er in aim guten gericht und im zum rechten gesessen.*

37 Das älteste Tiroler Verfachbuch (Landgericht Meran 1468-1471). Aus dem Nachlass von Karl Moeser (Schlern-Schriften, 283), hrsg. von Franz HUTER, Innsbruck 1990, Nr. 166; TLA, Landgericht Meran (Karton 48), Steuerregister 1472-1486, Register 1473 (für das Jahr 1472), fol. 6r-6v, 1474 (1473), fol. 6r-6v, 1475 (1474), fol. 6v, 1477 (1476), fol. 8r-8v.

38 SA M, UUR 517(4).

39 Zyprian von Leonberg († 1462), in den fünfziger Jahren Pfleger zu Taufers, wurde von Jäger als Rat identifiziert, der Inhalt der Urkunde unterstützt einen Konnex zum Landesherrn. Vgl. Albert JÄGER: Regesten und urkundliche Daten über das Verhältnis des Cardinals Nicolaus von Cusa,

im Jahr 1460 ist er erstmals als Geselle und Bruderschaftsmitglied der Steinmetze und Maurer in Tirol nachweisbar, ab 1473 wird er in den Protokollen als Meister angesprochen.[40] Dank der Steuerregister der folgenden Jahre wissen wir, dass die Erber-Brüder weiterhin mehrere Jahre in Meran tätig waren.[41] Bei innerstädtischen Auseinandersetzungen zwischen Rat und Gemeinde im Jahr 1478 gehörte Erber zu den Beschwerdeführern, die sich für die althergebrachten Freiheiten und eine Ausweitung des Bürgerrechts stark machten.[42] Von sechzehn in diesem Zusammenhang namentlich genannten Gemeindemitgliedern wird der Maurer an fünfter Stelle aufgeführt.[43] Dem Einfluss des vor Ort anwesenden Herzogs Sigmund hatte es Erber eventuell zu verdanken, dass er für ein Jahr zum Spitalmeister ernannt wurde.[44] Zwar durfte auch der einstige Einwohner (*insasse*) Erber sich seit 1478 offiziell als ‚Bürger' bezeichnen, der Aufschluss zur politischen Führungsgruppe der Ratsbürger gelang ihm in der Folgezeit jedoch nicht.

Jörg ist in den Quellen weniger präsent, befand sich aber zumindest zeitweise bei seinem Bruder Konrad in Anstellung und war daher wahrscheinlich der jüngere von beiden. Abgesehen von seiner Arbeit in Völlan war Jörg Erber auch am Kirchenbau von Sanzeno am Nonsberg beteiligt und auf dem Ritten tätig und wies damit die übliche berufsbedingte Mobilität auf.[45]

Die 1468 vorgebrachten Beschuldigungen hingen wahrscheinlich unmittelbar mit den Vorwürfen des Nördlinger Steinmetzen Hans Tärler zusammen, die Jörg vier Jahre

des Bischofs von Brixen, zum Herzoge Sigmund von Oesterreich und zu dem Lande Tirol von 1450 bis 1464, in: Archiv für österreichische Geschichte 4 (1850), S. 297-329, hier S. 307, Nr. 100 (18. März 1456); Albert JÄGER: Geschichte der Landständischen Verfassung Tirols, Bd. 2, Tl. 2, Innsbruck 1885 [ND Aalen 1970], S. 112f. Als Pfleger zu Taufers erwähnt bei Erika KUSTATSCHER und Magdalena HÖRMANN: Art. „Taufers", in: Tiroler Burgenbuch, Bd. 9: Pustertal, Bozen 2003, S. 281-316, hier S. 312, Anm. 57; sowie TLA, Urk. II 1691.

40 NEUWIRTH: Satzungen (wie Anm. 4), Sp. 216 (*Concz Erber*); TLA, Gerichtsprotokoll 1472, fol. 133r.

41 ZEINDL: Stadtsteuerregister (wie Anm. 24); TLA, Landgericht Meran (Karton 48), Steuerregister 1472-1486.

42 Diese bisher wenig beachteten Vorgänge von 1478 werden ausführlich im Rahmen der Monographie des Verfassers untersucht, die im Rahmen des DFG-Projekts „Städtische Gemeinschaft und adlige Herrschaft in der mittelalterlichen Urbanisierung ausgewählter Regionen Zentraleuropas" an der Universität Kiel entsteht. Vgl. STAMPFER: Meran (wie Anm. 15), S. 53; 390 (Abdruck der Urkunde vom 11. Dezember 1478, mit der Herzog Sigmund das Stadtregiment neu ordnete); SA M, UUR 317.

43 SA M, St. Verw. 10, fol. 14r.

44 TLA, Cod. 324 (Verzeichnis der Provisionisten, Diener und Kapläne), fol. 70v: *ditz jar* und *darnach auf wider ruffen*. Vgl. TLA, Kopialbuch A (1480), fol. LXXV.

45 TLA, Gerichtsprotokoll 1472, fol. 122r: *von wegen seins lidlons, so er an der kirchen zu sannt Zesinnen auffen Nons verdient hab*; vgl. hierzu EGG: Bruderschaft (wie Anm. 4), S. 79, der allein aus dieser Bemerkung schließt, dass der Bau der Kirche in Sanzeno somit 1472 begonnen habe und Erber als Baumeister verantwortlich zeichnete. Gerichtsprotokoll 1473, fol. 20r: [...] *auffen Ritten, als si daselbs arbaiteten*. Zur Mobilität der Bauhandwerker siehe Rainer S. ELKAR/Gerhard FOUQUET: Und sie bauten einen Turm. Bemerkungen zur materiellen Kultur des Alltags in einer kleineren deutschen Stadt des Spätmittelalters, in: DIRLMEIER/ELKAR/FOUQUET: Bauen (wie Anm. 18), S. 293-328, hier S. 325f.

später abermals einholten: *Von verhandlung wegen, so er hie im hantwerch an Meran getan soll haben*, stand er mit dem Steinmetz vor dem Nördlinger Gericht und war verpflichtet, eine Urkunde vom Meraner Oberhaupt der Bruderschaft vorzulegen.[46] Da der damalige Brudermeister Hans Strobel auswärts tätig war, versuchte Jörg auf dessen schriftliche Anweisung hin, das Schreiben bei Stefan Tobler zu erwirken. Doch dieser beantwortete die Bitte abschlägig mit der Begründung, der Brief Strobels sei ihm offen und ohne *überschrifft* gebracht worden.[47] Wie auch immer diese Weigerung zu werten ist, so kann man davon ausgehen, dass das persönliche Verhältnis zwischen den Brüdern und Stefan Tobler seit diesem Zeitpunkt getrübt gewesen sein muss.

Der oben bereits erwähnte Tobler stammte aus dem niederbayerischen Burghausen und ist seit etwa 1438 in Meraner Quellen nachweisbar.[48] Der Protokollant bezeichnet ihn als Hüttenmeister, was ihn als Hauptverantwortlichen der Bauhütte von St. Nikolaus beziehungsweise von Meran ausweist, nicht jedoch als Brudermeister, denn innerhalb der Bruderschaft war er dem genannten Meister Strobel nachgeordnet.[49] Laut der Sterzinger Mitgliederliste war Stefan Tobler ebenso wie Konrad Erber 1460 noch einfaches Mitglied, Strobel bereits Meister; gut zehn Jahre später führten alle drei den Meistertitel.[50] Tobler kann zur Zeit der Streitigkeiten bereits hohes Ansehen, wenn nicht sogar die bedeutendste Position nach Strobel zugeschrieben werden, wie Jörgs Bemühungen um die Urkunde belegen. Strobel selbst holte bei Bruderschaftsversammlungen in Zweifelsfragen Meinung und Rat bei ihm ein.[51] Für eine führende Stellung im Handwerk spricht neben seiner fachlichen Expertise eine verhältnismäßig hohe Steuerleistung von meist sechs Pfund Berner (Veroneser Pfennigen) – damit zahlte er innerhalb der Berufsgruppe der Meraner Maurer den höchsten Satz.[52]

Weit weniger federführend bei größeren Bauvorhaben war hingegen wohl Maurermeister Konrad Erber, geschweige denn dessen Bruder Jörg, der sich 1473 erneut schweren Anschuldigungen ausgesetzt sah. Demnach warf man dem jüngeren Erber vor, nicht nur eine unbezifferte Summe Geldes, sondern auch eine Jacke sowie einen Rosenkranz gestohlen zu haben. Der Maurer Jörg Aigelsperger aus Schlanders behauptete, rechtmäßiger Besitzer einer Jacke zu sein, die er verloren und sodann an Jörg Erber wieder gesehen habe.[53] Dieser nur leicht verschleierte Diebstahlvorwurf war der Anlass für ein von der Bruderschaft veranstaltetes Treffen auswärtiger Meister im Juni. Die Obmänner entschieden, zunächst beide Maurer bis zur Klärung des Sachverhalts aus dem Handwerk zu entlassen und bestimmten für die Zukunft: *Welher dann*

46 TLA, Gerichtsprotokoll 1472, fol. 121v.

47 TLA, Gerichtsprotokoll 1472, fol. 122r.

48 MOESER: Baugeschichte (wie Anm. 28), S. 123f.

49 TLA, Gerichtsprotokoll 1475, fol. 47r.

50 NEUWIRTH: Satzungen (wie Anm. 4), Sp. 214f.

51 TLA, Gerichtsprotokoll 1475, fol. 47r.

52 MOESER: Baugeschichte (wie Anm. 28), S. 123f. Die Vermutung, Tobler sei schon 1432 mit der Erbauung des Kirchturms in Seefeld beauftragt worden, erscheint angesichts der Nennung ohne Meistertitel 1460 zweifelhaft.

53 TLA, Gerichtsprotokoll 1473, fol. 192r-192v; Gerichtsprotokoll 1473, fol. 63v.

recht hat, den sol man alsdann wider in das hantwerch nehmen, und sol den andern straffen nach ains hantwerchs erkanntnüss[54].

Dank der Protokolle erfahren wir, wie der Verdacht zugleich das nachbarschaftliche Verhältnis in der Stadt zu stören drohte und zum Gesprächsstoff wurde. Einer Anwohnerin des Steinachviertels kam aufgrund des Hörensagens, ein Maurer habe Geld verloren, wieder ins Gedächtnis, wie sie einst im Garten arbeitend gesehen habe, dass jemand über einen Baum in die kleine Kammer eines Maurers eingestiegen sei. Sie hatte sich zum damaligen Zeitpunkt nichts dabei gedacht, da sie annahm, der Eindringling habe seinen Schlüssel vergessen und konnte die Person auch nicht genau erkennen. Wie sich aus dem bezeugten Gespräch dieser Nachbarin mit Barbara Erber, Meister Konrads Frau, ergibt, fiel so ein schlechtes Licht auf die Familie des Hausherrn.[55] Hinzu kam, dass Jörg mit einem Rosenkranz gesehen wurde, der von mehreren Seiten als gleich oder doch sehr ähnlich jenem Kranz beschrieben wurde, den eine Meranerin zuvor verloren hatte.[56]

Derart inkriminiert muss Jörg Erber bereits im Januar 1473 aufgrund der Vorwürfe gefangen gesetzt worden sein, da von nun an dessen Bruder Konrad seine Interessen vor Gericht vertrat; womöglich hatte er Konrad deshalb auch schon im Dezember zu seinem Prokurator ernannt.[57] Die Klage erfolgte in diesem Falle nicht durch die Geschädigten, sondern den Landrichter Hans Anreuter *an statt meines gnädigen herren*, was eine Ausnahme darstellte.[58] Erst für den Juli 1473 erfahren wir, dass Konrad seinen Bruder während des noch laufenden Verfahrens aus dem *vancknüss* auslösen konnte und *pürgschafft* für ihn übernahm.[59] Diese Bürgschaft war durch zwei weitere Gewährsleute, Jörg Stemmer und Jörg Wagmaister, abgesichert. Im Falle des Fernbleibens der Brüder vom Gericht hätten diese dann mit insgesamt 50 Mark Berner beim Burggrafen und Landeshauptmann haften müssen. Angesichts dieser stattlichen Summe versprach Konrad wiederum, die beiden eingesetzten Bürgen mit seinem Hab und Gut schadlos zu halten.[60] Allein die Garantien des Bruders reichten somit nicht aus, um Jörg auszulösen, es bedurfte weiterer, finanzkräftiger Fürsprecher, die den Brüdern ein gewisses Maß an Vertrauen entgegenbrachten. Wie wichtig beide Bürgen waren, zeigte sich im weiteren Prozessverlauf, als der Richter sich ihre Bereitschaft abermals bestätigen ließ.[61] Es verwundert daher nicht, dass Konrad auf Bekannte zu-

54 TLA, Gerichtsprotokoll 1475, fol. 129r.

55 TLA, Gerichtsprotokoll 1472, fol. 133r. Die sogenannte Amtmannin sprach dezidiert Konrad Erbers Frau Barbara an (*Wärbel, was läut hastu in deim haus?*), sodass vermutet werden darf, dass in eine Kammer eingebrochen wurde, die Erber Dienern oder Gesellen zur Verfügung stellte. Diese suchte sich entsprechend zu verteidigen: *Ich wais nit anderst, wan ich hab frum läut in meim hauss*. Das zumindest entfernt nachbarschaftliche Verhältnis der beiden ergibt sich ebenfalls aus den Steuerregistern zum Viertel Steinach. Vgl. ZEINDL: Stadtsteuerregister (wie Anm. 24).

56 TLA, Gerichtsprotokoll 1473, fol. 19-20r.

57 TLA, Gerichtsprotokoll 1472, fol. 122r: *Eodem die hat Jorg Erber sein bruder Cunraten Erber zu seinem gbaltigen procuratorn gesetzt über all sein sach* […].

58 TLA, Gerichtsprotokoll 1473, fol. 145r (Zitat). Vgl. HUBER: Ehrverletzung (wie Anm. 8), S. 88.

59 TLA, Gerichtsprotokoll 1473, fol. 68v.

60 TLA, Gerichtsprotokoll 1473, fol. 69r.

61 TLA, Gerichtsprotokoll 1473, fol. 145r.

rückgriff, mit denen er schon zuvor von Geschäfts wegen und im Gericht regen Kontakt gehabt hatte.

Jörg Wagmaister war zu diesem Zeitpunkt *inwohner* Merans, als Metzger tätig und zudem einer der vermögendsten Handwerker der Stadt.[62] Obwohl er kein Bürgerrecht besaß, konnte er sich kurz zuvor selbst in einer Streitsache gegenüber dem Rat behaupten, da Herzog Sigmund sich brieflich für ihn eingesetzt hatte.[63] Erst zu einem späteren Zeitpunkt konnte Wagmaister, auch Phiesel genannt, in den Rat der Stadt aufrücken.[64] Aufgrund seiner Zugehörigkeit zur Gruppe der Bürger und seiner Tätigkeit für den Rat der Stadt muss der Bäcker Jörg Stemmer aber als der einflussreichere von beiden angesehen werden. Im Jahr 1444 begegnet Stemmer in den Quellen als Einwohner, der das Erbrecht für ein Haus in Meran erwarb.[65] Danach folgte der Aufstieg in die politische Führungsgruppe: Nachdem er mehrmals das Amt des Fleischbeschauers wahrgenommen hatte, trat er 1454 die Position des Baumeisters an und ist drei Jahre später bereits als Bürgermeister nachweisbar. Dies entspricht dem häufig vorkommenden Schema des *cursus honorum* im spätmittelalterlichen Meran, an dessen Endpunkt der Zugang zum prestigeträchtigen Richteramt gewährt wurde. Es folgte die ebenfalls typische Ämterrotation innerhalb der Meraner Gruppe der Funktionsträger mit mehreren Jahren Tätigkeit als Landrichter (1459, 1467, 1470), Spitalmeister (1460) und Bürgermeister (1465), bevor Stemmer circa 1488 verstarb.[66]

Jörg Stemmer und Konrad Erber sind mehrfach gemeinsam in Zeugenlisten vermerkt, im April 1471 verkaufte das Ratsmitglied dem Maurer in Stellvertretung für das Heilig-Geist-Spital ein Haus samt Garten im Steinachviertel nach Erbbaurecht.[67] Mehr noch: Stemmer hatte in direkter Nähe eigenen Besitz, war also ein Nachbar Erbers.

62 Er ist in den Steuerverzeichnissen sechzehnmal auch als Jörg Wagner, Phiesel oder nur mit Berufsbezeichnung aufgeführt. Aufgrund der fast unveränderten Wohnstätte im oberen Viertel wasserhalben kann er überzeugend nachgewiesen werden: Von 1448 bis 1503 steuerte er meist 20 lb., minimal 10 lb., maximal 35 lb. 1504 war Wagmaister bereits tot. Vgl. ZEINDL: Stadtsteuerregister (wie Anm. 24), S. 185-369. Zinseinnahmen verschaffte ihm auch eine Mühle: SA M, UUR 298 (4. März 1474).

63 SA M, UUR 285.

64 Verleihung an den Ratsbürger durch den landesherrlichen Kellner Hanns Üblher über Baurecht und Leihzins für Acker und Wiese in Obermais 1496: SA M, SINN 54.

65 Martin GÖGELE: Transkription und Kommentar der Notariatsimbreviatur des Notars Stephanus Roman aus dem Jahre 1444, ungedr. phil. Diplomarbeit, Innsbruck 2003, Nr. 58 zum Hauskauf; siehe auch Nr. 59, 75, 141.

66 Othmar GLUDERER: Meran unter Herzog Sigismund 1439-1490, Meran 1981, S. 45-53. Vgl. SA M, UUR 237, 249. Auch seine Abrechnung als Bürgermeister für das Amtsjahr 1457 ist überliefert: SA M, BAR 2 (1458). Zur Ernennung 1465 vgl. SA M, SSP 2 (1465), fol. 8r. Siehe auch SA M, UUR 249, 269, 272-274, 374.

67 Verfachbuch (wie Anm. 37), Nr. 60, 79, 152, 177 (Baurecht samt Vereinbarung wegen Umbaus). Zum Begriff ‚Baurecht' siehe Hermann WOPFNER: Beiträge zur Geschichte der freien bäuerlichen Erbleihe Deutschtirols im Mittelalter (Untersuchungen zur Deutschen Staats- und Rechtsgeschichte, 67), Breslau 1903, S. 94-103.

Der Vertrag zwischen beiden regelte sogar die Umbaumaßnahmen an den aneinander grenzenden Gebäuden.[68]

Die Beziehung zwischen Stemmer und Erber lässt sich in ihren Grundzügen entlang der Rollen von Patron und Klient beschreiben.[69] Der mit diesem Verhältnis verbundene ungleiche gesellschaftliche Status ist vor allem durch die höhere Finanzkraft und funktionale Stellung Stemmers (Patron) gegenüber Erber (Klient) unverkennbar. Der gegenseitige Nutzen liegt im Austausch von materiellen oder sozialen Ressourcen, wenngleich Klienten nur selten über den entsprechen Zugang verfügen, um die Leistungen des Patrons gleichwertig zu kompensieren. In diesem Falle benötigte Erber die Protektion und Hilfe Stemmers vor Gericht. Stemmer selbst blieb im weiteren Verlauf des Prozesses als erfahrener Landrichter und Schlichter im Hintergrund, verwahrte aber zum Beispiel den umstrittenen Rosenkranz.[70]

Die Bemühungen der Brüder Erber zeitigten Erfolg; im Januar 1474 legte Jörg dem Gericht zahlreiche Schreiben vor, um Freiheit und Ansehen zu retten: erstens die entlastende und eingangs erwähnte Kundschaft des Völlaners, zweitens das Beweisschreiben vierer Personen, dass er die Jacke tatsächlich bei der Bozner Pfandstange (*huderstangen*)[71] gekauft habe, drittens das bezeugte Schriftstück, mit welchem drei Salzburger Schmiedknechte bestätigten, wie er den Rosenkranz als Geschenk erhalten habe, viertens eine nicht näher bezeichnete Urkunde aus Nördlingen und fünftens schließlich die schlichtenden Kundschaften des Ratsmitglieds Andreas Kalmünzer und des Brudermeisters Hans Strobel.[72] Dank all dieser Entlastungen, so urteilten die Schöffen, habe der Maurer sich genügend erklärt und beschirmt, auch *von dem lantrichter der väncknüss und gerichts halben sol er ledig und los sein*, allerdings hatte er die während seines Gefängnisaufenthalts entstandenen Verpflegungskosten selbst zu tragen.[73]

III.

Damit war die Klage abgewiesen, aber die persönlichen Konflikte und Misshelligkeiten innerhalb der Gruppe bestanden weiter, nicht zuletzt weil der Maurer Jörg

68 Vgl. Verfachbuch (wie Anm. 37), Nr. 177(d). Streit um das Grundstück entstand nach dem Tod Stemmers zwischen dessen Erben und dem Maurer. Siehe SA M, UUR 374.

69 Zum Klientelismus grundsätzlich Gioia WEBER PAZMIÑO: Klientelismus. Annäherungen an das Konzept, Zürich 1991. Für die Geschichtsforschung: Wolfgang REINHARD: Freunde und Kreaturen. „Verflechtung" als Konzept zur Erforschung historischer Führungsgruppen. Römische Oligarchie um 1600 (Schriften der Philosophischen Fachbereiche der Universität Augsburg, 14), München 1979, S. 38f.; Simon TEUSCHER: Bekannte – Klienten – Verwandte. Soziabilität und Politik in der Stadt Bern um 1500 (Norm und Struktur, 9), Köln u. a. 1998, hier S. 135-179; zuletzt Antoni MĄCZAK: Ungleiche Freundschaft. Klientelbeziehungen von der Antike bis zur Gegenwart (Klio in Polen, 7), Osnabrück 2005, S. 39-49.

70 TLA, Gerichtsprotokoll 1473, fol. 20v; 193r.

71 Vgl. Hannes OBERMAIR: Bozen Süd – Bolzano Nord, Schriftlichkeit und urkundliche Überlieferung der Stadt Bozen bis 1500, 2 Bde., Bozen 2005/2008, Nr. 514, 1270, 1317.

72 TLA, Gerichtsprotokoll 1473, fol. 192r-192v.

73 TLA, Gerichtsprotokoll 1473, fol. 192v.

Aigelsperger, der den jüngeren Erber belastet hatte, weiterhin bei Stefan Tobler im Dienst stand. Zugunsten Aigelspergers sagte Tobler im Juni 1474 laut Protokoll aus, dass Konrad Erber ihn damit noch im Dezember des Vorjahres, als sie sich zufällig auf dem Friedhof von St. Niklaus trafen, konfrontiert habe. Mit Verweis auf die Anschuldigungen gegen seinen Bruder beschimpfte Konrad den Aigelsperger bei dieser Gelegenheit als unfromm und einen offenen Lügner und Schalck.[74] Da Tobler von seiner Position nicht abweichen wollte, rief Erber, er wolle *nicht von im, dem benanten maister Steffan, und dem Agelsperger hallten, dieweil er bei im stüendt, und wolt auch die gantzs bruderschafft der maurer darumb meiden und nymmer darin sein der sachen halben*[75]. Es handelte sich nicht um ein bloßes Lippenbekenntnis des enttäuschten Maurers, denn am Bruderschaftsleben nahm er von nun an nicht mehr aktiv teil, wie die weitere Entwicklung zeigt.

Nur einen Tag, nachdem Toblers Aussage Eingang in das Protokoll gefunden hatte, folgte der Eklat am 9. Juni 1474: Während der Fronleichnamsprozession, *als man dann die kertzen pfligt ze tragen jegliche brůderschaft*, war den Gesellen und Dienern Konrad Erbers das Tragen der Lichter untersagt worden.[76] Nach einigem Hin und Her erschien Erber selbst und deutete den anwesenden Handwerkern, er halte nicht mehr viel von der Bruderschaft, stünden die Mitglieder doch auf Seiten eines Mannes, der *nit frumm* sei. Gemeint war abermals Aigelsperger, wie Erber auf Nachfrage unumwunden zugab.[77] Infolgedessen beschwerten sich die Handwerksgesellen bei Tobler über ihren Bruder Aigelsperger und zwangen den Meister unter Androhung der Arbeitsverweigerung, den in Verruf geratenen Maurer zu entlassen.[78] Als der Geschädigte diesbezüglich Erber vor Gericht zitierte, berief der Meister sich auf den erwähnten, im Juni 1473 ergangenen Beschluss der Zunft, demzufolge von Jörg Erber und Jörg Aigelsperger je nach Rechtsetzung des Gerichts der Entlastete wieder in das Handwerk aufzunehmen, der andere aber zu strafen sei. Zumindest zeitweise versuchte Konrad Erber den Aigelsperger folglich geradezu in eben jene Situation zu drängen – nämlich den Verlust der Arbeit aufgrund des schlechten Leumunds –, unter der zuvor sein Bruder Jörg gelitten hatte. Da der jüngere Erber entlastet war, forcierte der Bruder durch seine Beleidigungen zunächst eine Auseinandersetzung innerhalb der Gruppe der Maurer und nahm im nächsten Schritt auch ein Gerichtsverfahren in Kauf, um Konsequenzen zu erwirken. Dass es sich dabei um eine regelrechte Strategie Konrads gehandelt haben könnte, legt ein zeitlich fast parallel geführter Prozess nahe.

Denn seit April 1475 fand sich Konrad in einem weiteren Unzuchtsvergehen beschuldigt, bei dem der Maurer Ruprecht Obernfür als Kläger auftrat.[79] Auch dieser Berufsgenosse sah sich durch üble Nachrede in Verruf gebracht, er klagte *der wort wegen*,

74 TLA, Gerichtsprotokoll 1474, fol. 72v-73r.

75 TLA, Gerichtsprotokoll 1474, fol. 72v-73r.

76 TLA, Gerichtsprotokoll 1475, fol. 126v; siehe auch Gerichtsprotokoll 1475, fol. 103r.

77 TLA, Gerichtsprotokoll 1475, fol. 126v-127v, 129r.

78 TLA, Gerichtsprotokoll 1475, fol. 126v: *Aber maister Steffan Tobler hie hab im* [Aigelsperger] *zugeschriben, wie maister Cunrat Erber solhe wort geredt hab, er sei nit frumm, auff sölichs wellen die gsellen auffsteen und im nit arbaiten, er tů denn den Jorgen aus seiner füdrung urlaub geben etc. nach laut derselben geschrifft.*

79 TLA, Gerichtsprotokoll 1475, fol. 47v-48r, 53r-54v.

die Erber zuvor *auff in ausgeen hett lassen, die in hoch beswärten und im sin glimpfen berürten*[80]. Der Auslöser der Streitsache waren die Geschehnisse, die sich bei einer Versammlung aller Steinmetze und Maurer im November 1474 zugetragen hatten. Einberufen hatte Meister Strobel die Zusammenkunft in seiner Stube, um einen Brief der Haller Steinmetze bekannt zu machen und darüber zu beraten. Strobel versuchte eingangs mit einer Abstimmung (*gemaine stimm*) zu klären, ob die gegenwärtigen Diener und Gesellen des abwesenden Konrad Erber den Raum verlassen sollten, und stieß auf den Widerstand von Ruprecht Obenfür. Dieser hielt ein Votum für überflüssig und setzte sich für den sofortigen Verweis der Betroffenen ein.[81] Vier der bei Konrad Erber Beschäftigten verließen daraufhin die Versammlung, zwei weiteren Gesellen wurde der Aufenthalt zugebilligt, weil diese im Gegensatz zu den Vieren ihren Bruderschaftsbeitrag bereits bezahlt hatten. Meister Strobel erklärte laut Protokoll: *Wol was der gsellen mainung aller, welher sich nit in die brůderschafft kaufft hett, der solt nit dabei sein*[82].

Die verabschiedeten Gesellen beschwerten sich noch am gleichen Abend bei ihrem Meister und dieser suchte am nächsten Tag den amtierenden Richter in dessen Haus auf und ließ Strobel einbestellen.[83] In einem hitzigen Gespräch äußerte sich Erber ganz ähnlich wie schon gegenüber Jörg Aigelsperger, er habe noch nie Gesellen aus dem Handwerk gedrängt, sei folglich *ains punts frümmer* als Obenfür.[84] Die Reaktion des beleidigten Maurers folgte einige Monate später auf demselben Wege, indem er Konrad Erber im April 1475 vor den Richter zitierte, um die Bezichtigungen festzuhalten und auszuräumen.[85] Der Meister leugnete auch in diesem Falle die Beleidigung nicht, sondern verwies, nachdem er einem Gerichtstag zunächst ferngeblieben war, im weiteren Verlauf des Prozesses wiederum auf das Treffen der auswärtigen Meister von 1473.[86]

Ein abschließendes Urteil ist für diese Klage nicht überliefert, aber aus dem am 29. Juni 1475 geschlossenen Abschied zwischen Meister Stefan Tobler und Konrad Erber erklärt sich das angestrebte Ziel der Brüder. Vor dem oben erwähnten Schiedsrichter Jörg Stemmer, zu diesem Zeitpunkt Kirchpropst (Kirchenpfleger) und Baumeister von St. Nikolaus, vereinbarten die zwei Parteien, beide Erber-Brüder wieder in die Bruderschaft aufzunehmen und außerdem an einem weiteren Rechtstag alle gegenseitigen Vorwürfe abzustellen, *damit yedertail bei seinen eren und glimpfen beleibe und gegen dem hantwerch unschedlich*[87]. Mit dieser Einigung scheint zumindest die Klage Obenfürs beigelegt worden zu sein. Da in den Protokollen der Folgejahre keine weiteren gerichtlichen Auseinandersetzungen in der Angelegenheit nachweisbar sind, kann angenommen werden, dass es tatsächlich zur Wiederaufnahme der Brüder und Aussöhnung innerhalb der Bruderschaft kam. Wie mit der Klage des Jörg Aigelsperger vor Gericht weiterverfahren wurde, muss ebenso offen bleiben, wie die Frage nach dem Umgang mit eben

80 TLA, Gerichtsprotokoll 1475, fol. 54r.
81 TLA, Gerichtsprotokoll 1475, fol. 47v.
82 TLA, Gerichtsprotokoll 1475, fol. 48r.
83 Der Vorgang wurde im April 1475 durch den vorher amtierenden Stadt- und Landrichter Ciriak Hauser selbst vor Gericht beschrieben. Vgl. TLA, Gerichtsprotokoll 1475, fol. 49r-49v.
84 TLA, Gerichtsprotokoll 1475, fol. 47v.
85 TLA, Gerichtsprotokoll 1475, fol. 49r.
86 TLA, Gerichtsprotokoll 1475, fol. 75v.
87 TLA, Gerichtsprotokoll 1475, fol. 97r.

diesem Maurer innerhalb der Bruderschaft. Immerhin hatte er mit Jörg Erber ein Bruderschaftsmitglied zu Unrecht indirekt des Diebstahls beschuldigt.

IV.

Die Argumentation der Kläger gegen Konrad Erber stellte dasselbe Konzept in den Mittelpunkt, dem auch Jörg Erber bei seiner Verteidigung folgte, alle drei suchten ihre Ehre zu schützen. Dem Phänomen ‚Ehre' wurde seit den 1990er Jahren auch im deutschen Sprachraum, meist im Rückgriff auf den Soziologen Pierre Bourdieu, in einer Vielzahl von historischen Arbeiten nachgegangen. Bourdieu bewertet Ehre als „soziales Kapital", also als Ressource, die auf der „Zugehörigkeit zu einer Gruppe" beruht,[88] während die jüngste historische Forschung diese in Anlehnung an die Sprachwissenschaften eher als Medium oder verhaltensleitenden Code versteht, welcher „soziale Interaktion und Kommunikation zwischen Personen bestimmte"[89]. Betont wird von der Forschung der situative und vergängliche Charakter von ‚Ehre', der die fortwährende Neuaushandlung zur Folge hatte: Ehre musste immer wieder unter Beweis gestellt werden.

Auf Ehrverletzungen mussten Handwerker dementsprechend umgehend reagieren, nicht zuletzt aufgrund der unmittelbaren wirtschaftlichen Konsequenzen, wie jüngst auch Marcel Korge in seiner Leipziger Studie betonte.[90] Allein der Vorwurf des Diebstahls konnte den Beschuldigten bereits außer Lohn und Brot setzen, im Falle von Jörg Erber kamen Haft, Verpflegungs- und Gerichtskosten hinzu.[91] Die von Konrad Erber in ihrer Ehre gekränkten Kollegen klagten mit Verweis auf die Beschwerungen, die ihnen entstanden seien. Wo er allenthalben hinkomme, zu Handwerkern oder anderen, müsse er sich der Sache erklären, so berichtete der Maurer Obenfür. Desgleichen sah sich der zeitweise aus der Anstellung gesetzte Aigelsperger generell vom Handwerk geschmäht.[92] All dies kann auch den übrigen Anwohnern nicht verborgen geblieben sein. Da die Beleidigungen in aller Öffentlichkeit auf dem Friedhof oder während der Fronleichnamsfeierlichkeiten ausgesprochen wurden, erfolgte der Protest ähnlich publik in den Stuben der Ratsleute beziehungsweise vor Gericht.

88 Pierre BOURDIEU: Ökonomisches Kapital, kulturelles Kapital, soziales Kapital, in: Reinhard KRECKEL (Hrsg.): Soziale Ungleichheiten (Soziale Welt; Sonderband, 2), Göttingen 1983, S. 183-198, hier S. 190f.

89 Klaus SCHREINER/Gerd SCHWERHOFF: Verletzte Ehre. Überlegungen zu einem Forschungskonzept, in: DIES.: Ehre (wie Anm. 9), S. 1-28, hier S. 9.

90 Marcel KORGE: Der gute Ruf des Handwerks. Normative Ehrvorstellungen und soziale Praxis in Spätmittelalter und Früher Neuzeit. Das Beispiel der Leipziger Schneider- und Goldschmiedeinnung (1470-1730) (Historische Studien, 5), Magdeburg 2010, S. 144. Zu der hier nicht behandelten Frage nach Geburt, Herkunft und Ehre im Handwerk siehe jüngst SCHULZ: Geburt (wie Anm. 10).

91 Zu den Gerichtskosten siehe Martin Paul SCHENNACH: „Dem gemeinen armen Mann der Weg zum Recht gleichsam gesperrt und verschlossen…" Gerichtskosten in Tirol in Spätmittelalter und Frühneuzeit, in: Wolfgang INGENHAEFF/Roland STAUDINGER/Kurt EBERT (Hrsg.): Festschrift Rudolf Palme zum 60. Geburtstag, Innsbruck 2002, S. 455-486.

92 TLA, Gerichtsprotokoll 1475, fol. 53r, 126v.

Auffällig am Verhalten Konrad Erbers: Was von den Zeugen der klagenden Seiten als eine Reihe erregter Beschimpfungen dargestellt wird, geschah zwar unter dem Eindruck der Behandlung seines Bruders, aber nicht gänzlich im Affekt. Denn gezielt beleidigte Erber zwei Maurer, die ihrerseits gegen den Bruder Jörg oder Konrad selbst ehrabschneidend Position bezogen hatten. Um sich und seinem Bruder wieder Zugang zur Bruderschaft zu verschaffen, nahm der ältere Erber auch mehrere kostspielige Gerichtstage sowie eine eventuell dadurch entstehende Minderung seines Ansehens in Kauf. Das Handeln Erbers zeigt, dass sich das Ehrkonzept nicht nur in vergleichsweise statischen Normsetzungen niederschlug, sondern der Ehr-Code aktiv in „Wörtern, Gesten, Handlungen und deren Unterlassung" eingesetzt werden konnte, um das ständige Aushandeln von Ehre und Unehre zu eigenen Gunsten zu entscheiden.[93]

Ob es einzig um den erneuten Zugang zur Bruderschaft ging, der in sich bereits einen nicht zu verachtenden Wert darstellte, oder welche Ursachen bei den beschriebenen Ehrenhändeln im Hintergrund darüber hinaus eine Rolle spielten, muss spekulativ bleiben. Ökonomische Gesichtspunkte mögen von Bedeutung gewesen sein, immerhin waren erhebliche Vermögensunterschiede innerhalb der Gruppe der Steinmetzen und Maurer vorhanden; daran änderte sich auch in der Folgezeit nichts. Allein aus der zeitweiligen Suspendierung einzelner Bruderschaftsmitglieder konnte wohl keiner der Handwerker nennenswerte ökonomische Vorteile schöpfen. Inwieweit sich das Ansehen eines Meisters im städtischen Raum infolge der Auseinandersetzungen soweit verschlechterte, dass er wirtschaftlich darunter zu leiden hatte, oder ob sich für einzelne Mitglieder die soziale Position innerhalb der Korporation veränderte, ist nicht belegbar. Aber weder Erber noch Tobler lassen sich in der Folgezeit als Brudermeister nachweisen. Der nächste uns bekannte oberste Funktionsträger innerhalb der Bruderschaft in Meran war Wolfgang Pluntauer, ein Meister, der mit den hier beschriebenen Streitigkeiten nichts zu tun hatte.[94]

93 Martin DINGES: Die Ehre als Thema der historischen Anthropologie. Bemerkungen zur Wissenschaftsgeschichte und zur Konzeptualisierung, in: SCHREINER/SCHWERHOFF: Ehre (wie Anm. 9), S. 29-62, hier S. 53.

94 HUTER: Funde (wie Anm. 4), S. 112.

Jan Hirschbiegel

Städtische Uhren und höfische Ordnung. Einige Überlegungen zu Zeitgebrauch und Zeitverbrauch an den Höfen des späten Mittelalters

Das Ausgeliefertsein an die Zeit, aber auch der Umgang mit Zeit, die Orientierung in der Zeit und die Nutzbarmachung von Zeit sind Grundkonstanten menschlichen Seins,[1] ob nun von natürlicher oder künstlicher Zeit die Rede ist, von biologischer oder sozialer Zeit.[2] Auch die mittelalterlichen Gesellschaften unterlagen den Rhythmen der natürlichen Zeit, dem Wechsel von Tag und Nacht, Woche, Monat und Jahr, Frühling, Sommer, Herbst und Winter, orientierten sich an künstlich gesetzten Zeittakten, vor allem am Ablauf des Kirchenjahres, feierten biologisch bestimmte Termine wie Geburt, Hochzeit und Taufe und sahen sich im Tod der Endlichkeit menschlicher Existenz gegenüber.[3] Die Frage freilich, auf die die Forschung bislang kaum eine Antwort gibt, gilt

1 Womit aber auch angedeutet ist, dass es sich bei „Zeit" um ein je spezifisches kulturelles und historisches Produkt handelt, vgl. Achim LANDWEHR: Zeitrechnung, in: Pin den BOER u. a. (Hrsg.): Europäische Erinnerungsorte, Bd. 1: Mythen und Grundbegriffe des europäischen Selbstverständnisses, München 2012, S. 227-236, hier S. 227f., freundlicher Hinweis von Harm von Seggern.

2 Einen ersten Zugang bieten Reinhart KOSELLECK: Art. „Zeit", in: Stefan JORDAN (Hrsg.): Lexikon Geschichtswissenschaft. Hundert Grundbegriffe, Stuttgart 2002, S. 331-336; Kurt LÜSCHER: Art. „Zeit", in: Günter ENDRUWEIT/Gisela TROMMSDORFF (Hrsg.): Wörterbuch der Soziologie, 3 Bde., Stuttgart 1989, hier Bd. 3, S. 834-836; Pasquale PORRO: Art. „Zeit. III. Mittelalter", in: Historisches Wörterbuch der Philosophie, Bd. 12, Darmstadt 2004, Sp. 1209-1220; Hermann LÜBBE: Art. „Zeit. VIII. Gesellschaft; Kultur; Literatur. – A. Zeiterfahrung, Zeitnutzung, Zeitorganisation, subjektive Zeit und Zeitkultur", in: ebd., Sp. 1249-1254.

3 Zum mittelalterlichen Zeitverständnis Hans-Henning KORTÜM: Menschen und Mentalitäten. Einführung in Vorstellungswelten des Mittelalters, Berlin 1996, S. 326-241, Lit. S. 242f., neuerdings Volkard HUTH: Zeit und Zeitberechnung, in: Gert MELVILLE/Martial STAUB (Hrsg.): Enzyklopädie des Mittelalters, 2 Bde., Darmstadt 2008, hier Bd. 1, S. 384-388, Lit. Bd. 2, S. 442. Knapp Harry KÜHNEL: Zeitbegriff und Zeitmessung, in: DERS./Helmut HUNDSBICHLER (Hrsg.): Alltag im Spätmittelalter, Graz u. a. 1984, S. 9-16; Aaron J. GURJEWITSCH: Das Weltbild des mittelalterlichen Menschen. Aus dem Russischen übersetzt von Gabriele LOSSACK, 5., unveränd. Aufl., München 1997, S. 28-44. Exemplarisch Fabian SCHWARZBAUER: Geschichtszeit. Über Zeitvorstellungen in den Universalchroniken Frutolfs von Michelsberg, Honorius' von Augustodunensis und Ottos von Freising (Orbis mediiaevalis, 6), Berlin, 2005. Allg. und beispielhaft Arno BORST: Lebensformen im Mittelalter, 4. Aufl., Frankfurt a. M. u. a. 1987, S. 35-132: „Zeit und Lebenslauf", siehe DERS.: Computus. Zeit und Zahl in der Geschichte Europas, Berlin 1990, v. a. S. 24-83. Grundlegend die einleitenden Hauptreferate sowie die Einzelreferate der Sektion „Die Ordnung der Zeit und die Zeit als ordnender Faktor" im Sammelband Peter DILG/Gundolf KEIL/Dietz-Rüdiger MOSER (Hrsg.): Rhythmus und Saisonalität. Kongressakten des 5. Symposions des Mediävistenverbandes, Sigmaringen 1995, hier S. 13-237. – Zu den dem Jahreslauf und dem Lebenslauf folgenden Rhythmen der höfischen Gesellschaft siehe etwa Werner PARAVICINI (Hrsg.): Höfe und Residenzen im spätmittelalterlichen Reich. Bilder und Begriffe, bearb. von Jan HIRSCHBIEGEL und Jörg WETTLAUFER, Teilbd. 1: Begriffe. Teilbd. 2: Bilder (Residenzenforschung, 15/II, 1-2), Ostfildern 2005, hier Teilbd. 1: Begriffe, wo in Kap. C. „Integration und

dem herrschaftlich bestimmten Umgang mit jenen vorgegebenen natürlichen, künstlichen oder biologischen Zeitverläufen, -takten und -umständen, gilt konkret dem herrschaftlich bestimmten Umgang mit Zeit bei Hof, gilt damit der Frage, ob Zeit zu praktischen und/oder repräsentativen, möglicherweise gar demonstrativen Zwecken eingesetzt oder instrumentalisiert wurde, gilt somit letztlich der Frage nach der spezifisch-höfisch-herrschaftlichen Konvertierung natürlicher, künstlicher oder biologischer Zeit in soziale Zeit und deren Bedeutung für die Strukturierung sozialen Handelns, mithin höfischer Kommunikation auch in ihren symbolischen Formen. Dies setzt allerdings ein Zeitbewusstsein und Zeitverständnis voraus, das Zeit nicht nur als ein gottgegeben zu ertragendes und zu erleidendes, sondern auch als ein durch den Menschen aktiv nutzbares, bewirtschaftbares, rationalisierbares und deutbares Medium versteht.[4]

Der Umschlag mittelalterlichen Zeitverständnisses auf Grundlage einer vor allem heilsgeschichtlich begründeten Erwartungshaltung[5] hin zu einem ‚modernen' Zeitbewusstsein[6] geht einher mit der Erfindung der mechanischen Uhr im späten Mittelalter[7] und dem dadurch bedingten, aber auch zum Ausdruck kommenden Wandel von subjektiv wahrgenommen bemessener und entsprechend genutzter Zeit[8] zu objektiv messbarer und benutzbarer Zeit, wodurch sich soziale Zeitbestimmungen von den bislang überwiegend qualitativen Formen des Zeiterlebens und damit von den das Leben bestimmenden natürlichen oder biologischen Rhythmen lösen konnten, denn den Orien-

Kommunikation" im Abschn. „Feste und Feiern" unter dem Stw. „Festliche Anlässe und Festformen", S. 483-495, unterschieden wird in Feste des Jahreslaufes, des Lebenslaufes und der Okkasionalität. Ergänzend Werner PARAVICINI (Hrsg.): Höfe und Residenzen im spätmittelalterlichen Reich. Hof und Schrift, bearb. von Jan HIRSCHBIEGEL und Jörg WETTLAUFER (Residenzenforschung, 15/III), Ostfildern 2007, hier den Abschn. „Höfische Feste und ihr Schrifttum", S. 179-284. Vgl. Michael MAURER: Prolegomena zu einer Theorie des Festes, in: DERS. (Hrsg.): Das Fest. Beiträge zu seiner Theorie und Systematik, Köln 2004, S. 19-54, hier S. 26-31 den Abschn. „Fest und Zeit".

4 Vgl. etwa Wolfgang KAEMPFER: Die Zeit und die Uhren, Frankfurt a. M. u. a. 1991; vgl. DERS.: Zeit des Menschen. Das Doppelspiel der Zeit im Spektrum der menschlichen Erfahrung, Frankfurt a. M. u. a. 1994, S. 83-89.

5 Im vornehmlich als zyklisch zu charakterisierenden mittelalterlichen Zeitverständnis und Zeitbewusstsein verbinden sich freilich zyklische mit linearen, heilsgeschichtlichen, individuellen und gruppenspezifischen, saisonalen, biologischen und ästhetischen Aspekten, in diesem Sinn differenziert KORTÜM: Menschen (wie Anm. 3), S. 237f. Vgl. Arnold ANGENENDT: Geschichte der Religiosität im Mittelalter, Darmstadt 1997, S. 422-439. Vgl. auch Meta NIEDERKORN-BRUCK: Zeit in der Liturgie – Zeit für die Liturgie. Heilsgeschichte und „Zeit" in der Geschichte, in: Wolfgang HAMETER/Meta NIEDERKORN-BRUCK/Martin SCHEUTZ (Hrsg.): Ideologisierte Zeit. Kalender und Zeitvorstellungen im Abendland von der Antike bis zur Neuzeit (Querschnitte, 17), Innsbruck u. a. 2005, S. 66-94.

6 Vgl. Bernhard SCHÄFERS: Zeit in soziologischer Perspektive, in: Trude EHLERT (Hrsg.): Zeitkonzeptionen, Zeiterfahrung, Zeitmessung. Stationen ihres Wandels vom Mittelalter bis zur Moderne, Paderborn u. a. 1997, S. 141-154, hier S. 152.

7 LANDWEHR: Zeitrechnung (wie Anm. 1) unterscheidet folgerichtig die „Kalenderzeit" (S. 228-230) von der „Uhrenzeit" (S. 230-232). Siehe auch unten S. 39.

8 Vgl. Otthein RAMMSTEDT: Alltagsbewusstsein von Zeit, in: Kölner Zeitschrift für Soziologie und Sozialpsychologie 27, 1 (1975), S. 47-63; Nadine M. SCHÖNECK: Zeitwahrnehmung im sozialen Kontext. Grundlagen, gesellschaftliche Einflüsse, Konsequenzen, Saarbrücken 2006.

tierungsmaßstab gaben fortan zunehmend mechanisch festgesetzte Zeitbestimmungen.[9] Ein sich in diesem Sinn neu formierendes Bewusstsein von Zeit, das nun neben der „Geburt der Stunde"[10] – die zur „Geburt der Pünktlichkeit"[11] im 16. Jahrhundert führte – auch die „Geburt der Zukunft"[12] erlebte, mag bereits in Formeln aufscheinen,

9 Hierzu in Auswahl Jean LECLERQ: Zeiterfahrung und Zeitbegriff im Spätmittelalter, in: Albert ZIMMERMANN (Hrsg.): Antiqui und moderni. Traditionsbewusstsein und Fortschrittsbewusstsein im späten Mittelalter (Miscellanea mediaevalia, 9), Berlin u. a. 1974, S. 1-20; Rudolf WENDORFF: Zeit und Kultur. Geschichte des Zeitbewusstseins in Europa, Opladen 1980, S. 135-150; Ferdinand SEIBT: Die Zeit als Kategorie der Geschichte und als Kondition des historischen Sinns, in: Die Zeit. Dauer und Augenblick (Schriften der Carl-Friedrich-von-Siemens-Stiftung, 2), München u. a. 1983, S. 145-188, hier v. a. S. 164-173; Gerald James WHITROW: Die Erfindung der Zeit. Aus dem Englischen von Doris GERSTNER, Hamburg 1991, S. 157-178, hier v. a. S. 169-178 „Die Auswirkungen der mechanischen Uhr auf die Gesellschaft"; Carlo M. CIPOLLA: Die gezählte Zeit. Wie die mechanische Uhr das Leben veränderte. Aus dem Italienischen von Friederike HAUSMANN, Berlin 1997; schließlich v. a. der ‚Klassiker' Gerhard DOHRN-van ROSSUM: Die Geschichte der Stunde. Uhren und moderne Zeitordnung, München u. a. 1992. Vgl. auch Niklas LUHMANN: Die Gesellschaft der Gesellschaft, 2 Teilbde., Frankfurt a. M. 1997, hier Teilbd. 2, Kapitel XII.: „Temporalisierungen", S. 997-1016. Bedenkenswert ist die Überlegung, ob Zeit eine Unterkategorie des Rhythmus sei oder ob Rhythmen die Zeit bestimmen, siehe Anika BERENSCHOT/Julia WAMBACH/Alix WINTER: Die Rhythmen des Lebens im Mittelaler. 3. deutsch-französischer Sommerkurs für Nachwuchswissenschaftler, Paris, 26.-28. Juni 2006. Tagungsbericht, in: Bulletin de la Société des Amis de l'Institut Historique Allemand 12 (2007), S. 42-48, hier S. 43.

10 Wie sich die Ausführungen DOHRN-van ROSSUM: Stunde (wie Anm. 9) interpretieren ließen, vgl. Gustav BILFINGER: Die mittelalterlichen Horen und die modernen Stunden. Ein Beitrag zur Kulturgeschichte, Wiesbaden 1969, S. 141-279. Vgl. Gerhard FOUQUET: Zeit, Arbeit und Muße im Wandel spätmittelalterlicher Kommunikationsformen. Die Regulierung von Arbeits- und Geschäftszeiten im städtischen Handwerk und Gewerbe, in: Alfred HAVERKAMP (Hrsg.) unter Mitarbeit von Elisabeth MÜLLER-LUCKNER: Information, Kommunikation und Selbstdarstellung in mittelalterlichen Gemeinden (Schriften des Historischen Kollegs. Kolloquien, 40), München 1998, S. 237-275, hier S. 247.

11 Nach Max ENGAMMARE: L'ordre du Temps. L'invention de la ponctualité au XVIe siècle (Les seuils de la modernité, 8; Cahiers d'humanisme et Renaissance, 70), Genf 2004. Vgl. Erhard CHVOJKA: Das Symbolische Kapital der Pünktlichkeit. Zur Repräsentation und Selbststilisierung städtischer Gesellschaften der Frühneuzeit als Horte hoher Moral und Zivilisation, in: Willibald KATZINGER (Hrsg.): Zeitbegriff. Zeitmessung und Zeitverständnis im städtischen Kontext (Beiträge zur Geschichte der Städte Mitteleuropas, 17), Linz/Donau 2002, S. 65-79.

12 Vgl. Reinhart KOSELLECK: Vergangene Zukunft. Zur Semantik geschichtlicher Zeiten, 4. Aufl., Frankfurt a. M. 2000. – Hingegen formulierte bereits Augustinus eine Auffassung von Zeit, die er in Beziehung zum Menschen setzte, damit individualisierte, damit nahezu zwangsläufig auch über Zukunft nachdachte und somit dem linearen, anthropozentrischen Zeitbewusstsein, das sich gegen Ende des Mittelalters begann durchzusetzen, gegenüber dem vornehmlich zyklisch geprägten mittelalterlichen Zeitverständnis weit vorgriff, vgl. Karl H. METZ: Ursprünge der Zukunft. Die Geschichte der Technik in der westlichen Zivilisation, Paderborn u. a. 2006, S. 50f.: „Vergangenheit und Zukunft, wie sollten sie seiend sein, da das Vergangene doch nicht mehr ist, das Zukünftige noch nicht ist?", Augustinus, Confessiones/Bekenntnisse, eingeleitet, übersetzt und erläutert von Joseph BERNHART, 4. Aufl., München 1980, S. 629 und 653. Vgl. Kurt FLASCH: Was ist Zeit? Augustinus von Hippo, das XI. Buch der Confessiones. Historisch-philosophische Studie. Text, Übersetzung, Kommentar, Frankfurt a. M. 1993; Paul BURGER: Die Einheit der Zeit und die Vielheit der Zeiten. Zur Aktualität des Zeiträtsels (Epistemata. Würzburger Wissen-

in denen sich der Herr auf die Zeitgebundenheit des Einsatzes seiner Höflinge bezieht, wie dies unter anderem in der Rechnungsüberlieferung die Geschenkvergabe begründet, hier am Beispiel eines Neujahrsgeschenks, wenn es heißt: *donnez en recompensacion des bons et agreables services qu'il lui a faiz ou temps passé* – gegeben als Vergeltung für die guten und angenehmen Dienste, die er in der Vergangenheit geleistet hatte,[13] oder am Beispiel eines Hochzeitsgeschenks, das vergeben wurde *pour consideracion des bons et agreables services qu'il a faiz ou temps passé, fait chascun jour et espere que encores face ou temps avenir* – in Anbetracht der guten und angenehmen Dienste, die er in den vergangenen Zeiten geleistet hat, jeden Tag, und in der Hoffnung, dass er dies auch künftig tun werde.[14] Auch die Unterscheidung zwischen öffentlicher und privater Zeit scheint schon jenem neuen Zeitverständnis zu entsprechen, das im bemessenen Gebrauch von Zeit auch auf deren Messbarkeit Bezug nimmt. So habe Enea Silvio Piccolomini auf dem Reichstag zu Regensburg 1454 von vertrauten Räten Philipps des Guten von Burgund († 1467) erfahren, dass der Herzog zwar offiziell die Angewohnheit habe, erst kurz vor Mittag aufzustehen, aber in Wirklichkeit des Morgens seinen privaten Beschäftigungen nachgehe, denn würde er dies nicht tun, hätte er keine Zeit, die er sein Eigen nennen könne – *sua tempora privata*[15]. In der Bemerkung des Piccolomini wird allerdings noch ein anderer Unterschied deut-

schaftliche Schriften. Reihe Philosophie, 128), Würzburg 1993, S. 29-40; knapp HUTH: Zeit und Zeitberechnung (wie Anm. 6), S. 385. Vgl. auch Meta NIEDERKORN-BRUCK: Alle Zeit der Welt. Zeitstruktur und Denken über Zeit im Mittelalter, in: HAMETER/NIEDERKORN-BRUCK/SCHEUTZ: Ideologisierte Zeit (wie Anm. 5), S. 16-38.

13 Hier das Beispiel eines Neujahrsgeschenks des burgundischen Herzogs Johann Ohnefurcht für Pierre Gorremont 1419, Archives Départementales de la Côte d'Òr, Dijon, B 1601, fol. 62.

14 Archives Départementales de la Côte d'Òr, Dijon, B 1601, fol. 62, ebenfalls für Pierre Gorremont 1419 durch Johann Ohnefurcht. – Der Faktor Zeit ist insbesondere beim Schenken von großer Bedeutung. Pierre Bourdieu hat erkannt, dass es „das Gabe und Gegengabe trennende Zeitintervall [ist], das eine Tauschstruktur als irreversibel wahrzunehmen gestattet, die stets bedroht ist, als reversibel, d. h. anderen und sich zugleich als obligatorisch und interessenbestimmend zu erscheinen", siehe Pierre BOURDIEU: Entwurf einer Theorie der Praxis auf der ethnologischen Grundlage der kabylischen Gesellschaft, übersetzt von Cordula PIALOUX und Bernd SCHWIBS, Frankfurt a. M. 1979, S. 335f., und DERS.: The Work of Time, in: Aafke E. KOMTER (Hrsg.): The Gift. An Interdisciplinary Perspective, Amsterdam 1996, S. 136-147, vgl. Gisela CLAUSEN: Schenken und Unterstützen in Primärbeziehungen. Materialien zu einer Soziologie des Schenkens, Frankfurt a. M. u. a. 1991 (Europäische Hochschulschriften, Reihe 22, 213), S. 61f., aber auch LUHMANN: Gesellschaft (wie Anm. 9) hier Teilbd. 2, S. 652f. Das bedeutet: „Wer sofort erwidert, sich unmittelbar entlastet, negiert die der Interaktionsform des Schenkens eigenen Intention, sich verpflichten zu lassen oder sich verpflichtet zu fühlen", Helmuth BERKING: Schenken. Zur Anthropologie des Gebens, Frankfurt a. M. u. a. 1996, S. 22, entspr. BOURDIEU, Entwurf (wie oben), S. 219-221, hier S. 220. Dass „das Zeitgeschenk oder die Vergeudung von Zeit [...] eine der kostbarsten Gaben [bildet]" ist v. a. mit Blick auf höfische Zusammenhänge von erheblichem Gewicht, vgl. ebd., S. 350, und Jacques DERRIDA: Falschgeld. Zeit geben I. Aus dem Französischen von Andreas KNOP und Michael WETZEL, München 1993.

15 Vgl. Werner PARAVICINI: Zeremoniell und Raum, in: DERS. (Hrsg.): Zeremoniell und Raum (Residenzenforschung, 6), Sigmaringen 1997, S. 11-36, hier S. 23 mit Anm. 114 nach Helmut WEIGEL/Henny GRÜNEISEN (Hrsg.): Deutsche Reichstagsakten unter Kaiser Friedrich III., 5. Abt., erste Hälfte (Deutsche Reichstagsakten, 19, 1), Göttingen 1969, S. 237 Anm. 3.

lich, nämlich der Unterschied zwischen selbst- und fremdbestimmtem Zeitgebrauch. Denn auch der Herr unterlag einer zeitlichen Fremdbestimmung.[16] So nimmt sich eine klevische Regimentsordnung von 1486 kritisch des Verhaltens des burgundisch geprägten Herzogs Johanns II. an, der jeglicher *kurzweil, freudenspel und wollust* zugetan gewesen sei, und geht ihn in einem 24 Punkte umfassenden Programm von elf namentlich zeichnenden *vrienden van raide* teilweise harsch an, unter anderem solle der Herzog doch *des morgens so tijtlich op stae, dat sijne genaden tot acht uren to raide gaen ind eyn ure bij sijne genaiden vrienden sijn moege*, um neun Uhr die Messe hören und sich um zehn zu Tisch begeben.[17] Und ein Drittes scheint auf, nämlich die Frage der Zeitökonomie und die damit verbundene Frage des vernünftigen Umgangs mit Zeit. Leon Battista Alberti (1404-1472) hat als „erster Autor des europäischen Uhrenzeitalters“[18] in seiner Schrift ‚Della famiglia‘ nunmehr *tempo* neben *corpo* und *animo* gestellt. Freilich hatte Alberti die Ökonomie des Hauswesens im Blick, nicht den höfischen Haus- und Hofhalt, wenn er *non perdere tempo* anmahnte.[19] Allerdings wissen wir, dass am einzelnen Hof in der – wenn man so will – privaten Sphäre meist tatsächlich hausväterliche Sparsamkeit herrschte: Der Speyerer Bischof Matthias Rammung (1465 bis 1467) aß am Abend gern die Fleischreste vom Frühmahl, allerdings nur dann, wenn keine fremden Gäste anwesend waren.[20] Das sich ändernde Zeitbewusstsein, das sich zum einen mit der Einführung und Verbreitung der mechanischen Uhr zeigt, zum anderen dadurch aber auch entscheidend beeinflusst wurde, zeichnete sich bereits am Ende des 12. Jahrhunderts ab. Im sogenannten Brief des Priesterkönigs Johannes wird Hof ganz im Gegensatz zur Darstellung beispielsweise eines Walter Map[21] oder eines Walther von der Vogelweide[22] sehr detailliert als wohlgeordneter Kosmos beschrieben.[23] Und ein Element dieser höfischen Ordnung sei

16 Vgl. bspw. Julius RICHTER: Das Erziehungswesen am Hofe der Wettiner Albertinischer (Haupt) Linie (Monumenta Germaniae paedagogica, 52), Berlin 1913, S. 339 zum Tagesablauf des Prinzen, der sich zwischen sechs und sieben Uhr morgens zu erheben hatte, dann sein *jus de cochleaire* nahm, um schließlich eine Stunde seinem Studium zu folgen.

17 Nach Klaus FLINK: Die klevischen Hofordnungen, in: Holger KRUSE/Werner PARAVICINI (Hrsg.): Höfe und Hofordnungen 1200-1600 (Residenzenforschung, 10), Sigmaringen 1999, S. 401-420, hier S. 415f.

18 Harald WEINRICH: Knappe Zeit. Kunst und Ökonomie des befristeten Lebens, München 2004, S. 27-31, hier S. 29.

19 Vgl. WEINRICH: Zeit (wie Anm. 18), S. 29.

20 Hierzu Gerhard FOUQUET: „Wie die kuchenspise sin solle“ – Essen und Trinken am Hof des Speyerer Bischofs Matthias von Rammung, in: Pfälzer Heimat 39 (1988), S. 12-27, hier S. 26.

21 Walter Map, De nugis curialium. Courtiers' trifels, ediert und übersetzt von Montague Rhodes JAMES, überarb. von Christopher Nugent Lawrence BROOKE und Roger Aubrey Baskerville MYNORS (Oxford Medieval Texts), Oxford 1983.

22 Siehe Reinhardt BUTZ: Herrschaft und Macht – Grundkomponenten eines Hofmodells? Überlegungen zur Funktion und zur Wirkungsweise früher Fürstenhöfe am Beispiel der Landgrafen von Thüringen aus dem ludowingischen Haus, in: Ernst HELLGARDT/Stephan MÜLLER/Peter STROHSCHNEIDER (Hrsg.): Literatur und Macht im mittelalterlichen Thüringen, Köln u. a. 2002, S. 45-84, hier S. 45f.

23 Hierzu Gert MELVILLE: Agonale Spiele in kontingenten Welten. Vorbemerkungen zu einer Theorie des mittelalterlichen Hofes als symbolischer Ordnung, in: Reinhardt BUTZ/Jan HIRSCHBIEGEL/Dietmar WILLOWEIT (Hrsg.): Hof und Theorie. Annäherungen an ein historisches Phäno-

„eine riesige, zentral gelegene Uhr […] [gewesen], deren Stundenschläge den höfischen Zeitablauf metrisierten […]"[24] – Instrument der Messung und Kontrolle und zugleich Element der höfischen Repräsentation.

Begrifflich ist soziale Zeit auf Emile Durkheim zurückzuführen.[25] Nach Durkheim ist soziale Zeit das zeitliche Arrangement der sozialen Aktivitäten einer Gesellschaft.[26] Auch Norbert Elias hat über soziale Zeit nachgedacht.[27] „Zeit" ist für Elias grundsätzlich Ausdruck einer menschlichen Syntheseleistung und symbolisiert Beziehungen.[28] Es geht folglich um die Zeit der Interaktion und Kommunikation, über die eine Gesellschaft zusammengeschlossen wird.[29] Für die höfische Gesellschaft des späten Mittelalters als eine jener vormodern-vorstaatlichen Anwesenheitsordnungen[30] gilt zudem, dass diese Zeit größtenteils in sogenannten face-to-face-Beziehungen[31] verlief, soziale

men. Dresdener Gespräche I zur Theorie des Hofes (Norm und Struktur, 22), Köln u. a. 2004, S. 179-202, hier S. 179.

24 MELVILLE: Spiele (wie Anm. 23), S. 179. Es wäre freilich noch zu überprüfen, seit wann die Passage über die Uhr in den überlieferten Texten erscheint.

25 Siehe Emile DURKHEIM: Die elementaren Formen des religiösen Lebens, übersetzt von Ludwig SCHMIDTS, 2. Aufl., Frankfurt a. M. 1984, S. 28ff., 587ff., vgl. DUX, Günter: Die Zeit in der Geschichte. Ihre Entwicklungslogik vom Mythos zur Weltzeit. Mit kulturvergleichenden Untersuchungen in Brasilien, Indien und Deutschland, Frankfurt a. M. 1989, S. 72.

26 DURKHEIM: Formen (wie Anm. 25), S. 29, vgl. DUX: Zeit (wie Anm. 25), S. 74.

27 Norbert ELIAS: Über die Zeit, hrsg. von Michael SCHRÖTER. Aus dem Englischen von Holger FLIESSBACH und Michael SCHRÖTER (Norbert Elias. Gesammelte Schriften, 9), Frankfurt a. M. 2004.

28 Vgl. ELIAS: Zeit (wie Anm. 27), S. 48f. und öfter (Symbolcharakter von Zeit), S. 52f. und öfter (Synthese).

29 Vgl. DUX: Zeit (wie Anm. 25), S. 78. Zur sozialen Zeit u. a. Gerhard SCHMIED: Soziale Zeit. Umfang, „Geschwindigkeit" und Evolution (Sozialwissenschaftliche Schriften, 11), Berlin 1985. Zur systemtheoretischen Perspektive Armin NASSEHI: Die Zeit der Gesellschaft. Auf dem Weg zu einer soziologischen Theorie der Zeit, Opladen 1993, der bezeichnenderweise in seinem Kap. über „Zeit und Zeitbewusstsein" das Mittelalter überspringt, indem er unmittelbar auf Augustinus die Ausführungen über Kant folgen lässt, ebenso Lutz GÖTZE: Zeitkulturen. Gedanken über die Zeit in den Kulturen, Frankfurt a. M. 2004, Kap. 3: „Die Philosophen der Neuzeit"unmittelbar an Kap. 2: „Das Zeitbewusstsein der Antike" anschließt.

30 Vgl. Rudolf SCHLÖGL: Kommunikation und Vergesellschaftung unter Anwesenden. Formen des Sozialen und ihre Transformation in der Frühen Neuzeit, in: Geschichte und Gesellschaft. Zeitschrift für historische Sozialwissenschaft 34, 2 (2008), S. 155-224.; siehe bereits DERS.: Vergesellschaftung unter Anwesenden. Zur kommunikativen Form des Politischen in der vormodernen Stadt, in: DERS. (Hrsg.): Interaktion und Herrschaft. Die Politik der frühneuzeitlichen Stadt (Historische Kulturwissenschaft, 5), Konstanz 2004, S. 9-60. Barbara STOLLBERG-RILINGER: Des Kaisers alte Kleider. Verfassungsgeschichte und Symbolsprache des Alten Reiches, München 2008, S. 11, 323 mit Anm. 11, spricht entsprechend von „Präsenzkultur".

31 Zum Funktionieren dieser Interaktionsform aus soziologischer Sicht Horst REIGER: Face-to-face Interaktion. Ein Beitrag zur Soziologie Erving Goffmans, 2., durchgesehene Aufl. (Europäische Hochschulschriften, Reihe 22: Soziologie, 230), Frankfurt a. M. u. a. 1997. Siehe auch Niklas LUHMANN: Interaktion in Oberschichten. Zur Transformation ihrer Semantik im 17. und 18. Jahrhundert, in: DERS.: Gesellschaftsstruktur und Semantik. Studien zur Wissenssoziologie der modernen Gesellschaft, Bd. 1, Frankfurt a. M. 1980, S. 72-161, hier u. a. S. 77: Interaktion unter Anwesenden ist das Erfordernis aller Gesellschaften ohne Massenmedien.

Zeit also überwiegend an Handlungszeit gebunden war, die auch aus Nichtstun bestehen konnte, einem Nichtstun aber, das nicht nur aus soziologischer Sicht keineswegs und zwangsläufig Zeitverschwendung war, sondern als demonstrativer Müßiggang nicht nur im Sinne Thorstein Veblens lediglich die nicht-produktive Verwendung von Zeit bezeichnet.[32]

Insbesondere in der höfischen Öffentlichkeit scheint herrschaftlich bestimmter, demonstrativer Umgang mit Zeit seit jeher deutlich zum Ausdruck zu kommen.[33] Die Verfügbarkeit über Zeit, die sich in zeremoniellen und räumlichen Zusammenhängen widerspiegelt und sich in Raumfolgen, Rangfolgen und Abfolgen niederschlägt, in Sitz- und Bewegungsordnungen wie beispielsweise dem Tanz, in Ausschlüssen und Einschlüssen, in Nähe und Distanz – im solcherart bemessenen Umgang mit Zeit –, zeigt sich unter anderem am Beispiel der Audienzen, die der burgundische Herzog Karl der Kühne an seinem Hof 1468 eingeführt hat.[34]

Gemäß der Hofordnung von 1469[35] waren alle am Hof präsenten Adligen zur Anwesenheit verpflichtet, Zuwiderhandlungen sollten zum Entzug von zwei Tagesgagen

32 Siehe Thorstein VEBLEN: Theorie der feinen Leute. Eine ökonomische Untersuchung der Institutionen. Aus dem Amerikanischen von Suzanne HEINTZ und Peter von HASELBERG, Frankfurt a. M. 1997, S. 51-78, hier S. 58. In diesem Sinn bezeichnet Werner Paravicini Hof richtig als die Institutionalisierung von Zeitverschwendung, Werner PARAVICINI: Alltag bei Hofe, in: DERS. (Hrsg.): Alltag bei Hofe (Residenzenforschung, 5), Sigmaringen 1995, S. 9-30, hier S. 27. In diesen Zusammenhang gehören auch Langeweile und Kurzweil. Rolf Sprandel weist darauf hin, dass der Begriff der „Kurzweil" schon in der Literatur des Hochmittelalters erscheine, ein Chronist des 14. Jahrhunderts schreibe sein Werk gar *pro temporis sublevamine*, Rolf SPRANDEL: Art. „Zeit. II. Sozialgeschichte", in: Lexikon des Mittelalters, Bd. 9, München/Zürich 1998, Sp. 512-514, hier Sp. 513f. Langeweile hingegen galt als *accedia* als eines der mittelalterlichen Hauptlaster, hierzu bspw. Siegfried WENZEL: The sin of sloth. Acedia in medieval thought and literature, Chapel Hill 1967. Vgl. Bourdieus Diktum, dass „Unterschiede innerhalb der Lebensstile und mehr noch der ‚Lebensstilisierung' […] auf Unterschieden in der objektiven und subjektiven Distanz gegenüber materiellen und zeitlichen Zwängen" beruhen, Pierre BOURDIEU: Die feinen Unterschiede. Kritik der gesellschaftlichen Urteilskraft, Frankfurt a. M. 1987, S. 591. Diesen Umstand illustriert Richard ALEWYN: Das große Welttheater. Die Epoche der höfischen Feste, 2., erw. Aufl., München 1985, S. 31: „Um acht oder neun ist Theater, um Mitternacht ein Souper […] und danach ist Tanz bis zum Morgengrauen. Und wenn in der Dämmerung die Karossen vom Hofe heimkehren, begegnen sie in den Gassen den Bürgern, die sich an die Arbeit begeben." Vgl. kontrastierend Peter DINZELBACHER: Die Zeit in der urbanen Mentalität des Mittelalters, in: KATZINGER: Zeitbegriff (wie Anm. 11), S. 21-38.

33 Die stets eine selektive ist, siehe PARAVICINI: Zeremoniell (wie Anm. 15), S. 15. Zur Problematisierung des Öffentlichkeitsbegriffs Arié MALZ: Der Begriff „Öffentlichkeit" als historisches Analyseinstrument. Eine Annäherung aus kommunikations- und systemtheoretischer Sicht, in: Romy GÜNTHART/Michael JUCKER (Hrsg.): Kommunikation im Spätmittelalter. Spielarten – Wahrnehmungen – Deutungen, Zürich 2005, S. 13-26.

34 Hierzu Werner PARAVICINI: The Court of the Dukes of Burgundy. A Model for Europe? In: Ronald G. ASCH/Adolf M. BIRKE (Hrsg.): Princes, Patronage, and the Nobility. The Court at the Beginning of the Modern Age, Oxford 1991, S. 69-102, hier S. 80.

35 Zur Überlieferung der Hofordnung Werner PARAVICINI: Ordre et règle. Charles le Téméraire en ses ordonnances de l'hôtel, in: Académie des Inscriptions & Belles Lettres. Comptes rendus des séances de l'année 1999, Paris 1999, S. 311-359, hier S. 315-317.

führen.[36] Kein Einziger habe es gewagt, fernzubleiben, so schreibt Olivier de La Marche, der Hofmeister des Herzogs, und jeder habe seinen exakt vorgeschriebenen Platz einzunehmen und schweigend einzuhalten, sitzend der Adel, hinter einer Brüstung stehend der niedere Hofhalt.[37]

Abb. 1: Herzog Karl der Kühne ernennt Offiziere
Miniatur aus der Heeresordnung von 1473, British Library, London, Add. Ms. 36619, fol. 5r
Repr. nach Susan MARTI/Gabriele KECK/Till H. BORCHERT (Hrsg.): Karl der Kühne (1433-1477). Kunst, Krieg und Hofkultur, Zürich 2008, S. 221

36 PARAVICINI: Court (wie Anm. 34), S. 80 mit Anm. 35.

37 Henri BEAUNE/Jules D'ARBAUMONT (Hrsg.): Mémoires d'Olivier de la Marche maître d'hôtel et capitaine des gardes de Charles le Téméraire (Société de l'Histoire de France, 213, 219, 220, 240; Ouvrages publiés par la Société de l'histoire de France, 70), 4 Bde., Paris 1883-1888, hier Bd. 4, S. 4-7. Vgl. Johan HUIZINGA: Herbst des Mittelalters. Studien über Geistes- und Lebensformen des 14. und 15. Jahrhunderts in Frankreich und in den Niederlanden, 11. Aufl., Stuttgart 1975, S. 51. Die ebd., S. 65 wiedergegebene Abb. (entspr. Abb. 1) zeigt freilich keine Audienz des Burgunderherzogs, sondern die Ernennung von Offizieren durch Übergabe eines Streitkolbens und einer Abschrift der Heeresordnung, siehe Renate HOLZSCHUH-HOFER: Feuereisen im Dienst politischer Propaganda von Burgund bis Habsburg. Zur Entwicklung der Symbolik des Ordens vom Goldenen Vlies von Herzog Philipp dem Guten bis Kaiser Ferdinand I., in: RIHA Journal 0006 (16. August 2010), www.riha-journal.org/articles/2010/holzschuh-hofer-feuereisen-im-dienst-politischer-propaganda (Stand: 17.04.2012), hier Abschn. 29 und 30.

Dass ein Herr auch in alltagspraktischen Zusammenhängen über die Zeit bestimmte, ist einer Schrift des Hans Hierszmann zu entnehmen, der über Krankheit und Tod Erzherzog Albrechts VI. von Österreich († 1463) berichtet. Hierszmann schreibt, dass der Fürst befohlen habe, *ich solt an die tür schlachen, das yederman schlauffen gieng, dann er müste auch schlauffen* [...][38]. Der *service par terme*, die zeitliche Grundstruktur des burgundischen Hofdienstes, die eine Einteilung in Viertel-, Drittel- und Halbjahresdienst kannte,[39] mag neben ihrer Funktion der Integration und Bindung symptomatisch für jenes praxisorientierte Zeitverständnis sein.

Bemessener Umgang mit Zeit auf Grundlage gemessener Zeit ist allerdings dem Ende des Mittelalters zuzuweisen und jene gemessene Zeit wurde nun zunehmend ein Faktor, dem auch in herrschaftlich-administrativen Zusammenhängen deutlich Rechnung getragen wurde. Auch am Hof Maximilians I. (1459-1519) in Innsbruck begann die ‚Herrschaft der Uhr' und in Berichten wurde nunmehr neben dem Datum der Ausfertigung die Uhrzeit notiert, Aktenvermerke enthalten die Aufforderung *cito, cito, cito*, die Arbeitszeiten einer Sieben-Tage-Woche waren dahingehend festgelegt, dass im Sommer von sechs bis zehn und von zwölf bis fünfzehn Uhr, im Winter von acht bis zehn und von dreizehn bis fünfzehn Uhr gearbeitet wurde.[40] In diesem Kontext stehen auch Zeitsignale wie das Horn, das am klevischen Hof das Gesinde zur Mahlzeit rief.[41] In Kleve wurde in mehreren Schichten gegessen, wie einer Türwärter-Ordinanz von 1481 zu entnehmen ist. Immerhin zählte der klevische Hof im 15. Jahrhundert etwa 250 Personen, in Spitzenzeiten 400, darunter etwa 50 Hofleute und 170 Personen des Hofgesindes.[42] Erst aß die herzogliche Familie, dann das Frauenzimmer, danach die Kanzlei, anschließend der Vorsteher der Kammerknechte mit ebenjenen Knechten, schließlich der Hofmeister und erst dann ertönte das Horn für die *dienren*

38 Hans Hierszmann über Krankheit und Tod Herzog Albrechts VI. von Österreich, in: Hermann MASCHEK (Hrsg.): Deutsche Chroniken (Deutsche Literatur, 4: Realistik des Spätmittelalters, 5), Darmstadt 1964, S. 271-285, hier S. 271, freundlicher Hinweis von Sven Rabeler, Kiel. Vgl. Gerold HAYER: Krankheit, Sterben und Tod eines Fürsten. Ein Augenzeugenbericht über die letzten Lebenstage Herzog Albrechts VI. von Österreich, in: Markus J. WENNINGER (Hrsg.): Du guoter tôt. Sterben im Mittelalter – Ideal und Realität. Akten der Akademie Friesach „Stadt und Kultur im Mittelalter", Friesach (Kärnten), 19.-23. September 1994 (Schriftenreihe der Akademie Friesach, 3), Klagenfurt 1998, S. 31-50. Vgl. die Überlegungen Birgit Emichs zur Bedeutung des Schlafes, Birgit EMICH: Zwischen Disziplinierung und Distinktion: Der Schlaf in der Frühen Neuzeit, in: Werkstatt Geschichte 34 (2003), S. 53-75.

39 Vgl. PARAVICINI: Alltag (wie Anm. 32), S. 30 mit Anm. 160; DERS.: Court (wie Anm. 34), S. 78f. Den Halbjahresdienst kannte u. a. auch der geldrische Hof, siehe Gerard NIJSTEN: Het hof van Gelre. Cultuur ten tijde van de hertogen uit het Gulikse en Egmondse huis (1371-1473), S. 34, oder der jülich-klevisch-bergische Hof, siehe Brigitte KASTEN: Überlegungen zu den jülich-(klevisch-)bergischen „Hofordnungen" des 15. und 16. Jahrhunderts, in: KRUSE/PARAVICINI (Hrsg.): Höfe und Hofordnungen (wie Anm. 17), S.421-455, hier S. 450.

40 Vgl. Manfred HOLLEGGER: Maximilian I. (1459-1519). Herrscher und Mensch einer Zeitenwende, Stuttgart 2005, S. 262.

41 Siehe FLINK: Hofordnungen (wie Anm. 17), S. 414; siehe auch Thomas ILGEN (Hrsg.): Ordnungen für einzelne Ämter des Clevischen Hofes aus dem Jahre 1479, in: Zeitschrift des Bergischen Geschichtsvereins 24 (1888), S. 77-84, hier S. 79, 82, zit. nach PARAVICINI: Alltag (wie Anm. 32), S. 28 mit Anm. 149.

42 Nach FLINK: Hofordnungen (wie Anm. 17), S. 407.

ind andere knechte und huysgesinde. Wann dies der Fall war, bestimmten zunächst die Köche, denn das Horn wurde in der Küche aufbewahrt. Erst Klagen über unregelmäßige Essenszeiten führten nach 1489 dazu, dass versucht wurde, die Mahlzeiten zeitlich festzuschreiben auf zehn und elf Uhr beziehungsweise siebzehn und achtzehn Uhr.[43] Solch alltagspraktische Ordnungen von Zeit gab es auch an anderen Höfen. So wurde am Kurmainzer Hof nach einer Hofordnung von 1505 die Morgensuppe nur noch von sieben bis acht Uhr im Sommer beziehungsweise von acht bis neun Uhr im Winter ausgegeben.[44] In einer Kurmainzer Ordnung von 1532 finden sich weitere Regeln zum zeitlichen Ablauf. So haben die Räte zu bestimmten Zeiten die Messe zu hören und der Kurfürst würde jeden Tag um neun Uhr Audienz halten.[45] Die Festlegung von Sitzungs- und Arbeitszeiten für die Räte und wann diese die Messe zu hören hätten, sind auch anderen Hofordnungen wie beispielsweise derjenigen Albrechts des Beherzten von Sachsen von etwa 1486, derjenigen Friedrichs des Weisen von 1499 oder derjenigen Herzog Georgs von 1502 zu entnehmen, hier auch jeweils die Festschreibung, die restlichen Stunden des Tages hätten die Räte frei und müssten lediglich bei Hof präsent sein.[46] In der *Instruction unnd Ordnung unnserer Niderosterreichischen Rait Chamer* vom 1. September 1539 sind in den §§ 17 und 18 dann auch nicht nur die exakten Dienstzeiten, sondern bereits geregelte Urlaubszeiten der Räte festgelegt bis hin zu dem Anspruch auf „jährlich vier Wochen bezahlten Urlaub, wovon Heimreisezeiten nicht abgezogen wurden, wenn mindestens fünf Meilen zurückgelegt wurden".[47]

Solche Zeitbestimmungen in Hofordnungen – die damit den Gedanken der Planbarkeit künftiger Handlungen beinhalten und somit allmählich auch das mittelalterliche Verhaftetsein beispielsweise am Kirchen- und Festkalender[48] überwinden –, deren diesbezüglich systematische Auswertung allerdings noch aussteht, dienten hauptsächlich der praktischen Bewältigung von Regierung und Verwaltung entsprechend der Definition von Hofordnungen als „vom jeweiligen Herrn erlassene Be-

43 Das Vorstehende nach FLINK: Hofordnungen (wie Anm. 17), S. 413f. Vgl. KASTEN: Überlegungen (wie Anm. 39), S. 441.

44 Siehe Walter G. RÖDEL: Kurmainz: Residenzen und Hofordnungen, in: KRUSE/PARAVICINI (Hrsg.): Höfe und Hofordnungen (wie Anm. 17), S. 285-300, hier S. 291.

45 Siehe RÖDEL: Kurmainz (wie Anm. 17), S. 293.

46 Siehe Reinhardt BUTZ: Die Stellung der wettinischen Hofräte nach Ausweis der Hofordnungen des ausgehenden Mittelalters, in: KRUSE/PARAVICINI (Hrsg.): Höfe und Hofordnungen (wie Anm. 17), S. 321-336, hier S. 330, 332.

47 Siehe Mark HENGERER: Wer regiert im Finanzstaat? Zur Entstehung landesfürstlicher Entscheidungen unter Mitwirkung der Niederösterreichischen Kammer im 16. Jahrhundert, in: Reinhardt BUTZ/Jan HIRSCHBIEGEL Hof und Macht. Dresdener Gespräche II zur Theorie des Hofes (Vita Curialis, 1), Münster 2007, S. 83-136, hier S. 36 mit Anm. 41. – Den oben gegebenen Beispielen strukturierter Abläufe auf der Grundlage gemessener Zeit ließen sich zahlreiche weitere hinzufügen, vgl. etwa den Tagesablauf im Haus Ribeaupierre, Benoît Jordan: Les Sires de Ribeaupierre, 1451-1585. La noblesse d'Alsace entre la gloire et la vertu (Publications de la Société Savante d'Alsace et des Régions de l'Est. Collection „Textes et documents", 44), Straßburg 1991, S. 177f., freundlicher Hinweis von Gabriel Zeilinger, Kiel.

48 Vgl. etwa Hans Martin SCHALLER: Der heilige Tag als Termin mittelalterlicher Staatsakte, in: Deutsches Archiv für Erforschung des Mittelalters 30 (1974), S. 1-24.

stimmungen, die feststellen, (1) welche Ämter es in seiner Haushaltung gibt, (2) wer sie innehaben soll, (3) mit welchem Gefolge bzw. mit welcher Entlohnung sie zu versehen sind, (4) was zu tun ist und (5) in welcher Form dies zu geschehen hat“[49]. In europäischer Perspektive zeigt die Überlieferungschronologie ein West-Ost-Gefälle. Frühe umfassende Regelungen wie in England, Frankreich, Mallorca und Burgund fehlen für das deutsche Reich bis zum 15. Jahrhundert fast vollständig. Die bislang bekannten Stücke mehren sich in der zweiten Jahrhunderthälfte, eine breite Überlieferung setzt erst im 16. Jahrhundert ein. Abhängigkeiten deutscher Hofordnungen von west- und südeuropäischen Vorbildern werden vermutet, sind aber bislang weder systematisch noch vergleichend untersucht.[50] Die Regulierung von Tagesabläufen bei Hof habe eine zusätzliche Bedeutung im Rahmen der Konfessionalisierung gewonnen, weil eine Hofordnung aufgrund der in ihr getroffenen Regelungen zum Gottesdienst einen der formalen Akte bei der Einführung der Reformation beziehungsweise der Gegenreformation in der jeweiligen Herrschaft darstellen konnte.[51]

Erste Hofordnungen gibt es seit dem 13. Jahrhundert, in Frankreich ab 1261.[52] Die für alle sicht- und hörbare öffentliche mechanische Zeitmessung setzte im 14. Jahrhundert ein,[53] bemerkenswerterweise nahezu zeitgleich mit dem Entstehen der ersten burgundischen Hofordnung 1389.[54] Freilich gab es Sanduhren, Wasseruhren, Sonnenuhren, kalibrierte Kerzen und natürlich das Geläut der Glocken, eindrücklich beschrieben von Johan Huizinga,[55] aber bis dahin keine von äußeren Einflüssen nahezu unabhängige Zeitmessung. Dass eine solche unabhängige und für Störungen nicht anfällige Zeitmessung dem Bedürfnis der Zeit entsprach, mag die 1410 erfolgte Enthebung des Turmwächters von Montpellier wegen wiederholter Trunkenheit belegen, der durch eine Uhr mit Schlagwerk ersetzt wurde.[56] Damit findet im Übrigen auch zum ersten Mal der Ersatz eines Menschen durch eine Maschine urkundlich Erwähnung.

Ein ganz anderes, nicht auf die Bedürfnisse der praktischen Erfordernisse des Diesseits zugeschnittenes Zeitbewusstsein offenbart die Wortdevise des Herzogs von Berry „Die Zeit wird kommen“ – *le temps viendra*, zu lesen auf Geschenken, die er zu den Neujahrstagen erhalten hatte wie reich verzierte Salzbehälter,[57] zu lesen aber auch

49 Werner PARAVICINI: Europäische Hofordnungen als Gattung und Quelle, in: KRUSE/PARAVICINI (Hrsg.): Höfe und Hofordnungen (wie Anm. 17), S. 13-20, hier S. 9.

50 Ein aktueller Überblick bei Ellen WIDDER: Art. „Hofordnungen“, in: PARAVICINI (Hrsg.): Hof und Schrift (wie Anm. 3), S. 391-407.

51 Ellen WIDDER: Hofordnungen im Niedersächsischen Reichskreis, in: KRUSE/PARAVICINI (Hrsg.): Höfe und Hofordnungen (wie Anm. 17), S. 457-495, hier S. 470, 489-491.

52 Siehe PARAVICINI: Hofordnungen (wie Anm. 49), S. 14.

53 Siehe DOHRN-van ROSSUM: Stunde (wie Anm. 9), S. 106-110.

54 Siehe PARAVICINI: Hofordnungen (wie Anm. 49), S. 14.

55 HUIZINGA: Herbst (wie Anm. 37), S. 2f. Vgl. BORST: Computus (wie Anm. 3), S. 38-43; FOUQUET: Zeit (wie Anm. 10), pass.; Harm von SEGGERN: Herrschermedien im Spätmittelalter. Studien zur Informationsübermittlung im burgundischen Staat unter Karl dem Kühnen (Kieler Historische Studien, 41), Ostfildern 2003, S. 64-72.

56 Siehe DOHRN-van ROSSUM: Stunde (wie Anm. 9), S. 122.

57 Bspw. 1407 von Guillaume de Lodes: *une salliere de cristal, garnie d'or, en façon d'une navete, et entour* VI *petites tournelles, garnie de* VI *balaiz et* XVII *perles grossetes, et sur le couvercle un cigne esmaillié de blanc, navré d'un balay, tenant un roolleau ou a escript*: Le temps venra, *qui*

auf seiner Grabtumba, die sich in der Kathedrale von Bourges befindet.[58] Möglicherweise ist diese Devise aber auch von der Mode der Zeit beeinflusst, einer Mode, die sich in ihrer Grundstimmung der Melancholie ergeben habe, wie Huizinga dies so eindringlich im „Herbst des Mittelalters" vorführt.[59] Eustache Deschamps (1346-1407), neben Karl von Orléans und François Villon einer der bedeutendsten französischen Dichter des späten Mittelalters, schreibt:

Temps de doleur et de tempacion,
Aages de plour, d'envie et de tourment,
Temps de langour et de dampnacion,
Aages meneur près du definement,
Temps plains d'orreur qui tout fait faussement,
Aages menteur, plain d'orgueil et d'envie,
Temps sanz honeur et sanz vray jugement,
Aage en tristour qui abrege la vie[60].

Freilich offenbart Deschamps ein modisches Unbehagen an seiner Zeit, attribuiert aber sein Zeitalter doch in einer neuen, zuvor nicht gekannten Weise, die einigen Aufschluss gewährt über das Empfinden von Dauer und das zugrundeliegende höfische Bewusstsein von Zeit als geistige Wegbereiter eines in die Moderne weisenden Verständnisses vom Nutzen gemessener Zeit.[61]

Weit deutlicher kommt dieses Zeitverständnis allerdings in anderen Werken zum Ausdruck. Zwischen 1331 und 1334 entstand die mystische Schrift ‚Horologium sapientiae' des Dominikaners Heinrich Seuse, 1389 als ‚Horloge de Sapience' ins Französische übersetzt, auch wenn hier noch der Anspruch besteht, im Räderwerk der Uhr das göttliche Ordnungsprinzip sinnlich erfahrbar zu machen.[62] In seinem ‚Livre du ciel

séoit sur un ours d'or, Archives Nationales, Paris, KK 258, fol. 97v; bspw. 1416 von Marie de Berry: *une petite salliere d'or, dont le fond et le couvercle sont de cassidoine, et par dessus ung fretelet garny d'un saphir et cinq perles, et entour le couvercle a escript*: Le temps vendra, Archives Nationales, Paris, KK 258, fol. 208r.

58 Siehe Millard MEISS: French Painting in the Time of Jean de Berry: The Late Fourteenth Century and the Patronage of the Duke, 2 Bde., London u. a. 1967, hier Bd. 2, S. 95-97. In der Kathedrale von Bourges befindet sich auch die älteste astronomische Standuhr Frankreichs, 1424 von dem Domherrn und Mathematiker Jean Fusoris geschaffen, siehe Emmanuel POULLE: Un constructeur d'instruments astronomiques au XVe siècle: Jean Fusoris (Bibliothèque de l'École des Hautes Études. Sciences historiques et philologiques, 318), Paris 1963. – Einen Überblick gibt der Katalog Richard MÜHE/Horand M. VOGEL: Alte Uhren. Ein Handbuch europäischer Tischuhren, Wanduhren und Bodenstanduhren, 4. Aufl., München 1986.

59 Vgl. HUIZINGA: Herbst (wie Anm. 37), S. 38 und öfter.

60 Auguste Henry Edouard Marquis de QUEUX de SAINT-HILAIRE/Gaston RAYNAUD (Hrsg.): Eustache Deschamps, Œuvres complètes. Publiés d'après le manuscrit de la Bibliothèque Nationale, 11 Bde. (Société des anciens textes français, 10), Paris 1878-1903, hier Bd. 1, S. 113, Nr. 31, vgl. HUIZINGA: Herbst (wie Anm. 37), S. 39.

61 Vgl. Richard GLASSER: Studien zur Geschichte des französischen Zeitbegriffs. Eine Orientierung, München 1936.

62 Pius KÜNZLE (Hrsg.): Heinrich Seuse, Horologium sapientiae, 1. kritische Ausgabe unter Benützung der Vorarbeiten von Dominikus PLANZER (Spicilegium Friburgense, 23), Freiburg 1977,

et du monde‘ von 1377 vergleicht Nicolas Oresme die Uhr dann bereits mit dem Universum. Die Bewegungen der Himmelskörper erfolgen, „wie wenn ein Mensch eine Uhr gemacht hat und in Gang setzt und es sich dann von selber bewegt“[63]. Nur wenig später entstand das Bild der Temperantia, die eine mechanische Uhr regelt (Abb. 2).[64]

Abb. 2: Temperantia
Christine de Pisan, Epistre d'Othea (um 1400)
Bibliothèque nationale de France, Paris, ms.fr. 848

dazu Klaus MAURICE: Die deutsche Räderuhr. Zur Kunst und Technik des mechanischen Zeitmessers im deutschen Sprachraum, Bd. 1: Text und Register, Bd. 2: Katalog und Tafeln, München 1976, hier Bd. 1, S. 6f., vgl. DOHRN-van ROSSUM: Stunde (wie Anm. 9), S. 99-101. Vgl. Otto MAYR: Uhrwerk und Waage. Autorität, Freiheit und technische Systeme in der frühen Neuzeit. Aus dem Amerikanischen von Friedrich GRIESE, München 1997, S. 50f., freundlicher Hinweis von Claus-Michael Ort, Kiel.

63 Albert Douglas MENUT (Hrsg.): Nicole Oresme, Le livre du ciel et du monde (Publications in medieval science, 11), Madison 1968, dazu MAURICE: Räderuhr (wie Anm. 62), S. 9f. Das Zit. bei David Ewing DUNCAN: Der Kalender. Auf der Suche nach der richtigen Zeit. Aus dem Englischen von Kristiana RUHL, München 1999, S. 269; Wolfgang ERNST: Medienmonastik. Taktung im Wioderstreit zwischen Liturgie und Maschine, in: Jens SCHNEIDER (Hrsg.): Klosterforschung. Befunde, Projekte, Perspektiven (MittelalterStudien, 10), München 2006, S. 163-182, hier S. 167. Vgl. MAYR: Uhrwerk (wie Anm. 62), S. 56f.

64 Vgl. auch Veronika PIRKER-AURENHAMMER: Modelle der Zeit in symbolischen Darstellungen des Mittelalters, in: Das Münster. Zeitschrift für christliche Kunst und Kunstwissenschaft 53 (2000), S. 98-119.

Diese Tugend wurde im 14. Jahrhundert zunächst mit der Sanduhr, dann aber mit der Räderuhr als Attribut versehen (Abb. 2). Christine de Pisan (1365-1429), die berühmte Schriftstellerin am Hof Karls VI. (1380-1422) und der Isabeau de Bavière, hat Temperantia in einer um 1400 verfassten Schrift mit den Worten kommentiert: „Der menschliche Körper ist wie eine Uhr, wie diese besteht er aus mehreren Teilen und muss durch Vernunft geregelt werden“[65].

Die Grundprinzipien des Ende des 13. Jahrhunderts aufkommenden mechanischen Uhrwerks waren bereits seit der Antike bekannt,[66] mit einem Antrieb durch ein Gewicht an einem Seil, Zahnrädern zur Übersetzung und einem Anzeigewerk, das einen Zeiger bewegen konnte. Der Gewichtsantrieb über eine Welle hatte aber den Nachteil, dass er nicht reguliert werden konnte, weil der Fall des Gewichts einen immer schneller werdenden ungehemmten Bewegungsablauf in Gang setzt. Es fehlte also an einer Vorrichtung, die die Regulierung des Fallens des Gewichts möglich machte, eine Uhrwerkhemmung. Eine solche Hemmung gelingt durch ein auf der Welle mit dem Gewicht montiertem Zahnrad, in das in regelmäßigen Abständen abwechselnd zwei auf einer Spindel angebrachte, rechtwinklig zueinander stehende Metallzungen, die sogenannten Spindellappen, eingreifen. Immer dann, wenn einer der Spindellappen das Zahnrad freigibt, verursacht der Zug des Gewichts einen kurzen Vorwärtsruck: Das Ticken der Uhr.[67] Uhrhemmungen sind nach Gerhard Dohrn-van Rossum seit 1300 belegt.[68] Nun wurde die Zeit auch in gleichmäßige Abschnitte eingeteilt, die ‚Stunde‘ als Zeitmaß begann, sich zu etablieren.[69] In den folgenden hundert Jahren haben sich die mechanischen Uhrwerke ausgehend von Italien in ganz Europa ausgebreitet, zunächst in den reichen Klöstern und den großen Kathedralen, später in den Städten.[70] So bekamen 1309 die Basilica di Sant'Eustorgio in Mailand und 1324 die Kathedrale von Beauvais eine eiserne Uhr, 1340 folgten Cluny und die Kathedrale von Chartres. Ende des 14. Jahrhunderts schließlich hatten bereits die meisten größeren europäischen Städte eine Räderuhr – Dante widmet ein Distichon seiner ‚Divina Comedia‘ einer solchen Uhr[71] –, die auch als Symbol

65 Gabriella PARUSSA (Hrsg.): Christine de Pizan, Epistre Othea (Textes littéraires français, 517), Genf 1999, dazu MAURICE: Räderuhr (wie Anm. 62), S. 7f., WENDORFF: Zeit (wie Anm. 9), S. 140f. Vgl. MAYR: Uhrwerk (wie Anm. 62), S. 53f.

66 Siehe auch die Art. über den Zahnradfund im Mittelmeer, der auf beachtliche antike Kenntnisse schließen lässt, Günther PAUL: Hipparchs Computer, in: Frankfurter Allgemeine Zeitung 279, 30.11.2006, S. 34; Tobias HÜRTER: Das Uhrwerk, in: Die Zeit 49, 30.11.2006, S. 39; Tony FREETH: Die Entschlüsselung eines antiken Computers, in: Spektrum der Wissenschaft 5 (2010), S. 62-70. Freundliche Hinweise von Goerges Lafrenz, Hamburg. Vgl. WHITROW: Erfindung (wie Anm. 9), S. 157-160.

67 Zur Funktionsweise MAURICE: Räderuhr (wie Anm. 62), S. 72-78; DOHRN-van ROSSUM: Stunde (wie Anm. 9), S. 49-57, 102f.

68 DOHRN-van ROSSUM: Stunde (wie Anm. 9), S. 57.

69 Ebd., S. 106-115, 202-265.

70 Vgl. MAYR: Uhrwerk (wie Anm. 62), S. 19-45 (zu Räderuhren, Herstellern und Benutzern); ERNST: Medienmonastik (wie Anm. 63); Ulf DIRLMEIER/Gerhard FOUQUET/Bernd FUHRMANN: Europa im Spätmittelalter 1215-1378 (Oldenbourg Grundriss der Geschichte, 8), München 2003, S. 90f.

71 Umberto BOSCO/Giovanni REGGIO (Hrsg.): Dante Alighieri, La Divina Commedia, Florenz 1979, hier S. 171: Paradiso X, 139-143, und S. 398: Paradiso XXIV, 13-15. Vgl. MAYR: Uhrwerk (wie Anm. 62), S. 48f.

für den städtischen Reichtum zu sehen ist.[72] Städtische Uhren erschienen 1344 in Padua, 1352 in Triest, 1353 in Genua, Florenz, Avignon und Windsor Castle, 1354 in Prag, 1356 in Pisa und Bologna, 1358 in Venedig und Regensburg, 1360 in Siena und 1362 in Ferrara,[73] kleinere Städte folgten.[74] Der öffentliche Stundenschlag von der Rathausuhr auf dem Marktplatz – so Dohrn-van Russem – regelte nun das Leben.[75] Feste Zeiten für allerlei Verrichtungen bürgerten sich ein, Ratssitzungen wurden zu festen Stunden angesetzt, wer zu spät kam, musste eine Geldstrafe zahlen.[76] Erste schulische Stundenpläne sind aus jener Zeit überliefert[77] und Ende des 14. Jahrhunderts gibt es in Hamburg bereits Verordnungen über Beginn und Ende der Arbeit.[78]

Auch in Kleve war am unteren Burgtor schon seit dem Ende des 14. Jahrhunderts eine weithin sicht- und hörbare Uhrglocke installiert,[79] möglicherweise nach burgundischem Vorbild, hatte doch Philipp der Kühne 1383 an der Pfarrkirche Notre-Dame in Dijon eine Turmuhr, genannt „Jacquemart" nach dem bronzenen Glöckner, anbringen lassen, die er nach der siegreichen Schlacht von Roosebeke gegen Flandern als Siegestrophäe aus Gent mitgebracht hatte.[80] 1335 schon wird die erste mechanische Uhr urkundlich erwähnt, die in der Kapelle des Palastes der Visconti in Mailand stand.[81] Die erste bekannte Federzuguhr – eine Weiterentwicklung der Räderuhr – besaß knapp hundert Jahre später Philipp der Gute von Burgund, heute im Germanischen Nationalmuseum Nürnberg zu sehen.[82] Aber erst im 16. Jahrhundert stoßen wir im Reich mit Jost Bürgi am Kasseler Hof auf einen Hofuhrmacher, der sich allerdings 1604 an den Prager Hof Rudolfs II. abwerben ließ.[83] Die Produkte höfischer Uhrmacherkunst am Prager Hof, die in enger Zusammenarbeit mit Goldschmieden und städtischen Werkstätten beispielsweise in Augsburg[84] entstanden, bringen das Bewusstsein der Kostbar-

72 DOHRN-van ROSSUM: Stunde (wie Anm. 9), S. 121-163. Vgl. KÜHNEL: Zeitbegriff (wie Anm. 6), S. 11-16; GURJEWITSCH: Weltbild (wie Anm. 6), S. 174-179.

73 Vgl. CIPOLLA, Zeit (wie Anm. 9), S. 38-40, DOHRN-van ROSSUM. Stunde (wie Anm. 9), S. 125-128.

74 Vgl. FOUQUET: Zeit (wie Anm. 10), S. 238f.

75 DOHRN-van ROSSUM. Stunde (wie Anm. 9), S. 106-110, 190-199. Vgl. GURJEWITSCH: Weltbild (wie Anm. 6), S. 174-179. Siehe aber auch unten S. 44 mit Anm. 89 und 90.

76 DOHRN-van ROSSUM: Stunde (wie Anm. 9), S. 220-227;

77 Ebd., S. 233-240. Vgl. Stefan EHRENPEIS: Zeitkonzepte im frühneuzeitlichen Erziehungs- und Schulwesen, in: Arndt BRENDECKE/Ralf-Peter FUCHS/Edith KOLLER (Hrsg.): Die Autorität der Zeit in der Frühen Neuzeit (Pluralisierung & Autorität, 10), Münster u. a. 2007, S. 171-186.

78 DOHRN-van ROSSUM: Stunde (wie Anm. 9), S. 269. Vgl. FOUQUET: Zeit (wie Anm. 10), S. 242-257.

79 Siehe FLINK: Hofordnungen (wie Anm. 17), S. 414.

80 Vgl. Richard VAUGHAN: Philipp the Bold. The formation of the Burgundian state, Neuaufl., Woodbridge u. a. 2002, S. 159.

81 MAURICE: Räderuhr (wie Anm. 62), S. 35.

82 Ebd., S. 85-87.

83 Ebd., S. 148-152; vgl. Evelyn KORSCH: Art. „Scientifica", in: PARAVICINI: Bilder und Begriffe (wie Anm. 3), S. 382-385, hier S. 382.

84 MAURICE: Räderuhr (wie Anm. 62), S. 156-163, 163-168, vgl. Uta LINDGREN: Art. „Mechanik[er]", in: PARAVICINI (Hrsg.): Bilder und Begriffe (wie Anm. 3), S. 470-473, hier S. 472. Einen Überblick über die spätmittelalterliche Uhrmacherkunst gibt DOHRN-van ROSSUM: Stunde (wie Anm. 9), S. 164-184.

keit von Zeit zum Ausdruck und stehen als wertvolle Prunkstücke zudem für ein neues Zeitverständnis.[85]

Bis zur Entwicklung der mechanischen Uhr hatte sich vor allem die Kirche für die Messung und Einteilung von Zeit interessiert.[86] Nun aber wurde die Zeit profan, war jetzt genau feststellbar, von allen, öffentlich sichtbar.[87] Jacques Le Goff beschreibt diesen Wandel der Mechanisierung und Säkularisierung von Zeit als Übergang von der Zeit der Kirche zur Zeit der Kaufleute.[88] Allerdings betont Gerhard Fouquet mit Blick auf den städtischen Bereich zu Recht, dass „die mechanischen Schlaguhren des Spätmittelalters [...] in ihrer revolutionierenden Wirkung von Teilen der modernen Forschung überschätzt [werden]“[89]: Die Ansätze zur Rationalisierung haben die Vielgestaltigkeit der Messung von Zeit lediglich vermehrt.[90] Freilich ist die mechanisch gemessene, öffentlich sichtbare und zweckrational funktionalisierte Zeit zunächst tatsächlich die Zeit der Städte. Und in diesem Bereich hat dann auch das Nachdenken über Zeitverschwendung begonnen.[91]

Für Herren und Fürsten war die mechanische Uhr noch ein Gegenstand der Zerstreuung und der Repräsentation, Zeitmessung wurde erst später zu einem Mittel der Herrschaft,[92] auch wenn bereits 1370 Karl V. von Frankreich befohlen hatte, dass alle Glocken der Stadt Paris sich nach der neuen, 1362 aufgestellten Uhr seines Palastes zu richten haben.[93] Die Inschrift über dieser Uhr lautete: „Die Maschine, die so genau die zwölf Stunden des Tages unterteilt, wird lehren, Recht und Gesetz zu achten“.[94] Möglicherweise ist Oresme, Erzieher Karls V., als dieser noch Dauphin war, zu seiner oben angeführten Bemerkung durch die Installation dieser Uhr im Louvre angeregt worden.

Die Messung von Zeit, deren öffentliche Sichtbarmachung und das Gebot, sich der gemessenen Zeit und ihren Rhythmen zu unterwerfen, wurde erst allmählich zu einem

85 KORSCH: Scientifica (wie Anm. 83), S. 383.

86 Vgl. WHITROW: Erfindung (wie Anm. 9), S. 135; Wolfgang DEPPERT: Zeit. Die Begründung des Zeitbegriffs, seine notwendige Spaltung und der ganzheitliche Charakter seiner Teile, Stuttgart 1989, S. 131-166; LECLERQ: Zeiterfahrung (wie Anm. 9), S. 8-20.

87 Vgl. LECLERQ: Zeiterfahrung (wie Anm. 9), S. 15.

88 Jacques LE GOFF: Au moyen âge. Le temps de l'église et le temps des marchands, in: Annales 15 (1960) S. 417-473. Vgl. Peter HERSCHE: Muße und Verschwendung. Europäische Gesellschaft und Kultur im Barockzeitalter, 2 Bde., Freiburg i. Br. u. a. 2006, hier Bd. 2, S. 753-759.

89 FOUQUET: Zeit (wie Anm. 10), S. 274, vgl. BORST: Computus (wie Anm. 3), S. 77. Kritisch auch DOHRN-van ROSSUM: Stunde (wie Anm. 9), S. 214. MAURICE: Räderuhr (wie Anm. 62), S. 52 hingegen unterscheidet theologische und technologische Zeit.

90 Vgl. FOUQUET: Zeit (wie Anm. 10), S. 275.

91 Jacques LE GOFF: Die Arbeitszeit in der „Krise“ des 14. Jahrhunderts: Von der mittelalterlichen zur modernen Zeit, in: DERS.: Für ein anderes Mittelalter. Zeit, Arbeit und Kultur im Europa des 5.-15. Jahrhunderts. Ausgewählt von Dieter GROH, eingeleitet von Juliane KÜMMELL, aus dem Französischen übersetzt von Juliane KÜMMELL und Angelika HILDEBRANDT-ESSIG, Frankfurt a. M. u. a. 1984, S. 29-42, hier S. 38. Siehe auch oben S. 33.

92 LE GOFF: Arbeitszeit (wie Anm. 91), S. 36.

93 Ebd., S. 36f.; DOHRN-van ROSSUM: Stunde (wie Anm. 9), S. 130, 202-204. Zur Innovationsfreude des französischen Königshauses ebd., S. 130-135.

94 Zit. nach Werner SULZGRUBER: Zeiterfahrung und Zeitordnung vom frühen Mittelalter bis ins 16. Jahrhundert, Hamburg 1995, S. 178.

Herrschaftsinstrument, auch wenn sich seit dem 14. Jahrhundert besonders im burgundischen Bereich Miniaturen häufen, auf denen auch Darstellungen von Uhren zu sehen sind (Abb. 3).

Abb. 3: Jean Froissart, Chroniques[95]
Bibliothèque nationale de France, Paris, ms.fr. 2645, fol. 14v

Zunächst aber hatten Uhren an den Höfen rein repräsentative Funktion. Um 1480 sollen der Herzog von Mailand und sein Hofstaat auf den Gewändern kleine Uhren getragen haben, die durch einen Schlag die Stunden anzeigten.[96] Tragbare Uhren wurden dann im frühen 16. Jahrhundert zu einem begehrten Gut am französischen Königshof.[97] Der Papst soll eine solche schon 1365 besessen haben wie auch der französische König 1377 und der burgundische Herzog 1385.[98] Schon 1387 sei am französischen Hof ein Uhrmacher beschäftigt gewesen.[99] Aber erst im 17. Jahrhundert heißt es in der

95 Vgl. auch Julie SINGER: L'Horlogerie et la mécanique de l'allégorie chez Jean Froissart, in: Médiévales 49 (2005), S. 155-172. Siehe auch MAYR: Uhrwerk (wie Anm. 62), S. 51f.

96 WENDORFF: Zeit (wie Anm. 9), S. 150.

97 Klaus MAURICE/Sigrid MAURICE: Stundenangaben im Gemeinwesen des 16. und 17. Jahrhunderts, in: Klaus MAURICE/Otto MAYR (Hrsg.): Die Welt als Uhr. Deutsche Uhren und Automaten 1550-1650, Berlin u. a. 1980, S. 146-158, hier S. 152.

98 DOHRN-van ROSSUM: Stunde (wie Anm. 9), S. 116.

99 Ebd.

Sprichwortsammlung Christoph Lehmanns (1570-1638): *Ein Fürst und Regent ist daß Lands Uhr / jeder richt sich nach denselben in Wercken / als wie nach der Uhr in Geschäfften*[100]. Damit hatte sich allerdings die Uhr und somit auch das Maß mechanisch gemessener Zeit als Sinnbild herrschaftlicher Autorität durchgesetzt[101] und erst gegen Ende des 18. Jahrhunderts fiel diese Uhrmetapher in Ungnade, wie Otto Mayr formuliert, als an die Stelle mechanistischer Deutungen organische Vorstellungen traten.[102] Die Instrumentalisierung von gemessener Zeit und die Herrschaft der Zeit selbst blieben freilich bestehen[103] und sind bis heute Gegenstand zahlreicher Diskussionen.[104]

100 Zit. nach MAYR: Uhrwerk (wie Anm. 62), S. 62. Vgl. SULZGRUBER: Zeiterfahrung (wie Anm. 94), S. 178.

101 Vgl. MAYR: Uhrwerk (wie Anm. 62), S. 63.

102 Vgl. ebd. S. 149-165, hier 164f.

103 Vgl. Barbara ADAM: Das Diktat der Uhr. Zeitformen, Zeitkonflikte, Zeitperspektiven. Aus dem Englischen von Frank Jakubzik, Frankfurt a. M. 2005.

104 Vgl. nur Karlheinz A. GEISSLER/Klaus KÜMMERER/Ida H. J. SABELIS: Zeitvielfalt. Wider das Diktat der Uhr, Stuttgart 2006.

Hendrik Mäkeler

Geldgebrauch als Lebensform. Die ‚Etymologien' des Isidor von Sevilla und die ‚Reformatio Sigismundi' über das Münzwesen

Das Konzept der Lebensformen dürfte allen Studenten geläufig sein, die Lehrveranstaltungen bei Gerhard Fouquet besucht haben. Verschiedene Dissertationstitel und -inhalte bezeugen,[1] dass es dem akademischen Lehrer gelang, seine Schüler mit jenen „geschichtlich eingeübte[n] soziale[n] Verhaltensweisen" zu elektrisieren, die Arno Borst in seinem Werk „Lebensformen im Mittelalter" beschrieben hat.[2]

Aus geldgeschichtlicher Sicht sind im weitesten Sinne drei Kapitel des Borst'schen Werkes von Interesse:

(1) Im Abschnitt über „Wendepunkte" gibt Borst zum einen die Geschichte eines unbekannten lateinischen Dichters wieder, die vom armen Bauern Einochs handelt. Einochs gelangt durch einen Münzfund zu zufälligem Reichtum, kann diesen gegen die Sozialordnung des Dorfes letztlich jedoch nicht verteidigen. Zum anderen verfolgt Borst einen Bericht über den Ursprung der Waldenser und die freiwillige Armut des reumütigen Zinsleihers Valdes, der nicht nur sein Vermögen aufgab, sondern durch die Bildung einer Laienbruderschaft der freiwillig Armen die öffentliche Ordnung störte. Borst weist in diesem Zusammenhang auf den wesentlichen Unterschied zwischen bäuerlichen und städtischen Lebensformen hin: Das Leben in der Stadt unterscheidet sich durch den Handel auf dem Markt und den kontinuierlichen Gebrauch von Geld vom Dasein auf dem Land.[3]

(2) Das Kapitel über „Marktwirtschaft" nennt die Münzmeister von Pavia und Mailand, die um 1027 von einem königlichen Bediensteten in ein Verzeichnis der Handwerker aufgenommen wurden. Darin sind auch ausführliche Einzelbestimmungen zur Organisation der Münzer und zu deren Verpflichtungen zu finden. Diese Angaben werden von Borst aber nicht eingehender gedeutet. So hebt er nicht sonderlich hervor, dass die Münzer zu jener Zeit vielerorts das vornehmste Gewerbe waren.

Auch der im selben Kapitel von Borst wiedergegebene Brief des Kaufmanns Andrea de' Tolomei aus dem Jahr 1265 enthält umfassende Angaben zum Münzwesen. In diesem Zusammenhang ist insbesondere die Beobachtung eines Kursverfalls durch

1 Genannt seien an dieser Stelle nur zwei von Gerhard Fouquet betreute Dissertationen, die den Begriff „Lebensformen" im Titel tragen: Sven RABELER: Niederadlige Lebensformen im späten Mittelalter. Wilwolt von Schaumberg (um 1450-1510) und Ludwig von Eyb d. J. (1450-1521) (Veröffentlichungen der Gesellschaft für fränkische Geschichte. Reihe IX: Darstellungen aus der fränkischen Geschichte, 53), Würzburg 2006; Gabriel ZEILINGER: Lebensformen im Krieg. Eine Alltags- und Erfahrungsgeschichte des süddeutschen Städtekrieges 1449/50 (Vierteljahrschrift für Sozial- und Wirtschaftsgeschichte. Beihefte, 196), Stuttgart 2007.

2 Arno BORST: Lebensformen im Mittelalter, Frankfurt a. M./Berlin 1973, S. 14 (Zitat).

3 BORST: Lebensformen (wie Anm. 2), S. 97-108.

umfangreiche Devisengeschäfte auf den Champagnemessen bemerkenswert. Die zusammenfassende Deutung Borsts geht indessen nicht über die Feststellung hinaus, dass eine zunehmend „geldbezogene Wirtschaft" entstanden sei. Die einzige grundlegende Beobachtung zum Geldgebrauch als einer Lebensform findet sich in der Feststellung, dass „überschüssiges Geld" selten investiert und häufig gehortet worden sei – einen Quellenbeleg für diese Behauptung nennt Borst jedoch nicht.[4]

(3) Schließlich lassen sich auch einem mit „Juden" betitelten Kapitel interessante Erkenntnisse über das Verhältnis der Menschen zum Geld entnehmen, das von Borst aber ausschließlich in Verbindung mit dem Verbot von Geldgeschäften für Christen gebracht wird. Borst gibt den Bericht des vom Judentum zum Christentum konvertierten westfälischen Prämonstratensers Hermann von Scheda wieder, der behauptete, Bischof Ekbert von Münster (1127-1132) Geld geliehen zu haben, ohne dafür ein Pfand zu fordern. Der Bischof befand sich 1127 oder 1128 im Gefolge König Lothars III. in Mainz und wurde von diesem länger als erwartet zur Führung von Reichsgeschäften herangezogen. Dementsprechend ging dem Münsteraner Bischof das Geld aus. Er sah sich gezwungen, von Hermann Silber zu leihen, und zahlte den Betrag erst zwanzig Wochen später kurz vor Ostern zurück.[5] An diesem Beispiel lassen sich grundlegende Aspekte des Geldwesens im 12. Jahrhundert festmachen, worauf Gerlinde Niemeyer in ihrer Edition des Textes bereits eingegangen ist: Sollten jene Ereignisse sich im Jahr 1127 abgespielt haben, wären Ekberts Geldverlegenheiten durch die Tatsache zu erklären, dass er sein Amt erst kürzlich angetreten hatte. Ging es um das Jahr 1128, ließe sich die dreimonatige Belagerung Speyers als Erklärung der allmählich erschöpften Finanzen heranziehen. Die Rückzahlung zu Ostern lässt sich hingegen recht einfach erklären: Die Abgaben an die Kirche wurden üblicherweise an den Hochfesten fällig. In Münster fiel zusätzlich noch das Fest des Heiligen Liudger in diese Zeit.[6] Einerseits wird also anhand dieser Anekdote der häufige Mangel an Münzgeld selbst im Umfeld von Hochadel und Geistlichkeit deutlich, der nicht selten durch das Ausprägen von Silber behoben wurde. Andererseits lassen sich die im Mittelalter üblichen Zahltermine erkennen.

Borst berührt mithin in den von ihm verwendeten Beispielen immer wieder das Geld, und auch von dessen zugehörigem Konkretum, den Münzen, ist die Rede. Dennoch erkennt Borst nach Ausweis der Kapiteleinteilung der „Lebensformen im Mittelalter" den Geldgebrauch nicht als eigene Lebensform an. Dies erscheint zunächst verwunderlich, da die Verwendung von Geld genau Borsts Definition der Lebensformen entspricht, indem sie „gar zu selbstverständlich" ist und daher „in die Niederungen der Banalität ab-

4 BORST: Lebensformen (wie Anm. 2), S. 383-395; zum Phänomen des Hortens mit seiner numismatischen und geldtheoretischen Bedeutung siehe neuerdings Hendrik MÄKELER: Querbezüge zwischen Mittelalternumismatik und Geldtheorie. Zur Deutung wikingerzeitlicher Depotfunde, in: Gerd DETHLEFS u. a. (Hrsg.): Nummi docent! Münzen – Schätze – Funde. Festschrift für Peter Ilisch zum 65. Geburtstag am 28. April 2012, Osnabrück 2012, S. 79-91.

5 BORST: Lebensformen (wie Anm. 2), S. 600-612.

6 Gerlinde NIEMEYER (Hrsg.): Hermannus quondam judaeus opusculum de conversione sua (Monumenta Germaniae Historica. Quellen zur Geistesgeschichte des Mittelalters, 4), Weimar 1963, S. 38f., 44.

gedrängt und unterschätzt" wird.[7] Darüber hinaus lässt sich der Gebrauch von Geld mühelos in die von Borst anhand der Wortgeschichte definierten „drei Hauptformen von Lebensformen" einordnen: Geld „befriedigt erstens vitale Bedürfnisse und Interessen wie Selbsterhaltung oder Selbstbestätigung". Es hilft darüber hinaus, „soziale Konventionen und Institutionen wie Ansehen" zu sichern. Drittens schließlich ist der Umgang mit Geld hilfreich beim Einüben „ethische[r] Normen und Werte wie Hingabe oder Enthaltung"[8].

Die Nichtberücksichtigung von Sachquellen erklärt Borst in seinem Werk damit, dass „man anhand archäologischer Funde sachliche Erfordernisse und Erzeugnisse von Lebensformen trefflich vorführen, jedoch die menschlichen Verhaltensweisen und ihre Zusammenhänge nur mittelbar erschließen" könne.[9] Wenn Geld und Münzen in dem Werk nicht explizit behandelt werden, ist das mithin nur folgerichtig. Es ist eine Konsequenz von deren Zwischenstellung zwischen Abstraktem und Konkretem, zwischen Schriftquellen und Sachquellen. Diese Besonderheit macht allerdings gerade den Reiz der Beschäftigung mit dem Münz- und Geldwesen sowie mit dem Geldgebrauch in historischen Gesellschaften aus, weshalb im Folgenden dessen Verortung innerhalb der Lebensformen versucht werden soll.

Analog zu Borsts Vorgehensweise sollen hier zwei Quellen, die dem frühen und dem späten Mittelalter entstammen, schlaglichtartig den Gebrauch von Geld während des Mittelalters beleuchten. Die Suche nach derartigen Quellenzeugnissen gestaltete sich allerdings nicht einfach. Nur selten hielt man im Mittelalter das teure Pergament für wert, es mit Angaben zur Verwendung von Geld zu beschreiben. Dieser Befund ist allerdings bereits ein erstes Indiz dafür, dass es sich um eine Lebensform im Borst'schen Sinne handelt.

Die ‚Etymologien' Isidors von Sevilla

Bei der ersten der beiden ausgewählten Quellen handelt es sich um die ‚Etymologien' Isidors von Sevilla, die im Übrigen ebenfalls von Arno Borst einer eingehenden Unter-

7 BORST: Lebensformen (wie Anm. 2), S. 20.

8 Sämtliche Zitate nach BORST: Lebensformen (wie Anm. 2), S. 21; zum Konzept des Geldgebrauchs als Lebensform bereits Hendrik MÄKELER: Reichsmünzwesen im späten Mittelalter. Teil 1: Das 14. Jahrhundert (Vierteljahrschrift für Sozial- und Wirtschaftsgeschichte, Beihefte, 209), Stuttgart 2010, S. 16f.

9 BORST: Lebensformen (wie Anm. 2), S. 22. Diese Ansicht Borsts stimmt im Übrigen nicht ganz mit der Darstellung des ehemaligen Leiters des Münzkabinetts im Schweizerischen Landesmuseum überein, auf die in den Literaturangaben (ebd., S. 680 zu S. 20) verwiesen wird, siehe Dietrich W. H. SCHWARZ: Sachgüter und Lebensformen. Einführung in die materielle Kulturgeschichte des Mittelalters und der Neuzeit (Grundlagen der Germanistik, 11), Berlin 1970, S. 7: „Die Erfordernisse des täglichen Lebens schaffen sich ihre Geräte, ihre Siedlungs- und Wohnformen; die einmal bestehenden Sachgüter zeichnen wiederum in einer geschlossenen Gesellschaft gewisse Lebensformen vor." – Nur am Rande sei vermerkt, dass die archäologische Forschung inzwischen teilweise durchaus eine direkte Ablesbarkeit menschlichen Denkens und menschlicher Verhaltensweisen an den Funden und Befunden behauptet. Zu dieser „postprozessualen" Archäologie siehe Bruce G. TRIGGER: A History of Archaeological Thought, 2. Aufl., Cambridge u. a. 2006, S. 444-478.

suchung unterzogen wurden. Isidor stammte aus dem byzantinisch beherrschten Cartagena. Er wurde in einer vornehmen Familie ganz in der Tradition des spätantiken Bildungswesens erzogen, folgte seinem Bruder Leander im Jahr 600 als Bischof von Sevilla nach und war mit dem westgotischen König Sisebut (612-621) befreundet, dem er sein enzyklopädisches Werk widmete. Borst hat aus Isidors Biographie mit Recht gefolgert, dass man in dessen Schriften den Widerklang von „lateinischer Antike, katholischem Christentum und germanischer Herrschaft" finde.[10] Besondere Beachtung verdient dabei der byzantinische Einfluss, auf den im Folgenden noch näher einzugehen ist.

In den ‚Etymologien' stellte Isidor das seiner Zeit zugängliche Wissen in durchaus enzyklopädischer Form zusammen. Der methodische Ansatz ist dabei die etymologische Herleitung, denn, so meinte Isidor, Worte und Namen ließen das Wesen der Dinge erkennen – wer den Namen einer Sache nicht wisse, kenne sie nicht.[11] In dieser Form sind in den ‚Etymologien' so unterschiedliche Wissensgebiete wie Grammatik und Medizin sowie Kirche und Kriegsführung aufgenommen. Von dem auf diese Weise entstandenen Wissenskompendium sind mehr als 1.000 mittelalterliche Abschriften überliefert. Auch unter den Inkunabeln nimmt das Werk einen prominenten Platz mit zahlreichen Drucken von Günther Zainer 1472 in Augsburg, Johann Mentelin 1473 in Straßburg, Johannes Amerbach (?) 1489 in Basel, Konrad Winters vor 1476 in Köln, Peter Löslein 1483 in Venedig und verschiedenen weiteren Druckern ein. Johann Drach († 1497), der Bruder des Speyerer Druckherrn Peter Drach, hatte nicht weniger als drei Exemplare der ‚Etymologien' im Angebot.[12] Es ist somit nicht unberechtigt, die ‚Etymologien' als ein „Grundbuch des ganzen Mittelalters" zu bezeichnen.[13]

Das 16. Buch der ‚Etymologien' behandelt Steine und Metalle, und dessen 18. Kapitel ist dem Gold gewidmet. Darin heißt es über das Geld:[14]

3. Pecunia prius de pecudibus et proprietatem habebat et nomen; de corio enim pecudum nummi incidebantur et signabantur. Postea a Saturno aereus nummus inventus; ipse enim signare nummos et scribi constituit.	3. Das Geld erhielt seinen Namen zunächst vom Viehbestand, denn Münzen wurden aus Viehhäuten zugeschnitten und geprägt. Danach wurde von Saturn die Bronzemünze erfunden. Er selbst bestimmte, dass die Münzen geprägt und gekennzeichnet werden sollten.

10 Arno BORST: Das Bild der Geschichte in der Enzyklopädie Isidors von Sevilla, in: Deutsches Archiv für Erforschung des Mittelalters 22 (1966), S. 1-62, hier S. 1f.

11 BORST: Bild (wie Anm. 10), S. 12.

12 Hendrik MÄKELER: Das Rechnungsbuch des Speyerer Druckherrn Peter Drach d. M. (um 1450-1504) (Sachüberlieferung und Geschichte, 38), St. Katharinen 2005, S. 172 Nr. 220 mit S. 321 Nr. 53.

13 BORST: Bild (wie Anm. 10), S. 7, 60.

14 Der lateinische Text ist der Ausgabe von Wallace Martin LINDSAY (Hrsg.): Isidori Hispalensis Episcopi etymologiarvm sive originvm libri XX, Oxford 1911, Bd. 2, lib. XVI, xviii, 3-5 und 8-12 entnommen. Die deutsche Übersetzung orientiert sich an Stephen A. BARNEY u. a. (Hrsg.): The *Etymologies* of Isidore of Seville, Cambridge u. a. 2006, S. 329, wo sich auf S. 7-28 umfangreichere Angaben zur Biographie und zum Werk Isidors sowie dessen Entstehung und Wirkung finden lassen.

4. Propterea et aerarium Saturno a gentilibus consecratum est. Alii, ut superius, pecuniam a pecudibus appellaverunt, sicut a iuvando iumenta sunt dicta. Omne enim patrimonium apud antiquos peculium dicebatur a pecudibus, in quibus eorum constabat universa substantia; unde et pecuarius vocabatur qui erat dives, modo vero pecuniosus.

4. Aus diesem Grund wurde dem Saturn das Staatsvermögen von den Heiden geweiht. Wie oben erwähnt, benannten andere das Geld nach dem Vieh, genauso wie Lasttiere (*iumentum*) nach dem Helfen (*iuvare*) benannt sind, denn von den Alten wurde sämtliches Privatvermögen als *peculium* bezeichnet, abgeleitet von dem Vieh (*pecus*), aus dem ihr gesamter Besitz bestand. Weshalb auch jemand, der reich war, *pecuarius* („Viehzüchter") genannt wurde, nun aber *pecuniosus* („wohlhabend", wörtlich „mit Geld versehen").

5. Antiquissimi nondum aura argentoque invento, aere utebantur. Nam prius aerea pecunia in usu fuit, post argentea, deinde aurea subsecuta est, sed ab ea, qua coepit, et nomen retinuit. Vnde et aerarium dictum, quia prius aes tantum in usu fuit, et ipsud solum recondebatur, aura argentoque nondum signato; ex quorum metallis quamvis postea fuisset facta pecunia, nomen tamen aerarii pennansit ab eo metallo unde initium sumpsit.

5. In den ältesten Zeiten wurde Bronze verwendet, weil Gold und Silber noch nicht entdeckt worden waren. Bronzegeld (*aes*) kam zuerst in Gebrauch, dann Silber, und schließlich folgte Gold, doch das Geld hat noch immer seinen Namen von dem Metall, mit dem die Entwicklung begann. Auf diese Weise wurde auch der Staatsschatz (*aerarium*) benannt, da zuerst nur Bronze benutzt wurde, weil Gold und Silber noch nicht gemünzt wurden. Danach konnte Geld aus jedem dieser Metalle gemacht werden, doch der Begriff *aerarium* verblieb, von dem Metall, von dem das Geld herstammte.

[...]

[...]

8. Vectigalia sunt tributa, a vehendo dicta. Stipendium ab stipe pendenda nominatum; antiqui enim adpendere pecuniam soliti erant magis quam ad numerare. Moneta appellata est quia monet ne qua fraus in metallo vel in pondere fiat.

8. Steuern (*vectigalia*) sind Abgaben, deren Bezeichnung von „übereignen" (*vehere*, *vectus*) herstammt. *Stipendium* stammt von einer Zahlung, die gewogen werden muss (*stips pendula*), denn die Alten waren es gewohnt, das Geld zu wiegen statt es zu zählen. Die Münze (*moneta*) wird so genannt, weil sie ermahnt (*monet*), dass kein Betrug bei der Metallqualität und dem Gewicht geschehen dürfe.

9. Nomisma est solidus aureus vel argenteus sive aereus, qui ideo nomisma dicitur quia nominibus principum effigiisque signatur. Prius nummus ἄργυρος nuncupabatur, quia quam plurimum ex argento percutiebatur.

9. Die *nomisma* ist ein Solidus aus Gold, Silber oder Bronze, und sie wird *nomisma* genannt, weil sie mit den Namen (*nomen*) und Bildern der Herrscher beprägt ist. Der *nummus* wurde zuerst als *ἄργυρος* („Silber") bezeichnet, denn er wurde vornehmlich aus Silber (*argentum*) geprägt.

10. Nummi autem a Numa Romanorum rege vocati sunt, qui eos primum apud Latinos imaginibus notavit et titulo nominis sui praescripsit.

10. Die *nummi* aber werden jetzt nach Numa benannt, dem König der Römer, der sie als erster Latiner mit Bildern beprägte und mit seinem eigenen Namen kennzeichnete.

11. Folles dicuntur a sacculo quo conduntur, a continente id quod continetur appellatum.

11. *Folles* werden nach dem kleinen Beutel benannt, in dem sie verwahrt werden, wobei der Inhalt nach seinem Behälter genannt wird.

12. In nomismate tria quaeruntur: metallum, figura et pondus. Si ex his aliquid defuerit, nomisma non erit.

12. Drei Dinge sind bei der Münzprägung notwendig: ein Metall, eine Form und ein Gewicht. Wenn eines dieser Elemente fehlt, handelt es sich nicht um Münzen."

An Isidors Ausführungen über das Geld lässt sich seine geistesgeschichtliche Stellung zwischen Antike und Mittelalter besonders deutlich ablesen. Gemäß antikem Denken leitete Isidor den Geldbegriff vom Vieh als dem wesentlichsten Besitz der Menschen ab. Die Münze dagegen ,mahnte' seiner Ansicht nach, dass ihre Metallqualität und ihr Gewicht nicht betrügerisch verändert werden durften. Die Erfindung der Münze, die durch ihr Gepräge gekennzeichnet wurde, konnte Isidor sich nur durch die göttliche Einflussnahme Saturns erklären. Als Gott des Ackerbaus wird durch ihn wiederum eine agrarische Erklärung für (Münz-) Geld, Besitz und Reichtum angedeutet. Arno Borst hat anhand dieses Beispiels zudem darauf aufmerksam gemacht, dass die Sprache in Isidors Verständnis „einen fast persönlichen Willen" habe und „zu technischen Fortschritten fähig" sei, wie die Ablösung des Viehs als Wertmesser durch das Geld zeige.[15]

Bemerkenswert ist, dass Isidor auch die Namen der seinerzeit gebräuchlichen byzantinischen Münzsorten etymologisch herzuleiten versuchte, was moderne Übersetzer der ,Etymologien' in Ermangelung numismatischer Kenntnisse gelegentlich in die Irre führen konnte. Isidor nennt die goldene *nomisma*, der 7.200 der kleinen kupfernen *nummi* entsprachen. 40 dieser *nummi* gingen wiederum auf den *follis*.[16] Tatsächlich lässt sich nachweisen, dass in spätrömischer und byzantinischer Zeit bestimmte Summen dieser Münzen in Beuteln versiegelt wurden und in dieser Form umliefen, genau wie Isidors etymologische Herleitung das nahelegt.[17] Darüber hinaus gibt auch die Beobachtung, dass Geld nicht immer nur gezählt, sondern zuvor gewogen worden war, einen Einblick in die alltägliche Gebrauchsweise der Zahlungsmittel.

Wichtig dabei ist in Isidors Sicht jedoch, dass eine Münze immer ein bestimmtes Metall, eine bestimmte Form und ein bestimmtes Gewicht aufweisen müsse. Erst durch diese Form der Standardisierung erübrigte sich das Zuwiegen der Zahlungsmittel. In der Folge stellte sich das Problem der Fälschung, weil genaues Wiegen und Prüfen durch die aufgeprägte Qualitätsgarantie grundsätzlich nicht mehr notwendig waren. Nicht zuletzt deshalb maß Isidor der Garantie des Geldwertes durch die Beprägung der Metallstücke mit Namen und Bild der Herrscher so große Bedeutung bei, dass er die Nominalbezeichnung der *nomisma* von dem Begriff ,Namen' herleitete.

Die ,Reformatio Sigismundi'

Als zweite Quelle wurde die sogenannte ,Reformatio Sigismundi' ausgewählt, die ein unbekannter Autor 1439 in Basel verfasste. Sie gehört zu dem umfangreichen Schrifttum, das im Zusammenhang mit der Reichsreform entstand, und sie hält auch das Münzwesen für reformbedürftig. In dem Text werden zunächst die geistlichen und dann die weltlichen Reformen dargestellt, die der Verfasser für notwendig erachtete. Daran schließt sich die Darstellung einer Vision Kaiser Sigismunds an, in der die erfolgreiche Umsetzung der Reformpläne vorhergesagt wird. Erst am Schluss des Textes sind Kapitel zum Münzwesen und zum Sammeln von Almosen durch die Bettelorden angefügt, bei denen es sich wohl um spätere Zusätze handelt, die jedoch nicht allzu-

15 BORST: Bild (wie Anm. 10), S. 51.

16 Vgl. einführend zu dem byzantinischen Münzwesen und dessen Münznominalen Philip GRIERSON: Byzantine Coinage, Washington 1999, S. 1f.

17 Michael F. HENDY: Studies in the Byzantine Monetary Economy, c. 300-1450, Cambridge u. a. 1985, S. 340-344.

lange nach der Niederschrift des Haupttextes entstanden sein dürften. Die Überlieferung der verschiedenen Fassungen der ‚Reformatio Sigismundi' im Zusammenhang mit der ‚Reformatio Friderici' und gelegentlich auch mit der Goldenen Bulle von 1356 lässt erkennen, dass man die ‚Reformatio Sigismundi' „als Teil der Reichsgesetzgebung empfunden und abgeschrieben" hat.[18]

Als wichtigste Quelle der ‚Reformatio Sigismundi' hat Heinrich Koller eine Denkschrift des Bischofs Johannes Scheele von Lübeck ausgemacht. Die dortigen Angaben zum Münzwesen sind recht knapp gehalten. Es wird eine allgemeingültige Münze gefordert, mit deren Hilfe der Betrug an der Bevölkerung beendet werden sollte.[19] Der Text steht seinerseits in engem Zusammenhang mit einer anonymen Denkschrift über die Reform der Kirche, die ebenfalls während des Basler Konzils vorgelegt wurde.[20] Auch darin wird das Münzwesen eher beiläufig angesprochen. Einen Lösungsansatz präsentiert dieser anonyme Text im Gegensatz zu der Denkschrift Scheeles allerdings nicht.[21]

Die ‚Reformatio Sigismundi' behandelt das Münzwesen dagegen wesentlich umfassender. Es handelt sich dabei sogar um einen der ausführlichsten Texte des Spätmittelalters, der den Geldgebrauch einer eingehenden Analyse unterzieht. Das Thema wird unter der Überschrift *Von der montze* behandelt:

> *Man solt nü mercken dye großen falscheyt der montze. Es ist yederman woll zü wissen, das groß auffsetze und absetze an den montzen geschehen. Ein montze wirt von golde woll angesetzet dick und vil und wirt bey eyden erkennet, also zü han für wert; als man dan verhandelt, das stet nit lange, sye wirt gesetzt und das golt geswechet; do seind eyd und er von gekrencket worden; da stet auch vil ubels von uff, als ich hye sage. Wann man innen wirt, das ein montze an einer stat abgesetzt wirtt, so findet man auch ander, dye auch absetzen und ee swechenn dann bessernn, dadurch dye herrschaffte und lender betraget werden, werdent dye ergriffen, so solt man sye brennen; man brennet yr aber nit vil, es get nü alles durch dye montzer. Aber dye montz hat yr freyheyt verloren.*
>
> *Also zü gleichen stet es auch umb dye clein silberin montze, darinne man auch großlich uberferet. Man slecht etwan ein pfunt für ein gülden, stundt das golt recht, XXX ß tetten köm ein gülden, also wirt man betrogen; thüt ein herre oder ein stat einen absatzt, wirt nü ein ander stat innen und thut auch also.*
>
> *Es sollen alle montze absein gen herren, stetten, geistlichen und weltlichen; wer dann gern montzen will, der mag darumb werben, als byßhere geschehen ist; do wirt mitgeben bullen und brieffen, wye man das golt und silber montzen und halten solt, in welcher wert in*

18 Heinrich KOLLER (Hrsg.): Reformation Kaiser Sigismunds (Monumenta Germaniae Historica. Staatsschriften des späteren Mittelalters, 6), Stuttgart 1964, S. 5 und S. 22 (Zitat); siehe auch DERS.: Art. „‚Reformatio Sigismundi' (‚Reformation Kaiser Siegmunds')", in: Kurt RUH u. a. (Hrsg.): Die deutsche Literatur des Mittelalters. Verfasserlexikon, Bd. 7: ‚Oberdeutscher Servatius' – Reuchart von Salzburg, Berlin/New York 1989, Sp. 1070-1074.

19 Heinrich DANNENBAUER u. a. (Hrsg.): Concilium Basiliense. Studien und Quellen zur Geschichte des Concils von Basel, Bd. 8: Acten, Rechnungen und Protokolle, Basel 1936, S. 128: *Item provideatur, ut tollantur fraudes monetarum, per quas a XL annis et citra proxime lapsis infinite homines dampnabiliter defraudati sunt et defraudantur, fiat ymmo una moneta generalis.*

20 Ebd., S. 17-19.

21 Ebd., S. 98: *Item imponatur lex camerario de moneta recipienda nec in bulla vel registro floreni ponderentur. Sepius enim proprios ex cude recepito florenos reiciunt ac si patrimonium proprium vendidissent. Nam si vellent corrigere mercatores curiam sequentes et leves florenos colligentes, melius providerent quam ita stricte plumbum et cordulas pro auro venundare.*

aller christenheyt gleich montze sein sol, wye dye lender dann genent sein, nichts außgenomen. Do wirt alwegen an einem teyl sten gebildet des reiches zeichen, das auch dye freyheyt der möntze zü geben hat, und an dem andernn teyl des herren oder der stat zeichen; das soll nü darumb stehen: welcherr herre oder stat dye montze nit enthielt, als sye geordent wirt, so kente man den herren oder stat darumb zü straffen, wann man wist es bey dem zeichen zü finden; wo man den funde keinen absatz an golde und an silber, der soll dann beraubt sein der montze und nit me montzen und darzü verfallen sein in dye kammer deß keysers hundert marck goldes an genode.

Es ist ein sach, dye notturfftig ist zü versechen; es get vil falsch umb in der montze; wo ein besser oder swecher ist, man verfuret sye auß einem lande in das ander, wann auch dye montze in iglichen wert bestat, so verfürt man kein.

Man soll dreyerley montz slahen und nit mer, ein gülden für ein pfunt, ein schillinger und dye cleinen und nit mer; do kann sych yederman woll gerichten.

Item mag man woll in yglicher stat haben einen wechselbanck von fremder leut wegen, dye da wandeln, und auch heymmischer; do sol man nehmen von einem gülden ein pfennig und nit mer; dye sollen auch erlaubt und erworben werden von einem keyser oder konig, also würde es wol sten in der welt[22].

Zunächst geht der Text mithin auf den Zustand des Münzwesens ein, wobei Gold- und Silbermünzen getrennt behandelt werden. Bei beiden Münzarten erkennt der anonyme Verfasser aber letztlich dasselbe Problem: Sobald eine Münzsorte an einem Ort in ihrem Wert vermindert worden sei, seien alsbald auch andere Orte gefolgt. Eine Anhebung des Wertes sei dagegen kaum vorgekommen. Eigentlich sollte diese Geldwertverminderung mit dem Tod durch Verbrennen bestraft werden, doch werde diese Strafe zu selten vollzogen. Eine der Textvarianten der ‚Reformatio Sigismundi' schildert die Sachlage vielleicht noch ein wenig deutlicher. Zwar verbrenne man einzelne Münzer, doch die Nutznießer der durch die Münzverschlechterung erhobenen Abgaben, die geistlichen und weltlichen Herren der Städte und Lande, verbrenne man nicht. Dabei trügen sie an dem Zustand des Münzwesens mindestens ebensoviel Schuld wie die Münzmeister.[23] Eine andere Version macht die Münzherren kurzum, und für das heutige Verständnis sehr überzeugend, für die Wirren im Währungswesen verantwortlich. Es wolle schlichtweg jedermann Münzen prägen, woraus sich die chaotischen Verhältnisse im Münzwesen erklären ließen. Dadurch sei eine an einem Ort gültige Münze am anderen nicht gangbar.[24]

An die Zustandsbeschreibung schließt sich ein umfassender Lösungsvorschlag an. Alle Prägestände sollten ihr Münzrecht verlieren. Münzinteressierte hätten sich in der

22 KOLLER (Hrsg.): Reformation (wie Anm. 18), S. 344, 346, 348.

23 Ebd., S. 345 und 347 (Version V): *Wenn man ynnen wirt, das ainer müntz ain absatz peschicht, so vindet man subtil leüt, die slahen müntz auff, die sein aber swecher, mit der furm und geprech in gleich, dardurch herrschaft und lender petrogen werden, werdent die ergriffen und man sie vindet, so prennt man sie; die sie nü verprennen, die haben steg und weg dartzu getan, des ersten von des pösen merschatzüng wegen, es sein hern oder stet, gaistlich oder weltlich, die sölch absetz ton, dieselben sein nü als schüldig, als die man darümb totet; sie haben auch vor got und im rechten ir freyhait zu müntzen verlorn.*

24 Ebd., S. 347 (Version P): *Man sol eygentlich wyssen und mercken, was irrung von der münsse ufstot. Jederman will münssen und wurt mengerley münsse geslagen von herren, von stetten; an einem ort nimpt man ein münsse, an dem anderen nit.*

Folge erneut um das Münzrecht zu bewerben, das ihnen mit eindeutigen Wertangaben zu den auszumünzenden Stücken verbrieft werden sollte. Auch die Gestaltung dieser Münzen wollte man genau festgesetzt sehen. Die Vorderseite sollte mit dem „Zeichen des Reichs" beprägt werden, während die Rückseite dem jeweiligen Münzherrn zugedacht war. Durch diese klare Kennzeichnung hoffte man, die etwaigen Emittenten minderwertiger Münzen zweifelsfrei erkennen zu können. Ihnen sollte das Münzrecht wieder entzogen werden, und sie hätten eine Strafe zu zahlen. Indem die Münzen auf diese Weise wertbeständig würden, gedachte man den Export minderwertiger Münzen in fremde Lande einzudämmen. Damit ist im Spätmittelalter einmal mehr das sogenannte „Gresham'sche Gesetz" ausformuliert worden – lange vor Thomas Gresham (1519-1579), dem erst von dem schottischen Wirtschaftswissenschaftler Henry Dunning MacLeod (1821-1902) fälschlicherweise die Erkenntnis zugeschrieben wurde, dass schlechtes Geld gutes Geld verdränge.[25]

Des Weiteren sah die ‚Reformatio Sigismundi' vor, dass künftig nur noch drei Münzsorten geprägt werden sollten: Gulden, Schillinge und Kleinmünzen. Dadurch wollte man die Verwendung von Münzen für die Allgemeinheit vereinfachen. Schließlich wünschte man sich in jeder Stadt eine Wechselbank, die aber nur mit kaiserlicher oder königlicher Genehmigung errichtet werden sollte. Als Wechselgebühr war ein Pfennig je Gulden angedacht.

In der ‚Reformatio Sigismundi' werden mithin zahlreiche alltägliche Probleme des Geldgebrauchs angesprochen: An erster Stelle die andauernde Sorge um die Wertentwicklung der Münzen, die sich nur ohnmächtig beobachten ließ, da die dafür Verantwortlichen nicht bestraft wurden. Die Klagen über die allzu zahlreichen unterschiedlichen Münzsorten erinnern an die kontinuierliche Notwendigkeit, fremde Münzen einzuwechseln. Dazu waren Kenntnisse über deren Wechselkurse zwingend erforderlich, über die große Teile der Bevölkerung jedoch nicht verfügten. Beim Einwechseln entstanden zudem Verluste durch die anfallenden Gebühren. Doch auch Falschmünzen waren eine Bedrohung der persönlichen Ökonomie. Angesichts der Tatsache, dass die Verwendung von Münzgeld sowohl für die spätmittelalterlichen Stadtbewohner als auch für ihre Zeitgenossen auf dem Lande beinahe unumgänglich mit Verlusten verbunden war, verwundert der naive Wunsch nach eindeutig von ihren Emittenten ge-

25 Zu MacLeods Erfindung des Gresham'schen Gesetzes siehe Raymond de ROOVER: Gresham on Foreign Exchange. An essay on early English mercantilism with the text of Sir Thomas Gresham's memorandum for the understanding of the exchange, Cambridge/Mass. u. a. 1949, S. 91-93; siehe auch Frank Whitson FETTER: Some Neglected Aspects of Gresham's Law, in: The Quarterly Journal of Economics 46 (1932), H. 3, S. 480-495, der auf S. 483f. den Gedanken, dass schlechtes Geld gutes Geld verdränge, zu Greshams Zeiten am ehesten mit einer Proklamation Elisabeths in Verbindung bringen kann. Frühere Formulierungen des Gesetzes sind zusammengestellt bei Thomas Willing BALCH: The law of Oresme, Copernicus and Gresham, in: Proceedings of the American Philosophical Society 47 (1908), H. 188, S. 18-29. Das Gelddenken Nicolas Oresmes ist behandelt bei Hendrik MÄKELER: Nicolas Oresme und Gabriel Biel. Zur Geldtheorie im späten Mittelalter, in: Scripta Mercaturae. Zeitschrift für Wirtschafts- und Sozialgeschichte 37 (2003), H. 1, S. 56-94; zu unterschiedlichen Spielarten „Gresham'scher Gesetze" siehe Thomas J. SARGENT und Bruce D. SMITH: Coinage, Debasements, and Gresham's Laws, in: Economic Theory 10 (1997), H. 2, S. 197-226, hier S. 199-202.

kennzeichneten Münzen wenig. Worauf sonst hätte man zu jener Zeit seine Hoffnung setzen können?

Geldgebrauch im Mittelalter

Überblickt man die Schriftquellen zum Geldgebrauch im Mittelalter, dann wird darin immer wieder die Furcht der Menschen vor einem Wertverlust des Geldes deutlich. Dementsprechend ist in den lateinischen Quellen des Mittelalters fortwährend von Münzbetrug (*fraus in moneta*), Falschmünzerei (*falsa moneta*) und dem Wertverlust der Münze (*corruptio monetae*) die Rede, wie ein Blick in die Monumenta Germaniae Historica zeigt.[26] Diese Begriffe entsprechen der *falscheyt* der Münze und dem *swechenn* der Zahlungsmittel, wovon die ‚Reformatio Sigismundi' berichtet.

Im frühen Mittelalter, für das Isidor von Sevilla eigentlich nur drei unterschiedliche, aber allgemein gültige Nominale kannte, bezog sich diese Furcht auf eine allgemeine Verschlechterung der Münze. Im Spätmittelalter waren die Währungsräume dagegen ähnlich atomisiert wie die Herrschaftsrechte der jeweiligen Mächtigen. Dadurch kam zur Furcht vor finanziellen Einbußen durch den allgemeinen Wertverlust der Münzen noch die Angst vor Verlusten beim Wechseln der zahlreichen unterschiedlichen Münzsorten hinzu. Solche Verluste konnten zweierlei Ursachen haben: Einerseits konnten sie aus Unkenntnis der diversen Wechselkurse resultieren und andererseits durch die hohen Wechselgebühren verursacht werden. Darüber hinaus sorgte man sich im Fall von Abwertungen einzelner Münzsorten mit allem Recht wegen einer möglichen ‚Ansteckung' weiterer Währungen.

Welche Bedeutung derartige Sorgen für die Menschen hatten, wird deutlich, wenn man sich den Zusammenhang zwischen Geldgebrauch im Besonderen und städtischen Lebensformen im Allgemeinen verdeutlicht. Gerhard Fouquet hat unter den städtischen Lebensformen nicht zuletzt die Sparsamkeit als wesentliches Merkmal der Mittelschichten ausgemacht. Als Quellengrundlage dienten ihm dabei die sorgfältig verzeichneten Einnahmen des Augsburger Chronisten Burkard Zink. Er besaß anfänglich kaum ein paar Pfennige Bargeld, verdiente gemeinsam mit seiner Ehefrau jedoch durchschnittlich 152 Pfennige pro Woche, so dass er 1448 schließlich ein Steuervermögen von etwa 1.135 rheinischen Gulden erreichte. Die Deflation, die durch die Pest im Jahr 1420 verursacht wurde, trug laut Fouquet das ihre zu dem wirtschaftlichen Erfolg der Zinks bei, indem Lebensmittel günstig zu erhalten waren.[27] Wenn Burkard Zink durch Arbeiten und Haushalten zu einem wohlhabenden Mann werden konnte, dann lag das jedoch nicht zuletzt daran, dass seine in Geld eingetauschte Arbeitsleistung und Lebenszeit nicht ‚weginflationiert' wurden. Nicht umsonst beobachtete Zink

26 Eine entsprechende Abfrage lässt sich komfortabel mit Hilfe der retrodigitalisierten Bände über die Website www.dmgh.de durchführen.

27 Gerhard FOUQUET: Städtische Lebensformen im Spätmittelalter. Neue Perspektiven und neue Forschungen, in: Jahrbuch für Regionalgeschichte 22 (2003), S. 12-36, hier S. 32-36. Mit zahlreichen weiteren Beispielen ist das Thema ‚Sparsamkeit' für das Mittelalter nunmehr ausführlicher behandelt bei Gerhard FOUQUET: Sparsamkeit – ein Phänomen des Haushaltens in den Lebenswelten des Mittelalters. Harald Witthöft zum 80. Geburtstag, in: Vierteljahrschrift für Sozial- und Wirtschaftsgeschichte 99 (2012), H. 1, S. 1-15.

argwöhnisch den Verlauf der sogenannten Schinderlingszeit von 1459/60, während derer der rheinische Gulden auf den aberwitzigen Wert von 10 Pfund Pfennigen anstieg: *da ist menig man mit verdorben und der ander reich worden*[28].

Sparsamkeit und Haushalten, das lehrt dieses Beispiel, erhielten erst durch wertstabiles Geld einen Sinn. Im Umkehrschluss machte Inflation die genannten Lebensformen der Mittelschicht sinnlos. Der Wertverlust des Geldes führte damit zu einer Veränderung von Lebensformen, die von der Form des Geldgebrauchs abhängig waren. Indem die soziale Schichtung der Gesellschaft maßgeblich durch diese Lebensformen konstituiert wurde, hatte deren Veränderung auch eine Veränderung der Gesellschaft zur Folge, im Extrem sogar deren Zerfall.[29]

28 Die Schinderlingszeit ist ausführlich untersucht worden von Hubert EMMERIG: Bayerns Münzgeschichte im 15. Jahrhundert. Münzpolitik und Münzprägung der bayerischen Herzogtümer und ihrer Nachbarn von 1390 bis 1470, 2 Bände (Schriftenreihe zur bayerischen Landesgeschichte, 150), München 2007, S. 99-126; zu Zinks Schilderung der Schinderlingszeit nunmehr auch Gerhard FOUQUET und Gabriel ZEILINGER: Katastrophen im Spätmittelalter, Darmstadt 2011, S. 141f.; das Zink-Zitat nach Chroniken der Deutschen Städte, Bd. 5: Augsburg, Bd. 2, Leipzig 1866 [ND Göttingen 1961], S. 113.

29 Vgl. dazu Hendrik MÄKELER: Geldwertveränderungen als Auslöser innerstädtischer Konflikte im Spätmittelalter, in: Bremer Beiträge zur Münz- und Geldgeschichte 4 (2005), S. 81-105.

Hans-Peter Maume

Gilden in Dithmarschen

Gilden stellten ein „grundlegendes Sozialgebilde genossenschaftlicher Ordnung“[1] dar, deren Existenz seit der zweiten Hälfte des 8. Jahrhunderts belegt ist. Als Personenvereinigungen gingen sie aus den bestehenden lokalen Verbandsbildungen hervor und bildeten ein autonomes Sonderrecht heraus, auf dessen Grundlage sich eigenständige institutionelle Organisationsformen entwickelten. Sie verfügten über „gemeinsame, unverwechselbare und Identitäten stiftende Verhaltensweisen zweck- und wertrationalen Handelns“[2]. Damit fand diese Gemeinschaftsform starke Verbreitung in großer zeitlicher Kontinuität.

In der Forschung werden die schleswig-holsteinischen Gilden als landestypische Erscheinungen angesehen.[3] In ihnen verkörperte sich nicht nur eine Form des gesellschaftlichen Lebens in den Städten seit dem Mittelalter, Gilden waren auch in ländlichen Regionen des Landes durchgängig eine wichtige Form der Vergesellschaftung. Das gilt insbesondere für Dithmarschen, wo sie seit dem Mittelalter eine herausragende Bedeutung im gesellschaftlichen Leben innehatten. Bisher gibt es nur wenige Untersuchungen zu einzelnen Gilden, eine umfassendere Darstellung dieser für die Landschaft typischen Vergemeinschaftungsform liegt noch nicht vor. Dieser Beitrag ist der Versuch, die Entwicklung des Typus Gilde in seinen verschiedenen Formen aufzuzeigen.

In Dithmarschen waren Gilden spätestens zu Beginn des 15. Jahrhunderts fester Bestandteil des Verfassungslebens. Nach dem Landrecht von 1447 stand ihnen wie den Kirchspielen, Bauerschaften, Geschlechtern und Kluften das Pfändungsrecht gegenüber ihren Mitgliedern zu.[4] In ihrer Gleichstellung mit diesen anderen Rechtskörperschaften zeigte sich nicht nur ihr hoher verfassungsrechtlicher Rang, sondern auch ihre tatsächliche politische und gesellschaftliche Bedeutung. Die Rechte der Gilden wurden im Landrecht von 1537 noch erweitert, indem sie das Klagerecht bei ihrer Besitzwahrung gegenüber den örtlichen Bauerschaften erhielten.[5] Diese Rechtsbestimmung belegt, dass sie über die gesamte Landschaft verbreitet waren. Neocorus be-

1 Gerhard FOUQUET: Art. „Gilde“, in: Handwörterbuch zur deutschen Rechtsgeschichte, Bd. 2, 10, 2. völlig überarb. und erweiterte Aufl., Berlin 2009, Sp. 383-386, hier Sp. 383.

2 Ebd., Sp. 385.

3 Konrad KÖSTLIN: Gilden in Schleswig-Holstein. Die Bestimmung des Standes durch „Kultur“, Göttingen 1976, S. 25.

4 Dithmarscher Landrecht von 1447 mit Zusätzen bis 1467 [im Folgenden LRI], in: Andreas L. J. MICHELSEN (Hrsg.): Sammlung altdithmarscher Rechsquellen, Altona 1842 [ND Aalen 1969], S. 1-86, hier S. 8, Art. 16.

5 Dithmarscher Landrecht mit seinen Zusätzen bis 1538 in der Ausfertigung von 1539 [im Folgenden LRII], in: Andreas L. J. MICHELSEN (Hrsg.): Sammlung altdithmarscher Rechtsquellen, Altona 1842 [ND Aalen 1969], S. 87-176, hier S. 98, Art IV.

richtet in seiner Landeschronik, dass es in allen Kirchspielen *herliche Gilden* gibt, die *rike Inkumbnisten* hatten.[6]

Die Verbreitung der Gilden über alle Teile des Landes steht im Zusammenhang mit der kirchlichen Organisation in Dithmarschen. An allen Kirchenstandorten bildeten sich Gemeinschaften, die sich der Armenpflege widmeten. Neocorus hebt hervor, dass die Armen in den Kirchspielen von ihnen unterstützt wurden und *Armen Hüser*[7] eingerichtet worden sind.

In Dithmarschen hatten seit dem 11. Jahrhundert die Geschlechterverbände im politischen und gesellschaftlichen Leben zunehmend Einfluss gewonnen. Die Familienverbände konnten ihren Genossen in allen rechtlichen und sozialen Belangen Schutz gewähren. Menschen, die nicht einem Geschlecht angehörten, waren als sogenannte Ungesippte rechtlos. Eine Unterstützung, wenn sie erforderlich war, konnten sie allein von kirchlicher Seite erhalten.

Die Gilden der Kirchspiele waren Gemeinschaften von Klerikern und Laien, die einflussreichen Geschlechterfamilien entstammten. Die Mitwirkung von führenden Repräsentanten des Bauernstandes trug stark zur Entwicklung dieser christlichen Gemeinschaften bei, von denen es in bedeutenden Kirchspielen in der Marschregion, wie etwa Wöhrden und Lunden, sogar mehrere gab. Bolten stellt in seiner Landesgeschichte heraus, dass „die Gilden […] zugleich, wie ein Kaland, allerley Einflüsse und Intraden hatten“[8]. Von dieser Feststellung ausgehend, kann vermutet werden, dass sich in den Gilden christliche Vorstellungen mit gesellschaftlichen und politischen Absichten vermengten. Die Gilden mit ihrem geistlichen und sozialen Auftrag in den Kirchspielen standen in Opposition zu den Geschlechterverbänden, die sich von den Marschgebieten her ausgebreitet hatten und im späten Mittelalter ihre Macht in der gesamten Landschaft entfalten konnten.

Die Gründung von geistlichen Gilden zu Beginn des 16. Jahrhundert entsprach einer verstärkten Religiosität, wie sie nicht nur in Dithmarschen zu beobachten war.[9] Sie ist Ausdruck einer anwachsenden Subjektivität, die bestehende Strukturen wie die Geschlechterordnung in Frage stellte. Die eigene Religionsausübung verband sich in den Gilden mit dem sozialen Engagement in der Armenfürsorge, die von den Kirchspielen eingerichtet wurde. Das wirtschaftlich hochentwickelte Dithmarschen zog viele Menschen ins Land, von denen eine wachsende Anzahl ihre Lebensgrundlagen nicht selbst bestreiten konnten und die daher in Armut absanken.

Die bedeutendste geistliche Gilde in Dithmarschen ist die 1508 im Kirchspiel Lunden gegründete St. Pantaleons-Gilde, die aus drei Geistlichen und neun Laien bestand. Zu den Gründern gehörten zwei Mitglieder aus dem Dithmarscher Regierungs-

6 Johann ADOLFI (gen. NEOCORUS): Chronik des Landes Dithmarschen. Aus der Urschrift, 2 Bde., hrsg. von Friedrich C. DAHLMANN, Kiel 1827 [ND Leer 1978], hier Bd. 1, S. 227: *inkumbniste* (mnd.), Einkünfte.

7 Ebd.

8 Johann A. BOLTEN: Ditmarsische Geschichte, Bd. 4, Flensburg/Leipzig 1788 [ND Leer 1979], S. 42.

9 Jörg MISSFELDT: Staat und Kirche in Dithmarschen in der ersten Hälfte des 16. Jahrhunderts, in: Schriften des Vereins für Schleswig-Holsteinische Kirchengeschichte, Reihe 2: Beiträge und Mitteilungen 45 (1992), S. 43-136, hier S. 66.

kollegium der 48 Regenten, Peter Swyn und Claus Nanne. Beide entstammten einem der bedeutendsten Geschlechter im Kirchspiel Lunden, dem der *Wurtmannen* mit seinen beiden Untergliederungen, den Kluften der *Nannen* und *Swynen*, und verfügten als wohlhabende Hofeigentümer jeweils über Landbesitz von über 100 ha. Peter Swyn war vermutlich Eigner eines Schiffes, mit dem er sich auf eine Wallfahrt nach Santiago de Compostela begab.[10] Seine herausragende politische Stellung im noch unabhängigen Dithmarschen zeigte Peter Swyn als Repräsentant des Landes in verschiedenen auswärtigen Missionen. Claus Nanne machte eine Wallfahrt ins Heilige Land, wo er zum Ritter geschlagen wurde.[11] Unter den Gründungsmitgliedern befanden sich drei weitere namhafte Repräsentanten des Kirchspiels, die später in das 48er-Kollegium berufen wurden: ein Goldschmied, ein Mediziner und ein Schmied.

In ihrer Beliebung legten die Gildebrüder die Regeln fest, die für ihre *brudershop* gelten sollten.[12] Breiten Raum nahmen dabei die Bestimmungen über das jährliche Festmahl am Sonntag nach St. Pantaleon ein. Der Ältermann hatte einen *roen Schinken myt Knoffeloke* (Knoblauch) und ein weiteres Gericht zuzubereiten und eine Tonne (139 l) Bier zu besorgen. Die Brüder mussten pünktlich um zwölf Uhr zum Festessen erscheinen, sonst drohte eine Bestrafung. Ungebührliches Verhalten, wie das Biervergießen oder Beleidigungen von Gildebrüdern, wurde mit einer Tonne Hamburger Bier bestraft. Aufgenommen werden konnten neue Mitglieder mit Zustimmung aller Gildebrüder oder durch Mehrheitsbeschluss. Am Montag nach St. Pantaleon wurden Vigilie und Seelenmesse für die verstorbenen Mitglieder abgehalten, bei denen jeder Gildebruder für jede Seele opfern sollte. Beim Tod eines Gildebruders waren 30 Seelenmessen zu lesen, die Erben erhielten ein Pfund Kerzenwachs.

Bestimmungen über die Armenversorgung waren in der Beliebung von 1508 nicht enthalten. Diese wurden erst 1518 in einer Stiftungsurkunde niedergelegt.[13] Zu den Seelenmessen lud man acht Arme ein, die an den Gebeten für die Stifter der *milden Handrekinge* (Gaben) teilnahmen. Nach den Gottesdiensten verteilten die Älterleute montags acht Roggenbrote und zwei Pfund Butter, freitags acht Roggenbrote und acht Heringe. Weitere Arme konnten dann versorgt werden, wenn im Gottesdienst mehr Geld gespendet worden war. Die *ghifte* (gemeint ist das Stiftungskapital) durfte jedoch nicht angetastet werden. Die gesamte Rente musste an die Armen verteilt werden. Das Kirchspiel Lunden hatte darüber zu wachen, dass das Stiftungskapital in vollem Umfang erhalten blieb. Die Gilde beabsichtigte den Bau eines *sekenhus* (Siechenhaus) für die Unterbringung von Armen.

Mit dem Rentengeschäft erwirtschaftete die Gilde beträchtliche Einnahmen, wie sich aus einem Eintrag in das Gildebuch im Jahre 1553 ergibt. Wibers Drewes lieh sich 15 Mark lübsch und musste, solange er das ‚Capital' nicht zurückgezahlt hatte, jährlich zu Michaelis eine Mark Zinsen entrichten. Zur Sicherheit musste er mit sei-

10 NEOCORUS: Chronik (wie Anm. 6), Bd. 1, S. 548.

11 Ebd., S. 233.

12 Heide, Kirchenkreisarchiv des Kirchenkreises Dithmarschen, Archiv der Kirchengemeinde St. Laurentius Lunden, Nr. 786.

13 Vgl. Anhang bei Johann C. KINDER: Alte Ditmarsische Geschichten, Bd. 1: Bilder aus der Lundener Chronik, Heide 1885, S. 215f.

nem Haus bürgen.[14] Die Gilde verfügte 1518 über einen Kapitalstock von 443 Mark.[15] Größere Stiftungsbeiträge kamen von den Gründungsmitgliedern, unter ihnen waren Peter Swyn, Claus Nanne und Johann Rode, der erste Bürgermeister,[16] nachdem Lunden 1529 das Stadtrecht erhalten hatte.

Die Gründung von Gilden in Dithmarchen war in vorreformatorischer Zeit nur möglich, weil sich führende Geschlechtsgenossen daran beteiligten. An der Lundener St. Pantaleons-Gilde zeigt sich, dass deren Gründer, obwohl noch der alten Ordnung angehörend, auf ihre Religiosität gestützt, neue Formen in der Gestaltung des sozialen Zusammenlebens suchten, indem sie sich der Armenversorgung zuwandten. In Lunden, der nördlichsten Ortschaft des Heiligen Römischen Reichs, die eine hohe Anzahl von sozial nicht integrierten Menschen auffangen musste, war es dringend erforderlich geworden, etwas gegen die damit verbundenen Missstände zu tun. In ihrem Schreiben anlässlich der Stadterhebung von Lunden zwei Jahrzehnte später bestätigte das Kollegium der 48 Regenten, „dass sie [die Eingesessenen] auf dem äußersten Ende des Landes in einem offenen abgelegenen Flecken und Kirchdorfe liegen, und Gott ihnen seine Gnade mildtätig erwiesen hat, so dass viel Volk zu ihnen einkehrt, sowohl von innerhalb und außerhalb des Landes, so dass die Gemeinde wohl eines besseren Regiments bedürfe“. Deshalb sollten „die Armen, die nicht so behaust sind und gehegt werden wie die Reichen, nicht vom Unrecht vergewaltigt werden“[17].

Die Tätigkeit der geistlichen Gilden wie die der St. Pantaleons-Gilde zeigt, dass sich in den Orten mit einer ausgeprägten Kirchspielorganisation in vorreformatorischer Zeit eine Entwicklung vollzog, die Züge aufweist, die mit der in den Städten vergleichbar ist. Allerdings war diese schwächer ausgebildet. Mit der Reformation verloren die geistlichen Gilden ihre Daseinsberechtigung, sie lösten sich auch in Dithmarschen nach und nach bis auf die St. Pantaleons-Gilde auf. Deren Weiterbestehen ist der überragenden Stellung ihrer Mitglieder zu verdanken, unter ihnen Marcus Swyn, dem ersten Landvogt der Landschaft Norderdithmarschen nach dem Verlust der Unabhängigkeit des Landes 1559.

Nach der Reformation entfalteten sich in Dithmarschen weltliche Gilden in großem Umfang. Der Grund dafür lag im Niedergang des Geschlechterwesens. Nach der Einführung des Protestantismus verbot die Landesversammlung 1537 den Geschlechtern ihre Rechte zum Schutz ihrer Genossen bis hin zur Blutrache. Ihre Bundbriefe als Beliebungen, in denen sich ein eigenständiges Rechtsbewusstsein widerspiegelte, mussten vernichtet werden.[18] Damit verloren die Geschlechter ihre Macht. An die Stelle der Geschlechterbundbriefe traten nach Maßgabe der Landesversammlung Beliebungen, in denen allein die Hilfe bei Brand- und Deichschäden sowie die Nachbarschaftshilfe im Falle der Erkrankung eines Hofbesitzers geregelt werden durften. Die

14 KINDER, Geschichten (wie Anm. 13), S. 78.

15 Ebd.

16 Heinz STOOB: Geschichte Dithmarschens im Regentenzeitalter, Heide 1959, S. 306.

17 Lundener Stadtrecht von 1529 mit Zusätzen vom Jahre 1551, in: Sammlung Altdithmarscher Rechtsquellen, hrsg. von Andreas L. J. MICHELSEN, Altona 1842 [ND Aalen 1969], S. 195-230, hier S. 200. Mittelniederdeutscher Text ins Neuhochdeutsche übertragen.

18 Jörg MISSFELDT: Die Republik Dithmarschen, in: Martin GIETZELT (Hrsg.): Geschichte Dithmarschens, Heide 2000, S. 121-166, hier S. 154.

weit über ihren örtlichen Ursprung hinaus gewachsenen Geschlechter waren nicht in der Lage, die neuen Aufgaben zu bewältigen. Allein die Gruppierungen innerhalb des Geschlechterverbands, die Kluften, konnten die Hilfestellungen wegen ihrer lokalen Nähe leisten.

An vielen Stellen in Dithmarschen wurde von der Mitte des 16. Jahrhunderts an der Brandschutz auf genossenschaftlicher Basis durch Brandbeden, später als Brandgilden organisiert. Der Unterschied bestand darin, dass bei der letzteren Form die gemeinschaftliche Feier immer mehr in den Mittelpunkt des Gemeinschaftslebens rückte. In seiner Landeschronik schreibt Neocorus über die *Brantgilden*:[19]

> *Ock hebben de Carspele grote unnd rike Brantgilden, de sik etliche tho dre edder veer hundert Mark Lübisch erstrecken, der sick de jennigen, so mit Fuereß Noden averilet unde beschweret werden, tho erfrouwen. Unde konen also themelich durch Geneting solcher riken Tholage thor Wedderuperbuwinge der affgebrenden Gebuweden geraden und kamen*[20].

Die älteste überlieferte Brandgilde ist die 1554 im Kirchspiel Lunden gegründete St. Matthäus-Brandbede, in deren Beliebung die Bestimmungen zur Durchführung des gemeinsamen jährlichen Festes am Namenstag des Schutzheiligen breiteren Raum einnehmen.[21] Die Mitglieder *willen unse gerechtigkeit starcken, verklahren unde nicht kräncken*[22]. Wenn jemand nicht am gemeinsamen Trinken von einer Tonne Bier teilnehmen wollte, war eine Strafe von vier Schillingen lübsch fällig. Friedfertiges und anständiges Benehmen wurde verlangt. Beschimpfungen oder das Biervergießen führten zur Bestrafung mit einer Tonne Bier.

Die älteren Brandbeden lassen erkennen, dass sie Schutzgenossenschaften gewesen waren, die nach dem Verschwinden der Geschlechter in eigener Verantwortung lebenswichtige Aufgaben zu übernehmen gezwungen waren. Für die Brandgilde des Hennstedter Kirchspiels bestätigt dies der Bericht aus dem Jahr 1616 über ihre Gründung:

> „Auf Ostern des längst verflossenen 1599sten Jahres ist im Kirchspiel eine große Feuersbrunst ausgebrochen, wodurch zuweilen mancher ehrliche Biedermann, gleichsam in einer Stunde aller seiner zeitlichen Wohlfahrt beraubt wurde. Damit auf solche hochschädliche Begebenheit – wovon der Allmächtige Gott jeden väterlich behüten wolle – der Notleidende wieder zu einer häuslichen Wohnung verholfen werden möge. So ist denn eine Vereinigung gegründet und eine Beliebung aufgerichtet worden“[23].

19 NEOCORUS: Chronik (wie Anm. 6), Bd. 1, S. 228.

20 Ebd., in das Neuhochdeutsche übersetzt: „Auch haben die Kirchspiele große und reiche Brandgilden, von denen sich einige auf drei- oder vierhundert Mark Lübisch belaufen, um diejenigen, wenn sie mit Feuersnöten überzogen und beschwert werden, zu erfreuen. Und können also geziemend durch Genuss solcher reichen Ausstattung zum Wiederaufbau der abgebrannten Gebäude geraten und kommen“.

21 Schleswig, Landesarchiv Schleswig-Holstein (im Folgenden LAS), Abt. 101, N-Dithmarschen VI, Nr. 43, o. S.

22 Ebd. Ins Neuhochdeutsche übersetzt: „…wollen das, was von Rechts wegen für uns dazu gehört, stark machen, klar machen und nicht schwach werden lassen“.

23 Ebd., Nr. 84, o. S. Ins Neuhochdeutsche übertragen.

Maßgeblich an der Gründung waren der Kirchspielvogt und die Gevollmächtigten der Bauerschaften beteiligt, die auch bei der Regelung aller brandtechnischen Angelegenheiten eine entscheidende Rolle spielten. Aus dem Gildebuch ergibt sich, dass die Bauern des gesamten Kirchspiels eingeschrieben waren. Es handelte sich also um eine Organisation, die sich mit der des Kirchspiels deckte. Wie in Hennstedt sind die ältesten Brandbeden auch in anderen Teilen Dithmarschens auf Initiative der Kirchspiele zu Stande gekommen, die innerhalb der herzoglichen Verwaltung ihre Selbstverwaltung ausgestalten konnten.

In den Beliebungen wurden die konkreten Hilfsmaßnahmen in Brandfällen und beim Wiederaufbau der Gebäude festgelegt, zu denen die Genossen verpflichtet waren. Die älteren Brandgenossenschaften führten noch keine Gemeinschaftsveranstaltungen durch. An den Beliebungen der Brandgenossenschaften seit dem 17. Jahrhundert wird deutlich, dass sie sich zur Gilde gewandelt hatten. Denn gemeinsame Feiern und Spiele waren fester Bestandteil des Gemeinschaftslebens geworden. Als unverzichtbares Ziel wurde immer wieder die Förderung des Gemeinschaftssinns betont. Ältere Brandgenossenschaften erweiterten sich um Geselligkeitsformen, wie z. B. die Albersdorfer Brandbede von 1559, die das Gildefest und das Vogelschießen in ihr Statut aufnahm und sich von 1634 an ‚Albersdorfer Brand- und Papagoyengilde[24] nannte.

Es gab in Dithmarschen seit 1570 neben den zum Zweck des Brandschutzes gegründeten Gilden eine alternative Form, die Schießgilde, die allein auf Ge‘selligkeit im Spielen und im Feiern ausgerichtet war. Das Schießen auf den Vogel, den *Papagoyen*, fand sowohl im Norden als auch im Süden der Landschaft in der Zeit der Fürstenherrschaft Verbreitung. Besonders in der Landschaft Norderdithmarschen gelang es, die Aufmerksamkeit des neuen Landesvaters, des Holsteiner Herzogs, bei der Gildengründung zu erlangen. Die 1582 gegründete ‚Papagoyen-Gilde‘ in Wesselburen von 1582 erhielt 1662 von Herzog Christian Albrecht die ‚Immunität‘[25] der Preisvergabe. Die bekannten Papagoyen-Gilden in Dithmarschen erweiterten spätestens vom 18. Jahrhundert an ihr ursprüngliches Ziel um den Brandschutz. Dementsprechend benannten sich die Gilden.

In der Dithmarscher Gesellschaft waren Fest und Spiel fest verankert. Neocorus schilderte das Feiern bei verschiedenen Anlässen im Kreis der Familie und der Nachbarschaft, z. B. bei Hochzeiten, ausführlich in seiner Landeschronik. Dabei hat er sich als Geistlicher an der Üppigkeit und der Völlerei gestoßen, die ihm für das Gedeihen des Landes nicht förderlich schienen. Als Beispiel für die kostspielige Prachtentfaltung bei öffentlichen Festen hob er das Vogelschießen zum Fest Mariä Heimsuchung 1599 in Neuenkirchen hervor, für das ein *Papegoye-Bom*[26] mit einem Kostenaufwand von 1.000 Gulden errichtet worden war.

Seit dem 16. Jahrhundert herrschte in Dithmarschen eine agrarische Hochkonjunktur. Die Bauern in den weitläufigen Marschgebieten wie auch in den gut entwickelten Geestregionen konnten im Vieh- und Getreidehandel bis nach Köln und ins Baltikum

24 LAS, Abt. 102, S-Dithmarschen IX, Nr. 186a, o. S.
25 LAS, Abt. 65.2, Nr. 4396 I, o. S.
26 NEOCORUS: Chronik (wie Anm. 6), Bd. 2, S. 360.

hohe Gewinne erzielen. Eine „gediegene Wohlhabenheit“[27] war die Folge, welche die bäuerlichen Lebensverhältnisse in anderen Teilen Schleswig-Holsteins deutlich übertraf. In zeitgenössischen Berichten über Dithmarschen wird erwähnt, dass Bauern die Dächer ihrer Häuser mit Kupfer gedeckt haben sollen.[28] Der Wohlstand äußerte sich nicht nur in großzügigen Hausbauten, einer reichen Wohnkultur und in der Kleidung, sondern wurde auch in gemeinschaftlichen Festen und Feiern gezeigt. Dafür bot die Gilde als Gemeinschaftsform den passenden Rahmen. Der organische Anschluss an das Bürgertum zeigte sich hauptsächlich in der Gründung von Gilden, die in allen Teilen der Landschaft entstanden.[29] Bis 1600 waren 17 Brandgilden bzw. Brandbeden gegründet worden. Die Zahl erhöhte sich bis 1750 um weitere 43 Brandgilden.[30] In den Gilden zeigte sich eine neue Form der Gemeinschaftsbildung, nachdem die Geschlechter, die im Spätmittelalter eine tragende Rolle gespielt hatten, sich nach und nach aufgelöst hatten. Grundlage dafür war die Notwendigkeit eines gemeinsamen Schutzes des Besitzes vor Bränden, die in der Landschaft eine große Gefahr darstellten. Daraus entwickelte sich über die Nachbarschaft hinaus mit Fest und Spiel eine weitere Form der sozialen Beziehungen, die Gemeinschaft stiftete.

Im 17. Jahrhundert bildete sich in Dithmarschen ein neuer Gildetyp heraus, für den die Brandgilde des Kirchspiels Barlt beispielhaft ist. Die Beliebung in der überlieferten Form von 1681 gliedert sich in drei Teile:[31] die Brandbede, die Fest- und die Schießordnung. Die Regelungen von Feuerschäden, die Feuerschutzvorrichtungen und deren Kontrolle sowie das Verhalten bei Bränden sind im ersten Teil in 17 Artikeln niedergelegt. Vier gewählte Ältermänner hatten darüber zu wachen. Die Ordnung des Gildefestes wird im zweiten Teil in 35 Artikeln festgelegt, während im dritten die Bestimmungen über das Schießen nach der Scheibe 14 Artikel umfassen. Die Teile entsprechen der Entstehungsgeschichte der Gilde, die aus einer Bede hervorgegangen ist. Später hinzugekommen sind die *Leges oder Articuln So wir in Unser Gesellschafft und Frölichkeit wollen observiret und gehalten haben*, zuletzt die Regeln, die *bey unseren scheiben-schießen wollen observiret und gehalten haben*. Für das jährliche Gildefest, *eine gute christl. u. friedsame zusammenkunfft*, das am Pfingstdienstag im Haus eines Gildemitglieds stattfand, waren strenge Regeln vorgegeben. Familienangehörige von Gildebrüdern konnten daran teilnehmen. Es war jedoch streng untersagt, *einen frembden gast mit sich in die gilde zu bringen*. War es der Fall, dass *jemandt muthwillig in unserer gilde würde eindringen oder einkommen* [...], *sollte er von den auffsehern strax gebunden werden u. der gilde eine thonne biers* zu geben verpflichtet sein. Der gastgebende Gildebruder durfte keine fremden Gäste zum Gildefest in sein Haus einladen. Die Gildebrüder sollten *auff wegen und stegen die gantze zeit was daß gilde gehalten wird friede haben*. Die Festteilnehmer sollten von den Schaffern aufgefordert werden, *so jemandt einige messer und scharff gewehr bey sich hette, dieselbe*

27 STOOB: Geschichte (wie Anm. 16), S. 389.
28 KÖSTLIN: Gilden (wie Anm. 3), S. 69.
29 Ebd., S. 253.
30 Georg HELMER: Die Geschichte der privaten Feuerversicherung in den Herzogtümern Schleswig und Holstein, Berlin, 2 Bde., hier Bd. 1, Berlin 1926, S. 385ff.
31 Zum folgenden Absatz vgl. LAS, Abt. 102, S-Dithmarschen IX, Nr. 188, o. S.

von sich zu geben. Wenn jemand Bier vergießen würde, *schelten oder lästern* oder *einen schlag oder arglist biethen* wollte, bestrafte ihn die Gilde mit einer Tonne Bier. Für Ordnung und gutes Benehmen während des Festes hatten vier zusätzliche Aufsichtspersonen zu sorgen. Besonders war darauf zu achten, dass kein *unehrl. tantzen und springen* vorkam und *keiner frauen oder jungfrauen spott beweißen* würde. Wenn die Gilde *in frölichkeit gehalten wird, so soll alßden kein toback im gelage gerauchet oder geschmauchet werden.* Das Fest endete, *wan es dem ältermann mit den schaffern gut düncket* mit einem dreimaligen Klopfen. Dann sollte *jedermann mit friede zu hauße gehen.* In diesem Teil der Beliebung mit den Regeln für das Fest findet sich auch ein Artikel mit den Bestimmungen zur Totenfolge.

Das Scheibenschießen fand am Mittwoch nach dem Pfingstfest statt.[32] Der Auszug der Gildebrüder *nach dem verordneten orth* erfolgte *präzise glocke 10* mit dem alten König an der Spitze, nachdem die *schiess-articuln öffentlich von denen schaffern, oder einen andern gildebruder verlesen* worden war. Teilnehmen durften nicht nur Mitglieder vom 20. Lebensjahr an. Geschossen wurde in drei Runden auf eine Scheibe, die 150 Schritte vom *schies-pfal* entfernt war. Jeder Schütze sollte *auff das sorgfältigste und fürsichtig mit seinem schies-gewehr umgehen. Sollte* [...] *schade geschehen; so declarire hiermit die gilde für keinen eine verantwortung zu haben.* Die *königschafft* errang derjenige, der *zu nechst auf den mittel-punckt der scheibe, oder in denselben trifft.* Der Auszug der Schützen, an dem alle Teilnehmer am Schießen bei Androhung einer hohen Strafe teilzunehmen hatten, wurde vom neuen König an der Spitze des Zuges mit dem alten an seiner Seite angeführt. Jeder Gildebruder war gehalten, sich während der gesamten Veranstaltung *ehrbar und sittlich aufzuführen.*

Wie die Aufnahme in die Gilde geregelt war, geht aus der Beliebung der Barlter Gilde nicht hervor. Es ist anzunehmen, dass eine Zustimmung der Gildebrüder nötig war, ob der Eintretende als ehrlich anzusehen ist. Die starke Betonung des Ehrlichen im Beliebungstext deutet darauf hin. Das meinte tadellose Herkunft und unbescholtene Lebensführung. Die Zugehörigkeit zur Bauerschaft allein war nicht ausreichend für den Eintritt in die Gilde, in der bestimmte gesellschaftlich-kulturelle Formen gepflegt wurden. Die Gemeinschaft definierte sich als *ehrl.es verbündtnis*, das in den Dörfern des Kirchspiels Ansehen genoss. Schlichtes und grobes Verhalten war in der Gemeinschaft nicht erwünscht. Von den Gildebrüdern wurde erwartet, dass sie feinere Umgangsformen als im gewöhnlichen Alltag pflegten. Die einzelnen Gebote und Verbote, die zu Beginn des Festes noch einmal verlesen wurden, dienten der Disziplinierung. Für Regelverstöße waren die Strafen im Einzelnen festgesetzt. Ein Ausschluss war bei schwerwiegenden Verstößen möglich, über den die gewählten Vertrauensleute entschieden. Die Gildebücher gaben Auskunft über entsprechende Strafmaßnahmen. Die schriftliche Beliebungsform machte das Statut unumstößlich. Die Mitgliedschaft in der Gilde bedeutete Teilhabe an der kulturell-gesellschaftlichen Erhöhung, denn sie garantierte, vornehm zu sein. Damit verschaffte sie einen Status, den man selbst bestimmen konnte.[33]

Aus der Beliebung der Barlter Brandgilde geht hervor, dass nicht alle Mitglieder zur *bierschafft* gehörten, das heißt am gemeinsamen Gildefest teilnehmen durften. Das

32 Zu folgendem Absatz vgl. LAS, Abt. 102, S-Dithmarschen IX, Nr. 188, o. S.

33 KÖSTLIN: Gilden (wie Anm. 3), S. 172.

betraf Hauseigentümer, deren Besitz mit dem Wert von nur einem Reichstaler im Gildebuch eingetragen worden ist. Es handelt sich dabei um die Kätner, die zwar ein Haus besaßen, aber nicht Mitglieder der Feldgemeinschaft waren. In der Brandbede stand ihnen das Recht zu, im Schadensfall entschädigt zu werden, doch galten sie als nicht gildefähig. Die bestehende wirtschaftlich-soziale Differenzierung in den Ortschaften wurde somit bei der Gildenbildung bestätigt und auf die soziokulturelle Ebene übertragen. Es ist nicht überliefert, ob die Barlter Gilde einem städtischen Vorbild gefolgt ist und deshalb ein repräsentatives Trinkgefäß besessen hat, das den Zusammenhalt der Gemeinschaft stiftete. Ein solches in der Form eines Horns ist aus mehreren Gilden in Dithmarschen bekannt. In Büsum hat ein Trinkhorn einer Gilde den Namen gegeben. Die Brandhornbede heißt nämlich so, weil *auch Ao 1630 diese Brand Gilde, das Wittmanns Geschlechts Horn von der Hudemanns Kluft vor Ein Hundert Mark gekauft und so gleich Tresslich mit Silber beschlagen lassen*[34]. Dieses alte Trinkhorn im Besitz zu haben, verschaffte der Gilde eine hohe Legitimation und stellte zugleich eine bedeutsame geschichtliche Kontinuität her.

Während der überwiegende Teil der Dithmarscher Gilden aus Brandbeden hervorgegangen war, gab es daneben auch mehrere, die als gesellige Gemeinschaften für das Vogelschießen gegründet worden waren und später zu Brandgilden erweitert wurden. Zu ihnen gehört die St. Johannis-Gilde im Flecken Meldorf, deren Beliebung 1683 vom Königlichen Gericht in Meldorf confirmiert worden ist. In Artikel 36 heißt es: *Weilln auch diese Gilde von Alters ein Papageyen-Gilde geweesen, ist beliebet, daß es hinführo eine Brandtgilde sein soll, also daß von Jeedweeden Gildebruder dem abgebrandten zu Hülfe soll gegeben werden Sechs Mark lübisch. Die keine eigene Häuser haben, geben und heben wegen des Brandtschadens nichts*[35]. Die Erweiterung um Aufgaben der Brandschadensregelung und der Feuerverhütung war vermutlich unumgänglich geworden, um das Ansehen der Gilde zu erhöhen, denn nahezu überall in der Landschaft gehörten Brandangelegenheiten zum Kernbestand dieser Gemeinschaftsform. Eine besondere Regelung bestand darin, dass die Gildezugehörigkeit nicht mehr an den Hausbesitz gebunden war, eine Möglichkeit, die es im dörflichen Bereich in Dithmarschen nicht gab. Trotz der Erweiterung blieb die Gilde, wie es in der Beliebung zum Ausdruck kommt, vornehmlich eine auf gesellschaftliche Repräsentanz bedachte Gemeinschaft.

In einem Fall ist eine Gilde überliefert, deren Beliebung sich nur auf die Schadensregelung bei Brandfällen und Vorkehrungen gegen einen Feuerausbruch bezog. Die ‚Melldorffische Stall-Gilde'[36] von 1732 bezeichnete sich selbst als *eine neue Zunfft oder Brandbeede wegen Häuser und Ställe.* Aus den überlieferten Dokumenten lässt sich nicht erkennen, wie weit ein geselliges Gemeinschaftsleben, wie es für Gilden üblich war, von den Mitgliedern gepflegt wurde. Es handelt sich hier um eine junge Vereinigung, die neben die ältere St. Johannis-Gilde trat, die auf eine lange Tradition verweisen konnte. Man bezeichnete sich im Gegensatz zu anderen Gemeinschaften als Brandbede und betrachtete sich als Zunft, obwohl die Beliebung und die

34 HELMER: Geschichte (wie Anm. 30), S. 433.
35 LAS, Abt. 102.4, Nr. 384, o. S.
36 Meldorf, Stadtarchiv (im Folgenden StdA), Abt. 102, S-Dithm. IX, Nr. 195, o. S.

Rechnungen in einem ‚Gildebuch‘ niedergelegt wurden. Die Bezeichnung ‚Zunft‘ dürfte ihren Grund darin gehabt haben, dass sich in ihr hauptsächlich Handwerker zusammengefunden haben, für die ein Gemeinschaftsleben mit Feiern und Schießen kaum Attraktivität besaß oder ihnen nicht zustand. In der jährlichen Versammlung sollte, damit *keine unnöthige und große Kosten* entstanden, nur eine Tonne Bier getrunken werden. Die Mitglieder waren offensichtlich Kätner, die zwar in der Regel ein kleineres Haus, aber keinen Landbesitz hatten und damit nicht zum Flecken Meldorf gehörten. Die in der Beliebung angegebenen Wertklassen der Häuser wurden mit 6, 4 oder 2 Mark angegeben und lagen damit deutlich unter den Wertgrenzen anderer Brandgilden.[37] Im Flecken Büsum gab es ähnliche Gilden, u. a. die „Büsumer neue 4 Marks Brandbede“ und die „Büsumer 6 Mark Beede mit Fuhre“[38].

Bei der Betrachtung der Gilden auf dem Lande ist es notwendig, den Blick auf ihre enge Verzahnung mit den Bauerschaften zu richten. Diese hatten mit ihren Feldgemeinschaften die Ortschaften gestaltet und bestimmten auch die weitere Entfaltung der dörflichen Gesellschaft. Alle weiteren örtlichen Gemeinschaften gingen daher aus ihnen hervor, wie es zuerst bei den Brandbeden der Fall war. Ihnen gehörten die Bauerschaften ausnahmslos an, doch auch Hausbesitzer, die keine Mitglieder der bäuerlichen Genossenschaften waren. Nach der Reformation kamen die Gilden als weiterer gesellschaftlicher Faktor in den Dörfern hinzu. Die Gildebeliebungen in Dithmarschen lassen erkennen, dass in der Regel die gesamte Bauerschaft auch der Gilde angehörte und diese dominierte. Wie die Barlter Gildebeliebung zeigt, gab es in der Brandbede auch nicht der Bauerschaft angehörende Mitglieder. Ihnen wurde die *bierschafft* nicht zugestanden, das heißt sie durften an Fest und Spiel nicht teilnehmen. Diese strenge Abgrenzung lockerte sich jedoch später, denn die Beliebungen zeigen, dass zunehmend auch Katenbesitzer Aufnahme in die Gilde fanden, wenn sie sich als Handwerker Ansehen erworben hatten. Die Gilden vereinigten in sich daher mehr Dorfbewohner, als es bei den Bauerschaften der Fall war. Somit besaßen sie eine größere Integrationskraft, als es bei den alten dörflichen Institutionen der Fall war, und trugen somit zur Erweiterung und Differenzierung der gemeindlichen Strukturen bei.

Ein späterer Gildetypus sind die Totengilden. Neben den Brandgilden sind aus den größeren Orten wie Meldorf und Büsum, die aus zwei oder mehr eigenständigen Vierteln oder Eggen bestanden, Beliebungen mehrerer Totengilden überliefert. Diese fast gleichlautenden Beliebungstexte des Meldorfer Burg-, Geer- und Rosenviertels von 1729[39] hatte man beschlossen, weil die auf der Nachbarschaft beruhenden Pflichten der *Beerdigung der Todten, und Leich Ceremonien* nicht mehr ernsthaft beachtet worden waren.[40] Die Einwohner dieser Flecken waren überwiegend nicht mehr Bauern, sondern Handwerker und Gelegenheits- bzw. Saisonarbeiter, die meistens keine eigenen Häuser besaßen. Diese soziale Differenzierung führte dazu, dass die bäuerlichen

37 Nach dem Brandgildebuch des Kirchspiels Hennstedt betrug die höchste Versicherungssumme für ein Haus 1.200 Mark, die niedrigste 50 Mark, vgl. Dieter LAUNERT/Ernst-August HUESMANN (Bearb.): Das Meldorfer Gildebuch von 1683, Meldorf 2000, S. 3.

38 HELMER: Geschichte (wie Anm. 30), Bd. 2, Berlin 1927, S. 827ff.

39 StdA, Totengilden, Nr. 31, 32, 33.

40 Hierzu und zum folgenden Absatz vgl. StdA, Nr. 32, o. S.

Bräuche nicht mehr galten. Die *Itzen eingesessenen des Geerviertels* mochten daher *nicht gern Länger in solcher Unordnung weiter leben* und verfassten 1686 eine Beliebung zur Leichenfolge. Ihnen war es ein Anliegen, dass *der Arme gleich den Reichen Christüblichen gebrauch nach möge ein Ehrlich Begräbniß genießen* konnte. Die Leichenfolge unterlag strengen Regeln. Aus jedem Haus hatte mindestens ein Familienmitglied teilzunehmen, das pünktlich vor dem Austragen der Leiche aus dem Sterbehaus anwesend sein musste. Zuvor hatte einer der Nachbarn dem Prediger den Todesfall zu melden, das Läuten der Kirchenglocken sowie das Ausheben des Grabes, das *kuhlen machen*, zu organisieren. Kamen beim Leichenzug *ungeziemende Dinge* vor, die gegen die *Ehrbarkeit* verstießen, etwa dass im Winter mit Schnee geworfen wurde, zog das wie bei allen anderen Verstößen gegen die Beliebungsbestimmungen eine Strafe nach sich. Am Grabe hielt man *Mannzahl*, d. h. man überprüfte die Anwesenheit der Teilnehmer. Einmal jährlich am Sonntag nach Ostern fand eine Zusammenkunft der *Interessenten* statt, bei der die Jahresrechnung vorzulegen war. Bei dieser Versammlung durfte nicht mehr als eine Tonne Bier getrunken werden.

In der Beliebung wird ein Vorsteher genannt, der für die Organisation der Versammlung der Einwohner des Geerviertels verantwortlich war. Es ist zu vermuten, dass es einer der Vertrauensmänner der Bauerschaft dieses Viertels war, der für die Interessengemeinschaft handelte, die sich selbst im Text keinen Namen gegeben hat. Die Bezeichnung ‚Totengilde' ist offensichtlich erst später auf den Deckel des neu angelegten Gildebuchs aufgeschrieben worden. Tatsächlich ist die Form einer Gilde gewählt worden, um mit ihr die Gemeinschaft aller Einwohner herzustellen. Denn die Bauerschaft des Viertels umfasste nur diejenigen, die zur Feldgemeinschaft gehörten, und bildete in der Einwohnerschaft die Minderheit.

Die Entstehung der Totengilden auch in zwei weiteren Vierteln von Meldorf lässt erkennen, wie sich die soziale Differenzierung in einem Gemeinwesen entwickelte. Es bildeten sich über die bestehenden Strukturen hinaus weitere soziale Gebilde aus, die eine komplexere Form der Gemeinde zeigten. An die Stelle eines Personenverbandes trat der ortsteilbezogene lokale Verband, in den alle männlichen Einwohner integriert waren. Die Totengilden in Meldorf blieben über ein Jahrhundert bestehen. An ihre Stelle trat 1826 die ‚Meldorfer älteste Totenzunft', ein Verein, dem alle Bürger des Fleckens beitreten konnten.

Die Anzahl der Gilden mit verschiedenen Zielsetzungen war bis in das 18. Jahrhundert in der Landschaft stetig gewachsen. Den weitaus größten Teil machten dabei die Gilden aus, die Schutz bei Feuergefahr boten. Auch besaßen sie hohe Attraktivität wegen der gesellschaftlichen Repräsentanz, die sich aus der Mitgliedschaft ergab.

Die Ordnung des Feuerschutzes durch die Regierungen der Herzogtümer Schleswig und Holstein führte dazu, dass in der Landschaft Süderdithmarschen von 1740 an und in der Landschaft Norderdithmarschen von 1776 an die Gebäude bei der obligatorischen staatlichen Brandkasse versichert werden mussten.[41] Die Brandgilden verloren damit ihre Kernaufgabe und konnten nur noch als Versicherer für Mobilien, Vieh und Korn tätig sein. Nach diesem staatlichen Eingriff in die selbstverwaltete Sphäre löste sich eine Reihe von Gilden auf. Mehrere verfolgten neue versicherungstechnische

41 HELMER: Geschichte (wie Anm. 38), S. 53.

Zwecke, so dass der Landvogt von Süderdithmarschen 1784 berichten konnte, dass in der Landschaft fünf Mobiliengilden bestünden.[42] Unter ihnen befand sich die Barlter Gilde, die unter den veränderten Bedingungen ihre Traditionen mit Fest und Schießen aufrechtzuerhalten versuchte. Sie öffnete sich für Mitglieder, die nicht aus dem Kirchspiel stammten. Von diesen Mobiliengilden blieb nur die Burg-Süderhastedter Gilde, die 1594 urspünglich als Brandbede gegründet wurde, bis heute bestehen.

Die Totengilden ausgenommen, reduzierten sich die Gilden in Dithmarschen wie in den anderen Teilen Schleswig-Holsteins auf sogenannte ‚Lustgilden', in denen nur das gesellige Leben, das Schießen und das Feiern, Raum erhielt. Das Gildegeschehen konzentrierte sich auf den jährlichen Festtag mit seinen festgelegten Ritualen. Mit dieser Beschränkung verloren die alten überkommenen Gilden ihre Attraktivität, so dass sie sich nach und nach auflösten. An ihre Stelle traten später Neugründungen,[43] die sich als Vereine organisierten und zum Teil auch noch bis in die Gegenwart bestehen.

Gilden waren in Dithmarschen vom späten Mittelalter bis zum 19. Jahrhundert im gesellschaftlichen Leben tief verankert. Neben den Bauerschaften nahmen sie in Kirchspielen und Ortschaften mit dem Brandschutz eine wichtige öffentliche Aufgabe wahr. Sie waren damit ein wichtiger Bestandteil der Selbstverwaltung auf lokaler Ebene. Das erklärt ihre flächendeckende Verbreitung in der Landschaft und die lange Dauer ihres Bestehens über Jahrhunderte. Dadurch, dass sich für die Gildemitglieder wirtschaftliche und kulturell-soziale Interessen miteinander verknüpften, konnten die Gilden eine starke Integrationskraft ausüben. Das hatte zur Folge, dass ihnen der weitaus größte Teil der Bevölkerung angehörte. Der Ausbau des modernen Staates schränkte die Selbstverwaltung, zu denen die Gilden in der alten Form gehörten, so entscheidend ein, dass sie nur noch ein soziokulturelles Profil hatten. Noch heute bestehen in Dithmarschen 20 Gilden mit verschiedenen Aufgabenfeldern.[44] Von den ältesten sechs, im 16. Jahrhundert gegründeten geistlichen Gilden existiert nur noch die St. Pantaleons-Gilde in Lunden. Wie zur Zeit ihrer Gründung folgt sie weiterhin der Tradition, soziale Aufgaben wahrzunehmen.

42 KÖSTLIN: Gilden (wie Anm. 3), S. 158.

43 In Meldorf wurde nach der Aufhebung der Brandgilden 1749 die ‚Meldorfer Bürgergilde', ein noch heute bestehender Verein, gegründet.

44 Zur Gildenforschung www.gildenforschung.de/kreise/fo_dithmarschen.htm.

Anja Meesenburg

Herkunft, Haushalt und Hamburger Bier – Domkapitulare in der Hansestadt Lübeck am Ende des Mittelalters

I.

Item pro reformatione viarum publicarum in et extra civitatem Lubicensem [...] *do cuilibet locorum marcas Lubicensis quinque. Item spectabili consulatui Lubicensi dominis et fautoribus meis, qui me semper honore et commodo prosecute sunt* [...] *do et lego in signum humilis recognitionis pro subsidio alicuius sue civitatis faciende munitionis aut in alium publicum usum vel si placet pro uno aut duobus clenodiis argenteis vel deauratis cum inscription, Munus mei Henningi Osthusen primi ad presentationem magnifici magistratus prepositi Lubicensis faciendis florenos Renenses centum*[1].

In dem Testament des Propstes Henning Osthusen vom 20. Juni 1529 widmen sich – zwischen zahlreichen weiteren Stiftungen – einige Zeilen seiner Hinterlassenschaft für die Stadt Lübeck, in welcher der Propst lebte: Zunächst wies er an, das für Bürgertestamente als wohl verpflichtend ausgemachte Wege-und-Stege-Geld auch aus seinem Nachlass zu zahlen, obwohl er, der Domimmunität unterstehend, von derlei städtischen Abgaben befreit gewesen wäre.[2] Auch wollte der aus Gandersheim stammende Propst eine beträchtliche Summe den Lübecker Ratsherren hinterlassen, die er im Testament seine Herren und Beschützer nennt und die ihn immer mit Wertschätzung begleitet hätten. Diese sollten das Geld in die Befestigung oder andere Dinge investieren, die sie der Stadt als dienlich erachteten. Der *publicus usus* – der öffentliche Nutzen für die Stadt – wird vom Propst explizit genannt. Dass das Gemeinwohl der Stadt dem Propst ein tatsächliches Anliegen war, wird auch an späterer Stelle seines Testamentes deutlich, denn er bat nicht nur darum, für ihn selbst, seine Freunde und seine Unterstützer (*amicis et beneficatoribus meis*) zu beten, sondern schrieb ferner: *pro salute rei publice civitatis Lubicensis fideliter oret*[3].

Die Lektüre des Testamentes hinterlässt Fragen: Was sagen diese Hinterlassenschaften des Lübecker Propstes über seine personellen Verflechtungen und seine Lebenssituation innerhalb der Travestadt aus? In welchem Verhältnis standen die Domkapitulare am Ende des Mittelalters überhaupt zur Stadtgemeinde – nicht in ihrer Funktion als geistliche Amtsträger, sondern als Bewohner Lübecks –, zu den Ratsherren, aber auch den übrigen Einwohnern? Und wie lebten sie in der Stadt?

1 Urkundenbuch des Bistums Lübeck, Bd. 4: Urkunden 1510-1530 und andere Texte, bearb. von Wolfgang PRANGE (Schleswig-Holsteinische Regesten und Urkunden, 15; Veröffentlichungen des Schleswig-Holsteinischen Landesarchives, 46), Neumünster 1996, 2372 (21f.) (im Folgenden UBBL 4).

2 Gunnar MEYER: „Besitzende Bürger" und „elende Sieche": Lübecks Gesellschaft im Spiegel ihrer Testamente 1400-1449 (Veröffentlichungen zur Geschichte der Hansestadt Lübeck, Reihe B, 48), Lübeck 2010, S. 71-77; Birgit NOODT: Religion und Familie in der Hansestadt Lübeck anhand der Bürgertestamente des 14. Jahrhunderts (Veröffentlichungen zur Geschichte der Hansestadt Lübeck, Reihe B, 33), Lübeck 2000, S. 56.

3 UBBL 4, 2372 (31).

Eine Erklärung für die Hinwendung zu Stadt und Ratsherren lässt sich für das Beispiel Henning Osthusen leicht finden, war der spätere Propst doch seit 1496 und noch als Kanoniker 1516 Sekretär des Lübecker Rates und somit durch sein Amt mit der städtischen Führungsgruppe verbunden.[4] Ein solches Dienstverhältnis zwischen Stadt und späteren Domherren war im späten Mittelalter kein Einzelfall: Heinrich Gheismar war 1414 als Sekretär des Lübecker Rates nach Göttingen gereist; um 1424 wurde er Kanoniker an der Trave.[5] Gerlach von Bremen blieb nach seiner Aufnahme in das Lübecker Kapitel noch vier weitere Jahre – bis 1408 – Sekretär und Schreiber des Rates, gleiches gilt für den Stadtschreiber und Protonotar Burchard von der Osten in den Jahren 1410 bis 1412.[6] Weitere Beispiele ließen sich anfügen.[7]

Diese in der Stadt residierenden Geistlichen pflegten also durchaus intensivere Kontakte mit deren Einwohnern und es darf davon ausgegangen werden, dass die Kanoniker stärker mit der Führungsgruppe verbunden und in das städtische Leben integriert waren, als es zum Beispiel Wolf-Dieter Hauschild in seiner Kirchengeschichte Lübecks formuliert, wenn er schreibt: „[…] so ergab sich auch auf der höheren Ebene des Verhältnisses von Rat und Kapitel durch familiäre Bande eine prinzipielle Bereitschaft zu Übereinstimmung trotz der berechtigten Eigeninteressen der jeweiligen Institution“[8]. Hier wird das Verhältnis als politischer Konsens zweier Korporationen zusammengefasst, was bei einem näheren Blick auf die Menschen, die als Kanoniker in der Stadt lebten, wie oben angedeutet, nicht ausreichend zu sein scheint. Guy P. Marchal hielt in einem jüngeren Aufsatz fest, es „läßt sich das weltliche Chorherrentum nicht verstehen, wenn man es allein als selbstbestimmte kirchliche Institution betrachtet, ohne den kulturellen, gesellschaftlichen und wirtschaftlichen Kontext miteinzubeziehen“[9]. Verstanden werden kann die Lebenswirklichkeit der Kapitulare in der Stadt demgemäß wohl erst, wenn das Vergrößerungsglas weg von der Institution und statt-

4 UBBL 4, 2150; vgl. auch Wolfgang PRANGE: Der Wandel des Bekenntnisses im Lübecker Domkapitel 1530-1600 (Veröffentlichungen zur Geschichte der Hansestadt Lübeck, Reihe B, 44), Lübeck 2007, S. 120.

5 Urkundenbuch der Stadt Göttingen vom Jahre 1401 bis 1500, Bd. 2, hrsg. von Gustav SCHMIDT, Hannover 1867, S. 10-12.

6 Archiv der Hansestadt Lübeck (im Folgenden AHL), Johann H. SCHNOBEL: Lübeckische Geschlechter, Bd. 1, S. 161; Friedrich BRUNS: Die Lübecker Stadtschreiber von 1350-1500, in: Hansische Geschichtsblätter 11 (1905), S. 45-105, hier S. 55; Urkundenbuch der Stadt Lübeck, Bd. 5, bearb. von Johann F. BÖHMER/Friedrich TECHEN, Lübeck 1877, 375, 384 (im Folgenden UBStL 5).

7 Zu Kanonikern als Amtsträger außerhalb der Stadt vgl. auch Gerhard FOUQUET: Domkapitel, Hof und Universität. Speyerer Domherren als Amtsträger und Klienten des Königs und der Fürsten im Spätmittelalter, in: Archiv für mittelrheinische Kirchengeschichte 43 (1991), S. 109-143.

8 Wolf-Dieter HAUSCHILD: Kirchengeschichte Lübecks. Christentum und Bürgertum in neun Jahrhunderten, Lübeck 1981, S. 121.

9 Guy P. MARCHAL: Die Welt der Kanoniker. Das Institut des weltlichen Kollegiatstifts unter historisch-anthropologischer Sicht, in: Sönke LORENZ/Oliver AUGE (Hrsg.): Die Stiftskirche in Südwestdeutschland. Aufgaben und Perspektiven der Forschung. Erste wissenschaftliche Fachtagung zum Stiftskirchenprojekt des Instituts für Geschichtliche Landeskunde und Historische Hilfswissenschaften der Universität Tübingen (17.-19. März 2000, Weingarten) (Schriften zur südwestdeutschen Landeskunde, 35), Leinfelden-Echterdingen 2003, S. 73-84, hier S. 74.

dessen auf die einzelnen Geistlichen sowie deren gesellschaftlichen, wirtschaftlichen und kulturellen Hintergrund gerichtet wird.

Die Domkapitelforschung beschäftigt sich schon seit mehreren Jahrzehnten mit der Frage, welche Personen hinter jenen Geistlichen standen, die in den exklusiven Gemeinschaften an den spätmittelalterlichen Domkirchen bepfründet waren. Als methodischer Zugang zu derlei Fragen hat sich seit den 1980er Jahren die personengeschichtliche Untersuchung der Besetzungsmechanismen bewährt, wie sie Gerhard Fouquet für Speyer vorbildhaft anhand der vier Kategorien Verwandtschaft, Freundschaft, Landsmannschaft und Patronage analysierte.[10] Dieses Vorgehen wies die „charakteristischen Strukturen politischer und sozialer Interaktion“ der im Kapitel etablierten Personenverbände wie auch die daraus folgende „hoch einzuschätzende Aufwertung des familiären Sozialprestiges“[11] nach. Es folgten verschiedene Untersuchungen einzelner Stifte, die mittlerweile mit Recht nicht mehr ohne eine solche personengeschichtliche Betrachtung auskommen.[12] Diese Perspektive nützt auch jenem, der nach dem städtischen Umfeld der Domgeistlichen und hier nach der sozialen Herkunft und den personellen Netzwerken einzelner Geistlicher fragt, daher sollen die verwandtschaftlichen Verbindungen einen Teilaspekt der folgenden Ausführungen bilden.

Daneben erfolgen Überlegungen zu den Lebensumständen der Kanoniker in der sie umgebenden Stadt, die aus einem alltags- und sozialgeschichtlichen Blickwinkel bislang noch nicht intensiver angestellt worden sind.[13] Im Mittelpunkt der Stadtgeschichtsforschung standen bislang die Schnittpunkte, welche zwischen der Stadtgemeinde und den Domkapitularen durch die Ausübung des kirchlichen Amtes entstanden wie beispielsweise die Einrichtung der von Bürgern gestifteten Vikarien, Kommenden oder Seelmessen[14] sowie im Weiteren die rechtliche – und damit häufig suggerierte mentale – Trennung durch die Domimmunität. Häufige Schwerpunkte bildeten bislang vor allem auch die verfassungsgeschichtliche Genese sowie die Kon-

10 Gerhard FOUQUET: Das Speyerer Domkapitel im späten Mittelalter (ca. 1350-1540). Adlige Freundschaft, fürstliche Patronage und päpstliche Klientel (Quellen und Abhandlungen zur mittelrheinischen Kirchengeschichte, 57), 2 Bde., Mainz 1987; Wolfgang REINHARD: Freunde und Kreaturen. „Verflechtung“ als Konzept zur Erforschung historischer Führungsgruppen. Römische Oligarchie um 1600 (Schriften der Philosophischen Fachbereiche der Universität Augsburg, 14), München 1979.

11 Gerhard FOUQUET: Verwandtschaft, Freundschaft, Landsmannschaft, Patronage um 1500: Das Speyerer Domkapitel als Instrument politischer und sozialer Integration, in: Ferdinand SEIBT/ Winfried EBERHARD (Hrsg.): Europa 1500. Integrationsprozesse im Widerstreit: Staaten, Regionen, Personenverbände, Christenheit, Stuttgart 1987, S. 349-367, hier S. 350, 356.

12 Als Beispiele seien genannt Oliver AUGE: Stiftsbiographien. Die Kleriker des Stuttgarter Heilig-Kreuz-Stifts (1250-1552) (Schriften zur südwestdeutschen Landeskunde, 38), Leinfelden-Echterdingen 2002; Thomas WILLICH: Wege zur Pfründe. Die Besetzung der Magdeburger Domkanonikate zwischen ordentlicher Kollatur und päpstlicher Provision 1295-1464 (Bibliothek des Deutschen Historischen Instituts in Rom, 102), Tübingen 2005.

13 Einzige Ausnahme für Lübeck ist Wolfgang PRANGE: Magd – Köchin – Haushälterin. Frauen bei Lübecker Geistlichen am Ende des Mittelalters, in: DERS.: Beiträge zur schleswig-holsteinischen Geschichte. Ausgewählte Aufsätze (Quellen und Forschungen zur Geschichte Schleswig-Holsteins, 112), Neumünster 2002, S. 455-472.

14 Stellvertretend z. B. UBBL 4, 2287, 2288 und 2294.

flikte mit der Stadt, in denen sich die vermeintliche Gegensätzlichkeit der bürgerlich-städtischen und der bischöflich-kapitularen Welt entlud.[15] Mithin wurden die Kanoniker an der Domkirche zumeist einfach unter dem Begriff Domkapitel subsumiert.[16] Zudem müssen sich die einzelnen Angehörigen dieser exklusiven Gruppe von den anderen Klerikern – den in Lübeck etwa 200 Vikaren, den schätzungsweise 100 Mönchen und Nonnen sowie etwaigen Horisten, Offizianten und den Pfarrern – abgehoben haben.[17]

Wesentlicher Grund für die Vernachlässigung alltags- und sozialgeschichtlicher Fragestellungen ist auch die Überlieferung, welche den Blick auf die alltäglichen Lebensumstände eines Domkapitulars in der Stadt nur schwerlich freigibt. Lediglich Einzelnachweise und Quellenbruchstücke legen einzelne Aspekte offen. Für Lübeck haben sich neben den seit 1523 vom Dekan Johannes Brandes geführten Protokollen diverse kleinere Schriftstücke erhalten, die Auskunft über diese Aspekte geben.[18] Um ihnen nachzugehen, sollten jene Fragen in den Mittelpunkt gerückt werden, zu denen plausible Aussagen möglich scheinen, so etwa die persönlichen Beziehungen der Domherren zu den Stadtbewohnern durch Verwandtschaft, ebenso ihre Wohnverhältnisse oder ihre Wirtschaftskraft. Im Folgenden soll versucht werden, anhand einiger Beispiele aus dem 15. und beginnenden 16. Jahrhundert eine Skizze der an der Trave lebenden Kanoniker als Bewohner der Stadt zu zeichnen.

II.

Die Versorgung der Söhne mit möglichst hohen kirchlichen Ämtern galt als bewährtes Prinzip zur Sicherung des Seelenheils sowie der Steigerung von Sozialprestige und war daher fester Bestandteil mittelalterlicher Familienpolitik.[19] Der Zugang in die Gemeinschaften an den Domkirchen blieb zumeist jedoch sogar den exklusivsten Führungsgruppen der Städte verwehrt. Hier dominierte der Ritteradel.[20] In den Domkapi-

15 Als Beispiel für Lübeck und den Konflikt zwischen Bischof, Domkapitel und Stadt vgl. Jürgen REETZ: Bistum und Stadt Lübeck. Die Streitigkeiten und Prozesse unter Burkhard von Serkem, Bischof 1276-1317, Lübeck 1955.

16 Vgl. z. B. Franz-Heinz HYE (Hrsg.): Stadt und Kirche (Beiträge zur Geschichte der Städte Mitteleuropas, 13), Linz/Donau 1995; Franz PETRI (Hrsg.): Bischofs- und Kathedralstädte des Mittelalters und der frühen Neuzeit (Städteforschung. A, 1), Köln/Wien 1976; aber auch die neuere Arbeit von Ulrike SIEWERT: Das Bamberger Kollegiatstift St. Stephan. Säkularkanoniker in einer mittelalterlichen Bischofsstadt (Schriftenreihe. Historischer Verein Bamberg, 42), Bamberg 2007.

17 Prange schätzt, dass in Lübeck neben den Konventualen wohl zwischen 300 und 400 Weltgeistliche gelebt haben, vgl. PRANGE: Magd (wie Anm. 13), S. 457, 458.

18 Die Protokolle des Lübecker Domkapitels 1522-1530, nach Vorarbeiten von Emil EHLER/ Sabine PETTKE, bearb. von Wolfgang PRANGE (Schleswig-Holsteinische Regesten und Urkunden, 12; Veröffentlichungen des Schleswig-Holsteinischen Landesarchivs, 39), Neumünster 1993 (im Folgenden SHRU 12); UBBL 4.

19 Vgl. zum Beispiel: Eva SCHLOTHEUBER: Familienpolitik und geistliche Aufgaben, in: Karl-Heinz SPIESS (Hrsg.): Die Familie in der Gesellschaft des Mittelalters (Vorträge und Forschungen, 71), Stuttgart 2009, S. 223-247.

20 Allgemein vgl. Aloys SCHULTE: Der Adel und die deutsche Kirche im Mittelalter. Studien zur Sozial-, Rechts- und Kirchengeschichte, 3. Aufl., Darmstadt 1958; für Speyer vgl. FOUQUET:

teln Münster, Osnabrück sowie Halberstadt wurden sogar noch um 1400 Bemühungen wach, keine Geistlichen nicht-adliger Geburt in die Gemeinschaft aufzunehmen.[21] In der Travestadt stellte sich die Situation jedoch anders dar. Die hansischen Führungsgruppen genossen aufgrund ihrer finanziellen Kraft und der Macht ihrer politischen und wirtschaftlichen Netzwerke eine herausragende, ja innerhalb der Stadt eine adelsgleiche Stellung.[22] Der hohe Anteil Lübecker Söhne in den Reihen des Domkapitels spiegelt diesen stadtadligen Rang wider.

Dabei gehörten jene Kanoniker, die aus den ratsgesessenen Familien der Stadt stammten, gesellschaftlich sozusagen in den ‚inner circle' der städtischen Führungsgruppen und sind als exklusiver Teil der städtischen Gesellschaft zu betrachten. Zu ihnen zählten zum Beispiel die Brüder Schepenstede, Conrad (Domherr 1396 bis 1420) und Dietrich (Domherr 1419 bis 1434/35).[23] Ihr Onkel Johann Schepenstede war seit 1350 Ratsherr und gehörte zu den wohlhabendsten Männern der Stadt. Er war

Domkapitel (wie Anm. 10); für Trier vgl. Rudolf HOLBACH: Stiftsgeistlichkeit im Spannungsfeld von Kirche und Welt. Studien zur Geschichte des Trierer Domkapitels und Domklerus im Spätmittelalter (Trierer Historische Forschungen, 2), Trier 1982; dies gilt selbst für das mitteldeutsche Magdeburg: WILLICH: Wege (wie Anm. 12); für die Umstände in Lübeck vgl. Anja MEESENBURG: Quantifizierung und Qualifizierung bei der personengeschichtlichen Analyse des Lübecker Domkapitels im Pontifikat Eugens IV. (1431-1447), in: Klaus-Joachim LORENZEN-SCHMIDT/Anja MEESENBURG (Hrsg.): Pfarrer, Nonnen, Mönche. Beiträge zur Klerikerprosopographie Schleswig-Holsteins und Hamburgs (Studien zur Wirtschafts- und Sozialgeschichte Schleswig-Holsteins, 49), Neumünster 2011, S. 45-57.

21 HOLBACH, Rudolf: Kirchen, Karrieren und soziale Mobilität zwischen Nicht-Adel und Adel, in: Kurt ANDERMANN/Peter JOHANEK (Hrsg.): Zwischen Nicht-Adel und Adel (Vorträge und Forschungen, 53), Stuttgart 2001, S. 311-360, hier S. 334.

22 Zu dieser Frage vgl. Sonja DÜNNEBEIL: Die Lübecker Zirkel-Gesellschaft. Formen der Selbstdarstellung einer städtischen Oberschicht (Veröffentlichungen zur Geschichte der Hansestadt Lübeck, Reihe B, 27), Lübeck 1996, z. B. S. 183f.; Harm von SEGGERN: Sozialgeschichte der Lübecker Oberschichten im Spätmittelalter – Eine Einleitung, in: Gerhard FOUQUET/Harm von SEGGERN (Hrsg.): Beiträge zur Sozialgeschichte Lübecker Oberschichten im Spätmittelalter (Online-Publikationen der Kieler Professur für Wirtschafts- und Sozialgeschichte, 1), Kiel 2005, S. 1-16 (www.histosem.uni-kiel.de/lehrstuehle/ wirtschaft/epubl/luebeck/vonseggern.pdf [Stand: 07.03.2012]); Rainer DEMSKI: Adel und Lübeck. Studien zum Verhältnis zwischen adliger und bürgerlicher Kultur im 13. und 14. Jahrhundert (Kieler Werkstücke, Reihe D, 6), Frankfurt a. M. 1996, S. 97f.

23 Für Conrad: Ulrich SIMON: Das Lübecker Niederstadtbuch (1363-1399) (Quellen und Darstellungen zur hansischen Geschichte, N. F., 56), Köln 2006, Bd. 1, 930 (3); Urkundenbuch des Bistums Lübeck, Bd. 2: 1220-1439, bearb. von Wolfgang PRANGE (Schleswig-Holsteinische Regesten und Urkunden, 13; Veröffentlichungen des Schleswig-Holsteinischen Landesarchivs, 36), Neumünster 1994, 1351 (im Folgenden UBBL 2); für Dietrich: ebd., 1346 (1); Repertorium Germanicum. Verzeichnis der in den päpstlichen Registern und Kameralakten vorkommenden Personen, Kirchen und Orte des Deutschen Reiches, seiner Diözesen und Territorien vom Beginn des Schismas bis zur Reformation, hrsg. vom Deutschen Historischen Institut in Rom, Bd. 5: Eugen IV. 1431-1447, bearb. von Hermann DIENER/Brigide SCHWARZ, Tübingen 2004, 6332 (im Jahr 1435 wurde für die vakante Präbende des Dietrich Schepenstede eine Provision gewährt, das Todesdatum Schepenstedes ist daher mindestens ein halbes Jahr, vermutlich sogar ein Jahr zuvor zu vermuten, vgl. dazu Walter DEETERS: Das Repertorium Germanicum als Geschichtsquelle, in: Blätter für deutsche Landesgeschichte 105 (1969), S. 27-43).

in zweiter und in dritter Ehe jeweils mit einer Tochter der in Rat, Zirkelgesellschaft und Domkapitel etablierten Familie Warendorp verheiratet.[24] Auch über seinen Schwager Jakob Pleskow sowie seinen Schwiegersohn Rainer von Calven war Johann Schepenstede mit der im Rat vertretenen Stadtelite verbunden.[25] Es darf vermutet werden, dass die Brüder Conrad und Dietrich wie auch die zur gleichen Zeit im Domkapitel bepfründeten Johannes von Calven und Gottschalk Warendorp, der damalige Thesaurar,[26] durchaus nicht nur untereinander, sondern ebenso eng mit ihren Verwandten in der Stadt durch stete Kommunikation und Interaktion verknüpft waren.

Derlei Beispiele lassen sich für das gesamte 15. und auch das beginnende 16. Jahrhundert belegen: Bekannt ist Arnold Westphal, Sohn des Ratsherrn Hermann Westphal, der von 1433 bis zu seiner Wahl zum Lübecker Bischof 1449 dem Kapitel angehörte. Sein Neffe Wilhelm Westphal, Sohn des Bürgermeisters Johann Westphal und der Margarete von Calven, folgte der Karriere des bereits 1466 verstorbenen Onkels im Jahr 1475, indem er zunächst ein Kanonikat, ab 1487 das Dekanat sowie schließlich 1507 die Bischofswürde für sich gewinnen konnte.[27]

Von 1488 bis zur Einführung der Reformation in Lübeck 1530 lässt sich Engelbert Castorp, Sohn des bekannten Bürgermeisters Heinrich Castorp und der Taleke Veckinchusen, einer Nichte des Hildebrand Veckinchusen, als Domkapitular nachweisen.[28] Adolph Greverade, dessen Familie vor allem durch die Gründung der Greveraden-Kompanie bekannt ist, erscheint bis zu seinem Tod 1504 in der Überlieferung des Kapitels.[29] Gleichermaßen waren der Bruder wie auch der Sohn des Bürgermeisters Thomas von Wickede Lübecker Kanoniker, der Bruder Heinrich spätestens seit 1464, der Sohn Gottschalk seit 1524.[30] Und ebenso bekleidete der Sohn des Großkaufmannes Godert Wiggerinck, Hieronymus, seit 1524 ein Kanonikat an der Trave.[31] Die Liste ließe sich fortsetzen.

24 Emil F. FEHLING: Lübeckische Ratslinie von den Anfängen der Stadt bis auf die Gegenwart (Veröffentlichungen zur Geschichte der Freien und Hansestadt Lübeck, 7, 1), Lübeck 1925 [ND Lübeck 1978], S. 36f.

25 Dietrich W. POECK: Die Herren der Hanse. Delegierte und Netzwerke (Kieler Werkstücke, Reihe E, 8), Frankfurt a. M. 2010, S. 81, 113.

26 UBBL 2, 1346 (1).

27 Acta Pontificum Danica. Pavelige aktstykker vedrørende Danmark, Bd. 4: 1471-1492, hrsg. von Alfred KRARUP, København 1910, 2665 (im Folgenden APD); Urkundenbuch des Bistums Lübeck, Bd. 3: 1439-1509 (Schleswig-Holsteinische Regesten und Urkunden, 13; Veröffentlichungen des Schleswig-Holsteinischen Landesarchivs, 45), Neumünster 1995, 1978 (im Folgenden UBBL 3); ebd., 2143; AHL, Heinrich Diedrich KERCKRING: Henrici Diterici Kirchringii Senatoris quondam Lubecensis Genealogiae autographae, o. J., S. 45.

28 UBBL 4, 2417; AHL, KERCKRING, S. 109.

29 UBBL 3, 2117.

30 AHL, KERCKRING, S. 17; AHL, SCHNOBEL, Bd. 5, 1903; UBBL 4, 2419.

31 SHRU 12, 1234; Heinrich DORMEIER: Wirtschaftlicher Erfolg, Laienfrömmigkeit und Kunst in Lübeck um 1500. Die Stiftung des Bankiers und Großkaufmannes Godert Wiggerinck, in: Enno BÜNZ/Klaus-Joachim LORENZEN-SCHMIDT (Hrsg): Klerus, Kirche und Frömmigkeit im spätmittelalterlichen Schleswig-Holstein (Studien zur Wirtschafts- und Sozialgeschichte Schleswig-Holstein, 41), Neumünster 2006, S. 275-297.

Die Kapitulare blieben mit ihren Familien, die vielfach miteinander verschwägert waren,[32] und folglich mit den städtischen Führungsgruppen stets kommunikativ verbunden. Mit dem Eintritt in die geistliche Laufbahn traten die zumeist jungen Kanoniker nicht aus dem sozialen Umfeld ihrer Familien und der Stadtgemeinde heraus. Vielmehr wurde die städtische Kommunikation durch das private Netzwerk und dort auch durch den personellen Austausch von Stiftsherren erweitert, wie bereits Sigrid Schmitt betonte.[33] Neben dieser Kommunikationsebene können anhand der sozialen Herkunft dieser Kanoniker Rückschlüsse auf ihren Habitus gezogen werden. Für den Funktionswechsel anderer Gruppen der Stadtführung stellt Gerhard Fouquet fest: „Damit verbunden war aber kein grundlegender Wechsel des Lebensstils: Man wurde Kaufmann und blieb Adliger!“[34] Bereits durch Kleidung und die prächtigen Wohnhäuser hoben sie sich innerhalb der städtischen Gemeinde ab.[35] Auch dürften die aus Lübeck stammenden Kapitulare in der städtischen Öffentlichkeit als Angehörige der Führungsgruppen bekannt gewesen sein. Ihr Lebensstil unterstrich die soziale Herkunft wie auch das durch das Kanonikat hinzugewonnene Prestige, denn „Exklusivität [...] konnte nur entstehen, wenn diese von der Öffentlichkeit auch zur Kenntnis genommen und anerkannt wurde“, wie Sonja Dünnebeil betonte.[36]

III.

Nicht alle an der Trave residierenden Kanoniker hatten das Anrecht, eine der 13 Domkurien zu bewohnen, die um den Domkirchhof herum in der Parade und an der Hartengrube gelegen waren. Die Vergabe der Kurien an den Propst, den Dekan sowie den Lektor für Theologie ergaben sich aus dem Amt. Die weiteren Höfe bewohnten jeweils die ranghöchsten am Ort residierenden Kapitulare. Im Jahr 1495 waren dies der Kantor des Kapitels Petrus von Vemeren, Johannes Osthusen, der aus Erfurt stammte und sechs Jahre zuvor zum kaiserlichen Hofpfalzgrafen ernannt worden war,[37] der Thesau-

32 Vgl. zum Heiratsverhalten städtischer Führungsgruppen allgemein Gerhard FOUQUET: „Freundschaft“ und „Feindschaft“: Stadtadlige Verwandtschaftsfamilien in deutschen Städten des Spätmittelalters, in: Karl-Heinz SPIESS (Hrsg.): Die Familie in der Gesellschaft des Mittelalters (Vorträge und Forschungen, 71), Ostfildern 2009, S. 109-135.

33 Sigrid SCHMITT: Städtische Gesellschaft und zwischenstädtische Kommunikation am Oberrhein. Netzwerke und Institutionen, in: Peter KURMANN/Thomas ZOTZ (Hrsg.): Historische Landschaft – Kunstlandschaft? Der Oberrhein im späten Mittelalter (Vorträge und Forschungen, 68), Ostfildern 2008, S. 275-306, hier S. 298f.

34 Gerhard FOUQUET: Städtische Lebensformen im Spätmittelalter. Neue Perspektiven und neue Forschungen, in: Jahrbuch für Regionalgeschichte 22 (2003), S. 12-36, hier S. 26.

35 In den Synodialstatuten, welche Bischof Nikolaus Sachow 1420 erließ, wurde betont, dass den Laien das Tragen von Pelzkragen verboten sei. Vgl. UBBL 3, 1572 (20).

36 Sonja DÜNNEBEIL: Umzug und Tanz als Formen der „bewegten“ Repräsentation, in: Gerhard FOUQUET/Matthias STEINBRINK/Gabriel ZEILINGER (Hrsg.): Geschlechtergesellschaften, Zunft-Trinkstuben und Bruderschaften in spätmittelalterlichen und frühneuzeitlichen Städten. 40. Arbeitstagung in Pforzheim 16.-18. November 2001 (Stadt in der Geschichte, 30), Ostfildern 2003, S. 129-146, hier S. 130.

37 AHL, Personenkartei, Kasten 235; UBBL 3, 2002.

rar Johannes Schutte,[38] Johannes Lange, der Sohn des Lüneburger Bürgermeisters Heinrich Lange,[39] Levo Leve, Brunold Bruns und Johannes Subake, welcher zugleich Thesaurar des Eutiner Kollegiatstiftes war,[40] der ehemalige Sekretär des verstorbenen Bischofs Krummendiek Gerhard Schar[41] sowie die beiden adligen Heinrich Bülow und Johannes Breide. In der Kurie des Propstes residierte zur gleichen Zeit Heinrich Bokholt, in jener des Dekans Wilhelm Westphal, Lektor für Theologie war Johannes Schröder.[42]

Durch die zum Teil vorzufindende „Form des herrschaftlichen Sitzes mit ummauertem oder umwalltem Hof"[43] unterschied sich bereits die Anlage der Kurien vom üblichen Stadtbild – und auch in der architektonischen Gestaltung hoben sich die Kurien von den typischen Giebelbauten der Stadt ab. Seit 1426 lag das dem Dekan zugewiesene Wohnhaus *directe ex oppositio porticus dicte nostre ecclesie* an der Ecke zum Fegefeuer.[44] Durch seine Bestandsauflistung bei Übernahme der Dekanatskurie aus dem Jahr 1512 gewährt uns Albert Broker einen Blick in diese Residenz: eine große Stube, die Küche, dahinter noch eine Speisekammer und zwei weitere Zimmer im Untergeschoss, ein Saal, eine große Stube, eine kleine Kapelle, ein Schlafraum und ein nicht näher bestimmtes Zimmer im Obergeschoss. Zudem gehörte ein Stall zum Haus des Dekans, der zu diesem Zeitpunkt jedoch nur zum Abstellen verschiedener Habseligkeiten und des *currus capituli* genutzt worden zu sein scheint.[45]

Neben der Kurie des Dekans war es vor allem auch das Haus des Propstes, in dem Gastmähler und etwaige offizielle und inoffizielle Verhandlungen stattfanden. Am 16. November 1523 trafen sich der Bürgermeister Hermann Falke sowie die Ratsherren Bernhard Bomhower und Joachim Gerkens mit den Domkapitularen Engelbert Castorp, Heinrich Hachten, Lorenz Persick sowie dem Dekan Johannes Brandes im Haus des Propstes Heinrich Bockholt, um über die Differenzen zwischen dem Rat und dem Domkapitel zu beraten, die wegen des Verkaufs von Hamburger Bier in der Taverne in Genin bestanden, welche dem Domkapitel und somit der Zollfreiheit der Immunität unterstand.[46] Davon wird noch zu sprechen sein.

38 UBBL 3, 2417.

39 Irene STAHL: Der Studienfonds Konrad Abbenborchs des Älteren (1441). Eine exemplarische Studie über universitäre Bildung in der städtischen Oberschicht, in: Jahrbuch der Gesellschaft für niedersächsische Kirchengeschichte 87 (1989), S. 35-49.

40 UBBL 4, 2417.

41 APD 4, 2552.

42 UBBL 4, 2449 (6-18).

43 Rolf HAMMEL-KIESOW: Die Entstehung des sozialräumlichen Gefüges der mittelalterlichen Großstadt Lübeck. Grund und Boden, Baubestand und gesellschaftliche Struktur, in: Matthias MEINHARDT/Andreas RANFT (Hrsg.): Die Sozialstruktur und Sozialtopographie vorindustrieller Städte. Beiträge eines Workshops am Institut für Geschichte der Martin-Luther-Universität Halle-Wittenberg am 27. und 28. Januar 2000 (Hallische Beiträge zur Geschichte des Mittelalters und der Frühen Neuzeit, 1), Berlin 2005, S. 139-204, hier S. 168.

44 UBBL 2, 1447. Der Kapitular Albert Rodenborg hatte dieses Gebäude den zukünftigen Dekanen geschenkt.

45 UBBL 4, 2196.

46 SHRU 12, 20.

Seit 1419, so lässt sich aus der städtischen Überlieferung erkennen, verfügten die Kurien sogar über eine damals hochmoderne Wasserversorgung durch geschlossene Röhren, *dat se dat Wokenitze water, dat van deme rade uppe deme Huxerdame in de stad vormiddelst pipen vnde ronnen geleidet wert, vthe welken ronnen edder pypen en dat allerbequemest were, mochten leiden vnde bringen in ere houe, beleghen to der vrigheit des domes*[47]. Dieses Zugeständnis des Rates geschah *vmme vorderer woldaet vnde vrundschop willen, de de vorbenomeden heren prouest, deken vnde capittel to Lubeke vns vnde vnser stad gedan vnde bewiset hebben*[48]. Trotz Domimmunität, welcher die Kurien unterstellt waren (*beleghen to der vrigheit des domes*), zeigt sich in dieser Einbindung, dass die in Lübeck residierenden Kanoniker nicht in gleicher Weise abseits der Stadtgemeinde standen, wie es die geographische Lage der Domkurien am südlichen Ende des Werders suggerieren könnte. Dass dies keine Selbstverständlichkeit war, zeigt das Beispiel Mainz, wo das Gebiet der Domimmunität sogar durch eine Mauer von der übrigen Stadt getrennt war.[49] Vielmehr wird hier die Bemühung deutlich, die in der Domimmunität lebenden Kanoniker in den Stadtausbau – mindestens in Teilen – zu integrieren. Dies ist sicherlich auch mit den personellen Verflechtungen zu begründen. Im Jahr 1419 residierten in der Stadt neben den erwähnten Johannes von Calven, Gottschalk Warendorp und den Brüdern Schepenstede beispielsweise auch Heinrich Westhof, Sohn des 1415 verstorbenen Bürgermeisters, ferner Nikolaus Sachow und der ehemalige Stadtschreiber und Protonotar Burchard von der Osten wie auch Bernhard Ekhof, dessen Familie mit den einflussreichen Paal verschwägert war.[50]

Durch die Übernahme einer Domherrenkurie verpflichtete sich der Bewohner gemäß eines Statutes von 1352 zur Führung eines eigenen Hausstandes.[51] Dafür erhielt derselbe auch höhere Einkünfte aus dem Gut des Kapitels. Eine solche Kurie stellte durchaus eine finanzielle Belastung für den Geistlichen dar, denn er hatte nicht nur die laufenden Kosten zu tragen, sondern musste bereits zu Beginn eine beträchtliche Übernahmesumme bezahlen, die Wolfgang Prange je nach Domhof auf 350 bis 500 lübische Mark berechnet hat.[52]

Einen solchen Haushalt führten die Kapitulare nicht allein. Töchter der Stadt waren als *famule*, als Bedienstete, Köchinnen oder auch Haushälterinnen in den Kurien angestellt. Zum Teil lebten sie gemeinsam mit ihrem Dienstherrn im gleichen Haus, was üblicherweise – und in manch seltenem Fall sogar mit Berechtigung – für Speku-

47 Urkundenbuch der Stadt Lübeck, Bd. 6, bearb. von Johann Friedrich BÖHMER und Friedrich TECHEN, Lübeck 1881, 141 (im Folgenden UBStL 6).

48 Ebd.

49 Michael HOLLMANN: Das Mainzer Domkapitel im späten Mittelalter (1306-1476) (Quellen und Abhandlungen zur mittelrheinischen Kirchengeschichte, 64), Mainz 1990, S. 213.

50 Zu Westhof: UBBL 2, 1268, 1412; AHL, SCHNOBEL, Bd. 5, S. 1941; zu Sachow: UBBL 2, 1351; zu Ekhof: UBBL 2, 1412; UBBL 4, 2449; Mike BURKHARDT: Der hansische Bergenhandel im Spätmittelalter. Handel, Kaufleute, Netzwerke (Quellen und Darstellungen zur hansischen Geschichte, N. F., 60), Köln u. a. 2009, Katalog, S. 90.

51 UBBL 2, 918.

52 Wolfgang PRANGE: Besitz und Einkünfte des Lübecker Domkapitels am Ende des Mittelalters, in: Zeitschrift des Vereins für Lübeckische Geschichte und Altertumskunde 72 (1992), S. 9-46, hier S. 11.

lationen sorgte.[53] Beizeiten bedachten die Kapitulare ihre Haushälterinnen in ihren Testamenten: Der in Lübeck residierende Domherr Heinrich Hardemake verfügte 1403, dass seiner Magd Wibe und deren Tochter Katharina nach seinem Tod eine Mark gegeben werden solle.[54] Außerdem sollte Wibe jährlich vier Mark aus einer Stiftung erhalten, die Heinrich Hardemake zuvor getätigt hatte.[55] Auch Henning Osthusen bedachte in einer früheren Version seines Testamentes von 1521 seine Köchin Dorothea.[56] Grundsätzlich mussten die Dienstverhältnisse nicht immer freundschaftlicher Natur sein: Im Falle des Hieronymus Wiggerinck ging die Auseinandersetzung mit seiner Magd so weit, dass *in publico traxit se per capillos cum begutta sua adeo clamando hincinde, quod omnes vicini ad strepitum accurrerunt*[57]. Und so wurde im Folgenden das Arbeitsverhältnis zwischen dem Kanoniker und seiner Magd beendet.

Vor allem bei der Ausrichtung größerer Gastmähler an Festtagen wurden verschiedene Aufgaben von Bediensteten aus der Stadt übernommen. Für die Kollationen an Weihnachten 1492 halfen Träger und weitere *laboratores* und jeder von ihnen bekam als Lohn einen Schilling. 1494 mussten laut Rechnung Wasserträger mit vier Pfennigen entlohnt werden, außerdem waren der Koch für 20 Schilling, ein Bratenwender für acht Pfennige und mehrere Wäscher – wohl für das Geschirr – für sechs Schilling und vier Pfennige eingestellt worden.[58] An anderen Festtagen wurden beizeiten auch Musikanten und Pfeifenspieler aus der Stadt engagiert.[59] Im Hause des Dekans feierte man am 1. Januar 1525 wie üblich bei einem Festmahl. Zu Gast waren der Propst Henning Osthusen, außerdem die Kanoniker Franziskus Dyemann, Moritz Witte und die übrigen Offizialen. Für die Unterhaltung der Festgesellschaft sorgten drei Pfeifenspieler *van deme groten spele* und drei *uth der koplude kumpanie* sowie drei Lautenspieler. Jeder wurde mit einem Schilling entlohnt.[60]

Auch die fälligen Reparaturen in den Kurien wurden von Stadtbewohnern vorgenommen. Am 4. Februar 1524 stand der Dekan Johannes Brandes buchstäblich im Regen: Über dem Speicher seines Hauses war das Dach in einem solch schlechten Zustand, dass Regenwasser eindringen konnte.[61] Hier war ein Handwerker vonnöten. Ebenso wurden für den Dom selbst Arbeitsaufträge an städtische Handwerker vergeben. Bei einer Besprechung des Kapitels am 28. November 1523 berichtete der Thesaurar, man habe dem Goldschmied Heyno 22 Schilling für die Reparatur und Erneuerung des Antependiums am Hochaltar gegeben.[62]

Jene Domherren, die zwar in Lübeck residierten, jedoch nicht das Privileg genossen, in einem der Domhöfe zu wohnen, lebten in eigens gekauften Häusern, die anscheinend zumeist in relativer Nähe zur Domkirche lagen. Auch sie waren durch ein

53 Vgl. hierzu ausführlich PRANGE: Magd (wie Anm. 13).
54 UBStL 5, 74.
55 Ebd., 75.
56 UBBL 4, 2372 (57).
57 SHRU 12, 4209.
58 UBBL 4, 2430.
59 Beispielsweise SHRU 12, 2517.
60 Ebd., 1039.
61 Ebd., 216.
62 Ebd., 36.

Statut zur Führung eines eigenen Hausstandes verpflichtet.[63] Vom Inhaber der Livonistenpräbende Johannes Wulf ist zum Beispiel bekannt, dass er um 1520 das ehemalige Haus des Lübecker Bürgers Bernhard Johansen, das in der Hartengrube gelegen war, kaufte.[64] In der Glockenordnung des Doms wurde für das Schlagen zur sechsten Stunde mit der *Misseklokke* daher befohlen: *Et debet iste pulsus pulsari sollemniter, sic quod canonicus habitans in extrema curiarum possit competenter ire ad ecclesiam sub tali pulsi*'[65].

IV.

Der bereits erwähnten Besprechung über den Ausschank Hamburger Bieres am 16. November 1523 im Hause des Propstes folgend wurden Einigungsbeschlüsse mit den ernannten Beauftragten des Kapitels Henning Osthusen und Johannes Rode *ad referendum proconsulibus* gefasst.[66] Die Wahl der Mediatoren fiel nicht zufällig auf diese beiden Geistlichen: Johannes Rode war von 1500 bis 1517 Sekretär des Rates gewesen, seit 1507 war er zudem Vikar im Lübecker Johanneskloster und 1508 übernahm er eine der kleinen Präbenden im Kapitel.[67] Henning Osthusen diente dem Rat, wie erwähnt, seit 1496 als Sekretär.[68] Daher waren beide mit den Akteuren der städtischen Verwaltung vertraut.

Schon einige Zeit waren die Einfuhr des Hamburger Bieres für die Domkurien in die Stadt sowie der Verkauf desselben in der nahgelegenen Taverne in Genin ein Reizthema zwischen Dom- und Ratsherren gewesen. Dabei war es nicht die Beschränkung des städtischen Biermarktes auf das eigene Lübecker Gebräu, welche die Interessen der Ratsherren leitete.[69] Es war der günstige Preis, der durch die Zollfreiheit innerhalb der Domimmunität gegeben war, welcher immer wieder zum Konflikt führte. Die Ratsherren befürchteten – in manchen Fällen wohl zu Recht –, dass jenes günstiger eingeführte Bier unter dem städtischen Marktpreis an die Stadtbewohner verkauft wurde. Als sich der Kapitular Gottschalk Wickede im Januar 1524 gegen die Absprachen mit den Ratsherren zwei Tonnen Hamburger Bier liefern ließ, wurden Klagen laut, er verkaufe das Bier in der Stadt, was seit dem neuerlichen Abkommen verboten

63 Urkundenbuch des Bisthums Lübeck, Bd. 1, bearb. von Wilhelm LEVERKUS, Oldenburg 1856 [ND Neumünster 1994], 162.

64 UBBL 4, 2358.

65 Ebd., 2416.

66 SHRU 12, 76.

67 UBBL 3, 2160; UBBL 4, 2201; Wolfgang PRANGE: Vikarien und Vikare in Lübeck bis zur Reformation (Veröffentlichungen zur Geschichte der Hansestadt Lübeck, Reihe B, 40), Lübeck 2003, S. 181.

68 PRANGE: Wandel (wie Anm. 4), S. 120.

69 „Es gibt im spätmittelalterlichen Lübeck im Unterschied zu anderen Städten nur sehr wenige Belege dafür, dass der Rat versucht hätte, den städtischen Markt vor solchem fremden Bier generell zu schützen", Gerhard FOUQUET: Nahrungskonsum und Öffentlichkeit im Späten Mittelalter. Beobachtungen zum Bierverbrauch der Lübecker Oberschicht, in: Zeitschrift des Vereins für Lübeckische Geschichte und Altertumskunde 124 (1999), S. 31-49, hier S. 35.

war. Jedoch sei bekannt, dass *pro se non fuit usus quarta unius tunne*[70]. Umgehend wurde der Mitkanoniker Matheus Richerdes zum Haus des Beschuldigten geschickt, um zu überprüfen, *si ita in veritate esset an non.* Dieser fand jedoch nur eine Tonne vor. Die Kapitulare wurden erneut vom Dekan gewarnt, sich an das städtische Abkommen zu halten.[71] Der Konsens mit den Ratsherren sollte nicht gebrochen werden.

Abseits dieses Konfliktes waren die Domkapitulare eine attraktive Kundschaft für den vom Fernhandel geprägten städtischen Markt. Der Verdienst jener Kapitulare, die am Pfründort residierten und am Chordienst teilnahmen, war nicht unbeträchtlich. Für die ältesten residierenden Domherren beziffert Wolfgang Prange das jährliche Einkommen auf bis zu 385 Mark lübisch, jüngere begannen bei einer Summe von 190 Mark lübisch pro Jahr.[72] Dabei erhielt man beispielsweise die Chorgelder auch, wenn man aufgrund einer genehmigten Ausnahme fehlte. Hierzu gehörte die Einladung *ad prandium cum aliqua honesta persona* sowie die eigene Ausrichtung eines Mahles für gewisse ehrbare Personen,[73] zu denen oftmals Vertreter des Rates zählten. Häufig kamen zu diesen Geldern Einkünfte aus weiteren Pfründen in Lübeck oder anderen Städten hinzu.[74] Und abseits der Bezüge aus den kirchlichen Ämtern tätigten die Kanoniker – auch mit Stadtbewohnern – zum Teil außerordentliche Geschäfte: Im Juli 1459 verkaufte zum Beispiel Dionisus Heesten *doemhere to Lubecke* [...] *deme beschedenen Hans Wiisen borgere to Lubecke unde sinen erven* [s]*yn halve dorpp Dudesche Tymmendorppe belegen in deme kerspele to Ratkouw Lubesches stichtes vor veerhundert unde veertich Lubesche marck pennige*[75].

Bei diesem Einkommen muss man sich die Kaufkraft vor Augen halten, welche die Domgeistlichen damit in die Stadt trugen, so für die Anfertigung von Luxuswaren: Marquard von Stiten hatte sich sieben edle Kissen und ein großes unterfüttertes Laken mit seinem Wappen anfertigen lassen, die noch 1490 – 46 Jahre nach seinem Tod – in den Listen des Kämmerers verzeichnet wurden. Auch andere Kanoniker ließen sich Gleiches nähen. Zwölf *kußen von einem wapen*, zwei *kußen mit gellen wappen und 1 einhoren* sowie ein *grot kußen mit einem lowen* konnte der neue Kämmerer Magnus Schröder in derselben Aufzählung allerdings keiner Person mehr zuordnen – wahrscheinlich stammten die ehemaligen Besitzer aus in Lübeck weniger bekannten Familien.[76]

Noch deutlicher zeigt sich die Wirkung auf den städtischen Markt beim Nahrungskonsum. Leider lässt sich – wie so häufig – wenig über die alltägliche Mahlzeit auf einer hinreichenden Quellenbasis rekonstruieren. Jedoch sind für das Lübecker Kapitel Rechnungen der für die Kollationen der Domherren und Vikare zu Weihnachten und

70 SHRU 12, 102, 193.

71 SHRU 12, 102.

72 PRANGE: Wandel (wie Anm. 4), S. 18. Der Kanoniker Heinrich Meyg betont 1524 jedoch, der Streit um die Lübecker Präbende habe ihn arm gemacht, er habe sogar Schulden: *Sed notum esse eum pauperum huc accessisse ad ecclesiam prebendamque litigasseex pecuniis mutuatis a v magistro Jo. Breyden*. SHRU 12, 929.

73 UBBL 4, 2458.

74 So hatte zum Beispiel Wilhelm Westphal als Schleswiger Propst und Archidiakon zu Rostock zwischenzeitlich weitere einträgliche Pfründen: APD 4, 2902; UBBL 4, 2417.

75 UBBL 3, 1766.

76 Ebd., 2010.

Gründonnerstag entstandenen Kosten überliefert.[77] Diese gewähren zwar keinen so eindrücklichen Blick auf die gefüllten Teller geistlicher Herren, wie es die Speisefolgen für die Festmähler des nahegelegenen Hamburger Domkapitels tun.[78] Dennoch legen sie die Sicht auf den gehobenen Konsum einer lokalen Führungsgruppe frei. Feine Speisen reichte man bei den 1494 ausgerichteten Mählern: Hierfür wurden Hühner im Wert von 2½ m, ein Schaf für 10 ß, 3 Bötlinge, zwei Hirsche, dazu Topfbraten, Speck, Milch und vier livländische Pfund Butter erworben. Neben dem Brot, von dem nicht gesagt wird, ob es sich um teures Weiß- oder einfaches Graubrot handelte, wurde auch noch ein Fass Weißmehl herangetragen, welches wohl zu Brot oder Süßspeisen verbacken wurde.[79] Gekauft wurden auch ein halbes Pfund Strohkorn und ein Fass Grütze, das möglicherweise als Beilage und für die Bediensteten gedacht war.[80] Gewürzt werden konnten die Speisen mit dem erworbenen Anis, Rosinen, vier Lot Safran, Mandeln sowie je einem halben Pfund feingestoßener Gewürze und Pfeffer, außerdem Salz, von dem gleich ein Fass geliefert wurde. Auch eine Soße oder Brühe ist aufgeführt. Getrunken wurden neben dem üblichen Hamburger Bier, das freilich auch für dieses Fest gekauft wurde, zwei Tonnen des Lübecker Bieres, zudem der gute Rheinwein, für den man drei Mark bezahlte, zwei Stübchen *Pottower* Wein und ein Stübchen *bastarts*.[81] Neben all den Festspeisen wurden auch die Grundbestände aufgefüllt. 1492 wurden acht oder zehn Pfund Wachs (*8 vel 10 librae cerae*) und einige Säcke Kohle gekauft, 1494 ließ man acht Säcke Kohle herantragen, außerdem Holz für einen Schilling und für die Hühner einen Malter Hafer. Insgesamt betrugen die Aufwendungen 1494 27 Mark, 9 Schilling und 10 Pfennige.[82] Dem Historiker zeigen diese Einkäufe, welches Selbstverständnis die Domkapitulare besaßen. Auch wenn die Speiseauswahl in anderen Festgesellschaften durchaus von größerer Vielfalt sein konnte, an teuren Gewürzen wie Pfeffer, dem zum Einfärben der Speisen beliebten Safran, Rosinen und ähnlichem mehr wurde nicht gespart und somit wird die „soziale Bedeutung des öffentlichen Speiseluxus als Statussymbol und seine politische Funktion als der Bestätigung der Ordnung in der eigenen Einflußzone“[83] auch an diesem Beispiel sichtbar. Damit konnten die Domherren mit den Festmählern, die ihre Verwandten innerhalb der Zirkel-Gesellschaft, den Kompanien und des Rates abhielten, durchaus mithalten.[84]

77 UBBL 4, 2430.

78 Klaus-Joachim LORENZEN-SCHMIDT: Festessen bei Klerikern. Die Pantaleons-Kollation der Hamburger Domgeistlichkeit zu Beginn des 16. Jahrhunderts, in: DERS./Detlev KRAACK (Hrsg.): Essen und Trinken. Zur Ernährungsgeschichte Schleswig-Holsteins (Studien zur Wirtschafts- und Sozialgeschichte Schleswig-Holsteins, 46), Neumünster 2010, S. 57-86.

79 UBBL 4, 2430.

80 Vgl. Ulf DIRLMEIER/Gerhard FOUQUET: Ernährung und Konsumgewohnheiten im spätmittelalterlichen Deutschland, in: Geschichte in Wissenschaft und Unterricht 44 (1993), S. 504-526, hier S. 510.

81 UBBL 4, 2430.

82 Ebd.

83 DIRLMEIER/FOUQUET: Ernährung (wie Anm. 80), S. 518. Vgl. zur Vielfalt des Nahrungskonsums in städtischen Führungsgruppen ebd. S. 521.

84 Vgl. FOUQUET: Nahrungskonsum (wie Anm. 69), S. 38f.

V.

Es zeigt sich: Ein mikrogeschichtlicher Blick auf die Menschen, die unter dem Begriff ‚Domkapitel‘ subsumiert werden, sowie auf deren Lebenssituation ist lohnend. In der Lebenswirklichkeit der Lübecker Domherren hatte die Stadtgemeinde einen gewichtigen Part. Trotz des Sonderstatus der Domimmunität sind die Kanoniker auch als Einwohner der Stadt zu betrachten. Die Beziehungen der Ratsherren und Stadtbewohner mit den Domkapitularen gingen weit über einen Konsens hinaus. Ein ohnehin steter Austausch bestand zwischen den aus Lübeck stammenden Kanonikern und ihren Familien. Weitere Beziehungen mit den führenden Gruppen der Stadt ergaben sich aus bestehenden Dienstverhältnissen, Haus- und Landverkäufen, aber auch aufgrund regelmäßiger Verhandlungen wie im Falle des Hamburger Bieres. Welche Anerkennung manchen Kapitularen von Seiten der städtischen Führungsgruppen entgegengebracht wurde, zeigt das Beispiel des Propstes Nicolaus de Insula, dessen Fürsprache und Bürgschaft für die Wechselgeschäfte des Kurienbankiers Ludovico Baglioni mit den Lübecker Bürgern notwendig war, da diesen *wente de lude wolden em sulven nycht loven*[85].

Ein Ort der Begegnung zwischen Stadtbewohnern und den Kapitularen waren die Domkurien. Hier traf man sich mit den Ratsherren zu Besprechungen und lud dieselben an Festtagen zum Mahl. Zudem arbeiteten dort auch die Einwohner der Stadt zum Teil über viele Jahre als Köche, Dienstmägde oder Haushälterinnen, aber auch für kurzfristige Dienstaufträge gingen Handwerker, Träger, Musikanten und Köche in den Häusern ein und aus.

Der Lebensstil der Domherren glich jenem der führenden Kaufleute und Ratsherren der Hansestadt. Dies zeigte sich sowohl in den herrschaftlichen Wohnhäusern wie auch im Konsum, wie das Beispiel der Festmähler beweist. Die Kanoniker nutzten die Infrastruktur, die ihnen in einer spätmittelalterlichen Metropole wie der Reichs- und Hansestadt Lübeck zur Verfügung stand. Guy P. Marchal schrieb treffend: „Die Welt der Kanoniker war eben das *Saeculum*“[86].

Nur schlaglichtartig konnten einige Aspekte der Lebensumstände und der sozialen Verflechtungen der Domherren innerhalb der Stadt vorgestellt werden. Doch wird anhand dieser Beobachtungen bereits deutlich, dass die eingangs erwähnten Schenkungen im Testament Henning Osthusens 1529 als Zeichen der Verbundenheit zwischen den Ratsherren und den Kanonikern des Doms keine einmalige Erscheinung waren, sondern wie ein Abbild der herrschenden Verhältnisse anmuten. Die wechselseitige Reputation dieser Gruppen zeigt sich im Übrigen auch umgekehrt im Testament des eng mit der Stadtelite verbundenen Matthias Mulich.[87] In diesem ließ der Kaufmann

85 Wilhelm STIEDA: Hansisch-venetianische Handelsbeziehungen im 15. Jahrhundert. Festschrift der Landes-Universität Rostock zur zweiten Säcularfeier der Universität Halle an der Saale, Rostock 1894, S. 122; vgl. hierzu auch Gerhard FOUQUET: Ein Italiener in Lübeck: der Florentiner Gherardo Bueri (gest. 1449), in: Zeitschrift des Vereins für Lübeckische Geschichte und Altertumskunde 78 (1998), S. 187-220, hier S. 197f.

86 MARCHAL: Welt (wie Anm. 9), S. 84.

87 Gerhard FOUQUET: Geschäft und Politik, Ehe und Verwandtschaft – Briefe an den Nürnberg-Lübecker-Kaufmann Matthias Mulich vom Winter 1522/23, in: Helmut BRÄUER/Elke

am 4. April 1527 unter anderem festhalten: *Item deme werdigen vnde achtbaren mynen gunstigen heren Mester Henningus Osthusen, dhomproveste to Lubek, gheve ick mynen anderen sulveren quarters stop mynes danc by togedenken*[88].

SCHLENKRICH (Hrsg.): Die Stadt als Kommunikationsraum. Beiträge zur Stadtgeschichte vom Mittelalter bis ins 20. Jahrhundert. Festschrift für Karl Czok zum 75. Geburtstag, Leipzig 2001, S. 312-346, hier S. 315-324.

88 AHL, Testamente, 4.4.1527.

Gunnar Meyer

Klostergründungen im Umfeld Lübecks am Beginn des 15. Jahrhunderts und deren Rezeption in der städtischen Testamentsüberlieferung

I. Einleitung

Als Wybe Strelow im August 1413 mit Zustimmung ihrer Vormünder, ihres Bruders sowie ihres Schwagers ihre letzten Dinge ordnete, bestimmte die offenbar unverheiratete und kinderlose Lübeckerin testamentarisch umfangreiche Legate für fromme und mildtätige Zwecke. Außer den Lübecker Pfarrkirchen und Bettelordensklöstern sowie insgesamt 18 Siechenhäusern in der weiteren Umgebung berücksichtigte Wybe Strelow auch *sunte Birgitten closter bi Molne*, dessen Bau sie mit 10 Mark unterstützen wollte. Letzteres ist insofern bemerkenswert, als der Bau dieses Klosters zum Zeitpunkt der Testamentserrichtung noch nicht sehr weit vorangeschritten gewesen sein kann: Grundstücksgeschäfte, in denen ein Bruder des Revaler Birgittenkonvents Grund und Boden für das neue Kloster erwirbt, sind erst im Oktober desselben Jahres aktenkundig geworden. Angesichts dessen ist der Widerhall, den die Klostergründung in der Lübecker Testamentsüberlieferung gefunden hat, erheblich: Neun der 48 Lübecker Testamente, die aus dem Herbst 1413 überliefert sind, sehen eine Unterstützung des Bauvorhabens vor. Und das lübische Interesse ist nachhaltig: Bis 1449 finden sich in 163 Testamenten, etwa einem Zehntel der Überlieferung, Legate für das etwa 30 Kilometer außerhalb Lübecks liegende Kloster.

Die Gründung eines weiteren Klosters, der Ahrensböker Kartause, sechzehn Jahre zuvor spiegelt sich in ganz ähnlicher Weise in der Lübecker Testamentsüberlieferung: Am 9. Dezember 1397 wird die Gründung der Kartause – nach Planungen, die sich über Jahrzehnte hingezogen haben – mit der Zustimmung des Lübecker Bischofs formal vollzogen.[1] Im Februar 1398 findet das neue Kloster erstmals Eingang in die Lübecker Testamentsüberlieferung; bis 1450 berücksichtigen fast neun Prozent der erhaltenen Testamente das Kloster, das knapp 20 Kilometer nordwestlich der Stadt liegt.

Damit sind die beiden Neugründungen nach den drei Lübecker Stadtklöstern die am häufigsten testamentarisch begünstigten Konvente – mit deutlichem Abstand zu den bereits existierenden Feldklöstern[2] im Lübecker Umland.

Diese Beobachtung, dass die beiden Klostergründungen vor den Toren der Stadt in Lübeck offenbar sofortige Resonanz erfahren, ist der Ausgangspunkt der folgenden

1 Jürgen WÄTJER: Die Geschichte des Kartäuserklosters „Templum Beatae Mariae" zu Ahrensbök (1397-1564) (Verein für katholische Kirchengeschichte in Hamburg und Schleswig-Holstein. Beiträge und Mitteilungen, 2), Husum 1988, S. 25.

2 Klöster innerhalb und außerhalb von Städten sind nicht kirchenrechtlich unterschieden, eine Abgrenzung ist gelegentlich schwierig. Dennoch wird hier mit dem von Ortwin Pelc geprägten Begriff gearbeitet, weil sich die Wahrnehmung von innerstädtischen und außerhalb gelegenen Klöstern in den untersuchten Lübecker Testamenten erkennbar unterscheidet.

Untersuchung: Es soll der Versuch unternommen werden, dem ‚Erfolg' der beiden neuen Klöster bei den Lübecker Bürgern nachzugehen. Die Fragestellung nimmt damit sowohl die Klöster als auch die Lübecker Testatoren in den Blick. Im Hinblick auf die Förderer richtet sich das Interesse auch darauf, wie sich diese Klientel zusammensetzt: Welche Personengruppen in der Stadt unterstützen die neu gegründeten Klöster und welche Funktion erfüllen diese Klöster für ihre Förderer?

Um die Befunde in größere Zusammenhänge einordnen zu können, soll der Fragehorizont noch etwas erweitert werden: Bis in welche Entfernung und abhängig von welchen Kriterien werden Klöster in Lübeck generell wahrgenommen – in dem Sinne, dass sich diese Wahrnehmung in testamentarischen Legaten niederschlägt? Handelt es sich schließlich bei der Aufmerksamkeit für die neu gegründeten Klöster um ein generelles Phänomen, oder lässt sich die Aufmerksamkeit eingrenzen, etwa auf ‚neue' oder ‚reformfreudige' Orden?

Zur Annäherung an diese Fragen wird zunächst die Klosterlandschaft im Umfeld Lübecks skizzenhaft beschrieben und deren Niederschlag in der Lübecker Testamentsüberlieferung dargestellt. Vor diesem Hintergrund soll dann die Förderung der beiden Neugründungen durch Lübecker Testatoren näher untersucht und mit den Lübecker Stadtklöstern und den etablierten Feldklöstern der näheren Umgebung verglichen werden.

Der zeitliche Rahmen der Betrachtungen – die erste Hälfte des 15. Jahrhunderts – ist weniger durch die Fragestellung als durch die Zugänglichkeit des Quellenbestandes vorgegeben, auf den sich die Arbeit vorrangig stützt, denn die Lübecker Testamentsüberlieferung dieses Zeitraums ist in digitaler Form erschlossen.[3]

II. Klöster in Lübecker Testamenten

1. Auswärtige Klöster und ihr Niederschlag in der Testamentsüberlieferung

Von den 1618 Testamenten, die zwischen 1400 und 1449 in Lübeck überliefert sind, enthalten 541, also ein Drittel, mindestens ein Legat für ein außerhalb Lübecks gelegenes Kloster, ganz überwiegend in Form einmaliger Schenkungen, nur sehr selten in Gestalt von auf Dauer angelegten Stiftungen. Dabei bedachten besonders die wohlhabenderen der Lübecker Testatoren häufig gleich mehrere Ordensniederlassungen: Der Lübecker Bürgermeister Hinrik Rapesulver setzte insgesamt 15 auswärtigen Klöstern Geldbeträge aus, zehn weitere Testatoren berücksichtigten zehn oder mehr monastische Gemeinschaften. Die Vergabungen verteilen sich auf etwa 165 Klöster in einem Raum, der mit der Ausdehnung des hansischen Handels einigermaßen deckungsgleich ist:[4]

3 Gunnar MEYER: „Besitzende Bürger" und „elende Sieche": Lübecks Gesellschaft im Spiegel ihrer Testamente 1400-1449 (Diss. Kiel 2009), Lübeck 2010.

4 Vgl. die Karte zur Herkunft hansischer Privilegiennutzer am Brügger Kontor in Stephan SELZER: Die mittelalterliche Hanse, Darmstadt 2010, S. 127; oder die Karte der auf dem Hansetag zu Johannis Baptista 1418 in Lübeck vertretenen Städte bei Dietrich W. POECK: Die Herren der Hanse. Delegierte und Netzwerke, Frankfurt a. M. 2010, S. 275.

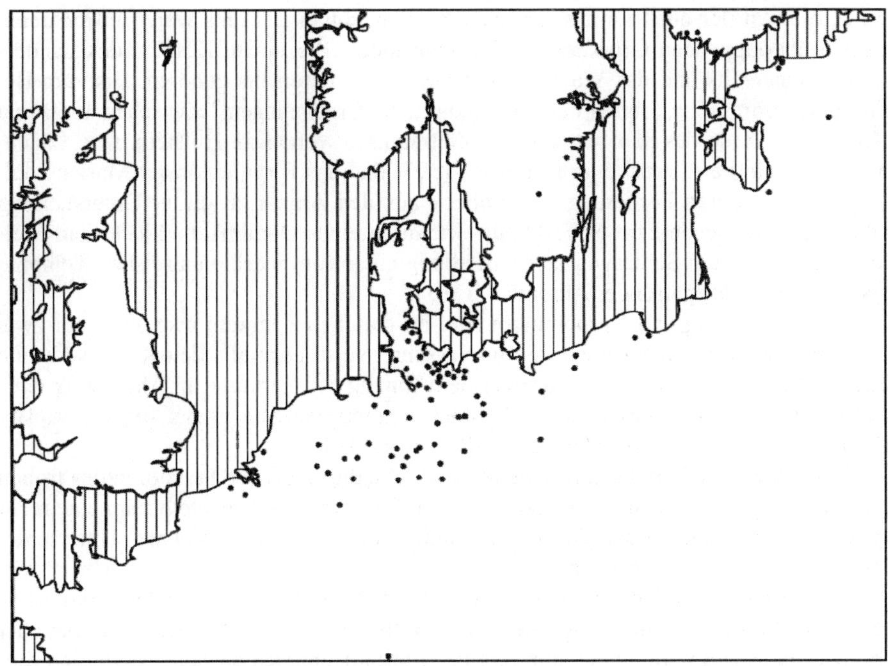

Abb. 1: Klöster, die in Lübecker Testamenten 1400 bis 1449 berücksichtigt werden[5]

Im Norden begrenzen das norwegische Bergen und das finnische Åbo den Lübecker Horizont, im Osten und Westen bilden Dorpat in Livland und das englische Boston die Grenzen der nachweisbaren Vergabungen. Abgesehen vom Benediktinerkloster im schweizerischen Einsiedeln, das als überregional bedeutendes Wallfahrtsziel in Lübecker Testamenten Berücksichtigung fand, markiert Köln die Südgrenze der Lübecker Förderung auswärtiger Klöster (Abb. 1).

Trotz dieser skizzierten Reichweite der Lübecker Klosterkontakte galt die übergroße Mehrzahl testamentarischer Legate den Klöstern der unmittelbaren Umgebung: Zwei Drittel aller Zuwendungen für Klöster außerhalb Lübecks sollten Konventen in Holstein, Lauenburg oder Mecklenburg zukommen. Darüber hinaus werden südlich der Elbe bis in den westfälischen Raum Klöster in breiter regionaler Streuung, aber jeweils nur wenigen Erwähnungen in der Lübecker Testamentsüberlieferung aktenkundig. In nördlicher und östlicher Richtung blickten die Lübecker weniger weit: Konvente in Schleswig und Pommern wurden kaum je testamentarisch bedacht.

5 Eine detaillierte Fassung der Karte in: Gunnar MEYER: Die Klosterlandschaft des Hanseraums im Spiegel Lübecker Testamente, in: Joachim MÄHNERT, Stephan SELZER (Hrsg.): Vertraute Ferne. Kommunikation und Mobilität im Hanseraum, Husum 2012, S. 85.

Die Klöster in der oben umrissenen engeren Umgebung Lübecks waren in mehreren zeitlich überlappenden Gründungswellen entstanden, die in den Kontext des Landesausbaus einerseits und des Wachstums der Städte andererseits gehören. Bis zum Beginn der Reformation folgten nur noch punktuelle Ergänzungen.[6] Zwischen 1350 und 1450 – dem Ende des hier betrachteten Zeitraums – wurden in Holstein bzw. Lauenburg lediglich die Ahrensböker Kartause (1397) und das Birgittenkloster Marienwohlde gegründet, deren Förderung von Lübeck aus den Anlass zu dieser Untersuchung gab. In Dithmarschen kam es 1380 zur Gründung eines Dominikanerklosters in Meldorf, im Herzogtum Schleswig zur Ansiedlung einer vom mecklenburgishen Tempzin aus besetzten Präzeptorei der Antoniter (1391).

In Mecklenburg und Vorpommern sind im gleichen Zeitraum insgesamt nur zwei Neugründungen zu verzeichnen, die interessanterweise ebenfalls den Kartäusern und Birgittinern zuzurechnen sind: Kurz vor dem Einzug der Kartäuser in Ahrensbök wurde 1396 die Kartause Marienehe vor Rostock fundiert; das Stralsunder Birgittenkloster Mariakron wurde 1421 von Marienwohlde aus gegründet.

Betrachtet man nun die Zuwendungen, welche die Lübecker Testatoren des frühen 15. Jahrhunderts für Klöster des beschriebenen Raumes vorsehen, stellt man eine recht selektive Wahrnehmung der Klosterlandschaft – mit deutlichen regionalen Unterschieden – in der Hansestadt fest (Tab. 1).

Die 16 Klöster in Holstein und Lauenburg sind bis auf eine Ausnahme in der Lübecker Testamentsüberlieferung der ersten Hälfte des 15. Jahrhunderts greifbar, der überwiegende Teil wird jedoch nur vereinzelt testamentarisch bedacht – lediglich fünf Klöster werden von mehr als zehn Testatoren (bei 1618 in diesem Zeitraum überlieferten Testamenten) mit einem Legat berücksichtigt: Außer den beiden Neugründungen Marienwohlde (162) und Ahrensbök (150) sind dies die Benediktinerinnen in Preetz (31) sowie die Zisterzienserinnen in Reinbek (24) und Harvestehude (17).

Von den insgesamt 27 Klöstern in Mecklenburg finden dagegen nur 12 Ordensniederlassungen überhaupt Niederschlag in Lübecker Testamenten, von diesen kommen nur sechs häufiger als zehnmal vor: die regelmäßig gemeinsam genannten Niederlassungen der Antoniter in Tempzin (97) und der Johanniter in Groß Eichsen (68),[7] die

6 Für Schleswig-Holstein einschließlich Hamburg: Oliver AUGE: Wer? Wann? Wo? Eine kurze Einführung in die schleswig-holsteinische Klostergeschichte, in: Jens AHLERS u. a. (Hrsg.): Glauben, Wissen, Leben – Klöster in Schleswig-Holstein, Kiel 2011, S. 13-16; für Mecklenburg-Vorpommern Steffen STUTH: Klöster und Orden in Mecklenburg und Vorpommern im Mittelalter, in: Ministerium für Bildung, Wissenschaft und Kultur Mecklenburg-Vorpommern (Hrsg.): Klosterstätten in Mecklenburg-Vorpommern, mögliche Zusammenarbeit und Vernetzung, o. O. 2007, S. 31-34; sowie Rainer SZCZESIAK: Die mittelalterlichen geistlichen Ordensgemeinschaften in Mecklenburg-Vorpommern – dargestellt am Beispiel der Institutionen der Herrschaft Stargard (Südostmecklenburg), in: Felix BIERMANN u. a. (Hrsg.): Glaube, Macht und Pracht. Geistliche Gemeinschaften des Ostseeraums im Zeitalter der Backsteingotik (Archäologie und Geschichte im Ostseeraum, 6), Rahden/Westf. 2009, S. 141-146.

7 Der Klostercharakter der Eichsener Niederlassung der Johanniter ist unklar. Pelc verzeichnet die teils als Kommende, teils als Priorei bezeichnete Anlage nicht auf seiner Karte der Feldklöster. Ortwin PELC: Feldkloster und Stadt im wendischen Quartier der Hanse, in: Hansische Geschichtsblätter 116 (1998), S. 65-82, hier S. 67. Hier wird sie mit betrachtet, weil eine Gebetsver-

Zisterzienserinnen in Zarrentin (84) und die Prämonstratenserinnen in Rehna (50), die Rostocker Kartause Marienehe (22) sowie der Benedikinerinnenkonvent Eldena (12).

Holstein/Lauenburg	**Gesamt**	**in Testamenten**	**häufiger als 10x**	**Zahl Testamente**
Männer-Stadtklöster	4	4	0	14
Frauen-Stadtklöster	3	2	1	34
Männer-Feldklöster	5	5	1	173
Frauen-Feldklöster	3	3	2	57
Doppel-Feldklöster	1	1	1	163
Σ	*16*	*15*	*5*	*441*
Mecklenburg	**Gesamt**	**in Testamenten**	**häufiger als 10x**	**Zahl Testamente**
Männer-Stadtklöster	11	4	1	35
Frauen-Stadtklöster	3	2	0	9
Männer-Feldklöster	6	2	2	169
Frauen-Feldklöster	7	4	3	152
Doppel-Feldklöster	0			
Σ	*27*	*12*	*6*	*365*

Tab. 1

Unter den aufgezählten Klöstern überwiegen Nonnenkonvente, die nachweislich auch Lübeckerinnen aufgenommen haben (Preetz, Reinbek, Harvestehude, Zarrentin und Rehna). Sieht man nicht auf die Zahl der Klöster, sondern die Zahl der testamentarischen Legate, liegen dagegen Männerklöster leicht vorn. Dabei entfällt jeweils eine große Zahl von Legaten auf wenige Empfänger: Die beiden nächst der Neugründung Ahrensbök am häufigsten berücksichtigten Männerklöster Tempzin und Eichsen sind Solitäre in dem Sinne, dass sie die einzigen – zumindest die einzigen von Lübeck aus wahrgenommenen – Niederlassungen ihres Ordens in der Region waren. Die ‚klassischen' Männerklöster der Benediktiner oder Zisterzienser spielen dagegen – jedenfalls im frühen 15. Jahrhundert – in der Wahrnehmung der Lübecker Förderer keine große Rolle: Die Mehrzahl dieser Klöster bleibt in den Lübecker Testamenten des untersuchten Zeitraums gänzlich unberücksichtigt. Klöster in den Seestädten kommen dagegen auch über den hier betrachteten Rahmen hinaus bis ins Baltikum in den Genuss testamentarischer Legate aus Lübeck.

brüderung mit den Eichsener Johannitern für die Lübecker Testatoren offenbar funktional äquivalent war mit dem von Klöstern verlangten Gebetsgedenken.

Neugründungen führen dabei offenbar nicht automatisch zu einer Wahrnehmung in Lübeck, wie ein Blick auf die wenigen weiteren Gründungen im zeitlichen und räumlichen Umfeld zeigt: Das 1380 gegründete Dominikanerkloster in Meldorf und die 1391 eingerichtete Niederlassung der Antoniter in Mohrkirchen in Angeln finden mit jeweils einmaliger Erwähnung nahezu keine Resonanz in Lübecker Testamenten. Das 1421 in Stralsund begonnene Birgittenkloster wird dagegen immerhin 13-mal, die 1396 errichtete Rostocker Kartause dreimal (erstmals 1413) berücksichtigt. Keine andere Neugründung erreicht also eine auch nur annähernd mit Ahrensbök oder Marienwohlde vergleichbare Wahrnehmung – allerdings waren alle hier aufgezählten Klöster doch deutlich weiter von Lübeck entfernt als die beiden intensiv geförderten Neugründungen.

Unabhängig von der Entfernung der testamentarisch begünstigten Klöster ist diese Form der Sorge um das eigene Seelenheil ein Handlungsmuster, das vor allem in Testamenten wohlhabender Lübecker häufig vorkommt (Tab. 2). Dies gilt besonders für die beiden Neugründungen: Unter ihren Förderern ist der Anteil sehr wohlhabender Lübecker besonders ausgeprägt. Diese beschenkten oder bestifteten häufig eine größere Anzahl von Konventen und berücksichtigen Ahrensbök und Marienwohlde meist zusätzlich zu den Lübecker Klöstern.[8]

Klassifikation nach Wege-und-Stege-Legat	Testamente 1400-1449	Förderer Lübecker Klöster	Förderer Klöster außerhalb	Förderer Ahrensbök	Förderer Marienwohlde
Kl. 1 (2-6 Sh)	32%	18%	16,6%	18,4%	10,4%
Kl. 2 (8-12 Sh)	45%	47,7%	45%	31,5%	51%
Kl. 3 (1 Mk)	18%	26,5%	28,5%	30,3%	23,3%
Kl. 4 (> 1 Mk)	4,7%	7,6%	8,8%	14,4%	14%

Tab. 2

Trotz der Dichte der Überlieferung vermitteln die Testamente als Quellengattung nur ein ausschnittartiges Bild der Beziehungen zwischen Bürgern und Klöstern. Die wirtschaftliche Bedeutung von Klöstern und Städten füreinander spiegelt sich in Testamenten nahezu nicht.[9] Stattdessen dokumentieren die Testamente die – meist formelhaft niedergeschriebenen – Vorkehrungen der Testatoren zur Sicherung ihres Seelen-

8 Die Lübecker Testamente des frühen 15. Jahrhunderts erlauben eine grobe soziale Verortung der Testatoren auf der Grundlage der Höhe des Testamentslegats für „Wege und Stege". Die Höhe dieses Legats bestimmten die Testatoren – ungeachtet anders lautender Vorschriften – individuell, und diese Höhe korreliert gut mit anderen statusrelevanten Informationen (Hausbesitz, Höhe des Brauschatzes von Ehefrau und Töchtern). Dies erlaubt – bei aller Vorsicht – eine Verwendung der Höhe dieses Legats als Statusindikator. Vgl. MEYER: Gesellschaft (wie Anm. 3), S. 67-86.

9 Klöster waren relevante Handelspartner auf dem Waren- und Kreditmarkt, wobei sie auf beiden Märkten sowohl als Anbieter als auch als Nachfrager auftreten konnten, PELC: Feldkloster (wie Anm. 7), S. 65-82.

heils, die Anlass und Motiv für ihre Hinwendung zu bestimmten Klöstern nur selten erkennen lassen. Weiterhin liefern Testamente eine Vielzahl von Belegen für verwandtschaftliche Bande zwischen Bürgern und Klosterpersonen. Eine systematische Analyse der personalen Beziehungen zwischen Klöstern und Städten, die ‚Einzugsgebiete' von Klöstern betrachtet, steht für den hier betrachten Raum noch aus.[10]

2. Zum Vergleich: Lübecks Stadtklöster und ihre Funktionen

Häufiger noch als Klöster in nah und fern fanden die drei innerstädtischen Konvente in den Testamenten der Lübecker Berücksichtigung: Gemeinsam mit den innerstädtischen Pfarrkirchen gehören die beiden Bettelordensklöster und das Johanniskloster zu den am häufigsten testamentarisch bedachten Institutionen, nur noch übertroffen vom Leprosenspital St. Jürgen: Ein gutes Drittel aller Testamente enthält Legate für die Dominikaner im Burgkloster und das Katharinenkloster der Franziskaner, ein knappes Fünftel berücksichtigt die Zisterzienserinnen im Johanniskloster. Dabei sind Mehrfachschenkungen die Regel: Im untersuchten Zeitraum finden sich in 698 Testamenten 1495 Zuwendungen an die drei Klöster. Diese Legate sind – verglichen mit den Vergabungen für außerhalb Lübecks gelegene Klöster – variantenreicher und lassen deutlicher die Funktionen hervortreten, welche die Klöster in der Stadt erfüllten.

Die Kirchen der auf Initiative des Rates in die Stadt gekommenen Bettelorden fungierten seit Ende des 13. Jahrhunderts nach einem bis nach Rom eskalierten Streit um das Begräbnisrecht als Bestattungsort, vor allem aber als „kultische[r] Mittelpunkt" für „bürgerliche Gruppen":[11] Im Burgkloster fanden die Altäre der Bruderschaften Platz, Familienkapellen ermöglichten ihren Stiftern Grablege und repräsentative Erinnerung. Ganz ähnlich das Katharinenkloster: Auch hier versammelten sich Bruderschaften, und das Kloster beheimatete ebenfalls von einflussreichen Familien gestiftete Kapellen, vor allem aber die der prominenten Zirkelgesellschaft.[12] Wie die Pfarrkirchen auch, boten die Bettelordensklöster damit Gelegenheit zur „Selbstdarstellung im sakralen Raum"[13].

Das Johanniskloster bot, seitdem es im 13. Jahrhundert nach dem Auszug der Benediktinermönche nach Cismar in ein Zisterzienserinnenkloster umgewandelt worden war, Versorgungsmöglichkeiten für Witwen und Töchter aus bürgerlichen Familien; diese leisteten durch die von Ihnen erwarteten Gebete zugleich einen Beitrag zur familiären Memoria. Seit der Umwandlung nahm der Lübecker Rat zunehmend Einfluss auf das ursprünglich bischöfliche Kloster: Ab dem 14. Jahrhundert sind Ratsherren als

10 Klaus-Joachim LORENZEN-SCHMIDT: Über die Erfassung des vorreformatorischen Klerus (und der Konventualinnen bzw. Konventualen) Nordelbiens, in: DERS./Anja MEESENBURG (Hrsg.): Pfarrer, Nonnen, Mönche – Beiträge zur spätmittelalterlichen Klerikerprosopographie Schleswig-Holsteins und Hamburgs (Studien zur Wirtschafts- und Sozialgeschichte Schleswig-Holsteins, 49), Neumünster 2011, S. 27-34.

11 Dietrich W. POECK: Klöster und Bürger. Eine Fallstudie zu Lübeck (1225-1531), in: Hagen KELLER (Hrsg.): Vom Kloster zum Klosterverband (Münstersche Mittelalter-Schriften, 74), München 1997, S. 423-451, hier S. 433.

12 POECK: Klöster (wie Anm. 11), S. 435.

13 Ebd., S. 448.

Provisoren des Klosters belegt, und unter den Nonnen lassen sich zahlreiche Frauen aus „Ratsfamilien“ nachweisen.[14]

Bei den drei innerstädtischen Klöstern ist dabei eine deutliche Status- oder Schichtabhängigkeit des Testierverhaltens zu beobachten: Legate für die Bettelorden finden sich in fast 60 Prozent der Testamente wohlhabender Erblasser und in 20 Prozent bei den für ärmer gehaltenen. Ausgeprägter noch ist das Gefälle beim Johanniskloster: 43 Prozent bei den reicheren, lediglich 5 Prozent bei den ärmeren Testatoren.[15] Auch der Inhalt der testamentarischen Legate lässt Unterschiede zwischen den Klöstern erkennen: Für das Johanniskloster sah ein Drittel der Testamente einen geringen Betrag vor, der jeder Nonne individuell *in de hende* gegeben werden sollte, bei den Bettelorden kam dies deutlich seltener vor (10 Prozent der Testamente). Charakteristisch für die Bettelorden sind die häufigen Begräbniswünsche[16] sowie gezielte Legate für die an den Klöstern angesiedelten Bruderschaften (87-mal am Burgkloster, 25-mal Katharinenkloster).

III. Neugründungen in der Umgebung Lübecks

1. Kartause Ahrensbök

Die Kartäuser sind am Ende des 14. Jahrhunderts zwar kein neuer Orden – die Gründung der *Grande Chartreuse*, von der im 12. Jahrhundert die Verbreitung ausging, wird ins Jahr 1084 datiert – aber es kommt im 14./15. Jahrhundert zu einer Renaissance: Nachdem für das 13. Jahrhundert keine einzige Kartausengründung überliefert ist, werden in den beiden folgenden Jahrhunderten insgesamt 151 Kartäuserklöster, davon 53 im Reich, gegründet.[17]

Die Niederlassung der Kartäuser in Ahrensbök kurz vor Ende des Jahres 1397, nur ein Jahr nach der Gründung einer Kartause bei Rostock, ist Ergebnis von Planungen zur Ansiedlung eines Klosters, die sich über mehrere Jahrzehnte hingezogen hatten. Allerdings zielten diese Pläne der Holsteiner Grafen offenbar zunächst auf die Gründung eines Nonnenklosters. Eine Vereinbarung zwischen dem Lübecker Domherrn Jacob Krumbek und Graf Adolf sah vor, ein *juncvrouwen closter* einzurichten, das von Adolf mit einem *kerkleen* ausgestattet werden sollte, während Krumbek Gründungskapital und Renten beisteuern wollte.[18] Der Tod Adolfs 1390 scheint das Projekt in Frage gestellt zu haben, so dass der 1391 ebenfalls verstorbene Krumbek in einer Ergänzung seines Testaments seine Mittel für kirchliche Zwecke allgemein eingesetzt

14 POECK: Klöster (wie Anm. 11), S. 428.

15 MEYER: Gesellschaft (wie Anm. 3), S. 100ff.

16 Die Testamente der Jahre 1400 bis 1449 enthalten 56 Begräbniswünsche für das Katharinenkloster, 29 für das Burgkloster, ebd., S. 99.

17 James HOGG: Die Kartäuser (OCart), in: Friedhelm JÜRGENSMEIER/Regina E. SCHWERDTFEGER (Hrsg.): Orden und Klöster im Zeitalter von Reformation und katholischer Reform 1500-1700, Bd. 2 (Katholisches Leben und Kirchenreform im Zeitalter der Glaubensspaltung, 66), Münster 2006, S. 153-174, hier S. 157.

18 WÄTJER: Ahrensbök (wie Anm. 1), S. 21f.

haben wollte, wenn es nicht zur Klostergründung käme.[19] Zwischenzeitlich scheinen Augustiner-Eremiten am Standort Ahrensbök interessiert gewesen und sogar mit den Erben Adolfs einig geworden zu sein, der Widerstand von Krumbeks Testamentsvollstrecker, dem Domherrn Albert Rodenburg, hat diese Ansiedlung aber offenbar verhindert.[20] Erst 1397 ist dann eine Einigung dokumentiert, die schließlich zur Klostergründung führte: Im Mai dieses Jahres stimmten sowohl Herzog Gerhard von Schleswig, der Lübecker Bischof Eberhard und Krumbeks Testamentsvollstrecker darin überein, ein Kartäuserkloster in Ahrensbök anzusiedeln. Formal erfolgte die Gründung schließlich am 9. Dezember 1397.

Der Anteil des Lübecker Bischofs und einiger Mitglieder des Domkapitels an der Etablierung der Kartause in Ahrensbök ist offensichtlich, eine direkte Beteiligung des Lübecker Rats oder einzelner Bürger ist dagegen nicht zu erkennen. Dennoch zeigt eine Auswertung der in Lübeck überlieferten Testamente, dass die Klostergründung in der Stadt auf Resonanz stieß: 148 der 1646 Testamente, die zwischen 1398 und 1449 nachweisbar sind, enthalten Legate für das Kloster Ahrensbök, das entspricht 9 Prozent der Überlieferung. Dabei sinkt allerdings im Zeitverlauf der Anteil der Testamente mit Legaten für das Kloster von anfänglich 30 Prozent bis unter 5 Prozent in den Jahren ab 1430.

Die Berücksichtigung in Lübecker Testamenten beginnt bereits unmittelbar nach der Gründung kurz vor Jahresende 1397. Die erste Erwähnung des *claustrum cartusiensibus* findet sich im Testament des Johannes Grove vom 26. Februar 1398. Im einzigen Testament, das im Gründungsjahr des Klosters einen Hinweis auf Ahrensbök enthält, ist noch ohne expliziten Bezug zur Klostergründung ein Legat *ad structuras ecclesiarum in Arnsboken* ausgesetzt.[21] Möglicherweise hatte sich die erst wenige Tage zuvor urkundlich dokumentierte Einigung auf die Einrichtung eines Kartäuserklosters noch nicht bis zum Testator Johannes Villehase herumgesprochen. 1399 findet sich in der testamentarischen Überlieferung erstmals die von den Kartäusern verwendete Bezeichnung des Klosters als *Marie templum*.[22]

Unter den testamentarischen Zuwendungen für das Kloster überwiegen Legate für die Baukasse (58). Es folgen Zuwendungen ohne nähere Angabe (43) und solche, die mit Gedenk- oder Fürbitt-Aufforderungen versehen waren (38). Weil Letztere meist in unspezifischen Formeln auftreten,[23] die vereinzelt auch mit Schenkungen für die Baukasse verknüpft werden, ist davon auszugehen, dass sich mit allen Legaten die Erwartung der Testatoren verband, die Mönche würden sich für die *salicheit* ihrer Seele einsetzen.

19 WÄTJER: Ahrensbök (wie Anm. 1), S. 22f.

20 Ebd., S. 23, bes. Anm. 144.

21 Archiv der Hansestadt Lübeck (im Folgenden AHL), Testament Johannes Villehase, 29. Mai 1397.

22 AHL, Testament Conradus de Hovele, 1399 August 29.

23 Am häufigsten ist die Formel *dat se god vor my bidden* (in lateinischen Testamenten *ut pro me orent*), gelegentlich wird der Zweck des Legats noch lakonischer mit *to miner selen salicheit* beschrieben. Nur selten wird die Form der erwarteten memorialen Handlungen näher ausgeführt: Johannes Stenbeke verlangte etwa, dass seiner *specialiter in anniversario* mit *missas necnon vigilias* gedacht werde. Vgl. AHL, Testament Johannes Stenbeke, 1405 Dezember 20.

Die Anweisung, Geld an die Klosterinsassen zu verteilen, wie sie bei Bettelordensklöstern und Frauenklöstern üblich ist, findet sich nur ein einziges Mal.[24] Überhaupt fehlt in den Testamenten jeder Hinweis auf Einzelpersonen in der Kartause. Vereinzelt kommen Legate für die *kost* der Kartäuser in Form von Bier und Fisch vor,[25] noch seltener werden Naturalien für liturgische Zwecke (Messwein, Wachslichter) gestiftet. Zuwendungen für die Kirchenausstattung oder liturgisches Gerät, mit denen auch repräsentative Zwecke verbunden sein konnten, enthalten die Testamente im untersuchten Zeitraum nicht.

Die Kartause erhielt, zumindest in ihrer Gründungsphase, Zuwendungen von Lübeckern aus ganz unterschiedlichen gesellschaftlichen Gruppen: Einerseits sind unter den Förderern des neuen Klosters wohlhabende Bürger stark überrepräsentiert – diese berücksichtigten die Neugründung in aller Regel als eine unter vielen geistlichen Institutionen. Andererseits ist der ‚Marientempel' in immerhin 23 von 148 Testamenten das einzige erwähnte Kloster – diese Testamente lassen ganz überwiegend auf bescheidene Lebensumstände ihrer Verfasser schließen.

Personengeschichtliche Versuche, die Förderer der Kartause und deren Beziehung zum Kloster zu charakterisieren, stoßen auf Schwierigkeiten: Die Testamente enthalten keine Hinweise auf einzelne Klosterbewohner, ebensowenig kommen die Protagonisten der Klostergründung in der Testamentsüberlieferung vor. Vielleicht liefern die Testamente aber dennoch Hinweise auf Personengruppen mit ausgeprägtem Interesse am neu gegründeten Kloster: Die 148 Testamente, in denen die Ahrensböker Kartause Berücksichtigung findet, nennen insgesamt über 1600 Personen und enthalten Angaben über die sozialen Beziehungen, die diese verbanden. Personen, die nun gehäuft in den Testamenten mit Legaten für Ahrensbök auftauchten, könnten möglicherweise die Testatoren aufmerksam gemacht haben und so für das Kloster „Drittmittel eingeworben"[26] haben. Die am häufigsten im Personen-Pool erscheinenden Lübecker sind die Ratsherren Albert van der Brugge (27-mal), Marquard Bonhorst (26-mal) und Arnd Sparenberg (20-mal), die jeweils als Zeuge der Testamentserrichtung fungierten. Dabei scheinen sie jedoch nicht als ‚Fundraiser' in Erscheinung getreten zu sein, denn alle drei bezeugten eine deutlich größere Zahl an Testamenten, in denen die Ahrensböker Kartause leer ausging.

24 AHL, Testament Hermen van Munden, 1406 September 17 (5 Mark, *eyne juwelikem sin part darvan in de hant to antworden*).

25 AHL, Testament Hermen Mellinghoff, 1423 April 6 (2 Mark *to twen tunnen beres*); AHL, Testament Mathyas Burdeer, 1406 Juni 6 (*500 yslandesches vissches tot erer koste*); AHL, Testament Hinrik Cerntiin, 1436 Juli 6 (50 Mark für Hering und Stockfisch); AHL, Testament Bernd Grevensteyn, 1448 Dezember 18 (1 *tunne ore*); AHL, Testament Diderik van der Beke, 1447 September 20 (15 Mark *to behuf erer koste*); AHL, Testament Vicke Schonenberch, 1406 Mai 26 (jährliche Rente von 14 *dromet ghersten*).

26 Dormeier charakterisiert mit diesem Bild die Tätigkeit der Initiatoren des Annenklosters zu Beginn des 16. Jahrhunderts, siehe Heinrich DORMEIER: Gründung und Frühgeschichte des Lübecker St. Annenklosters im Spiegel der testamentarischen Überlieferung, in: Zeitschrift für Lübeckische Geschichte 91 (2011), S. 29-88, hier S. 49.

Dennoch gab es Ratsherren, denen das neue Kloster offenbar besonders am Herzen lag: Der 1416 verstorbene Ratsherr Johann Crowel[27] vermachte dem Kloster selbst 150 Mark, und ihm taten es – wenn auch nicht in dieser Höhe – vier weitere Lübecker gleich, mit denen Crowel offenbar eng verbunden war: Arnd und Wolter Heyse, Fritz Grawerd und Herman Scharbow haben zwischen 1413 und 1417 Testamente aufgesetzt, in denen sie einander, zum Teil auch gegenseitig, zu Nachlassverwaltern bestimmten und jeweils die Ahrensböker Kartause mit einem Legat berücksichtigten. Alle fünf testierten über umfangreiche Vermögen,[28] und auch wenn nur einer von ihnen dem Rat angehörte, waren augenscheinlich alle fünf gut mit der politischen Elite Lübecks vernetzt.[29] Was verband diese Förderer mit dem neu gegründeten Kloster? In der spärlichen Überlieferung des Klosters finden sich ihre Namen nicht,[30] aber Crowels Testament gibt einen plausiblen Hinweis auf einen Zusammenhang: Crowel verfügte, die dem Kloster zugedachten 150 Mark sollten *na rade unde beheghelicheyd hern Johannis, mynes broders* angelegt werden. Sollte es sich bei diesem gleichnamigen Bruder des Ratsherrn um den zwischen 1409 und 1418 nachweisbaren *procurator* der Kartause handeln, der eben diesen Namen trug,[31] wäre damit eine schlüssige Verbindung zwischen dem Kloster und seinen Förderern hergestellt.

Mit Tideman Junghe verwandte sich möglicherweise ein weiterer Ratsherr als Förderer des neu gegründeten Klosters, ohne dass jedoch eine Verbindung nachweisbar wäre: Alle vier Testamente, in denen Junghe als Nachlassverwalter fungieren sollte, enthielten Zuwendungen für die Ahrensböker Mönche.[32] Dass Junghe an den Entscheidungen der Testatoren einen Anteil hatte, ist nicht zu belegen, aber es verfestigt sich der Eindruck, dass die Kartause ihre Förderer in gesellschaftlichen Kreisen fand, die mit der politischen Führungsgruppe der Stadt verbunden waren.

Die Informationen aus den Testamenten finden eine Ergänzung in einer – leider nur in Rudimenten erhaltenen – Quelle aus der Perspektive des Klosters: Es sind Teile eines Memorien- und Wohltäterbuches der Kartause überliefert, das im letzten Drittel des 15. Jahrhunderts, vermutlich bald nach 1463, angelegt worden ist.[33] Weil der Zeitraum zwischen der Gründung des Klosters und der Niederschrift des Wohltäterbuchs eine hohe Überschneidung mit dem Entstehungszeitraum der hier betrachteten Testamentsüberlieferung hat, ist ein Vergleich der beiden Überlieferungen interessant: Bei-

27 Emil F. FEHLING: Lübeckische Ratslinie von den Anfängen der Stadt bis auf die Gegenwart, Lübeck 1925, Nr. 452, S. 58.

28 AHL, Testamente Wolter Heyse, de oldere, 1413 Juli 31; Friitse Grawerd, 1413 August 10; Johan Crowel, 1415 Juli 17; Herman Scharbouwe, 1415 Dezember 7; Arnd Heyse, 1417 März 11. Zur Interpretation der Vormundschaftswahlen als Indiz sozialer Beziehungen vgl. MEYER: Gesellschaft (wie Anm. 3), S. 115-139.

29 Vgl. die zahlreichen Nachweise im Personenregister bei POECK: Herren (wie Anm. 4).

30 Vgl. das Personenregister bei Wolfgang PRANGE (Bearb.): Kloster Ahrensbök, 1328-1565 (Schleswig-Holsteinische Regesten und Urkunden, 10), Neumünster 1989.

31 Ebd., S. 21.

32 AHL, Testamente Symon van Urden, 1398 August 26; Nicolaus de Urden, 1399 August 31 und 1404 Juli 11; Herman van Alen, 1406 Mai 15.

33 Wolfgang PRANGE: Bruchstücke des Memorien- und Wohltäterbuches des Klosters Ahrensbök, in: Zeitschrift für Schleswig-Holsteinische Geschichte 88 (1963), S. 69-92, hier S. 71, 74.

de Quellen enthalten Zuwendungen an das Kloster, die Testamente beschreiben diese aus Sicht der Geber, das Wohltäter- und Memorienverzeichnis aus der Perspektive des Empfängers.

Auf den ersten Blick erstaunlich ist, dass die Schnittmenge der im erhaltenen Teil des *Liber benefactorum* und in der Testamentsüberlieferung greifbaren Lübecker Vermächtnissen für die Kartause recht klein ausfällt: Die von Wolfgang Prange edierten Teile des Ahrensböker Verzeichnisses enthalten 56 Zuwendungen an das Kloster, 31 davon lassen sich Lübeckern zuordnen – darunter neben Bürgern auch Lübecker Klerikern.

Nur in einem einzigen Fall deckt sich eine Angabe des Ahrensböker Verzeichnisses unmittelbar mit den Anweisungen eines im Lübecker Archiv überlieferten Testaments,[34] für lediglich zwei weitere im Verzeichnis als testamentarische Wohltäter festgehaltene Lübecker finden sich überlieferte Testamente – allerdings ohne Berücksichtigung der Ahrensböker Kartause.

Die Zusammenschau von Memorienbuch und Testamentsüberlieferung liefert trotz der geringen Überschneidungen ein konsistentes Bild der Beziehungen zwischen der Großstadt und der Kartause vor ihren Toren, zu dem beide Quellen ihre Facetten beitragen:

Die wichtigste Funktion der Kartause für die Lübecker ist das Gebetsgedenken. Dieses Bedürfnis schlägt sich komplementär in den Testamenten und im Memorienbuch nieder. Die Testatoren erwarteten sich *truwelike bidden* oder, etwas verbindlicher, die *broderschaft* der Mönche; diese wiederum hielten das erwartete oder versprochene Jahrzeitgedächtnis im Memorienbuch fest.

In nur wenigen und teils mit Unsicherheit behafteten Fällen haben wir Kenntnis von Lübeckern oder mit Lübeckern verwandten Personen, die sich zu einem Leben in der Kartause entschließen und damit persönliche Beziehungen zwischen Lübeckern und Klosterpersonen herstellen.

Die testamentarischen Zuwendungen an die Kartause sind jedoch nicht allein vor dem Hintergrund persönlicher Beziehungen zu betrachten, sondern auch – und wohl in größerem Maße – als Indiz für das Interesse an den Kartäusern und ihrem ‚Programm' zu verstehen. Neben der Ahrensböker Kartause werden in den untersuchten Lübecker Testamenten insgesamt zwölf weitere Kartäuserklöster bedacht: in Rostock (23 Testamente), in Stettin und Gent (je 12), Frankfurt/Oder (10), Danzig, Hildesheim und Brügge (je 3), Delft (2) sowie in Köln, Reval, Rügenwalde und Schivelbein (je 1). In dieser Liste ist auffällig, dass an mehreren der genannten Orte von Lübeck aus keine weiteren geistlichen oder karitativen Institutionen bestiftet werden: Gent und Delft im Westen, aber auch Frankfurt, Rügenwalde und Schivelbein im Osten tauchen ansonsten in der Lübecker Überlieferung nicht auf. Man kann daher annehmen, dass das Interesse der Lübecker Förderer weniger den aus eigener Anschauung oder durch familiäre Kontakte bekannten Orten als den Niederlassungen der Kartäuser galt.

34 Das Kloster verzeichnete den Empfang von 10 Mark aus dem Testament des *Johannes Heyse alius dictus Patynenmaker*; dabei handelt es sich mit einiger Wahrscheinlichkeit um *Hans Heyse*, der 1450 eben diese 10 Mark für die *cartuseren tor Arnsboken* vorsah, vgl. PRANGE: Bruchstücke (wie Anm. 33), S. 84; AHL, Testament Hans Heyse, 1450 April 22.

2. Birgittenkloster Marienwohlde

Wie die Ahrensböker Kartause ist auch die Gründung des Birgittenklosters Marienwohlde 16 Jahre später eingebettet in eine – im Fall der Birgittiner rasante – Gründungsbewegung des jeweiligen Ordens.

Die Gründungsgeschichte des Klosters und namentlich der Anteil des Lübecker Rats und Lübecker Bürger sind bislang nur unvollständig rekonstruiert.[35] Die zugängliche Überlieferung dokumentiert Grundstücksgeschäfte für die Gründung und die kurze Zeit später erfolgende Verlegung des Klosters sowie Privilegierungen durch Papst, Kaiser und Landesherrn. Der Vorlauf der Gründung bleibt im Dunkeln, aber die Pläne müssen bereits vorher bekannt und weit gediehen gewesen sein, denn die erste greifbare urkundliche Erwähnung – noch vor den genannten Grundstücksgeschäften – betrifft die Übertragung zweier dem Ratzeburger Bischof gestifteten Präbenden an das neue Kloster.[36]

Verkäufer der zunächst für das Kloster erworbenen Ländereien Below und Breitenfelde war die Familie Schacke, als Käufer trat der Revaler Birgittenbruder Burchard Saudel auf.[37] Eine Lübecker Beteiligung an dem Gründungsunternehmen ist nur insoweit erkennbar, als vor dem Kauf auf den Gütern lastende Renten durch Zahlungen an den Lübecker Rat abgelöst wurden.[38] Erst ab 1418 mehren sich die Anzeichen Lübecker Engagements: Ein kaiserlicher Schutzbrief für das Kloster überträgt die Wahrnehmung dieses Schutzes der Stadt Lübeck; in mehreren Grundstücksgeschäften mit dem Kloster tritt der Lübecker Bürger Vromold Warendorp als Verkäufer und als Zeuge auf.

Schulze stellt die Gründung des Klosters in den Kontext territorialer Streitigkeiten zwischen Lübeck und dem lauenburgischen Landesherrn einerseits und innerstädtischer Auseinandersetzungen über die städtische Außenpolitik andererseits. Schulze nimmt an, die Emissäre des Revaler Birgittenklosters hätten zunächst Interesse an der Gründung eines Konvents in Lübeck gehabt und seien erst nach geringer Unterstützung dieses Vorhabens durch den zwischen 1408 und 1416 regierenden ‚neuen Rat' in die lauenburgische Umgebung unweit Möllns ausgewichen.[39] Nyberg rekonstruiert die Gründung – auf derselben Quellengrundlage – geringfügig anders: Er verortet die Ini-

35 Die letzten gründlichen Untersuchungen sind in den 50er und 60er Jahren des 20. Jahrhunderts entstanden und mussten auf die vor dem Zweiten Weltkrieg im Lübecker Archiv vorhandenen Bestände verzichten bzw. auf die bereits im 19. Jahrhundert publizierten Quellen zurückgreifen. Zur Quellenlage Ehrhard SCHULZE: Das Herzogtum Sachsen-Lauenburg und die lübische Territorialpolitik (Quellen und Forschungen zur Geschichte Schleswig-Holsteins, 33), Neumünster 1957, S. 121, Anm. 382.

36 LUB 5, Nr. 457. Vgl. Tore NYBERG: Birgittinische Klostergründungen des Mittelalters, Gleerup 1965, S. 90; sowie Ernst DEECKE: Marienwold, in: Vaterländisches Archiv für das Herzogtum Lauenburg, Bd. 1,3 (1857), S. 352.

37 LUB 5, Nr. 473 und 474 (14. Oktober 1413).

38 Ebd., Nr. 471 (13. Oktober 1413); vgl. SCHULZE: Territorialpolitik (wie Anm. 35), S. 118. Interessant ist, dass die Verpfändung auf Reimer von Calwen lautete, ein Mitglied des bis 1408 amtierenden alten Rats, der ab 1416 sein Amt im wiederhergestellten Rat fortsetzte; der amtierende (neue) Rat nahm die Zahlung entgegen.

39 Ohne Nachweis: SCHULZE: Territorialpolitik (wie Anm. 35), S. 117.

tiative bei Lübecks „hanseatische[n] Kaufmannskreisen" und sieht in den Bemühungen Herzog Erichs von Lauenburg die „Übernahmen einer privaten oder städtischen Gründung durch den Landesherrn"[40]. Sowohl Schulze als auch Nyberg bringen den geringen Anteil nachweisbarer Lübecker Aktivitäten an der Gründung Marienwohldes in Zusammenhang mit dem „neuen Rat, der aus anderen Schichten der Stadt stammte" als die „alten kaufmännischen Kreise" und „daher die offensive Territorialpolitik der lübischen Patrizier ablehnte"[41]. Die unterschiedlichen außenpolitischen Vorstellungen des alten und neuen Rates sind unbestritten, werden aber mittlerweile eher als ein Konflikt innerhalb der politischen Führungsschicht gedeutet.[42]

In der Lübecker Testamentsüberlieferung beginnt, wie eingangs geschildert, die Rezeption der Klostergründung bereits im August 1413. In der Folgezeit wird das Birgittenkloster recht konstant in etwa zehn Prozent der überlieferten Testamente berücksichtigt (anders als die Ahrensböker Kartause, deren Niederschlag in den Testamenten 15 Jahre nach der Gründung deutlich nachließ).

In den Testamenten dominieren Legate für den Bau zwischen einer und zehn Mark, vereinzelt bis 100 Mark, die gelegentlich explizit, meist aber ohne gesonderte Erwähnung mit der Erwartung an Gebetsgedenken verknüpft sind. Liturgisches Gerät für das Kloster kommt nur in einem Testament ausdrücklich vor.[43]

Anweisungen, Geld an Klosterpersonen zu verteilen, enthalten drei Testamente – das ist häufiger als im Falle der Ahrensböker Kartäuser, aber immer noch deutlich seltener als bei den Lübecker Stadtklöstern.

Die soziale Zusammensetzung der Testatoren, die das Birgittenkloster bedenken, ähnelt stark den Förderern der Ahrensböker Kartause, sie ist sogar mit diesen zu einem Drittel identisch: Wohlhabende Erblasser, die häufig das Birgittenkloster als eines von mehreren Klöstern berücksichtigen, sind überrepräsentiert. Nur in acht Testamenten ist Marienwohlde das einzige erwähnte Kloster.

Nur in sehr geringem Umfang lassen sich persönliche Beziehungen der Lübecker Testatoren zu Brüdern und Schwestern im Kloster nachweisen, diese reichen aber bis in den Rat: Wigger Brekewold, Sohn des Bürgermeisters Cord Brekewold, ist in das Kloster *begheven* und wird von seinem Vater testamentarisch mit Renten bedacht.[44] Ob sich hinter den 20 Mark, welche die Brüder Cord und Fritze Grawerd 1449 jeweils für *heren Bernde in sunte Birgitten clostere to Marienwolde* vorsehen und damit um Gebetsgedenken bitten, eine persönliche Beziehung verbirgt, ist kaum sicher zu sagen.[45]

40 NYBERG: Klostergründungen (wie Anm. 36), S. 89.

41 Ebd., S. 95 unter Bezug auf SCHULZE: Territorialpolitik (wie Anm. 35), S. 98-104.

42 MEYER: Gesellschaft (wie Anm. 3), S. 194f.; POECK: Herren (wie Anm. 4), S. 476.

43 Hermen Hasyngh vermachte dem Kloster einen silbernen Kelch, dazu einen golden Ring, um den Kelch zu vergolden. Hasyngh wollte weiterhin auch für ein bauliches Detail des Klosters sorgen: Er stiftete ein Glasfenster mit zwei Eisenpfosten, AHL, Testament Hermen Hasyngh, 1444 Juni 13.

44 AHL, Testament Cord Brekewold, 1427 April 4.

45 AHL, Testamente Cord Grawerd und Fritze Grawerd, beide 1449 November 27.

Namentlich benannte Schwestern des Klosters sind in den untersuchten Lübecker Testamenten nicht zu finden – anders in der Stralsunder Dependance.[46] Immerhin ist im Testament des Lübeckers Hinrik Dunkelgud aus dem Jahr 1487 der Wunsch des Testators überliefert, eine seiner unverheirateten Töchter möge in das – von Dunkelgud umfangreich bedachte – Kloster eintreten.[47] Weitere Ansatzpunkte für prosopographische Untersuchungen sind schwer zu finden: Es sind nur wenige Klosterpersonen bekannt; diese haben in der Lübecker Testamentsüberlieferung außer den geschilderten keine Spuren hinterlassen. Und auch Versuche, unter den Förderern des Klosters nach Verbindungen mit Erklärungswert zu suchen, blieben bislang ergebnislos.[48]

Vielleicht hat es in der Gründungsphase tatsächlich nur wenige verwandtschaftliche Verbindungen von Klosterpersonen nach Lübeck gegeben; solche waren offenbar keine Voraussetzung dafür, dass die Lübecker sich dem Kloster zuwandten. Diese Zuwendung erstreckte sich auch auf weitere Birgittenklöster: Birgittinische Gründungen in Reval und Stralsund fanden schnell Niederschlag in Lübecker Testamenten, wenn auch mit je 13 bzw. 5 Erwähnungen in deutlich geringerem Umfang. Beide Klöster stehen in unmittelbaren Zusammenhang mit der Gründung Marienwohldes: Reval als – selbst gerade erst gegründetes – Mutterkloster, Stralsund als von Marienwohlde ausgehende Gründung. Auch das Kloster Munkaliv im norwegischen Bergen wird in 15 Lübecker Testamenten erwähnt, taugt aber nur eingeschränkt als Beleg für die Rezeption des Brigittenordens in Lübeck, denn das in Bergen bereits bestehende Benediktinerkloster wird nach längeren Auseinandersetzungen erst 1426 in ein Brigittenkloster umgewandelt.[49] In Lübecker Testamenten – vor allem in solchen der nach Bergen handelnden Kaufleute – erfreut es sich jedoch bereits vorher einer gewissen Popularität. Zwei weitere Birgittenklöster (Danzig, Nadendal bei Turku in Finnland) im Ostseeraum finden sich jeweils nur einmal in der Lübecker Testamentsüberlieferung.

46 Im untersuchten Lübecker Testamentsbestand werden zweimal Schwestern des Stralsunder Konvents genannt: Drewes Bossyn (1449 Januar 31) berücksichtigt in seinem Testament mit Ghezeken, Kulen und Taleken Bodenwerders drei offensichtlich miteinander verwandte Frauen in Stralsund. Herborch Plescouwe (1449 Juli 8) hinterlässt ihren *modderen*, den namentlich nicht genannten Töchtern Werner Gildehusens, *in zunte Birgitten clostere by deme Sunde*, jeweils eine Mark.

47 Aus späteren Testamenten Dunkelguds lässt sich schließen, dass keine der Töchter dem Wunsch des Vaters nachgekommen zu sein scheint, Wilhelm MANTELS: Aus dem Memorial oder Geheimbuche des Lübecker Krämers Hinrich Dunkelgud, in: DERS.: Beiträge zur Lübisch-Hansischen Geschichte, Jena 1881, S. 351-368.

48 Immerhin: Das einzige Testament, in dem der Ratsherr Reyner von Calwen (der in die Grundstücksgeschäfte bei der Klostergründung involviert war, siehe Anm. 38) als Vormund Erwähnung findet, enthält auch ein namhaftes Legat für Marienwohlde: AHL, Testament Henning Rene, 1420 Januar 5.

49 NYBERG: Klostergründungen (wie Anm. 36), S. 123-128.

IV. Schluss

Die beiden Klöster, deren häufige Berücksichtigung in Lübecker Testamenten Anlass zu dieser Untersuchung gab, weisen eine Reihe von Gemeinsamkeiten auf: Beide sind Niederlassungen schnell wachsender Orden, deren Klöster am Beginn des 15. Jahrhunderts auch in größerer Entfernung von Lübeck aus wahrgenommen werden. In beiden Fällen war Lübeck offenbar in die Gründungsplanung involviert, auch wenn sich die Lübecker Beteiligung im Einzelnen nur teilweise rekonstruieren lässt. Und in beiden Fällen schlug sich das Interesse der Lübecker an den Neugründungen auch darin nieder, dass Angehörige von Ratsherren in die Klöster eintraten.

Funktional sind die betrachteten Klöster eher mit den existierenden Feldklöstern der Umgebung zu vergleichen als mit den Lübecker Stadtklöstern, die für die Bürger neben seelsorgerischen auch kommunikative und repräsentative Funktionen erfüllten.

Das Brigittenkloster Marienwolde hat Söhne und wohl auch Töchter Lübecker Bürger aufgenommen und kam damit prinzipiell als Alternative sowohl zum Johanniskloster als auch zu den übrigen Frauenklöstern, in denen sich Lübeckerinnen nachweisen lassen, in Frage. Auch in der Ahrensböker Kartause haben Lübecker Aufnahme gefunden. Der Umfang, in dem Lübecker bei den Klöstern um Gebetsgedenken nachgesucht haben, ist damit aber nicht plausibel erklärt. Der Text der Testamente bleibt eine solche Erklärung ebenfalls schuldig. Die Erklärung für den umfangreichen Niederschlag der beiden betrachteten Klostergründungen in der Testamentsüberlieferung liegt damit wohl in der Summe begünstigender Faktoren: die räumliche Nähe, die belegte (Ahrensbök) oder vermutete (Marienwohlde) Lübecker Beteiligung bei der Gründung, die funktionale Ergänzung der vorhandenen Sakraltopographie durch Ansiedlung von Orden, die offensichtlich den religiösen Vorstellungen der Zeit entsprachen.

Die in hoher zeitlicher Dichte überlieferte Quellengattung städtischer Testamente ist als Seismograph für die Veränderungen in der Sakrallandschaft gut geeignet, eine kausale Erklärung für die beschriebene schnelle Etablierung der beiden Klöster liefern die Quellen aber nur rudimentär. Dabei entspricht es der Textgattung, dass kaum individuelle Motive für die Bestiftung einzelner Klöster erkennbar werden; enttäuschend ist eher die geringe Basis, die die Testamente prosopographischen Bemühungen bieten – hier hat Heinrich Dormeier am Beispiel der Gründung des Lübecker Annenklosters gezeigt, dass Testamente eine durchaus aufschlussreiche Quellengattung sein können.[50]

50 DORMEIER: Annenkloster (wie Anm. 26).

Anna Paulina Orlowska

Zwei Brüder – zwei Städte. Die Nürnberger Gebrüder Geier in Danzig

Kurz nachdem sich im fernen Preußen der Preußische Bund dem polnischen König Kasimir dem Jagiellonen unterworfen und somit den Dreizehnjährigen Krieg begonnen hatte, in dessen Folge Danzig – wie andere preußische Städte – zum Königreich Polen überging,[1] läuteten in der Nürnberger St. Sebaldkirche die Totenglocken für Sigmund Geier.[2] Erst vierzehn Jahre später erklang die Totenglocke der St. Lorenzkirche für seinen Bruder Nicolaus.[3]

Bisherige Erkenntnisse über das Leben beider Brüder verdanken wir vor allem Wolfgang von Stromer, der am Rande seines Aufsatzes über Steirisch-Nürnberger Montanunternehmer ihre Schicksale skizzierte. Unter Hinzuziehung zahlreicher Quellen gelang es ihm, nicht nur den bekannteren, in der Literatur schon erwähnten Sigmund darzustellen, sondern auch einiges über den weniger bekannten Nicolaus zu sagen.[4]

Sigmund Geier ist vor allem aufgrund seines Engagements bei der Finanzierung der Erhebung von Sylvester Stodewescher zum Erzbischof von Riga bekannt. Den ziemlich komplizierten Verlauf der Finanzierung rekonstruierte Klaus Militzer.[5] Die Besetzung des Rigaer Erzbistums war ein Teil des politischen Spiels, den Einfluss des Deutschen Ordens im Osten zu erweitern. Durch die Ernennung von Stodewescher, dem hochmeisterlichen Kanzler und Kaplan, sollte der erste Schritt zur Inkorporation des Erzstifts in den Deutschen Orden getan werden. Dieser Plan gelang, am 9. Oktober 1448 ernannte Papst Nikolaus V. Sylvester Stodewescher zum Erzbischof von Riga.[6] Zur Aushändigung der päpstlichen Bulle wurde aber Geld benötigt und in diesem Fall stiegen die Kosten zusätzlich um ein Bestechungsgeld für den Verzicht der Konkurrenten von Stodewescher.[7] Überraschenderweise verweigerten die römischen Kaufleute und Bankiers dem Generalprokurator des Deutschen Ordens in Rom, Jodokus Hogenstein, die Auszahlung der benötigten Summe, da sie die Vollmacht des Hoch-

1 Dazu vor allem Marian BISKUP: Trzynastoletnia Wojna z Zakonem Krzyżackim: 1454-1466, Gdańsk 1967. Einen guten Überblick zu den Ursachen des Krieges bietet Marian BISKUP/Gerard LABUDA: Die Geschichte des Deutschen Ordens in Preußen: Wirtschaft, Gesellschaft, Staat, Ideologie, Osnabrück 2000, S. 428-444.

2 Das genaue Datum ist unbekannt, der Eintrag ist zwischen 13. März und 12. Juni 1454 datiert. Helene BURGER: Nürnberger Totengeläutbücher, Bd. 1: St. Sebald 1439-1517, Neustadt a. d. Aisch 1961, S. 1091.

3 2. Februar 1468, ebd., S. 927.

4 Wolfgang von STROMER: Die Zeringer. Steirisch-Nürnberger innovatorische Montanunternehmer und Fernhändler im 15. Jahrhundert, in: Herwig EBNER/Walter HÖFLECHNER (Hrsg.): Festschrift Othmar Pickl zum 60. Geburtstag, Graz 1987, S. 603-632.

5 Klaus MILITZER: Die Finanzierung der Erhebung Sylvester Stodeweschers zum Erzbischof von Riga, in: Zeitschrift für Ostforschung 28 (1979), S. 239-255.

6 Ebd., S. 239.

7 Ebd., S. 242-243, 250-251.

meisters als nicht ausreichend beurteilten. Unter diesen ungünstigen Umständen musste der Prokurator die sehr harten Bedingungen akzeptieren, unter denen die Große Ravensburger Handelsgesellschaft zustimmte, das Geld vorzustrecken.[8] Nicht nur machte sie zusätzliche Kosten geltend, sondern sie erwartete auch, dass die Zahlung in Nürnberg erfolgen sollte, was dem Deutschen Orden weitere Probleme bereitete. Wie sich herausstellte, waren nur drei Danziger Kaufleute – Tile Spodendorf, Hans Kerstan, Jakob Hasart – im Stande, einen Wechsel nach Nürnberg auszustellen. Zusätzlich beurteilte der bis dahin mit solchen Aufgaben überwiegend beauftragte Kaufmann Tile Spodendorf die Kreditwürdigkeit des Hochmeisters als so gering, dass er zusätzliche Bedingungen stellte, die der Deutsche Orden nicht akzeptierte.[9] Letztendlich wurden drei Wechsel von zwei Kaufleuten ausgestellt. 1.000 Rheinische Gulden sollte Klaus Hartman, ein Nürnberger Partner des Danziger Kaufmanns Hans Kerstan, auszahlen, für weitere 2.500 Gulden sorgte Jakob Hasart. Einer von seinen Wechseln sollte von den Brüdern Holthusen, ein zweiter von Kunz Guldemund und Sigmund Geier eingelöst werden.[10]

Sigmund Geier war nicht zufällig einer der Beteiligten, seine vieljährige Anwesenheit in Danzig gewährte ihm sicherlich enge Kontakte zur Danziger Kaufmannschaft.[11] Die Intensität seiner Geschäfte in der Stadt an der Weichselmündung zeigt sich deutlich anhand seiner häufigen Nennungen in Danziger Quellen, sowohl privater als auch städtischer Provenienz. Sigmund Geier trat mehrmals vor das Danziger Schöffengericht, zum ersten Mal am 21. Juli 1436, als Sacharias Stekel zugab, dass er *Segemunt van Norenberch* 15 Mark pr. weniger 6 Schilling schulde.[12] Stekel verpflichtete sich, das Geld in zwei Raten zurückzuzahlen, nämlich zum Tag des Hl. Dominicus – an diesem Tag fand in Danzig der Hauptjahrmarkt statt – und zum Tag des Hl. Michael. Als dritter Termin, falls die Zahlung sich verzögern sollte, wurde erneut der Hl. Dominicus genannt.[13] Noch im gleichen Jahr trat er, diesmal als *Segemunt Gire*, wieder vor das Gericht, am 24. Dezember wurde er von *Fricze Kiper* zum Bevollmächtigten ernannt.[14] Bemerkenswert ist, dass die Vollmacht nur innerhalb des Landes galt, was ein Hinweis auf die Anwesenheit Geiers in Preußen sein könnte. Die

8 „Das Ordenshaus in Rom im Wert von 2.000 Gulden musste ihr [der Großen Ravensburger Gesellschaft] verpfändet werden. Der Prokurator und andere Gönner des Ordens hatten für die Rückzahlung zu bürgen und ihre Ämter der Gesellschaft als Pfand zu setzen. Die Bullen waren der Gesellschaft auszuhändigen. Wurden sie innerhalb von sechs Monaten nicht eingelöst, sollten sie der Kurie zurückgegeben werden. Ferner verlangte die Gesellschaft 25 Dukaten Lohn für einen Boten, der die Dokumente nach Nürnberg bringen sollte. Die Kreditsumme erhöhte sich also auf 2.099 Dukaten […]. Von dieser Schuld waren 400 Dukaten als Zins zu entrichten", MILITZER: Finanzierung (wie Anm. 5), S. 241.

9 Ebd., S. 245-246.

10 Ebd., S. 246.

11 Eine ähnliche Dienstleistung bot Sigmund Geier dem Hochmeister schon Ende des Jahres 1446: Am 27. Dezember 1446 kaufte der Hochmeister von ihm einen Wechsel in Höhe von 875 oberländischen Gulden, die zwischen dem 19. März und dem 9. April 1447 in Nürnberg auszuzahlen waren. MILITZER: Finanzierung (wie Anm. 5), S. 254, Anm. 94.

12 Archiwum Państwowe w Gdańsku (im Folgenden APG) 300,43/1b, fol. 138r.

13 5. August 1436, 29. September 1436, 5. August 1437.

14 APG 300,43/1b, fol. 159r.

nächste Erwähnung im Schöffenbuch, die fast genau zwei Monate später am 22. Februar 1437 eingetragen wurde, zeigt eindeutig Geiers Verflechtung mit der Danziger Kaufmannschaft. Er vermittelte im Fall einer Schuldrückgabe zwischen zwei ansässigen Danziger Bürgern: *Fricze Krenet* und *Hinrik Holdenstede*. Der Ausgleich aller Schulden wurde von *Tile Vot* als Bevollmächtigtem des *Hinrik Holdenstede* bestätigt.[15]

Die zwei nächsten Erwähnungen folgen erst vier Jahre später. Am 19. November 1440 stellte er *Hincze Tokeler* eine Vollmacht sowohl innerhalb als auch außerhalb des Landes aus.[16] Über ein halbes Jahr danach, am 8. Juni 1441, bekannten *Pawel Papendorff* und *Hans Stehen*, dass sie *Segemunt Gheire* und *Heyne Sporinnk* 110 Mark pr. schuldig waren, und verpflichteten sich, diese Schuld bis *Walburgis,* also bis zum 1. Mai 1442, auszugleichen. Nachträglich wurde die Information hinzugefügt, dass Heyne Sporink die genannte Summe erhalten hatte.[17] Ob Geier im Laufe seiner weiteren Tätigkeit in Danzig nochmals vor das Schöffengericht trat, lässt sich wegen des Quellenverlustes leider nicht feststellen. Auch in weiteren Zeugnissen städtischer Provenienz kommt er nicht vor. Er wird aber in zwei Quellen genannt, die von Kaufleuten verfasst wurden.

Mehrmals wird er im Kaufmannsbuch von Johannes Pyre genannt. Pyre – ein wohlhabender Kaufmann, der in Danzig in den Jahren 1421 bis 1455 ein Geschäft mittlerer Größe betrieb[18] – kaufte Ende Januar oder Anfang Februar 1441 von Geier 52 Schock Groschen für 199 Mark pr. und 8 Scot.[19] Der Rückzahlungstermin wurde nicht genannt, es scheint aber sicher, dass der Ausgleich der Schulden zügig erfolgte. Das Geld wurde in drei Teilen gezahlt: 60 Mark pr. wurden von Herman Ryngenrode beglichen, 100 Mark pr. von Johannes van dem Hagen, 40 Mark pr. weniger 16 Scot von Geiers Diener. Zum Mittfasten am 26. März 1441, nicht einmal zwei Monate nach der Transaktion mit Geier, notierte Pyre, dass er Johannes van dem Hagen *van Segemundes wegen* 100 Mark pr. schuldig sei.[20] Auch die Notiz, dass er 60 Mark pr. an Herman Ryngenrode zurückzahlen müsse, entstand wahrscheinlich in dieser Zeit.[21] Es ist sogar zu vermuten, dass die Zahlung bei Geier gleich erfolgte und die Transaktion

15 APG 300,43/1b, fol. 175v.

16 Ebd., fol. 331r.

17 Ebd., fol. 356v.

18 Über Johannes Pyre, der in der Literatur bislang als Johannes Pisz bzw. Piß vorkam, vor allem Walter STARK: Untersuchungen zum Profit beim hansischen Handelskapital in der ersten Hälfte des 15. Jahrhunderts (Abhandlungen zur Handels- und Sozialgeschichte, 24), Weimar 1985, S. 115-130. Darüber hinaus Witold VON SLASKI: Danziger Handel im 15. Jahrhundert auf Grund eines im Danziger Stadtarchiv befindlichen Handlungsbuches geschildert, Diss. phil. Heidelberg 1905; Walter SCHMIDT-RIMPLER: Geschichte des Kommissionsgeschäfts in Deutschland, Bd. 1: Die Zeit bis zum Ende des 15. Jahrhunderts, Halle a. d. Saale 1915, S. 72-96. Zu der Frage des Namens: Anna P. ORLOWSKA: Der mittelalterliche Kaufmann Johan Pyre (früher Pisz) und die unterschiedliche Rezeption seiner Tätigkeit, in: Petr NÁDENÍCEK/Katarzyna RÓZANSKA/Anna WEIGL (Hrsg.): Junge Slavistik im Dialog II, Hamburg 2010, S. 83-93.

19 APG 300,R/F,4, fol. 52r, undatiert, die vorherige Notiz wurde am 29. Januar 1441 eingetragen.

20 Ebd., fol. 19v.

21 Ebd., fol. 87v.

vor allem wegen der Schulden, die Pyre bei den anderen Danziger Kaufleuten aufnahm, notiert wurde.

Die zwei weiteren Transaktionen hatten einen völlig anderen Charakter: In beiden kaufte Geier von Pyre Waren aus dem Osten auf Kredit. Der Verlauf der späteren Transaktion ist in größerer Vollständigkeit überliefert.[22] Im Jahr 1442 verkaufte Pyre 7 Stücke Wachs, die insgesamt 6,5 Schiffpfund und 4,5 Liespfund wogen, der Preis lag bei 51 Mark pr. pro Schiffpfund, die Summe wurde auf 341 Mark pr. und 42 Schilling berechnet.[23] Die Zahlung erfolgte in vier Raten,[24] deren Termine nicht genannt wurden. Bei der früheren Transaktion wurden die zeitlichen Rahmen konkreter festgelegt, wir erfahren aber kaum etwas über den Verlauf selbst.[25] Im Herbst 1441[26] verkaufte Pyre an *Segemund Kye van Norenberg* 1.000 *onyge*[27], für die zum *Vastelavent* 84 Mark pr. zu bezahlen waren. Die Details der Rückzahlung wurden nicht notiert, wobei aufgrund der Streichung dieser Notiz anzunehmen ist, dass der Betrag bezahlt wurde. Gut fünf Jahre später taucht er in Pyres Buch zum letzten Mal auf: Am 20. Mai 1447 vermerkte Pyre, dass er von *Kyen* 19 Mark pr. als Rate für Bernd Pynyngs Schuld erhalten habe.

Die Handelsverträge, die Sigmund Geier mit Johannes Pyre schloss, passen gut zu seiner Rolle und der seines Bruders in Danzig, die aus der zweiten Quelle privater Provenienz, die uns zur Verfügung steht, erschlossen werden kann. Es handelt sich um einen Brief von Lienhard Mülich an seinen Schwager Hermann Preutigam, geschrieben am 27. November 1444 in Breslau. In dem Brief fasste Mülich die Ergebnisse des Hauptjahrmarktes in Breslau zusammen, bei dem er als Unterstützung für Ulrich Michel anwesend war, den Leiter der Ostabteilung der Firma Zeringer-Preutigam. Er selbst war ein Faktor für das Ordensland, „[den] verantwortlichen [Status] des Leiters eines großen Geliegers [hatte] […] er noch nicht erreicht“[28]. Er war aus dem Norden nur zum Jahrmarkt gekommen und wollte danach möglichst schnell, noch vor dem Winteranfang, wieder nach Preußen fahren. Die angefangenen Geschäfte mit Wachs hatte er Nicolaus Geier überlassen, dieser sollte die gekauften Wachsstücke wiegen

22 APG 300,R/F,4, fol. 85r.

23 Rechnerisch falsch, da bei dem Preis und der Menge die Summe 343 Mark pr. weniger 18 Pfennige (342 Mark pr. 702 Pfennige) ist.

24 Die vier Raten betrugen 153 Mark pr., 100 Mark pr. (vermittelt durch Gerd van Munster), 50 Mark pr. und 38 Mark pr. und 42 ß.

25 APG 300,R/F,4, fol. 87r.

26 Terminus post quem: 17. September 1441, Terminus ante quem: 25. Dezember 1441.

27 Was darunter zu verstehen ist, ist nicht klar. Die Definition aus dem Mittelniederdeutschen Handwörterbuch von *annige*, *anie* (*onnige*): „ein geringwertiges Pelzwerk“ (Mittelniederdeutsches Handwörterbuch, bearb. von Agathe LASCH/Conrad BORCHLING, Neumünster 1956, Bd. 1, S. 98) ist auf Grund des hohen, dem Wert vom guten Schonwerk nahen Preises hier nicht anzuwenden. Die Erklärung von Hans Jeske scheint plausibler: „Andererseits könnte vielleicht die Bezeichnung ‚anyghen‘, die zuweilen auch ‚onyghen‘ geschrieben wird, geographisch erklärt werden. ‚Anyghen‘ ist eine typische Nowgoroder Sorte, worunter man *Onega-Eichhörnchen* verstehen könnte.“ Hans JESKE: Der Fachwortschatz des Hansekaufmanns Hildebrand Veckinhusen, Bielefeld 2005, S. 38.

28 STROMER: Zeringer (wie Anm. 4), S. 607.

und verschicken.[29] Dafür bekam er von Mülich preußische Mark in bar. Er sollte, wenn ihm Bargeld übrig bliebe, weiteres Wachs kaufen und es Lienhard Mülich zuschicken.[30] Auch Sigmund Geier wollte in dieser Zeit Wachs kaufen, die Bargeldbestände wurden ihm von Mülich gesichert.[31]

Wahrscheinlich auf Grund dieses Briefes kam Wolfgang von Stromer zur Schlussfolgerung: „Doch lassen sich [die in Pyres Kaufmannsbuch vorkommenden] ‚Nychallos der Noernberg/Nychalles der Norenberger' und ‚Segemund Kye von Norenberg' ziemlich eindeutig als die beiden Geier erkennen […]"[32]. Er meinte, dass für diese Identifizierung „auch die von Pisz [d. h. Pyre] an sie verkauften Waren und Mengen sprechen, die denen in Mülichs Brief genannten entsprechen"[33]. Das zweite Argument ist eher gewagt. Die einzige Wachstransaktion zwischen Sigmund Geier und Johannes Pyre wurde oben beschrieben; sie gehört von der Größe her zu den durchschnittlichen Wachstransaktionen Pyres und sticht nicht besonders hervor.

Mit *Nychawes dem Norenberger* handelte Pyre zweimal. Ende des Jahres 1441 verkaufte Pyre ihm drei Zimmer Felle und noch zusätzlich zwei Stück, also 122 Stück, für die 19 Mark pr., 19 Scot und 27 Pfennige fällig waren.[34] Über den Verlauf der Zahlung gibt es leider keine Information. Die nächste Transaktion, Anfang des Jahres 1442, war deutlich größer, *Nychawes* kaufte 3.500 Schonwerk zum Preis von 79 Mark pr. pro 1.000 Stück.[35] Die Summe lag bei 276½ Mark pr. und wurde in zwei Raten durch dritte Personen bezahlt. In keiner der beiden Transaktionen wurde also mit Wachs gehandelt, und da Lienhard Mülich dieses in seinen Briefen als einzige Ware aus Danzig genannt hatte, ist von Stromers Argument umso zweifelhafter.

Schließt das aber aus, dass *Nychawes der Norenberger* und Nicolaus Geier identisch sind? Für die von Stromersche Identifizierung spricht vor allem die Tatsache, dass Nicolaus Geier als einziger Nürnberger mit diesem Vornamen in Danzig nachweisbar ist.[36] Aber im Gegensatz zu Sigmund Geier, der in Quellen zwar öfters nur

29 *Ich las euch wisßen, das ich czu Danczk hab kauft 3 stück gar sün Kjffenjsch wachs,vnd sij sein peij 10 schiff lb und kost ie 1schiff lb 36 mark preußisch; vnd ich kontt nit haren, pis mans ab wüg, ich kam hin an eim sunabent spatt vnd czoch weck am suntag, das ich die czeitt nicht hett; vnd ich patt Claus Geiren vnd der sols laßen wegen vnd beczallen* […], STROMER: Zeringer (wie Anm. 4), S. 623.

30 […] *ich schickt das preußische geld gen Danczk dem Claus Geiren, das er das wachs czalt, vnd schrieb im, waß er vbrijg von geld württ haben, das er ein schün stockel wachs dar vmb kauft vnd schickt mijt dem ersten her auß* […], ebd., S. 623.

31 *Sijgmund Geir sagt mir, er wolde 50 oder 60 c(entner) wachs keuffen [...]; also hett ich im 10 gulden ungerisch darauf geben*, ebd., S. 623.

32 Ebd., S. 608.

33 Ebd., S. 608.

34 APG 300,R/F,4, fol. 88r.

35 Ebd., fol. 86r.

36 Berücksichtigte archivalische Bestände: APG 300,12/395, APG 300,12/396, APG 300,12/397, APG 300,12/398, APG 300,12/399, APG 300,12/479, APG 300,12/480, APG 300,12/482, APG 300,12/484, APG 300,12/738, APG 300,12/827, APG 300,12/828, APG 300,12/829, APG 300,27/1, APG 300,27/2, APG 300,27/3, APG 300,27/4, APG 300,27/5, APG 300,32/1, APG 300,32/3, APG 300,32/79, APG 300,43/1, APG 300,43/1b, APG 300,43/1c, APG 300,43/2,

mit Vornamen und Ortsbezeichnung genannt wurde, aber häufig auch mit Vornamen und Nachnamen sowie in manchen Fällen mit Vornamen, Nachnamen und Ortsbezeichnung, wurde Nicolaus nur ‚Nürnberger' genannt.

Ähnlich wie Sigmund Geier lässt er sich vor allem in den Büchern des Schöffengerichts nachweisen; darunter sind auch solche Einträge zu finden, die das Bild von Nicolaus Nürnberger als einem fremden, aber eng mit den Ansässigen verbundenen Kaufmann weiter stützen können.

Am 5. Dezember 1426 verpflichtete sich *Michel Pole*, seine Schuld an *Niclas Norenberch* in Höhe von 19 Mark pr. in folgender Weise zu bezahlen:[37] 6 Mark pr. waren zum nächsten Osterfest fällig, und danach sollten an jedem Martinstag 4 Mark pr. und 8 Scot bezahlt werden, bis die Schuld ausgeglichen war.[38]

Am 22. November 1428 gab Hans Polen vor dem Schöffengericht bekannt,[39] dass er *Jacob Ertmanne* und *Nicles Norenberghe* 12 Mark pr. schulde. Die Schuld sollte in zwei gleichen Raten zum nächsten und darauffolgenden Martinstag[40] beglichen werden, wobei *Jacob Ertmanne* jeweils 2 Mark pr. und *Nicles Norenberghe* jeweils 4 Mark pr. bekommen sollten.

Am 22. Dezember 1430 gab Niclis Starchart bekannt,[41] dass er Niclas Norenberge 38 Mark pr. schuldig sei und sich verpflichte, das Geld in vier Raten an aufeinander folgenden Michaelistagen[42] zu zahlen.

Diese drei Transaktionen passen gut zur Vorstellung von Nicolaus Norenberch als einem fremden Kaufmann in Danzig. Aber andere Einträge zerstören dieses Bild. Im Jahre 1428 beendete *Franske Norenberch* die Vormundschaft, die *Niclas Norenberch* für ihn ausgeübt hatte.[43] Schon das Datum des Eintrags weckt Zweifel – wenn 1428 die Vormundschaft beendet wurde, bedeutet das, dass *Niclas Norenberch* schon seit längerer Zeit in der Stadt bekannt war, als vertrauenswürdig galt und im Stande war, als Bevollmächtigter zu agieren. Der Name des Mündels weckt weitere Zweifel. Zwar könnte ein Nürnberger Kaufmann für ein Kind eines anderen verstorbenen Nürnberger Kaufmanns Bevollmächtigter gewesen sein, aber wäre es in diesem Fall nicht wahrscheinlicher, dass in dieser Rolle ein in Danzig anerkannter Verwandter mütterlicherseits als Vormund eintrat? Das Rätsel wird durch einen weiteren Eintrag im Schöffenbuch gelöst, in dem *Niclas Norenberch* genannt wird.[44] Am 10. Juni 1435 machte er eine Abrechnung mit Katherina, einer Witwe von *Peter Sydel*. Peter Sidels Bruder war der Vater von Nicolaus.[45] Sidels Familie kommt in Danziger Quellen ziemlich oft

APG 300,43/2b, APG 300,43/195, APG 300,43/196, APG 300,59/1, APG 300,59/2, APG 300,59/4a, APG 300,60/1.

37 APG 300,43/1, fol. 38r.

38 20. April 1427, 11. November 1427, 11. November 1428, 11. November 1429.

39 APG 300,43/1, fol. 100v.

40 11. November 1429, 11. November 1430.

41 APG 300,43/1, fol. 162r.

42 29. September 1431, 29. September 1432, 29. September 1433, 29. September 1434.

43 APG 300,43/1, fol. 83v.

44 APG 300,43/1b, fol. 15v-16r.

45 *van Peter Sydel de Niclas vader broder gewest is*, ebd.

vor[46] und es ist zu vermuten, dass sie in Danzig seit längerer Zeit niedergelassen war. Warum gerade der Vater von Nicolaus einen Zusatznamen erhielt, der bei seinem Kind zum festen Nachnamen wurde, ist nicht festzustellen, jedoch sind in Danziger Schöffenbüchern aus dieser Zeit drei Personen mit dieser Bezeichnung vorhanden. Neben den schon genannten *Niclas* und *Franske* kommt auch ein *Hans Norenberch* vor, der am 30. Juli 1437 die Vormundschaft für *Jacob Essche* übernahm.[47] Unter seine Obhut kam auch das Mobiliar des Jungen, darunter sechs Kessel, vier Kissen, eine Decke, ein Kasten und 50 Mark pr. Ein Jahr später, am 28. Juli 1438, gab er bekannt, dass er *Eynwolt Wrige* 27 Mark pr. schuldig sei, die bis zum 11. November des gleichen Jahres zurückgezahlt werden sollten.[48] Ob sie alle aus einer Familie stammten und sogar den gleichen Vater hatten oder ob der Zuname in dem einen oder anderen Fall auch den Herkunftsort bezeichnete, ist noch zu klären. Sicher ist aber, dass Nicolaus Norenberch, der in den oben beschriebenen Quellen genannt wird und durch von Stromer als ein Kaufmann aus Nürnberg identifiziert wurde, aus einer Danziger Familie stammte und nicht mit Nicolaus Geier identisch ist.

Zwar waren, wie von Stromer feststellte, tatsächlich beide Nürnberger Brüder Sigmund und Nicolaus Geier zwischen den zwei Städten tätig, aber nur einer der beiden hinterließ Spuren in Danziger Quellen.

46 APG 300,43/1., fol. 311v, ebd fol. 15v, 35v, 36r, 211v, 251r, 261v, 314r.
47 APG 300,43/1b, fol. 140r.
48 Ebd., fol. 199v.

Sven Rabeler

… est lito ecclesie Gandersemensis. Eigenleute des Stifts Gandersheim zwischen grundherrschaftlicher Abhängigkeit und städtischer Freiheit im 14. Jahrhundert[*]

Am 1. April des Jahres 1330 ließ Sophie von Büren, die Äbtissin des Kanonissenstifts Gandersheim,[1] eine Urkunde ausfertigen. Darin bezeugte sie, dass Johannes Rotgeri (*Rotgheri*) samt seinen Nachkommen von Baulebe und Bedemund (*bulevinghe* und *beddemunt*) befreit sei, zu deren Leistung er ihr und dem Stift bislang nach Litenrecht (*racione iuris litonici*) verpflichtet gewesen sei. Fortan möge er sich derselben Freiheit (*libertas*) erfreuen, wie sie den *opidani Gandersemenses* urkundlich (*in litteris*) gewährt sei.[2]

Diese kleinformatige Urkunde mit ihrem knappen, schnörkellosen Text gibt für einen kurzen Moment den Blick frei auf einen wichtigen Aspekt des Verhältnisses von Grundherrschaft und Stadt im Mittelalter. Dass die im 12. Jahrhundert in Zentraleuropa einsetzende Urbanisierungswelle, deren unmittelbare Ausläufer noch bis ins 14. Jahrhundert zu erkennen sind,[3] zu Wanderungsbewegungen vom Land in die Städte führte, ist grundsätzlich nicht zu bestreiten, auch wenn Art und Ausmaß seitens der Forschung unterschiedlich bewertet werden.[4] Aussagen zur Herkunft der Zugewanderten lassen

* Der vorliegende Beitrag ist hervorgegangen aus der Arbeit im DFG-Projekt ‚Städtische Gemeinschaft und adlige Herrschaft in der mittelalterlichen Urbanisierung ausgewählter Regionen Zentraleuropas', das am Historischen Seminar der Christian-Albrechts-Universität zu Kiel an den Professuren für Wirtschafts- und Sozialgeschichte (Prof. Dr. Gerhard Fouquet) und für Regionalgeschichte (Prof. Dr. Oliver Auge) durchgeführt wird. – Zu dem Zitat im Titel des Beitrags siehe unten bei Anm. 47.

1 Zur Äbtissin Sophie II. von Büren (1317-1331) vgl. Hans GOETTING: Das reichsunmittelbare Kanonissenstift Gandersheim (Germania Sacra, N. F. 7; Das Bistum Hildesheim, 1), Berlin/New York 1973, S. 313f.

2 Staatsarchiv Wolfenbüttel (im Folgenden StAWo), 41 Urk (Stadt Gandersheim), Nr. 4. Vgl. Gaby KUPER: Gandersheim. Zwischen Landesherrschaft und Reichsstift, in: Claudia MÄRTL/Karl H. KAUFHOLD/Jörg LEUSCHNER (Hrsg.): Die Wirtschafts- und Sozialgeschichte des Braunschweigischen Landes vom Mittelalter bis zur Gegenwart, Bd. 1: Mittelalter, Hildesheim/Zürich/New York 2008, S. 509-536, hier S. 524.

3 Vgl. z. B. Knut SCHULZ: Die Urbanisierung Mitteleuropas im 12. und 13. Jahrhundert, in: Gerhard FOUQUET/Gabriel ZEILINGER (Hrsg.): Die Urbanisierung Europas von der Antike bis in die Moderne (Kieler Werkstücke, Reihe E, 7), Frankfurt a. M. 2009, S. 147-171.

4 Vgl. allgemein Karl-Heinz SPIESS: Zur Landflucht im Mittelalter, in: Hans PATZE (Hrsg.): Die Grundherrschaft im späten Mittelalter, Bd. 1 (Vorträge und Forschungen, 27,1), Sigmaringen 1983, S. 157-204; teilweise kritisch gegenüber gängigen Forschungsthesen Volker STAMM: Gab es eine bäuerliche Landflucht im Hochmittelalter? Land-Stadt-Bewegungen als Auflösungsfaktor der klassischen Grundherrschaft, in: Historische Zeitschrift 276 (2003), S. 305-322; als Beispiel für die ältere Forschung Gero KIRCHNER: Probleme der spätmittelalterlichen Klostergrundherr-

sich mancherorts anhand von Bürgeraufnahmeverzeichnissen treffen, wie sie für einige Städte bereits aus den Jahrzehnten um 1300 vorliegen, so in der hier berührten Region zum Beispiel für Lüneburg seit 1289, für Hannover seit 1301, für die Braunschweiger Neustadt seit etwa 1320, für Göttingen seit 1328.[5] Doch neben der Land-Stadt-Migration, die nicht immer und vor allem nicht sofort zur Änderung des individuellen Rechtsstatus der Betroffenen führen musste,[6] bildeten eben herrschaftliche ‚familiae' als hofrechtliche Verbände auch vor Ort oftmals eine Wurzel städtischer Entwicklung, wie die zitierte Gandersheimer Urkunde an einem Einzelfall zeigt.[7]

schaft in Bayern: Landflucht und bäuerliches Erbrecht. Ein Beitrag zur Genesis des Territorialstaates, in: Zeitschrift für bayerische Landesgeschichte 19 (1956), S. 1-94, hier bes. S. 45-63.

5 Lüneburg: Wilhelm REINECKE (Bearb.): Lüneburgs Ältestes Stadtbuch und Verfestungsregister (Quellen und Darstellungen zur Geschichte Niedersachsens, 8), Hannover/Leipzig 1903. – Hannover: K[arl] Fr[iedrich] LEONHARDT (Bearb.): Das älteste Bürgerbuch der Stadt Hannover und gleichzeitige Quellen, Bd. 1 (Quellen und Darstellungen zur Bevölkerungskunde der Stadt Hannover, 1), Leipzig 1933. – Braunschweig: Die Neubürgerlisten sind nicht geschlossen ediert, zeitlich einschlägige Einträge sind aber aufgenommen in: Urkundenbuch der Stadt Braunschweig (im Folgenden UB Braunschweig), bearb. von Ludwig HÄNSELMANN, Heinrich MACK und Josef DOLLE, 8 Bde. (Bde. 5-8: Veröffentlichungen der Historischen Kommission für Niedersachsen und Bremen, XXXVII, 17, 23, 215, 240), Braunschweig bzw. Hannover 1872-2008 (ältester Eintrag zu den Neubürgern der Neustadt: Bd. 2, Nr. 873, S. 511f.). – Göttingen: Heinz KELTERBORN (Bearb.): Die Göttinger Bürgeraufnahmen, Bd. 1: 1328-1640, Göttingen 1961. – Zu Bürgerbüchern als Quellentypus vgl. Rainer Christoph SCHWINGES: Neubürger und Bürgerbücher im Reich des späten Mittelalters: Eine Einführung über die Quellen, in: DERS. (Hrsg.): Neubürger im späten Mittelalter. Migration und Austausch in der Städtelandschaft des alten Reiches (1250-1550) (Zeitschrift für Historische Forschung, Beihefte, 30), Berlin 2002, S. 17-50; zu ihrer Auswertung z. B. DERS.: Die Herkunft der Neubürger: Migrationsräume im Reich des späten Mittelalters, in: ebd., S. 371-408; Bruno KOCH: Neubürger in Zürich. Migration und Integration im Spätmittelalter (Forschungen zur mittelalterlichen Geschichte, 40), Weimar 2002, S. 135-188; Albert MÜLLER: Räumliche Rekrutierung und soziale Reproduktion. Beispiele aus dem spätmittelalterlichen und frühneuzeitlichen Städtebürgertum Österreichs, in: Gerhard JARITZ/Albert MÜLLER (Hrsg.): Migration in der Feudalgesellschaft (Studien zur Historischen Sozialwissenschaft, 8), Frankfurt/New York 1988, S. 89-111.

6 Ein frühes Beispiel dafür ist ein Heberegister der Villikationshöfe des Klosters Werden aus dem mittleren 12. Jahrhundert, das abgewanderte, der Abtei aber nach wie vor abgabepflichtige Eigenleute verzeichnet, Albert K. HÖMBERG: Zur Erforschung des westfälischen Städtewesens im Hochmittelalter, in: Westfälische Forschungen 14 (1961), S. 8-41, hier S. 37-41; STAMM: Landflucht (wie Anm. 4), S. 312-316.

7 Vgl. Knut SCHULZ: Von der familia zur Stadtgemeinde. Zum Prozeß der Erlangung bürgerlicher Freiheitsrechte durch hofrechtlich gebundene Bevölkerungsgruppen, in: Johannes FRIED (Hrsg.): Die abendländische Freiheit vom 10. zum 14. Jahrhundert. Der Wirkungszusammenhang von Idee und Wirklichkeit im europäischen Vergleich (Vorträge und Forschungen, 39), Sigmaringen 1991, S. 461-484; außerdem z. B. Klaus FLINK/Wilhelm JANSSEN (Hrsg.): Grundherrschaft und Stadtentstehung am Niederrhein (Klever Archiv, 9), Kleve 1989; Alfred HAVERKAMP/Frank G. HIRSCHMANN (Hrsg.): Grundherrschaft – Kirche – Stadt zwischen Maas und Rhein während des hohen Mittelalters (Trierer Historische Forschungen, 37), Mainz 1997.

Dass „Stadtluft" im Mittelalter keineswegs immer „frei" machte[8] und dass städtische Rechtsverhältnisse zahlreiche Abstufungen zwischen Freiheit und Unfreiheit kannten,[9] beschäftigt die Forschung seit den 1980er Jahren mit zunehmender Intensität. Der Begriff der ‚Freiheit', der für Selbst- und Fremdverständnis städtischer Gemeinschaften oftmals schon im Mittelalter so wesentlich war,[10] verliert damit zwar zu einem guten Teil seinen gegenwartsspiegelnden und vergangenheitsintegrierenden Charakter, den er für die Stadtgeschichtsforschung seit dem 19. Jahrhundert besaß, er wird aber stattdessen zu einem zentralen Instrument der Analyse städtisch-gemeindlicher Formationen zwischen Genossenschaft und Herrschaft. ‚Freiheit' erscheint so vornehmlich als eine Funktion sozialer Vergemeinschaftung: Johannes Rotgeri erlangte seine Freiheitsrechte 1330 durch die Teilhabe an der *libertas* der Stadtgemeinde.

Die folgenden Ausführungen widmen sich den Beziehungen zwischen grundherrschaftlicher Abhängigkeit und städtischer Freiheit aus der Sicht der Angehörigen einer geistlichen Grundherrschaft, nämlich derjenigen des Reichsstifts Gandersheim.[11] Eingenommen wird eine personengeschichtliche Perspektive, es geht um Individuen in ihrer strukturellen Einbettung. Zeitlich richtet sich der Blick auf das 14. Jahrhundert, dessen erste Hälfte in diesem Zusammenhang eine Übergangsperiode darstellt – die folgenden Beobachtungen legen dies zumindest nahe. Freiheit als ein Merkmal von Urbanität spielte für die Eigenleute des ehemaligen ottonischen Hausstifts, zu denen auch die Liten (Laten) gehörten,[12] vor allem in zweierlei Hinsicht eine wichtige Rolle:

8 Vgl. z. B. Volker HENN: „Stadtluft macht frei"? Beobachtungen an westfälischen Quellen des 12. bis 14. Jahrhunderts, in: Gerhard KÖHN (Hrsg.): Soest. Stadt – Territorium – Reich. Festschrift zum 100jährigen Bestehen des Vereins für Geschichte und Heimatpflege Soest (Soester Zeitschrift 92/93 [1980/81]; Soester Beiträge, 41), Soest 1981, S. 181-213; Felicitas SCHMIEDER: *Civibus de Frankinfort ... concedimus libertatem ut numquam aliquem vestrum cogamus*. Machte mittelalterliche Stadtluft die Menschen frei?, in: Kurt ANDERMANN/Gabriel ZEILINGER (Hrsg.): Freiheit und Unfreiheit. Mittelalterliche und frühneuzeitliche Facetten eines zeitlosen Problems (Kraichtaler Kolloquien, 7), Epfendorf 2010, S. 115-135; Franz IRSIGLER: Luft macht frei – Wie frei macht Stadtluft?, in: Lukas CLEMENS/Sigrid HIRBODIAN (Hrsg.): Christliches und jüdisches Europa im Mittelalter. Kolloquium zu Ehren von Alfred Haverkamp, Trier 2011, S. 9-26.

9 Gabriel ZEILINGER: Grenzen der Freiheit. Stadtherrschaft und Gemeinde in spätmittelalterlichen Städten Südwestdeutschlands, in: ANDERMANN/ZEILINGER (Hrsg.): Freiheit (wie Anm. 8), S. 137-152.

10 Vgl. z. B. Franz IRSIGLER: Was machte eine mittelalterliche Siedlung zur Stadt?, in: Volker HENN u. a. (Hrsg.): Miscellanea Franz Irsigler. Festgabe zum 65. Geburtstag, Trier 2006, S. 469-486 [zuerst 2003], hier S. 486: „Es mußte vieles zusammenkommen, aber letztlich war es vielleicht doch die Freiheit der Bürger, die mittelalterliche Siedlungen zu Städten gemacht hat." Mit Blick auf kleinstädtische Verhältnisse resümiert ZEILINGER: Grenzen (wie Anm. 9), S. 152 in vorsichtigerem Ton: „Die Chance, in der verbliebenen städtischen Unfreiheit Nischen der Freiheit zu finden und diese vielleicht auszubauen, war sehr wohl gegeben." Vgl. auch allgemein Knut SCHULZ: „Denn sie liebten die Freiheit so sehr ..." Kommunale Aufstände und Entstehung des europäischen Bürgertums im Hochmittelalter, Darmstadt 1992; zum Verhältnis von Kommunalismus und Freiheit Peter BLICKLE: Kommunalismus. Skizzen einer gesellschaftlichen Organisationsform, 2 Bde., München 2000, bes. Bd. 1, S. 116-128 und Bd. 2, S. 379-381.

11 Zum Stift Gandersheim vgl. allgemein GOETTING: Kanonissenstift (wie Anm. 1).

12 Den Liten kam ursprünglich als Halbfreien eine eigene rechtliche Qualität zu, im spätmittelalterlichen Nordwestdeutschland waren sie jedoch rechtlich wie sozial nur schwer von anderen grund-

Zum einen gelangte in der ersten Hälfte des 14. Jahrhunderts die städtische Gemeindebildung in Gandersheim zum Abschluss, zum anderen wanderten Gandersheimer Eigenleute in Städte ab, insbesondere nach Braunschweig. Für beide Aspekte sei je eine Person exemplarisch in den Mittelpunkt gestellt.

I.

Eine wichtige, wenngleich späte Wegmarke in der Entwicklung von der in Gandersheim ansässigen ‚familia' des Stifts zur städtischen Gemeinde fällt in das Jahr 1329, als der Gandersheimer Rat der Äbtissin und dem Kapitel für 100 Silbermark Baulebe und Bedemund, also die Todfall- und die Heiratsabgaben aller neu zugezogenen Bürger abkaufte. Zugleich verpflichtete sich der Rat, in Zukunft niemanden als Bürger anzunehmen, der nicht zuvor das Stift abgefunden habe. Der Wegzug aus dem Ort stehe hingegen jedermann frei.[13] Welche Bedeutung beide Vertragsparteien dieser von der Äbtissin Sophie mit Zustimmung des Kapitels am 24. Februar 1329 ausgestellten Urkunde beimaßen, mag der Umstand erweisen, dass sie gemeinsam Herzog Otto den Strengen von Braunschweig-Lüneburg, den Vogt des Stifts, um ein Transsumpt baten – ein Anliegen, dem der Welfe mit einer Urkunde vom 22. Mai 1329 nachkam.[14] Als Äbtissin Sophie knapp ein Jahr darauf ihren Liten Johannes Rotgeri mit dem eingangs angeführten Mandat aus seinen Verpflichtungen entließ, bezog sie sich anscheinend auf ihre Urkunde von 1329 und die darin gewährte „Freiheit" – ein Begriff, der dort zwar noch keine Verwendung gefunden hatte, der aber offenbar als zusammenfassendes Signet tauglich erschien.[15]

Doch wie war es um diese Freiheit bestellt? Die Gemeindebildung muss vor 1329 weit vorangeschritten gewesen sein, da in der Urkunde dieses Jahres schon der Rat er-

herrschaftlichen Eigenleuten zu unterscheiden, siehe Dieter HÄGERMANN/Andreas HEDWIG: Art. „Liten", in: Lexikon des Mittelalters, Bd. 5, München/Zürich 1991, Sp. 2016f.

13 StAWo, 41 Urk (Stadt Gandersheim), Nr. 2. – Zu den Begriffen Baulebe und Bedemund vgl. Karl SCHILLER/August LÜBBEN: Mittelniederdeutsches Wörterbuch, Bd. 1, Bremen 1875, S. 166 s. v. „bedde-, bedemunt" und S. 448 s. v. „bulebe, bulevinge"; Deutsches Rechtswörterbuch, Bd. 1, bearb. von Richard SCHRÖDER und Eberhard Frhr. von KÜNSSBERG, Sp. 1297 s. v. „Baulebe" und Sp. 1343f. s. v. „Bedemund".

14 StAWo, 41 Urk (Stadt Gandersheim), Nr. 3. – Zur Stiftsvogtei zusammenfassend Caspar EHLERS: Art. „Gandersheim, Bad", in: Die deutschen Königspfalzen. Repertorium der Pfalzen, Königshöfe und übrigen Aufenthaltsorte der Könige im deutschen Reich des Mittelalters, Bd. 4: Niedersachsen, Lieferung 3, Göttingen 2001, S. 247-333, hier S. 322; außerdem GOETTING: Kanonissenstift (wie Anm. 1), S. 231-235.

15 StAWo, 41 Urk (Stadt Gandersheim), Nr. 4. – Abweichend von der hier in Erwägung gezogenen Interpretation geht Hans GOETTING: Die Anfänge der Stadt Gandersheim. Wik, *mercatus* und *forum* als Stufen der frühstädtischen Entwicklung, in: Blätter für deutsche Landesgeschichte 89 (1952), S. 39-55, hier S. 54 davon aus, dass sich die *libertas* auf eine weitere, heute verlorene Urkunde („Freiheitsbrief") beziehe. Vgl. auch DERS.: Kanonissenstift (wie Anm. 1), S. 105. – Als die Gandersheimer Äbtissin Jutta 1334 den Liten Hermann Vrouden aus seinen Verpflichtungen entließ, fand der Begriff *libertas* keine Anwendung; der Text des überlieferten Mandats ist freilich noch kürzer gehalten als vier Jahre zuvor, StAWo, 41 Urk (Stadt Gandersheim), Nr. 5.

wähnt ist.[16] Der Ort wird bei dieser Gelegenheit zwar nur Weichbild (*wikbelte*) genannt, doch 1334 findet sich auch die Bezeichnung als *opidum*, dem nun die Anlage von Befestigungen auf Stiftsgrund erlaubt wurde.[17] Mit demselben Ausdruck konnte Gandersheim freilich bereits im frühen 11. Jahrhundert belegt werden,[18] und 1153 begegnet es sogar als *civitas*.[19] Die Begrifflichkeit spiegelt die Stadt- und vor allem die Gemeindebildung nur unzureichend wider.

Wahrscheinlich entstand in Gandersheim in unmittelbarer Anlehnung an den Stiftsbezirk vergleichsweise früh ein Marktort, jedenfalls wurde der Äbtissin 990 das Markt-, Zoll- und Münzrecht verliehen.[20] Rund zwei Jahrhunderte später informiert uns das sogenannte Gandersheimer Vogtweistum von 1188 über die divergierenden Rechtsverhältnisse von *litones* und *forenses homines*. Unterschieden werden offenbar *mercatores* von *personis ecclesiasticis*, beide Gruppen gehörten getrennten Rechtskreisen an: den privilegierten, gegebenenfalls am Ort ansässigen Kaufleuten zum einen, der hofrechtlich gebundenen ‚familia' des Stifts zum anderen. Nur hinsichtlich des Marktverkehrs, nicht als Personen (*ratione mercationis, non ratione persone*) unterlagen sie sämtlich dem Marktrecht.[21] Nichts zu spüren ist zu diesem Zeitpunkt von einer diese Rechtskreise übergreifenden Gemeindebildung. Diese muss wesentlich ins 13. oder gar erst ins beginnende 14. Jahrhundert gesetzt werden, ohne dass die entsprechenden Prozesse durch Quellen näher belegt wären. Es ist bemerkenswert, dass die kaufmännische Wurzel des Ortes in der folgenden Zeit kaum mehr aufscheint. Als soziale wie rechtliche Basis tritt uns im 14. Jahrhundert allein die ‚familia' des Stifts entgegen, und als Handelsort war das spätmittelalterliche Gandersheim nur noch von geringer Be-

16 StAWo, 41 Urk (Stadt Gandersheim), Nr. 2.

17 StAWo, 6 Urk (Reichsstift Gandersheim), Nr. 137 (Transsumpt der Urk. vom 4. April 1334, ausgestellt am 25. Juni 1454 durch Gerhard Rotberg (*Rotberch/Rothbergh*), den Generaloffizial der Hildesheimer Kurie, in zwei Exemplaren); gedruckt bei Johann C. HARENBERG: Historia ecclesiæ Gandershemensis cathedralis ac collegiatæ diplomatica, Hannover 1734, S. 824f.

18 Urkundenbuch des Hochstifts Hildesheim und seiner Bischöfe, Teil 1, bearb. von K[arl] JANICKE (Publicationen aus den K. Preußischen Staatsarchiven, 65), Hannover/Leipzig 1896 [ND Osnabrück 1965], Nr. 60, S. 54 (nach 1013).

19 Urkundenbuch des Hochstifts Hildesheim (wie Anm. 18), Nr. 282, S. 267.

20 DO III 66 – Die Urkunden der deutschen Könige und Kaiser, Bd. 2,2: Die Urkunden Otto des III. [sic!], hrsg. von Theodor SICKEL (MGH Diplomata, 2,2), 2., unveränd. Aufl., Berlin 1957, Nr. 66, S. 473f. Zur frühen Entwicklung des Ortes vgl. zusammenfassend KUPER: Gandersheim (wie Anm. 2), S. 509-512 und EHLERS: Gandersheim (wie Anm. 14), bes. S. 257f.; vor allem bei Letzterem auch zur Kritik der von GOETTING: Anfänge (wie Anm. 15) vertretenen Ansicht, eine möglicherweise sogar vorstiftische Fernhändlersiedlung (Kaufmannswik) habe den ältesten Kern des Ortes gebildet. – Auf die spätere Residenzfunktion konzentrieren sich Christof RÖMER: Gandersheim als landesherrliche Residenzstadt, in: Harz-Zeitschrift 34 (1982), S. 1-15; Michael SCHOLZ: Reichsfreies Stift und herzogliche Landstadt. Gandersheim als weltliche und geistliche Residenz im Mittelalter und in der Frühen Neuzeit, in: Harz-Zeitschrift 50/51 (1998/99), S. 59-81.

21 Druck bei Gerhard KALLEN: Das Gandersheimer Vogtweistum von 1188, in: DERS.: Probleme der Rechtsordnung in Geschichte und Theorie. Zehn ausgewählte Aufsätze, Köln/Graz 1965, S. 74-99 [zuerst 1927], hier S. 98f. Vgl. ebd., bes. S. 95-97.

deutung.[22] Fast hat es den Anschein, als ob die Formierung der städtischen Gemeinde einher gegangen wäre mit einem ökonomischen Bedeutungsverlust. Die Freiheitsverleihung erscheint dabei als letzte Stufe der städtischen Gemeindeentwicklung, nicht jedoch als Emanzipation von der Herrschaft. Zu bedenken ist auch, dass es 1329 nur noch um die Beseitigung der letzten Relikte leibherrlicher Abhängigkeit ging. Freiheits*erlangung* war ein langwieriger Prozess,[23] was nicht darüber hinwegtäuschen darf, dass der punktuelle Vorgang der Freiheits*verleihung* von herausgehobener symbolischer Wirkung sein konnte. Der Gandersheimer Rat ließ sich jedenfalls das entsprechende Privileg durchaus etwas kosten.

Die hier nur angedeutete Entwicklung der Gemeinde als rechtlich-politischer Verband muss weitgehend abgeschlossen gewesen sein, als Johannes Rotgeri 1330 seiner leibherrlichen Abgaben ledig wurde. Zwar fehlen uns weitere Quellen, die uns darüber hinaus unmittelbaren Aufschluss über seine Person geben könnten, doch wenigstens über spätere Träger des Namens lassen sich einzelne Aussagen treffen. So nennt eine Urkunde des Jahres 1364 einen *Thile Rotgheres* unter den Angehörigen des sitzenden Gandersheimer Rates,[24] 1427 gehörte ein *Herman Rotchers* dem alten Rat an.[25] Dieser dürfte mit jenem *Hermen Rotghers* identisch sein, der in Gandersheimer Abgabenverzeichnissen aus den Jahren 1417 und 1420 mit den im Vergleich zu anderen Bürgern nicht unerheblichen Beträgen von 34 Schillingen bzw. 3 Gulden und 5 Schillingen erscheint. In diesen Listen sind daneben Albert, Tile und Hans Rotg(h)er(s) aufgeführt.[26] Außerdem scheint im 14. Jahrhundert zwei Angehörigen der Familie der Eintritt in das Gandersheimer Stiftskapitel gelungen zu sein: Johannes Rotgeri/Rotger(s) (tot 1411) besaß sein Kanonikat spätestens seit 1368, wahrscheinlich schon 1361, da er in diesem Jahr Pleban an der dem Stift inkorporierten Gandersheimer Pfarrkirche St. Georg war.[27] Seit 1396 wird Hermann Rotgeri/Rotger(s) (tot 1422) als Kanoniker erwähnt.[28] Zwar lassen sich die Verwandtschaftsverhältnisse zu dem 1330 genannten Johannes

22 1416 verlieh der Braunschweiger Herzog Otto Cocles der Stadt drei jährliche Märkte, StAWo, 41 Urk (Stadt Gandersheim), Nr. 20. Zum Handel im spätmittelalterlichen Gandersheim vgl. die kurzen Bemerkungen bei KUPER: Gandersheim (wie Anm. 2), S. 529.

23 Vgl. SCHULZ: Familia (wie Anm. 7), bes. S. 462.

24 StAWo, 6 Urk (Reichsstift Gandersheim), Nr. 196. Vgl. KUPER: Gandersheim (wie Anm. 2), S. 524.

25 StAWo, 41 Urk (Stadt Gandersheim), Nr. 26. – Die Unterscheidung von neuem (sitzendem) und altem Rat ist in Gandersheim seit 1335 nachweisbar, StAWo, 41 Urk (Stadt Gandersheim), Nr. 6; vgl. KUPER: Gandersheim (wie Anm. 2), S. 521.

26 StAWo, 17 N (Stadt Bad Gandersheim), Nr. 615 – zu 1417: fol. 1r (*Ailbertus Rotghers*, ½ mr); fol. 1v (*Hermen Rotghers*, 34 ß); fol. 3r (*Tile Rothgers*, 1 mr 10 ß) – zu 1420: fol. 5r (*Ailbertus Rotger*, 19 ß); fol. 5v (*Hermen Rotghers*, 3 fl 5 ß); fol. 7r (*Hans Rotghe*[r]*s*, 14½ ß; *Tile Rotger*, 1 mr 1 fl [?]). Art und Anlass der Abgabenerhebung sind in den Verzeichnissen nicht genannt. – Zu Gandersheimer Bürgern mit dem Namen Röt(t)ger ab dem 16. Jh. vgl. Kurt KRONENBERG: Häuserchronik der Stadt Bad Gandersheim (Veröffentlichungen der Historischen Kommission für Niedersachsen und Bremen, XXXIV, 10), Hildesheim 1983, passim (siehe S. 538f., Namenverzeichnis s.v. „Röttger“).

27 GOETTING: Kanonissenstift (wie Anm. 1), S. 405; zur Pfarrkirche St. Georg ebd., S. 284f.

28 Ebd., S. 406. Ein weiterer Johannes Rotgher(s), erwähnt zwischen 1469 und 1508, könnte Vikar am Stift gewesen sein, ebd., S. 496f.

Rotgeri nicht im Einzelnen belegen, doch spricht der Kontext dafür, dass wir es mit einer Gandersheimer Familie zu tun haben, die in der zweiten Hälfte des 14. und in der ersten Hälfte des 15. Jahrhunderts zur sozialen Führungsgruppe der Gemeinde zählte, Ratspositionen besetzte und zudem die freilich nicht allzu enge personelle Verflechtung zwischen Stift und Stadt repräsentierte.[29] Auch wenn das Profil blass bleibt – zumal über ökonomische Aktivitäten nichts in Erfahrung zu bringen ist –, lassen die rudimentären Informationen doch die Annahme eines generationenübergreifenden sozialen Aufstiegs plausibel erscheinen.

Offen bleiben muss, ob verwandtschaftliche Verbindungen zu den Trägern des Namens Rotgeri (Rotgers, Rotchers u. ä.) bestehen, die im frühen 14. Jahrhundert in Braunschweiger Quellen auftauchen. Beispielsweise erscheint ein *Conrad Rotcherez* als Kläger in den zwischen etwa 1320 und 1345 anzusetzenden Einträgen des Verfestungsregisters der Braunschweiger Neustadt.[30] Er dürfte identisch sein mit jenem *Conradus Rotgheri*, der zwischen 1323 und 1336 als Angehöriger des Neustädter Rates nachweisbar ist.[31] *Conred Rotchers* fand seine Frau Grete sowie deren Sohn Herdeke (aus einer früheren Ehe?) 1336 für den Fall seines Todes mit 80 Mark ab.[32] 1329 wurde festgelegt, dass eine neugestiftete Altarpfründe an St. Blasius erstmals an Eggeling, den Sohn des Konrad Rotgeri, zu verleihen sei.[33] Ab 1341 fungierte ein Konrad Rotgeri als Provisor des vor Braunschweig gelegenen Kreuzklosters.[34] Seine beiden Töchter Elisabeth und Alheyd waren dort Konventualinnen,[35] Alheyd (Aleke) war 1386 Kämmerin des Klosters.[36] Ihr Vater besaß ein Haus bei der Martinikirche in der Altstadt.[37]

Personen, die derselben Familie angehört haben könnten (aber nicht müssen), treten in Braunschweig in der ersten Hälfte des 14. Jahrhunderts noch häufiger in Er-

29 Zu den Beziehungen zwischen Stift und Kleinstadt siehe exemplarisch – wenn auch mit Gandersheim nur bedingt vergleichbar – Monika ESCHER-APSNER: Stadt und Stift. Studien zur Geschichte Münstermaifelds im hohen und späteren Mittelalter (Trierer Historische Forschungen, 53), Trier 2004.

30 UB Braunschweig, Bd. 2, Nr. 874, S. 513.

31 Ebd., Bd. 3, Nr. 79, S. 65 (1323); Bd. 1, Nr. XXVI, S. 34; Bd. 3, Nr. 129, S. 97; Nr. 145f., S. 116f.; Nr. 148, S. 118; Nr. 150f., S. 119f.; Nr. 154f., S. 122 (1325); Nr. 198, S. 151; Nr. 213f., S. 159f. (1327); Nr. 363, S. 274; Nr. [366], S. 275 (1332); Nr. 472, S. 350; Nr. 476, S. 352 und 354 (1335); Nr. 492, S. 372 (1336). Vgl. auch Werner SPIESS: Die Ratsherren der Hansestadt Braunschweig 1231-1671 (Braunschweiger Werkstücke, 42 = A 5), 2., durch eine Ratslinie vermehrte Aufl., Braunschweig 1970, S. 189. – *Conradus Rutcheri* erscheint 1329 als Urkundenzeuge, UB Braunschweig, Bd. 3, Nr. 261, S. 198.

32 Ebd., Bd. 3, Nr. 486, S. 358. Vgl. auch ebd., Nr. 615, S. 495f.

33 Ebd., Nr. 257, S. 194f. Vgl. auch ebd., Nr. 377, S. 282.

34 Ebd., Bd. 4, Nr. 21, S. 26 (1341); Nr. 137, S. 144 (1344); Nr. 193, S. 197 (1345); Nr. 253, S. 262 (1347); Bd. 5, Nr. 79, S. 107 (1352).

35 1366 verschrieben sie dem Konvent 80 Mark in der Lüneburger Saline gegen ein Leibgeding von jährlich 4 Mark, ebd., Bd. 6, Nr. 320, S. 393f. Schon 1355 werden *Conredes döchtere Rotgheres* als Klosterfrauen im Kreuzkloster bezeichnet, ebd., Bd. 5, Nr. 160h, S. 208.

36 Ebd., Bd. 7, Nr. 978m, S. 856; so auch 1387: ebd., Nr. 1152, S. 987.

37 Ebd., Bd. 5, Nr. 160h, S. 208; Bd. 7, Nr. 978m, S. 856.

scheinung,[38] doch es sei nochmals betont: Ob ein Verwandtschaftsverhältnis zu jenem Johannes Rotgeri bestand, der 1330 in Gandersheim den Status eines Liten ablegte, ist nicht zu entscheiden. Ein Indiz aber gibt es in dieser Sache immerhin für eine Verbindung zwischen Braunschweig und Gandersheim: 1334 gehörte Berte, eine Tochter der im Braunschweiger Sack ansässigen *Ghese Rotgheres*, dem Benediktinerinnenkonvent in Brunshausen an, einem Gandersheimer Eigenkloster.[39] Ihre Mutter dürfte mit jener Gese identisch sein, die als Witwe des Heyne Rotgers 1341 in Braunschweig eine Rente kaufte, auf die den Brüdern Konrad Rotgers und Rotger Rotgers teilweise eine Anwartschaft zukommen sollte.[40] Gänzlich auszuschließen ist es daher nicht, dass sich hier auch ein ortsübergreifender sozialer Aufstieg abzeichnet.

Dass es Gandersheimer gab, die nach Braunschweig abwanderten, legt generell der Umstand nahe, dass dort Personen mit dem Namensbestandteil „von Gandersheim" (*van Gandersem* o. ä.) begegnen: So sind um 1320/30 in der Neustadt die Bürger *Henricus de Ganderssum* und *Conrat van Ganderssem* nachweisbar.[41] Auch in anderen Städten ist für das 14. Jahrhundert ein Zuzug aus Gandersheim zu belegen oder wenigstens wahr-

38 Ein *Thidericus Rotgheri* erscheint bereits 1312 in einer Braunschweiger Quelle, ebd., Bd. 2, Nr. 689, S. 380; vgl. auch ebd., Nr. 872, S. 507. In demselben Jahr (1312) wird ein Angehöriger des Neustädter Rates namens *Rotgher* erwähnt, ebd., Nr. 705, S. 388; vgl. auch ebd., Nr. 662, S. 357. *Fredericus Rotcheri* gehörte 1318 zu den Braunschweiger *burgenses*, die Lehen des welfischen Herzogs Otto innehatten, ebd., Nr. 842, S. 481; *Fridericus Rotgheri* wird 1336 unter den *Consules et burgenses* der Neustadt (als Zeuge) genannt, ebd., Bd. 3, Nr. 509, S. 380, vgl. SPIESS: Ratsherren (wie Anm. 31), S. 189. *Fredericus Rotgheri* zählte 1344 zu den Lehnsträgern der Braunschweiger Herzöge Magnus und Ernst, UB Braunschweig, Bd. 4, Nr. 138, S. 149. Vgl. auch ebd., Bd. 4, Nr. 177, S. 187 ([...] *Fricken Rothghers* [...], betrifft Vollendung der Kapelle Herzog Ottos zu St. Blasien, 1345). Thile Rotcheres war 1325 Meister der Lakenmacher in der Neustadt, ebd., Bd. 3, Nr. 125, S. 94. Ansässig war er in der Neustadt *uppe deme Nickerkolk*, ebd., Bd. 3, Nr. 615, S. 496 (1340); vgl. auch ebd., Bd. 4, Nr. 355, S. 359 (1350).

39 Ebd., Bd. 3, Nr. 427, S. 318. – Berte Rothgers lebte noch 1378 als Konventualin in Brunshausen, ebd., Bd. 7, Nr. 179e, S. 180. Vgl. Hans GOETTING: Das Benediktiner(innen)kloster Brunshausen, das Benediktinerinnenkloster St. Marien vor Gandersheim, das Benediktinerkloster Clus, das Franziskanerkloster Gandersheim (Germania Sacra, N. F. 8; Das Bistum Hildesheim, 2), Berlin/New York 1974, S. 69.

40 UB Braunschweig, Bd. 4, Nr. 34f., S. 36f. Vgl. auch ebd., Nr. 151, S. 154. – Johann van Rintelen († 1376), Pfarrer an der Braunschweiger Petrikirche, setzte in seinem Testament neben anderen *vruwen Ghesen Rotgheres* ein Jahrgedächtnis aus, ebd., Bd. 7, Nr. 94, S. 91. – *Rotgher, Conredes broder Rotgheres*, wird auch 1338 erwähnt, ebd., Bd. 3, Nr. 549, S. 413.

41 Ebd., Bd. 2, Nr. 872, S. 509; Nr. 873, S. 512. Vgl. auch Winfried SCHARF: Personennamen nach Braunschweiger Quellen des 14. Jahrhunderts. Die Neubürger-, Verfestungs- und Vehmgerichtslisten bis zum Jahre 1402, 2 Bde., Diss. phil. Freiburg 1960 (masch.), hier Bd. 2, S. 90f. – Die entsprechenden Namensträger des 13. Jahrhunderts – insbesondere Ratsangehörige – könnten hingegen ministerialischer Herkunft gewesen sein. Zur Ratsfamilie van Gandersem siehe SPIESS: Ratsherren (wie Anm. 31), S. 110. Zu Ministerialen, die sich „von Gandersheim" nannten, vgl. auch die kursorische Zusammenstellung bei A[dolf] MÜHE: Geschichte der Stadt Bad Gandersheim, Bad Gandersheim 1936, S. 22-25.

scheinlich zu machen, so in Göttingen, Hannover, Northeim, Lüneburg und eventuell Hildesheim.[42]

II.

Bei diesen Gandersheimer Zuwanderern dürfte es sich wenigstens teilweise um Eigenleute des Stifts gehandelt haben. Die Bedingungen und Folgen ihres Wegzugs sind in aller Regel nicht näher bestimmbar. Umso wertvoller sind mehrere Schriftstücke, die im Gandersheimer Stiftsarchiv überliefert sind und die es ermöglichen, einen einzelnen Stadtbürger litischer Herkunft in den Blick zu nehmen, wie fragmentarisch das gebotene Bild auch sein mag. Es handelt sich um drei Aktenstücke aus dem Jahr 1356, entstanden im Verlauf eines Prozesses, den Äbtissin und Kapitel des Stifts Gandersheim gegen den Braunschweiger Bürger Heinrich von Sottmar anstrengten, weil dieser ihnen als Lite verpflichtet sei.[43]

Der Ablauf des Prozesses, mit dem sich vor mehr als einem halben Jahrhundert bereits Hans Goetting befasst hat,[44] sei hier knapp skizziert, soweit die Quellen darüber Aufschluss geben. Die Äbtissin Jutta und das Gandersheimer Kapitel hatten sich zur Rückforderung ihres Liten nicht an den Braunschweiger Rat oder an das stadtherrliche Gericht gewandt, auch nicht an das bischöfliche Gericht, sondern an die päpstliche Kurie, schließlich war das Stift exemt.[45] Von dort aus war das Verfahren an den Dekan von St. Alexandri in Einbeck delegiert worden, der wiederum Heinrich, den Dekan des Kollegiatstifts St. Marien vor Einbeck, zum subdelegierten Richter bestellt

42 Göttingen: KELTERBORN (Bearb.): Bürgeraufnahmen (wie Anm. 5), S. 17 (1358), 18 (1359), 19 (1359), 27 (1375), 28 (1376). – Hannover: LEONHARDT (Bearb.): Bürgerbuch (wie Anm. 5), S. 28 (1346), 53 (1376), 62 (1391). – Northeim: Paul GROTE (Bearb.): Northeimer Neubürgerbuch von 1338 bis 1548, [Northeim 1927], S. 6, 7, 10 (1338), 13 (1347), 17 (1365), 19 (1380). – Lüneburg: REINECKE (Bearb.): Stadtbuch (wie Anm. 5), S. 242 (1383), 248 (1386), 258 (1391). – Hildesheim: Urkundenbuch der Stadt Hildesheim, Teil 1, bearb. von Richard DOEBNER, Hildesheim 1881 [ND Aalen 1980], Nr. 660, S. 366; Nr. 691, S. 382 (*Bertoldus de Gandersem*, Ratsherr in der Dammstadt, † 1317, der allerdings ministerialischer Herkunft gewesen sein könnte).

43 StAWo, 6 Urk (Reichsstift Gandersheim), Nr. 176-178. Die Stücke sind gedruckt in: UB Braunschweig, Bd. 5, Nr. 273f., S. 321-325; Nr. 281, S. 327-329 (danach im Folgenden zitiert). Vgl. dazu Hans GOETTING: Zum Rechtsproblem der entlaufenen Liten. Ein Rückforderungsprozeß des Stifts Gandersheim gegen einen Braunschweiger Bürger im Jahre 1356, in: Braunschweigisches Jahrbuch 32 (1951), S. 105-112. Zu den damals noch ungedruckten Vorlagen ist eine deutsche Übersetzung veröffentlicht in: Ernst PITZ (Hrsg.): Lust an der Geschichte: Leben im Mittelalter. Eine Lesebuch (Serie Piper, 1166), München/Zürich 1990, S. 426-431.

44 GOETTING: Rechtsproblem (wie Anm. 43), bes. S. 108-111; ergänzende Bemerkungen bei PITZ: Lust an der Geschichte (wie Anm. 43), S. 424f. Einen Überblick zum Ablauf des kanonischen Zivilprozesses gibt Willibald M. PLÖCHL: Geschichte des Kirchenrechts, Bd. 2: Das Kirchenrecht der abendländischen Christenheit 1055 bis 1517, 2., erw. Aufl., Wien/München 1962, S. 355-359. Vgl. weiterhin Hans Jörg BUDISCHIN: Der gelehrte Zivilprozeß in der Praxis geistlicher Gerichte des 13. und 14. Jahrhunderts im deutschen Raum (Bonner Rechtswissenschaftliche Abhandlungen, 103), Bonn 1974; Jörg MÜLLER-VOLBEHR: Die geistlichen Gerichte in den Braunschweig-Wolfenbüttelschen Landen (Göttinger Studien zur Rechtsgeschichte, 3), Göttingen u. a. 1973.

45 Zur Äbtissin Jutta von Schwalenberg (1331-1357) siehe GOETTING: Kanonissenstift (wie Anm. 1), S. 315f., zur Exemtion des Stifts ebd., S. 98-102.

hatte.[46] Dieser publizierte am 2. November 1356 die einige Tage zuvor, am 27. Oktober, erfolgte Klageerhebung samt den Positionen des Klägers und den Responsien des Beklagten. Demnach war Heinrich von Sottmar (*Henricus de Sotterum*) in der Braunschweiger Magnikirche vor den beiden dazu verordneten Kommissaren Werner von Ludolvessen, Pfarrer in Sebexen, und Bruno von Erfurt, Vikar am Blasiusstift zu Braunschweig, mit elf Fragen konfrontiert worden. Diese betrafen die Herkunft und Verwandtschaft des Beklagten sowie die daraus folgenden Ansprüche des Stifts, insbesondere die Todfallabgaben, angefangen mit der Behauptung, der Braunschweiger *oppidanus* Heinrich von Sottmar sei ein Lite der Gandersheimer Kirche (*est lito ecclesie Gandersemensis*). Obwohl das geistliche Prozessrecht eine eindeutige Entgegnung forderte, hatte der Beklagte meist ausweichend geantwortet: *Non recordatur*, oder: *Dicit se nescire*, nur zuweilen mit der notwendigen Klarheit: *Non credit.*[47] Der Prokurator des Stifts verlangte daraufhin eine erneute Befragung, wofür eine Frist bis zum 25. November gesetzt wurde. Der subdelegierte Richter, der Einbecker Dekan Heinrich, beauftragte daher mit einem ebenfalls am 2. November aufgesetzten Schreiben Hermann Advocatisse, Kanoniker am Blasiusstift,[48] und den bereits genannten Werner von Ludolvessen, den Beklagten erneut zu befragen und anschließend hinsichtlich der verneinten Punkte die vom Kläger benannten Zeugen in Braunschweig und Denkte zu vernehmen.[49] Tatsächlich holten die Kommissare bei Heinrich von Sottmar nochmals Antworten zu allen elf Positionen ein und notierten diese fast immer mit: *Non credit*, nur zweimal mit: *Ignorat*. Dass sich Heinrich von Sottmar allerdings nach wie vor nur ungern festlegen wollte, zeigt insbesondere seine Entgegnung auf die an sich eher unverdächtige Frage nach seiner Tante Grete, die unverheiratet geblieben sei: *Non credit, set nescit*. Als die Kommissare jedoch am 1. Dezember in das Dorf Denkte kamen, um dort in der Kirche die Zeugen zu verhören, mussten sie feststellen, dass diese zwar nach eigenem Bekunden zur Aussage bereit waren, den für den Pro-

46 Der Dekan des Stifts St. Alexandri in Einbeck fungierte im Spätmittelalter häufiger als delegierter päpstlicher Richter, mehrmals auch in Auseinandersetzungen des Stifts Gandersheim, vgl. Wolfgang PETKE: Von der *ecclesia Embicensis* zum evangelischen Mannsstift: Das Stift St. Alexandri in Einbeck, in: Jahrbuch der Gesellschaft für niedersächsische Kirchengeschichte 98 (2000), S. 55-88, hier S. 74-77. Dekan war im Jahr 1356 Lippold von Elverdissen (nachweisbar zwischen 1353 und 1377), H[einrich] L[udolph] HARLAND: Geschichte der Stadt Einbeck, Bd. 1, Einbeck [1854] [ND Hannover-Döhren 1979], S. 107. – Zum Stift St. Marien vgl. Edgar MÜLLER: Das Marienstift vor Einbeck, in: Jahrbuch der Gesellschaft für niedersächsische Kirchengeschichte 98 (2000), S. 89-106; dessen Dekan wird in den Quellen zum Prozess von 1356 Heinrich genannt, möglicherweise jener „Henricus Rotundi", der laut HARLAND: Geschichte (wie Anm. 46), S. 144 im Jahr 1335 als Dekan belegt ist (für 1358 wird dort Konrad von Nesselreden als Dekan aufgeführt).

47 UB Braunschweig, Bd. 5, Nr. 273, S. 321-323. Zu den nach Litiskontestation und Kalumnieneid zu bildenden Positionen siehe BUDISCHIN: Zivilprozeß (wie Anm. 44), S. 169-176.

48 Zu Magister Hermann von Göttingen („Advocatisse") vgl. den kurzen Eintrag bei Ernst DÖLL: Die Kollegiatstifte St. Blasius und St. Cyriacus zu Braunschweig (Braunschweiger Werkstücke, 36), Braunschweig 1967, S. 305; außerdem GOETTING: Rechtsproblem (wie Anm. 43), S. 111, Anm. 31.

49 UB Braunschweig, Bd. 5, Nr. 274, S. 324f.

zessfortgang unabdingbaren Zeugeneid aber verweigerten.[50] Der Schwierigkeit, den Prozess ordnungsgemäß weiterzuführen, wurden die Beteiligten freilich alsbald enthoben: Der erneuten Ladung vor das Gericht leistete Heinrich von Sottmar keine Folge, so dass er für kontumaz erklärt wurde.[51] Inwieweit ein darüber hinausgehendes Urteil erging, erfahren wir aus den überlieferten Akten nicht.

Was da auf uns gekommen ist, lässt sich in Teilen als Ego-Dokument auffassen,[52] freilich als Ego-Dokument besonderer Art, in dem die Aussagen des ‚Ich' – auch aufgrund des Prozessrechts – ziemlich einsilbig ausfielen. Bezeichnend sind aber gerade die juristisch ungenügende Form dieser Antworten und der erkennbare Wunsch Heinrichs von Sottmar, eindeutige Entgegnungen zu vermeiden. Dies verleiht den Klagepunkten insgesamt inhaltliche Glaubwürdigkeit, auch wenn sich die Details der anderweitigen Überprüfung entziehen. Die Angaben, die wir so erhalten, betreffen zuvorderst die Familie. Die Erinnerung reicht – durchaus typisch für das auf Oralität beruhende genealogische Gedächtnis – zwei Generationen zurück. Die Großmutter Heinrichs von Sottmar habe Gese geheißen, ihr Mann Santgrove. Von dieser Gese stammten drei Töchter, von denen eine, Grete, unverheiratet gestorben sei. Doch auch von den beiden anderen, Hanna und Gesa, erfahren wir nicht die Namen der Ehemänner. Hanna sei die Mutter Heinrichs von Sottmar und seines Bruders Johannes genannt Buchenghest, der Sohn Gesas heiße Heinrich genannt Woldenberg der Ältere und sei ein Lite des Gandersheimer Stifts.

Der Beiname des Beklagten deutet auf die Herkunft aus dem unweit von Wolfenbüttel gelegenen Ort Sottmar, der zu dem um Groß Denkte gelegenen Gandersheimer Besitzkomplex gehörte,[53] und so lassen sich in dieser Gegend urkundlich vereinzelt

50 Der Bericht der beiden Kommissare samt der darin eingeschlossenen *cedula* mit der erneuten Befragung Heinrichs von Sottmar ist inseriert in der Urkunde des Einbecker Dekans Heinrich vom 10. Dezember 1356, UB Braunschweig, Bd. 5, Nr. 281, S. 328f. – Zum Zeugenbeweis im geistlichen Gerichtsverfahren vgl. BUDISCHIN: Zivilprozeß (wie Anm. 44), S. 188-210. Dass vom Zeugeneid nicht abgesehen werden dürfe, betont die juristische Literatur, so z. B. der Speyerer *Ordo Iudiciarius Antequam,* Otto RIEDNER: Die geistlichen Gerichtshöfe zu Speier [sic!] im Mittelalter, Bd. 2: Texte (Görres-Gesellschaft zur Pflege der Wissenschaft im katholischen Deutschland – Veröffentlichungen der Sektion für Rechts- und Sozialwissenschaft, 26), Paderborn 1915, Nr. 1, § 63, S. 35: *Item notandum, quod testes debent iurare; non enim creditur testibus nisi iuratis.*

51 UB Braunschweig, Bd. 5, Nr. 281, S. 329. – Zur *contumacia* vgl. BUDISCHIN: Zivilprozeß (wie Anm. 44), S. 41-72.

52 Zum Begriff ‚Ego-Dokument' vgl. Winfried SCHULZE: Ego-Dokumente: Annäherung an den Menschen in der Geschichte? Vorüberlegungen für die Tagung „Ego-Dokumente", in: DERS. (Hrsg.): Ego-Dokumente. Annäherung an den Menschen in der Geschichte (Selbstzeugnisse der Neuzeit, 2), Berlin 1996, S. 11-30; zu Gerichtsprotokollen auch DERS.: Zur Ergiebigkeit von Zeugenbefragungen und Verhören, in: ebd., S. 319-325.

53 Vgl. GOETTING: Kanonissenstift (wie Anm. 1), S. 262. – In Sottmar lag allerdings auch Besitz der Braunschweiger Herzöge, der zumindest teilweise an die Herren von Asseburg verliehen bzw. verpfändet war, vgl. für das 14. Jh.: Asseburger Urkundenbuch. Urkunden und Regesten zur Geschichte des Geschlechts Wolfenbüttel-Asseburg und seiner Besitzungen, Teil 2, bearb. von J[ohannes Bernhard] von BOCHOLTZ-ASSEBURG, Hannover 1887 [ND Osnabrück 1975], Nr. 796, S. 105; Nr. 1164, S. 265; Nr. 1457, S. 386. Ebenso verfügten dort Braunschweiger Bürger über Güter, die sie vom Kloster Riddagshausen erhalten hatten, UB Braunschweig, Bd. 4, Nr. 235, S. 241 und 243;

verwandtschaftliche Spuren ermitteln. Bei der Witwe Santgroven (*vidua Santgroven*), die 1307 anlässlich eines Verkaufs als Vorbesitzerin einer Hufe in Klein Denkte Erwähnung findet,[54] könnte es sich um die Großmutter Heinrichs von Sottmar handeln, jene Gese, deren Mann in den Prozessakten Santgrove genannt wird. Im Jahr 1355 erhielt Roseke Woldenberg (*Woldenberch*), ansässig in Groß Denkte, ein dort gelegenes Vorwerk vom Stift Gandersheim auf zwölf Jahre übertragen[55] – mutmaßlich ein Verwandter des Heinrich Woldenberg, des Vetters Heinrichs von Sottmar.

Stammtafel: Heinrich von Sottmar

Quellen: UB Braunschweig, Bd. 3, Nr. 440, S. 325; Nr. 460, S. 342; Bd. 4, Nr. 355, S. 359; Bd. 5, Nr. 273, S. 322 f.; Nr. 309, S. 372 f.

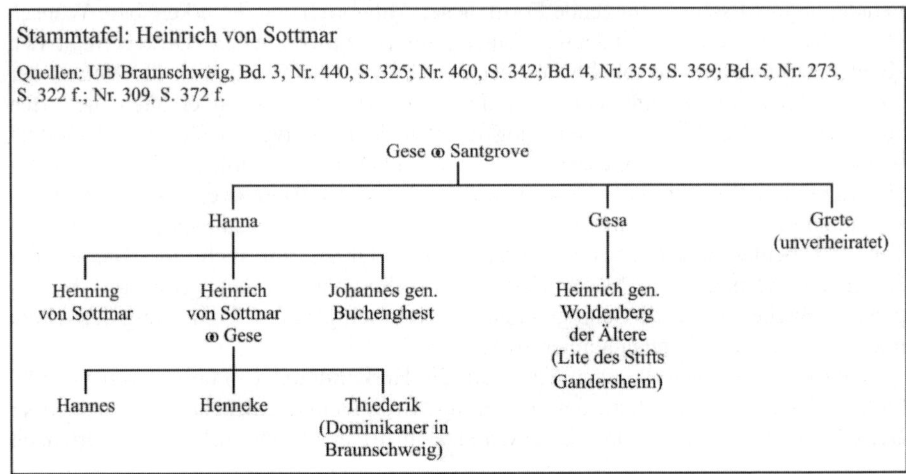

Heinrich von Sottmar könnte bereits 1334 Braunschweiger Bürger gewesen sein, denn in diesem Jahr werden ein Johannes *de Sotterem* und sein Bruder erwähnt, 1335 finden sich die Brüder Henning und Heinrich *dicti de Zotterum* in einer Zeugenreihe, und zwar mit dem Zusatz: *cives in Brunswich.*[56] Weiteren Aufschluss über die Familie gibt das Testament, das Jutte Bolte, Witwe des Hannes Bolte, am 13. Mai 1357 in Braunschweig aufsetzen ließ. Zu Nachlassverwaltern wählte sie ihre Verwandten (*vrůnt*) Lutbert von Dalum, Fricke Vrederekes sowie Hannes und Henneke *gheheten van Sotterum*. Die Testatorin vermachte *Hinreke van Sotterum* zusammen mit seiner Frau Gese zwei Mark an jährlichen Renten.[57] Aus der sieben Jahre zuvor (1350) aufge-

Nr. 304, S. 303 und 307. – Zu den verschiedenen Namensformen des Ortes in mittelalterlichen Quellen (*Sotterum* usw.) siehe Hermann KLEINAU: Geschichtliches Ortsverzeichnis von Niedersachsen, Bd. 2: Land Braunschweig (Veröffentlichungen der Historischen Kommission für Niedersachsen, 30/2), Hildesheim 1968, Teilbd. [2], S. 587 s. v. „Sottmar".

54 UB Braunschweig, Bd. 5, Nr. 539, S. 590.

55 Ebd., Nr. 204, S. 268.

56 Ebd., Bd. 3, Nr. 440, S. 325; Nr. 460, S. 342. Vgl. GOETTING: Rechtsproblem (wie Anm. 43), S. 108.

57 UB Braunschweig, Bd. 5, Nr. 309, S. 372f. – Zu den Braunschweiger Testamenten vgl. allgemein Silke WEGLAGE: Menschen und Vermächtnisse. Untersuchungen zu den Braunschweiger Bürger-

zeichneten Nachlassregelung Jutte Boltes geht hervor, dass es sich bei Hannes und Henneke um Söhne des damals noch selbst als Testamentsexekutor vorgesehenen *Henrike van Sotterum* handelt. Erwähnt ist dort zusätzlich ein weiterer Sohn, *Thiderikese*, der Mönch im Braunschweiger Dominikanerkloster war.[58] Verwandtschaftlich hatte Heinrich von Sottmar zu diesem Zeitpunkt – wenn vielleicht auch nur mittelbar und lose – Anschluss an die Führungsgruppen der Stadt gewonnen, denn Jutte Bolte war die Schwester von Fricke und Heinrich Vrederekes (Frederici), die ebenso wie ihr erster Mann, Henning von Seggerde, dem Rat des Braunschweiger Hagen angehörten.[59]

Im Übrigen treten Personen mit dem Herkunftsnamen ‚von Sottmar' während des 14. Jahrhunderts mehrmals in Braunschweiger Quellen hervor. 1357 wird das bei der Matthäuskapelle (*bi deme temepele*) im Hagen gelegene Haus des Ölschlägers Olrek *van Sotterum* erwähnt,[60] 1358 Konrad *van Zotterum* als Eigentümer eines Hauses in der Knochenhauerstraße in der Altstadt.[61] 1365 trat neben anderen ein *Ludeke van Sotterum* als Bürge einer Urfehde auf.[62] Ob es sich hierbei um Verwandte des beklagten Heinrich von Sottmar handelt, muss letztlich dahingestellt bleiben.

Auf den ersten Blick mag es verwundern, dass ein derartiger Prozess überhaupt zustande kam, denn wenn nicht alles täuscht, war Heinrich von Sottmar schon längere Zeit

testamenten des 14. Jahrhunderts (1289-1390) (Studien zur Geschichtsforschung des Mittelalters, 27), Hamburg 2011; Henning PIPER: Testament und Vergabung von Todes wegen im braunschweigischen Stadtrecht des 13. bis 17. Jahrhunderts (Braunschweiger Werkstücke, 24), Braunschweig 1960; zu den sozialgeschichtlichen Aussagemöglichkeiten von Testamenten anhand der Lübecker Überlieferung Gunnar MEYER: „Besitzende Bürger" und „elende Sieche": Lübecks Gesellschaft im Spiegel ihrer Testamente 1400-1449 (Veröffentlichungen zur Geschichte der Hansestadt Lübeck, Reihe B, 48), Lübeck 2010.

58 UB Braunschweig, Bd. 4, Nr. 355, S. 359. Kurz erwähnt bei GOETTING: Rechtsproblem (wie Anm. 43), S. 108 (allerdings tritt Heinrich von Sottmar hier nicht als „Bürge" auf, wie Goetting schreibt, und dass er bereits Enkel gehabt hätte, ist aus dem Text nicht zu erschließen).

59 Vgl. UB Braunschweig, Bd. 4, S. 711 und 728f. (Register s.v. Seggerde bzw. Frederici). – Bei jenem *Hinrich van Sotterem*, der unter den Zeugen des nicht datierten Testaments des Helmold von Wenden auftaucht, handelt es sich vermutlich nicht mehr um den hier in Frage stehenden Heinrich von Sottmar (aber vielleicht um einen Enkel?), Stadtarchiv Braunschweig, A I 1, 376a. GOETTING: Rechtsproblem (wie Anm. 43), S. 111 datiert die Quelle auf 1400, ohne dies zu begründen, als ungefähre zeitliche Einordnung ist dies gleichwohl plausibel: Ein *Helmolt van (von) Wenden* wird 1381 und 1382 genannt, UB Braunschweig, Bd. 7, Nr. 381, S. 347; Nr. 484, S. 439. In einer wohl zwischen 1387 und 1398 entstandenen Einwohnerliste der Altstadt wird gleichfalls ein *Helmold de Wenden* angeführt, ebd., Nr. 1176, S. 1005. Weitere Belege in Altstädter Quellen: ebd., Bd. 8,1, Nr. 198i, S. 207 (1390); Nr. 615t, S. 620 (1394); Nr. 1231bf, S. 1198 (1399). 1399 ist *Helmolt van Wenden* unter den Zugeschworenen der Altstadt aufgeführt, ebd., Nr. 1323, S. 1316.

60 Ebd., Bd. 5, Nr. 284ab, S. 348; zur Identifizierung der Kapelle vgl. ebd., S. 655 (Index der Personen- und Ortsnamen).

61 Ebd., Nr. 330i, S. 391.

62 Detlev HELLFAIER (Bearb.): Das 1. Gedenkbuch des Gemeinen Rates der Stadt Braunschweig 1342-1415 (1422) (Braunschweiger Werkstücke, A 26), Braunschweig 1989, S. 70; GOETTING: Rechtsproblem (wie Anm. 43), S. 111 vermutet in ihm einen Enkel oder Großneffen Heinrichs von Sottmar.

in Braunschweig ansässig – und gerade Braunschweig gilt als Beispiel dafür, dass die Rückforderung eines Abhängigen durch seinen Herrn nur binnen Jahr und Tag möglich war. So heißt es bereits im sogenannten ‚Ottonianum', der von Herzog Otto dem Kind 1227 besiegelten Aufzeichnung über das Recht der Braunschweiger Altstadt: *Swelich man to bruneswich is iar vnde dach borgere. sunder ansprake. dene ne mach neman gevorderen*[63]. Eine entsprechende Bestimmung findet sich auch in den *Jura et libertates Indaginis*, den in demselben Jahr niedergeschriebenen und durch den Herzog besiegelten Rechten des Hagen.[64] 1318 wurde dies im Huldebrief Herzog Ottos des Milden etwas näher ausgeführt: Die Braunschweiger Bürger sollten demnach *vri wesen van allerleye ansprake*. Dieses Rechtes werde fortan jeder teilhaftig, der über Jahr und Tag *ane ansprake* als Bürger in Braunschweig ansässig sei. Werde aber innerhalb dieser Frist ein Anspruch angemeldet, dann dürfe der Rat den Betreffenden *to neneme borghere hebben*, es sei denn, dieser hätte sich *mit der hercap* verglichen. Wer einen Bürger *vor lat eder vor eghen* fordern oder *ienigherleye ansprake don wolde*, der müsse dies vor das stadtherrliche Gericht bringen.[65] In den folgenden herzoglichen Huldebriefen von 1323 und 1345 wurden diese Bestimmungen wiederholt, zuletzt auch unter Einbeziehung des bis dahin noch ausgeschlossenen Weichbildes Sack.[66]

Fürstliche Privilegien waren freilich das eine, ihre Umsetzung etwas anderes. In der ersten Hälfte des 14. Jahrhunderts wurden die Braunschweiger Ratsherren mehrmals tätig, um Bürger freizukaufen, standen immer wieder Einigungen mit einzelnen – vor allem geistlichen – Leibherren an. Herzog Otto der Milde selbst hatte schon 1314, vier Jahre vor dem zitierten allgemeinen Privileg, die Bürger, die länger als ein Jahr in der Stadt wohnten, von allen ihm selbst zustehenden leibherrlichen Rechten befreit;[67] eine Reihe von Personen, auf die diese Bedingung anscheinend nicht zutraf, wurde gegen eine Geldzahlung und unter Mitwirkung des Rates von Otto *specialiter* freigegeben.[68] Die gemeindlichen Interessen waren mit der Festschreibung der Freiheit nach Jahr und Tag wohl nur unzureichend erfüllt. Doch fand auch die scheinbar so eindeutig fixierte Jahresfrist nicht ohne Weiteres allgemeine Anerkennung, da sich andere Leib-

63 UB Braunschweig, Bd. 1, Nr. II, § 42, S. 6. Vgl. zum ‚Ottonianum' Manfred R. W. GARZMANN: Stadtherr und Gemeinde in Braunschweig im 13. und 14. Jahrhundert (Braunschweiger Werkstücke, 53 = A 13), Braunschweig 1976, S. 35-40. – Siehe hier wie zum Folgenden auch GOETTING: Rechtsproblem (wie Anm. 43), S. 106-108.

64 UB Braunschweig, Bd. 1, Nr. I, § 9, S. 2. Vgl. zum Hagenrecht Bernhard DIESTELKAMP: Die Städteprivilegien Herzog Ottos des Kindes, ersten Herzogs von Braunschweig-Lüneburg (1204-1252) (Quellen und Darstellungen zur Geschichte Niedersachsen, 59), Hildesheim 1961, S. 25-81; GARZMANN: Stadtherr (wie Anm. 63), S. 47-63, hier bes. S. 59-61.

65 UB Braunschweig, Bd. 1, Nr. XXIII, §§ 2-4 und 6, S. 30f.

66 Ebd., Nr. XXV, §§ 2-4 und 6, S. 32; Nr. XXIX, §§ 2-4 und 6, S. 37f.

67 Ebd., Nr. XXII, § 1, S. 29f.

68 Ebd., Bd. 2, Nr. 752, S. 415. Vgl. auch ebd., Nr. 820, S. 464 sowie Bernd SCHNEIDMÜLLER: Welfische Kollegiatstifte und Stadtentstehung im hochmittelalterlichen Braunschweig, in: Annette BOLDT (Hrsg.): Rat und Verfassung im mittelalterlichen Braunschweig. Festschrift zum 600jährigen Bestehen der Ratsverfassung 1386-1986 (Braunschweiger Werkstücke, 64), Braunschweig 1986, S. 253-315, hier S. 294. – Noch 1355 verzichtete Herzog Magnus auf Bitten des Braunschweiger Rates auf seine leibrechtlichen Ansprüche an dem Liten Lubbert von Dalum, UB Braunschweig, Bd. 5, Nr. 187, S. 256f.

herren nicht an das herzogliche Privileg gebunden fühlen mussten. 1322 wurde eine Auseinandersetzung zwischen dem Braunschweiger Rat auf der einen, Bischof, Domkapitel, Klöstern und Stiften zu Hildesheim auf der anderen Seite dahingehend beigelegt, dass die nach Braunschweig abgewanderten Eigenleute der genannten geistlichen Herren, die dort *quocunque tempore preterito* Bürger geworden waren, *ab omni jure litonico ac servicio* befreit seien – von einer Frist war dabei keine Rede.[69] 1325 schloss der gemeine Rat der fünf Weichbilde einen Vertrag mit dem Braunschweiger Blasiusstift: Vor der Aufnahme eines neuen Bürgers wurden die Ratsherren dazu verpflichtet, diesen streng (*districte*) zu fragen, ob er ein Lite des Stifts sei. Nur wenn er dies verneine, dürfe er Bürger werden, andernfalls müsse er sich zunächst mit dem Dekan und dem Kapitel einigen. Außerdem wurde dem Stift nun eine Frist von einem Jahr und sechs Wochen zugestanden, innerhalb derer ein Einspruch gegen die Bürgeraufnahme möglich sei.[70] Auch für einzelne Personen konnten Ansprüche angemeldet werden (insofern war Heinrich von Sottmar kein Einzelfall): So verlangten der Dekan und das Domkapitel zu Verden in einem möglicherweise um 1330 zu datierenden Schreiben vom Rat die Aushändigung der Hinterlassenschaft des in Braunschweig verstorbenen Johann Stelter, den sie als *servus fugitivus* [...] *noster* bezeichneten, ohne die Frage des möglichen Bürgerrechts auch nur zu berühren.[71]

Obwohl die praktischen Möglichkeiten geistlicher Leibherren sehr begrenzt waren,[72] erwies sich doch die allgemeine Durchsetzung der städtischen Rechtsposition – Freiheit nach Jahr und Tag – als nicht ganz einfach. Auch deshalb wandte sich das Gandersheimer Stift 1356 nicht an den Braunschweiger Rat oder das herzogliche Gericht, auch deshalb wurde der Zeitpunkt des Zuzugs Heinrichs von Sottmar nach Braunschweig in der Klage mit keinem Wort angesprochen. Äbtissin und Kapitel vertraten offenbar den Standpunkt, dass es vollauf genüge, die litische Abkunft Heinrichs von Sottmar nachzuweisen, um die eigenen leibherrlichen Ansprüche zu begründen. Ob der Prozess für den Beklagten jedoch Folgen zeitigte, ist schwer zu sagen. Wie immer das Urteil am Ende ausgesehen haben mag, die faktische Umsetzung dürfte für die klagende Partei gegebenenfalls schwierig gewesen sein.

69 UB Braunschweig, Bd. 3, Nr. 57, S. 49f. Vgl. ebd., Bd. 5, Nr. 47, S. 74f.: Freilassung von in Braunschweig als Bürger ansässigen Liten durch Bischof, Domkapitel usw. zu Hildesheim (1351). – In anderen Städten scheinen eben zu dieser Zeit durchaus parallele Vorgänge anzutreffen zu sein. Beispielsweise freite das Kloster Marienwerder 1319 aufgrund einer Übereinkunft mit dem Rat der Stadt Hannover eine Reihe namentlich genannter Bürger, darunter Personen, die bereits seit fünf oder zehn Jahren oder gar länger als Bürger in der Stadt ansässig waren, Urkundenbuch der Stadt Hannover, Teil 1, bearb. von C[arl] L. GROTEFEND und G[eorg] F. FIEDELER, Hannover 1860, Nr. 135, S. 128 (vgl. ebd., Anm. 1-3 mit Angaben zum Erwerb des Bürgerrechts für einzelne der genannten Personen).

70 UB Braunschweig, Bd. 3, Nr. 130, S. 97f. Vgl. SCHNEIDMÜLLER: Kollegiatstifte (wie Anm. 68), S. 294. – Vgl. auch UB Braunschweig, Bd. 3, Nr. 27, S. 22: Verzeichnis von Personen, die nach beschworener Aussage keine Liten des Blasiusstifts seien.

71 Ebd., Nr. 284, S. 215; Urkundenbuch der Bischöfe und des Domkapitels von Verden (Verdener Urkundenbuch, 1. Abteilung), Bd. 2, bearb. von Arend MINDERMANN (Schriftenreihe des Landschaftsverbandes der ehemaligen Herzogtümer Bremen und Verden, 21; Veröffentlichungen der Historischen Kommission für Niedersachsen und Bremen, 220), Stade 2004, Nr. 315, S. 275f.

72 GARZMANN: Stadtherr (wie Anm. 63), S. 209.

Darauf verweist wohl schon der Umstand, dass Heinrich von Sottmar der gerichtlichen Vorladung schließlich keine Folge mehr leistete. Und wie das angeführte Testament Jutte Boltes vom Mai 1357[73] zeigt, scheint er sich jedenfalls ein halbes Jahr nach den geschilderten Vorgängen noch in Braunschweig aufgehalten zu haben. Allerdings konnte es dem Stift auch schwerlich um die Rückführung des Liten in die örtliche Hofrechtsgemeinschaft zu tun sein.[74] Schon die Befragung Heinrichs von Sottmar, bei der die Todfallabgaben eine wichtige Rolle spielten, spricht dafür, dass den Klägern eher an finanziellen Ansprüchen gelegen war. Unklar bleibt freilich, warum das Stift ausgerechnet in diesem Fall über die päpstliche Kurie einen zweifellos kostspieligen Prozess anstrengte.[75]

Während sich die spezifischen Motive für die Klageerhebung schwer ermitteln lassen, kann doch wenigstens ein möglicher Kontext nachgezeichnet werden. Denn eventuell ist das Vorgehen der Äbtissin Jutta von Schwalenberg in dieser Angelegenheit im Rahmen verstärkter Bemühungen um die Geltendmachung stiftischer Rechte in den 1350er Jahren zu sehen. In diese Richtung deutet eine Urkunde Papst Innozenz' VI., der 1353 den Abt des Braunschweiger Ägidienklosters damit beauftragte, die säumigen Abgabenschuldner des Stifts zur Zahlung zu mahnen.[76] 1360 erging erneut an den Abt von St. Ägidien ein päpstlicher Auftrag, das Stift bei der Wiedererlangung entfremdeter Güter zu unterstützen.[77] Tatsächlich gerieten Äbtissin und Kapitel seit der Mitte des 14. Jahrhunderts zunehmend in eine finanzielle Krise, zugleich nahm der welfische Druck zu.[78] Vor allem Herzog Ernst d. J. aus der Göttinger Linie der Welfen, bei der die Stiftsvogtei lag, strebte nach größerem Einfluss. In einer Supplik, die Herzog Wilhelm von Lüneburg an Papst Innozenz VI. richtete, heißt es, dass sein Göttinger Vetter das Stift sehr beschwere: Die Äbtissin Jutta habe all ihre Besitzungen, Hintersassen und Einnahmen im Herrschaftsbereich Herzog Ernsts verloren, und durch dessen Verfolgungen sei sie des Unterhalts beraubt und werde gezwungen, *miserabiliter exulare*.[79] Auch wenn diese drastischen Worte aus der Intention der Quelle – der Bitte um päpstliche Unterstützung – heraus zu verstehen sind und zugleich den latenten Konflikt zwischen den verschiedenen Linien des Welfenhauses spiegeln, so verweisen sie doch nicht allein auf den geringen politischen Spielraum der Stiftsgemeinschaft, sondern auch auf deren materielle Probleme. Die politische wie materielle Zwangslage zeigt sich wohl auch darin, dass sich 1360 neben weiterem Besitz die

73 Siehe oben bei Anm. 57.

74 GOETTING: Rechtsproblem (wie Anm. 43), S. 111.

75 Ebd., S. 109.

76 UB Braunschweig, Bd. 5, Nr. 95, S. 130.

77 Ebd., Nr. 500, S. 562f. Die Anweisung wurde 1392 nahezu wortgleich wiederholt, ebd., Bd. 8,1, Nr. 425, S. 419f.

78 Vgl. GOETTING: Kanonissenstift (wie Anm. 1), S. 106f.

79 Druck bei HARENBERG: Historia (wie Anm. 17), S. 386f. Vgl. GOETTING: Kanonissenstift (wie Anm. 1), S. 106. Die Quelle ist nicht datiert, aufgrund der Erwähnung der Äbtissin Jutta (von Schwalenberg) muss sie aber aus den Jahren zwischen 1331 und 1357 stammen.

Hälfte von Stadt und Amt Gandersheim als Lehen in der Hand Herzog Ernsts befanden.[80]

III.

Die beiden skizzierten Fälle beleuchten Strukturen aus exemplarisch-individueller Perspektive und geben in ihrer gegenseitigen Verknüpfung Anlass zur Neuformulierung von Fragen. War die Abwanderung grundherrschaftlicher Eigenleute – möglicherweise gerade der besonders qualifizierten unter ihnen – ein Motiv für die Gewährung gemeindlicher Freiheit in der Stadt Gandersheim? Oder allgemeiner: Welche Wechselwirkungen wiesen die Entwicklungen städtischer und ländlicher sozialer Formationen auf? Für sich genommen ist diese Frage alles andere als neu, doch geht es dabei nicht einfach um Stadt und Land und die dazwischen verlaufenden Migrationsbewegungen. In den Blick zu nehmen sind vielmehr die spezifischen Interdependenzen zwischen drei Faktoren: den größeren urbanen Zentren, den kleinen Städten und dem städtischen Umland. Das Beziehungsgefüge zwischen diesen drei Faktoren bildet ein wesentliches Moment der mittelalterlichen Urbanisierung im Sinne der breiten Diffusion von Urbanität weit über die großen Städte hinaus.[81]

Johannes Rotgeri und Heinrich von Sottmar zeigen zwei unterschiedliche Lebenswege auf, die in der ersten Hälfte des 14. Jahrhunderts von der stiftischen ‚familia' zur städtischen ‚libertas' führen konnten – und zugleich zwei Wege des sozialen Aufstiegs in ihren je eigenen urbanen Lebenswelten. So unbefriedigend die Quellenzeugnisse zu diesen Menschen auch sein mögen, verweisen beide Exempla doch darauf, dass Freiheit mehr war als ein abstrakter Begriff, dass die Partizipation an der gemeindlichen Freiheit unmittelbar auf das Individuum zurückwirkte, gerade weil grundherrschaftlich und hofrechtlich bestimmte Verbände eine Wurzel städtischer Vergemeinschaftung bildeten und das Spannungsverhältnis von Freiheit und Unfreiheit städtische (freilich keineswegs allein städtische!) Entfaltungsprozesse im Mittelalter regelmäßig begleitete.

Wenn die Frage der Freiheit von grund- und leibherrlichen Ansprüchen in der ersten Hälfte des 14. Jahrhunderts in Braunschweig wie in Gandersheim besonders virulent war – die Häufung entsprechender Quellen lässt einen Zusammenhang wenigstens plausibel erscheinen –, so sind darin wohl weniger Parallelen, sondern eher sich kreuzende Linien zu sehen. An diesem Schnittpunkt werden Zusammenhänge der Gemeindeentwicklung zwischen der Handelsmetropole an der Oker und der kleindimensionierten Stiftsstadt erkennbar. Über einen allgemeinen Rahmen hinaus hatte die Großstadt Braunschweig für die gänzlich anders strukturierte Kleinstadt Gandersheim

80 HARENBERG: Historia (wie Anm. 17), S. 850. Vgl. GOETTING: Kanonissenstift (wie Anm. 1), S. 107, der darauf hinweist, dass Herzog Ernst „nicht allein schon vorher die volle Gewalt über Stadt und Amt Gandersheim ausübte […], sondern auch mindestens von der Stiftsgeistlichkeit Bede und Sterbfallabgaben erhob […]".

81 Damit verbunden ist auch die Frage nach den Charakteristika kleiner Städte, vgl. Gerhard FOUQUET: Stadt, Herrschaft und Territorium – Ritterschaftliche Kleinstädte Südwestdeutschlands an der Wende vom Mittelalter zur Neuzeit, in: Zeitschrift für die Geschichte des Oberrheins 141 (1993), S. 70-120, hier S. 72f.

schwerlich prototypischen Charakter. Doch die Menschen und ihre geographische wie soziale Mobilität sorgten für den Austausch zwischen diesen so unterschiedlichen urbanen Gebilden. Dass all dies über die Stadtmauern hinaus wirkte, wird schließlich an einem Detail besonders deutlich: an der Verweigerung des Eides durch die präsumtiven Zeugen in Denkte, womit diese das Verfahren gegen Heinrich von Sottmar in der Sache zum Scheitern bringen mussten. Selbst im eigenen grundherrschaftlichen Umfeld vermochten Äbtissin und Kapitel ihre Ansprüche nicht mehr uneingeschränkt durchzusetzen, waren ihren Handlungsmöglichkeiten Grenzen gesetzt.[82] Auch das war offenbar ein Ergebnis der Wechselwirkungen zwischen grundherrschaftlicher Abhängigkeit und städtischer Freiheit im 14. Jahrhundert.

82 Vgl. zu diesem Punkt auch die ähnliche Bewertung bei GOETTING: Rechtsproblem (wie Anm. 43), S. 111f.

Kerstin Schnabel

Bücherlegate in norddeutschen Städten des Spätmittelalters. Soziale Interaktionen und Transferbedingungen

Immer, wenn Hans Porner, Ratsherr der Braunschweiger Altstadt, zwischen 1417 und 1424 Einträge über Bücher in seinem Memorial vornahm, hatte der Rat neue Handschriften erworben oder verlieh sie an diverse Stadtschreiber.[1] Daher kannte Hans Porner als Kämmerer sowohl ihren derzeitigen Entleiher als auch ihren Wert. Zum Bestand gehörten wichtige Handschriften, besonders zum römischen Recht wie die ‚Institutiones', die ‚Autentica', ein Kompendium zu Codex und Digesten bzw. Pandekten (*Liber pauperum unde sint codices unde ff.*[2]), die ‚Tabula utriusque iuris' des Johannes von Erfurt, aber auch Texte zum kanonischen Recht wie der ‚Liber Sextus' mit dem Glossenapparat des Johannes Monachus, eine Konkordanz, die ‚Quaestiones' des Bartholomäus Brixiensis und weitere Bände, die teilweise auf dem Konzil in Konstanz gekauft worden waren. Durch sukzessiven Erwerb juristischer Literatur war ein bedarfsorientierter Handapparat für Stadtschreiber und Syndici entstanden, wie es auch bei anderen Ratsbibliotheken zu beobachten ist.[3] Eine Bibliothek mit einer universellen

1 Auf das Gedenkbuch von Hans Porner machte mich Gerhard Fouquet aufmerksam, nachdem er – wieder einmal – in den Chroniken der Städte gelesen hatte. Ludwig HÄNSELMANN (Hrsg.): Hans Porners Gedenkbuch 1417-1426, in: Die Chroniken der niedersächsischen Städte. Braunschweig, Bd. 1 (Die Chroniken der deutschen Städte vom 14. bis ins 16. Jahrhundert, 6), Leipzig 1868, S. 209-281, hier S. 254; Carola KIRSCHNER: Hermen Bote. Städtische Literatur um 1500 zwischen Tradition und Innovation (Item mediävistische Studien, 4), Essen 1996, S. 53; Heinrich NENTWIG: Das ältere Buchwesen in Braunschweig. Beitrag zur Geschichte der Stadtbibliothek (Beiheft zum Zentralblatt für Bibliothekswesen, 25), Leipzig 1901, S. 7f.

2 Der Titel wurde bisher von der Forschung nicht identifiziert. Die Abkürzung *ff.* steht für *pandectae*. Damit wird deutlich, dass es sich um den ‚Liber pauperum' des Vacarius handeln muss, welcher Auszüge aus dem Codex und den Pandekten mit Glossen bietet. Obwohl seine Entstehung im 12. Jahrhundert in England und seine geringe Wirkung die Verwendung in Braunschweig Anfang des 15. Jahrhunderts fragwürdig erscheinen lässt, ist hierin wohl ein Hinweis auf die Änderung des Rechtsgedankens hin zum römischen Recht zu sehen. Ausdrücklich wird im Prolog der Schrift auf den geringen Schwierigkeitsgrad und die Eignung für das Anfängerstudium verwiesen. Zu Vacarius siehe Hermann LANGE: Römisches Recht im Mittelalter, Bd. 1: Die Glossatoren, München 1997, S. 246-254 mit weiterer Literatur. Die Edition von Francis de ZULUETA (Hrsg.): The Liber Pauperum of Vacarius (The Publications of the Selden Society, 44), London 1927 [ND London 1972].

3 Zu den Entwicklungsphasen Paul KAEGBEIN: Deutsche Ratsbüchereien bis zur Reformation (Beiheft zum Zentralblatt für Bibliothekswesen, 77), Leipzig 1950, S. 7; Ladislaus BUZÁS: Deutsche Bibliotheksgeschichte des Mittelalters (Elemente des Buch- und Bibliothekswesens, 1), Wiesbaden 1975, S. 111; Bernd MOELLER: Die Anfänge kommunaler Bibliotheken in Deutschland, in: DERS./ Hans PATZE/Karl STACKMANN (Hrsg.): Studien zum städtischen Bildungswesen des späten Mittelalters und der frühen Neuzeit. Bericht über Kolloquien der Kommission zur Erforschung der Kultur des Spätmittelalters 1978 bis 1981 (Abhandlungen der Akademie der Wissenschaften in Göttingen, Phil.-Hist. Klasse, Folge 3, 137), Göttingen 1983, S. 136-151, hier S. 141. Weitere Erwerbungen des Braunschweiger Rats bei NENTWIG: Buchwesen (wie Anm. 1), S. 7-10.

Ausrichtung anzulegen, war weder in Braunschweig noch in anderen Städten intendiert. Aber durch größere Legate konnte sich in einer zweiten Entwicklungsphase manche Ratssammlung am Ende des Mittelalters aus dem Stadium der Handbibliothek erheben und ein breiteres Literaturspektrum beherbergen. Damit entstand in den Städten ein neuer Bibliothekstypus, der zu den Bibliotheken der geistlichen Gemeinschaften und karitativen Einrichtungen sowie von Privatpersonen hinzukam. Doch wer überließ unter welchen Bedingungen und Absichten seine Bücher den verschiedenen Bibliotheken in einer Stadt und was führte zu diesen Entscheidungen?

1. Bibliothekstypen und Buchbesitzer. Zum Forschungsstand

Von der buch- und bibliothekswissenschaftlichen Forschung wurden Legate als Form des Besitzwechsels bisher kaum über Einzelfälle hinaus gewürdigt. Die Darstellungen handeln im Wesentlichen darüber, die in den einschlägigen Quellen oft recht ungenau genannten Titel bibliographisch zu erschließen und den Stifter als gelehrte Persönlichkeit zu charakterisieren. Die Stiftungsmotive scheinen eindeutig und der Zusammenhang zwischen dem Stifter und dem Empfänger von selbst erschließbar.[4] Aber gerade diesen beiden Aspekten soll hier vor dem Hintergrund einer Vielzahl von Handlungsoptionen nachgespürt werden (Abschnitt 2). Dabei kann es nicht das Ziel sein, das komplexe System des Stiftungsverkehrs in nur einer Stadt darzustellen. Quellen- und Forschungslage würden das nur bedingt zulassen.[5] Die hier behandelten Legate in norddeutschen Städten können lediglich Ausschnitte eines Beziehungsnetzes aufzeigen und auf verschiedene Formen von Stiftungen und Stiftertypen verweisen. Hauptsächlich betrachtet werden die Städte Hamburg, Lüneburg, Lübeck und Braunschweig, da hier neben den geistlichen Bibliotheken auch Belege für Ratssammlungen existieren.[6]

Nachweise über Bücherstiftungen sind eine wichtige Quelle für den Buchbesitz und damit für die Verbreitung von Lesefähigkeit, Sprachkenntnissen und Bildung. Sie geben Auskunft über die Sammlungsinteressen einzelner Personen und eröffnen weitere Provenienzschichten in den heute erhaltenen Resten der zumeist klösterlichen Bestände.[7] Zugleich markieren sie Ausgangs- und Endpunkt eines Besitztrans-

4 Den Blick auf den Zweck der Stiftung richtete bereits Christian HEITZMANN: Pro remedio animae meae. Mittelalterliche Bücherstiftungen am Beispiel Brunos von Hildesheim, in: Monika E. MÜLLER (Hrsg.): Schätze im Himmel – Bücher auf Erden. Mittelalterliche Handschriften aus Hildesheim (Ausstellungskataloge der Herzog August Bibliothek, 93), Wolfenbüttel 2010, S. 155-160.

5 Alle Aspekte des Stiftungswesens in einer Stadt betrachtet Wolfgang SCHMID: Kunststiftungen im spätmittelalterlichen Köln, in: Gerhard JARITZ (Hrsg.): Materielle Kultur und religiöse Stiftung im Spätmittelalter. Internationales Round-Table-Gespräch, Krems an der Donau, 26. September 1988 (Österreichische Akademie der Wissenschaften, Phil.-Hist. Klasse, Sitzungsberichte, 554; Veröffentlichungen des Instituts für mittelalterliche Realienkunde Österreichs, 12), Wien 1990, S. 157-185.

6 KAEGBEIN: Ratsbüchereien (wie Anm. 3), S. 26-37.

7 Für einen Forschungsüberblick zu den Privatbibliotheken besonders des 15. und 16. Jahrhunderts siehe Frank FÜRBETH: Deutsche Privatbibliotheken des Spätmittelalters und der Frühen Neuzeit. Forschungsstand und -perspektiven, in: Andrea RAPP/Michael EMBACH (Hrsg.): Zur Erforschung

fers. Wenn die Überlieferungssituation also günstig ist, dann sind unter anderem diejenigen Bücher erhalten, die als Legate in eine Bibliothek kamen, während die im Privatbesitz verbliebenen Bände üblicherweise den Weg alles Irdischen gingen. Da namentliche Dedikationen innerhalb dieser Sammlungen aber oft nur vereinzelt durch Inskriptionen in den Büchern oder durch Testamente, Inventare, Schenkungsurkunden und Memorienbücher nachweisbar sind, ergeben sich einerseits kaum personenbezogene Aussagen über eine größere soziale Gruppe, die einer bestimmten Bibliothek wohltätig gegenüberstand.[8] Andererseits stellt sich für die Erforschung der mittelalterlichen Bibliotheken die Frage, inwieweit der Bestandsaufbau zielgerichtet, von einem übergeordneten Interesse gelenkt und möglicherweise in einem eigenen Skriptorium nach den Bedürfnissen der betreffenden Gemeinschaft erfolgen konnte. So konnten beispielsweise mehrere Konventsmitglieder nach dem Studium des Kirchenrechts von der Universität zurückkehren und ihre dort angefertigten juristischen Vorlesungsmitschriften nun der heimischen Bibliothek überlassen, so dass das heutige Erscheinungsbild des Bestands verzerrt erscheint und über das geistige Leben der Gemeinschaft wenig aussagt. Spätmittelalterliche Stifts- und Klosterbibliotheken nicht nur als Sammelstelle von anderweitig hergestellten Büchern zu betrachten, ist eine der Herausforderungen der Forschung. Wenig Interesse brachte die Forschung daher den Kirchenbibliotheken entgegen, die vielfach als Stiftungsempfänger von Einzelstücken liturgischen Inhalts in Erscheinung treten und denen ein über den Bücherbedarf des religiösen Alltags hinausgehender, zusammenhängender und durchdachter Sammlungscharakter vielfach abgesprochen werden muss.[9]

Speziell zur Frage nach der Bedeutung der Förderer von Ratsbibliotheken konstatierte bereits 1987 Werner Arnold ein Desiderat der überregionalen Forschung, dessen Erkenntnispotenzial in der Frage begründet liege, „welchen Stellenwert die [Rats-] Bibliothek im Bewusstsein der führenden Schicht der Bürgerschaft einnahm“[10]. Nachzugehen ist also dem Buchbesitz der städtischen Führungsgruppen

mittelalterlicher Bibliotheken. Chancen – Entwicklungen – Perspektiven (Zeitschrift für Bibliothekswesen und Bibliographie, Sonderbände, 97), Frankfurt a. M. 2009, S. 185-208.

8 Über die methodischen Probleme bei der Erfassung von Buchbesitz handelt Frank FÜRBETH: Literatur in Frankfurter Bürgerbibliotheken des Spätmittelalters und der Frühen Neuzeit, in: Robert SEIDEL/Regina TOEPFER (Hrsg.): Frankfurt im Schnittpunkt der Diskurse. Strategien und Institutionen literarischer Kommunikation im späten Mittelalter und in der frühen Neuzeit (Zeitsprünge, 14), Frankfurt a. M. 2010, S. 54-80, hier S. 59f. Siehe zu den Vor- und Nachteilen von Inventaren als Quellengruppe mit Bezug auf das 18. Jahrhundert Günter BERGER: Inventare als Quelle der Sozialgeschichte des Lesens, in: Romanistische Zeitschrift für Literaturgeschichte 5 (1981), S. 368-377, besonders S. 371.

9 BUZÁS: Bibliotheksgeschichte (wie Anm. 3), S. 107; Gustav KOHFELD: Zur Geschichte der Büchersammlungen und des Bücherbesitzes in Deutschland, in: Zeitschrift für Kulturgeschichte 7 (1900), S. 325-388, hier S. 335. Das Desiderat der Forschung beklagt auch Frank-Joachim STEWING: Bibliothek und Buchbesitz einer spätmittelalterlichen Pfarrkirche im mitteldeutschen Raum: Das Beispiel Rudolstadt, in: Enno BÜNZ (Hrsg.): Bücher, Drucker, Bibliotheken in Mitteldeutschland. Neue Forschungen zur Kommunikations- und Mediengeschichte um 1500 (Schriften zur sächsischen Geschichte und Volkskunde, 15), Leipzig 2006, S. 207-303, hier S. 208f., 294f.

10 Werner ARNOLD: Ratsbibliotheken, in: DERS./Wolfgang DITTRICH/Bernhard ZELLER (Hrsg.): Die Erforschung der Buch- und Bibliotheksgeschichte in Deutschland, Wiesbaden 1987, S. 389-

und seinen Transferwegen (Abschnitt 4). Betrachtet man dabei ausschließlich den Laienstand, lässt die Quellenlage zum Buchbesitz der norddeutschen Stadtbürger in der vorreformatorischen Zeit kaum ein Urteil zu.[11] Buchbesitz lag nicht ausschließlich, aber oft im Universitätsbesuch begründet. Nur wenige Studierte aus den ratsfähigen Familien verblieben jedoch im Laienstand und die zumeist kaufmännisch tätige Führungsschicht trat nur selten durch Buchbesitz in Erscheinung, noch seltener stiftete sie dem Rat ebendiesen Besitz. Die Verschränkungen zwischen Stadtbürgertum und Kirche aufgrund der engen personellen Verbindungen führt zu einer unscharfen Abgrenzung zwischen den Stiftergruppen der Laien und der Kleriker mit Auswirkungen auf die Analyse des Bücherstiftungsverhaltens.[12] So gehörten zur führenden Schicht in norddeutschen Städten die weltgeistlichen Stadtschreiber und Syndici, also Kleriker, die mit ihrem juristischen Bildungshintergrund zugleich als die Hauptnutznießer und -förderer von Ratsbibliotheken gelten. Die von Hartmut Boockmann bereits im Zusammenhang seiner Untersuchung über die Mentalität gelehrter Räte gestellte Frage, ob sich die Kleriker im Dienst der Stadt „vorrangig als Geistliche verstanden“[13] hätten, scheint auch bei der Betrachtung des Bücherstiftungsverhaltens ihre Berechtigung zu finden. Allerdings verwirft Boockmann aus gutem Grund die Trennung zwischen Klerikern und Laien für die gelehrten Räte ebenso wie Volker Honemann für die Literaturförderer.[14] Kleriker in städtischen Ämtern erzielten ihr Einkommen aus kirchlichen Pfründen, die teilweise vom Rat gestiftet worden waren und über die dieser das Patronatsrecht ausübte, und erwarben dazu die notwendigen niederen Weihen oder erwirkten einen päpstlichen Dispens.[15]

397, hier S. 395; DERS.: Büchermäzene der frühen Neuzeit in Deutschland, in: Wolfgang DINKELACKER/Ludger GRENZMANN/Werner HÖVER (Hrsg.): Ja muz ich sunder riuwe sin. Festschrift für Karl Stackmann, Göttingen 1990, S. 1-18. Zum literarischen Mäzenatentum des 11.-13. Jahrhunderts siehe Joachim BUMKE: Mäzene im Mittelalter. Die Gönner und Auftraggeber der höfischen Literatur in Deutschland 1150-1300, München 1979.

11 Ahasver von BRANDT: Mittelalterliche Bürgertestamente. Neuerschlossene Quellen zur Geschichte der materiellen und geistigen Kultur (Sitzungsberichte der Heidelberger Akademie der Wissenschaften, Phil.-Hist. Klasse 1973, 3), Heidelberg 1973, S. 25.

12 Klaus WRIEDT: Gelehrte in Gesellschaft, Kirche und Verwaltung norddeutscher Städte, in: DERS.: Schule und Universität. Bildungsverhältnisse in norddeutschen Städten des Spätmittelalters. Gesammelte Aufsätze (Education and Society in the Middle Ages and Renaissance, 23), Leiden 2005, S. 149-168, hier S. 150, 156.

13 Hartmut BOOCKMANN: Zur Mentalität spätmittelalterlicher gelehrter Räte, in: Historische Zeitschrift 233 (1981), S. 295-316, hier S. 307.

14 Volker HONEMANN: Laien als Literaturförderer im 15. und frühen 16. Jahrhundert, in: Thomas KOCK/Rita SCHLUSEMANN (Hrsg.): Laienlektüre und Buchmarkt im späten Mittelalter (Gesellschaft, Kultur und Schrift, 5), Frankfurt a. M. 1997, S. 147-169, hier S. 155. Diese Differenzierung zwischen Klerikern und Laien wird in der Forschung oft mit der Frage nach privatem Buchbesitz aufgehoben, vgl. Roman FISCHER: Privatbesitz von Büchern im spätmittelalterlichen Aschaffenburg, in: Aschaffenburger Jahrbuch 9 (1985), S. 1-32; siehe hingegen FÜRBETH: Literatur (wie Anm. 8), S. 54-80.

15 Die Aufrechterhaltung der Ratsmemoria war ein Grund für die Besetzung der Stadtschreiberämter mit Priestern, so Dietrich W. POECK: Rat und Memoria, in: Dieter GEUENICH/Otto G. OEXLE (Hrsg.): Memoria in der Gesellschaft des Mittelalters (Veröffentlichungen des Max-Planck-Instituts für Geschichte, 111), Göttingen 1994, S. 286-335.

Eine Stiftung an eine kirchliche oder städtische Bibliothek kann also weder zwangsläufig ein Indiz für das Zugehörigkeitsgefühl einer Person (Abschnitt 3) noch ein Kennzeichen für eine bestimmte Disposition im Konfliktfall zwischen Kirche und städtischer Obrigkeit sein.[16] Zugleich konstatiert Moeller, dass vielfach auch die kirchlichen Büchersammlungen kommunale Züge mit öffentlicher Benutzung trugen.[17] Insofern ist die Beschränkung auf den Typus der Ratsbibliothek als Empfänger von Bücherlegaten in dieser Betrachtung zu verwerfen und der Blick zu weiten.

2. Bücher als Stiftungsobjekt. Zweck und Bedingungen

Bücher reihen sich in eine Vielzahl von Objektstiftungen ein.[18] Dabei nehmen sie in Anbetracht der Gesamtzahl der Stiftungen und Stiftungsobjekte nur einen kleinen Raum ein, denn überwiegend wurden Geldlegate unternommen, die noch stärker Ausdruck der vielfältigen Beziehungen des Testators sind als Bücher.[19] Jemandem Bücher zu hinterlassen, deutete daher eine gewisse auf das Objekt und dessen geistigen Inhalten bezogene mutmaßliche Interessenkongruenz an.

Die zu frommen Zwecken (*ad pias causas*) unternommenen Bücherlegate ergingen an geistliche Einrichtungen. Diese als Seelgerät eingesetzten Gegenstände waren aber keine Stiftungen im klassischen Sinn, bei denen das Kapital einen Ertrag erwirtschaftete, der wiederkehrend für Gebetsfürbitten während des Gottesdienstes oder für das Lesen ganzer Messen zum Seelenheil des Verstorbenen aufgewendet wurde und die Aufenthaltsdauer seiner Seele im Fegefeuer verminderte. Bücherlegate waren hingegen einmalige Besitzübertragungen und erzielten keine Rendite.[20] Im Auftrag des

16 Das Stiftungsverhalten der führenden Schicht in Lübeck blieb im Konfliktfall weitgehend unverändert. Stefanie RÜTHER: Prestige und Herrschaft. Zur Repräsentation der Lübecker Ratsherren in Mittelalter und Früher Neuzeit (Norm und Struktur, 16), Köln 2003, S. 142. Gleichwohl konnte ein Konfliktfall einen Wandel der Rechtsauffassung zur Folge haben und dieser sich wiederum im Literaturbestand von Ratsbibliotheken niederschlagen, Helmut G. WALTHER: Die Bibliothek des gelehrten juristischen Praktikers. Beobachtungen zu Handschriften und Frühdrucken der Nürnberger Ratsbibliothek, in: Vincenzo COLLI (Hrsg.): Juristische Buchproduktion im Mittelalter (Studien zur europäischen Rechtsgeschichte. Veröffentlichungen des Max-Planck-Instituts für europäische Rechtsgeschichte, 155), Frankfurt a. M. 2002, S. 805-818.

17 MOELLER: Anfänge (wie Anm. 3), S. 140.

18 Gerhard JARITZ: Seelenheil und Sachkultur. Gedanken zur Beziehung Mensch – Objekt im späten Mittelalter, in: Europäische Sachkultur des Mittelalters. Gedenkschrift aus Anlaß des zehnjährigen Bestehens des Instituts für mittelalterliche Realienkunde Österreichs (Veröffentlichungen des Instituts für Mittelalterliche Realienkunde Österreichs, 4; Sitzungsberichte der Österreichischen Akademie der Wissenschaften, Phil.-Hist. Klasse, 374), Wien 1980, S. 57-81; Hartmut BOOCKMANN: Mäzenatentum am Übergang vom Mittelalter zur Reformationszeit, in: Bernhard KIRCHGÄSSNER/Hans-Peter BECHT (Hrsg.): Stadt und Mäzenatentum. 33. Arbeitstagung 1994 (Stadt in der Geschichte, 23), Sigmaringen 1997, S. 31-44.

19 Den Beziehungen von Erblassern und Begünstigten in Braunschweig hat sich Dietrich MACK: Testamente der Stadt Braunschweig, 5 Bde. (Beiträge zu Genealogien Braunschweiger Familien, 3-5), Göttingen 1988-1995 gewidmet.

20 Zum Problem der Dauerhaftigkeit von Objektstiftungen und den Bedingungen für die Definition als Stiftung siehe Ralf LUSIARDI: Stiftung und städtische Gesellschaft. Religiöse und soziale As-

Verstorbenen konnten Bücher zwar verkauft und der Ertrag als Kapital für Memorienleistungen zugrunde gelegt werden. Da sich die Inhalte nicht verbrauchten und die auf Pergament oder Papier geschriebenen Texte dauerhaft zur Verfügung standen, konnte aber auch mit den Büchern selbst das regelmäßige Stiftergedenken über den Tod hinaus gesichert werden. So verfügte 1451 ein Pfarrer vor dem Rat der Stadt Gronau, dass seine beiden Bücher immerwährend an Ketten in der Kirche zu befestigen seien und sein Nachfolger im Pfarramt für ihn jährlich eine Memorie als Gegenleistung abhalten sollte.[21] Besonders günstig war es also, mit dem vergleichsweise kleinen Einsatz einer einmaligen Gabe einen hohen Ertrag in Form eines jährlichen Gedenkens zu erwirken. Der Braunschweiger Bürger Berthold Plockhorst erbat 1444 in seinem Testament für zwei Gradualien, die noch ungebunden waren, ein ewiges Gedächtnis in der Pfarrkirche St. Martini und wünschte, für drei weitere Bücher in das Martyrologium des Klosters Riddagshausen aufgenommen zu werden.[22] Zumeist kamen Klöster und Stifte, deren soziale Funktion unter anderem im Totengedenken bestand, auch ohne Bücherverkauf und Kapitaleinsatz der Bitte um regelmäßiges Erinnern nach, indem Namen und Leistungen in Nekrologe und Benefizienbücher eingetragen und die Bücher in die Bibliothek integriert oder in der Kirche benutzt wurden.[23]

Bücherlegate hatten einen wichtigen Vorteil gegenüber anderen Stiftungsgegenständen, der in der Materialität selbst begründet lag: Auf vielfältige Weise konnte der Besitzer – auch ohne vorher die Stiftung geplant zu haben – den Beschreibstoff nutzen, um sich als Donator zu verewigen, sei es durch Inschriften, Wappenexlibris oder Dedikationsbilder, und so Gedenken zu evozieren. Neben der liturgischen Memoria war es also möglich, durch eingeschriebene Gebetsaufforderungen – *orate pro…* – eine private Fürbitte zu erhalten. Ein laut gesprochenes *Requiescat in pace* erwartete der Kleriker Johannes Seeburg von den Lesern der von ihm eigenhändig abgeschriebenen Bände.[24] In einem Schreibervers des Franziskanerguardians Ludolf Sunne wird die mittelalterliche Denkweise offenbar: Der Stifter verzichtet auf sein Buch zugunsten des Allgemeinwohls und überantwortet es der Bibliothek zum Gebrauch. Der Leser wird dann aber aufgefordert, vor Gott als Fürsprecher für denjenigen aufzutreten, der dem Buch

pekte des Stiftungsverhaltens im spätmittelalterlichen Stralsund (Stiftungsgeschichten, 2), Berlin 2000, S. 52-59.

21 Es handelte sich um eine ‚Summa virtutum' und eine ‚Summa vitiorum', siehe Richard DOEBNER/ Herman BRANDES (Hrsg.): Urkundenbuch der Stadt Hildesheim, Bd. 7: Von 1451 bis 1480, Hildesheim 1899, Nr. 23.

22 NENTWIG: Buchwesen (wie Anm. 1), S. 4; Paul LEHMANN: Die Riddagshäuser Bibliothek, in: Braunschweigisches Magazin 11 (1905), S. 49-56, 72, 140f., hier S. 140.

23 Siehe die Einträge von Namen Lübecker Geistlicher im Wohltäterbuch des Kloster Ahrensbök bei Lübeck in der Edition von Wolfgang PRANGE: Bruchstücke des Memorien- und des Wohltäterbuches des Klosters Ahrensbök, in: Zeitschrift der Gesellschaft für Schleswig-Holsteinische Geschichte 88 (1963), S. 69-91, hier S. 89-91; Wolfgang SCHWARZ (Bearb.): Auszüge aus dem Nekrolog des Godehardiklosters, in: Michael BRANDT (Hrsg.): Der Schatz des Sankt Godehard. Ausstellung des Diözesan-Museums Hildesheim, Hildesheim 1988, S. 174-176.

24 Hartmut BOOCKMANN: Die Lebenswelt eines spätmittelalterlichen Juristen. Das Testament des doctor legum Johannes Seeburg, in: Ludger GRENZMANN/Hubert HERKOMMER/Dieter WUTTKE (Hrsg.): Philologie als Kulturwissenschaft. Studien zur Literatur und Geschichte des Mittelalters. Festschrift für Karl Stackmann zum 65. Geburtstag, Göttingen 1987, S. 287-305, hier S. 290f.

entsagte.[25] Die Gabe von liturgischen Büchern entsprach durch die stets wiederkehrende Benutzung besonders der Absicht des persönlichen Gedenkens. Ihr Verwendungskontext im Gottesdienst war zugleich exponiert. Sie konnten mit entsprechender Ausstattung speziell für eine Kirche angefertigt sein, wurden nur an besonderen Festtagen verwendet, eventuell ausschließlich am Hochalter, oder waren der Benutzung einer höherstehenden Person zugedacht.[26] Die Fundierung einer Vikarie gab ebenfalls den Anlass, Bücher anfertigen zu lassen und den Altar damit auszustatten.[27]

Zu den von vornherein geplanten Stiftungen sind die seltenen Fälle von Kunstobjektstiftungen zu rechnen, die sich durch ihre Ausstattung, sei es mit Buchmalerei oder prachtvoller Einbandgestaltung auszeichneten.[28] Sie sind in der Regel speziell gefertigte Dedikationsexemplare, wie die Handschrift des Abtes von St. Ägidien in Braunschweig, Berthold Meier, der zum Dank für den vom Rat gestifteten neuen Auctorschrein nach 1465 eine Geschichte der beiden Klosterpatrone Auctor und Ägidius verfertigte.[29]

Wenn Bücher aber ohnehin im Besitz waren, bedeutete ihre Abgabe keinen zusätzlichen finanziellen Mehraufwand für den Stifter und damit keine Bußleistung. Die Übereignung nach dem Tod stand dann mehr im Zeichen der Ermittlung eines würdigen Abnehmers, der für die Bücher Verwendung fand, ihnen also intellektuell begegnen konnte, damit Gedenken praktiziert wurde und das Buch nicht als nutzloses Objekt verkam. Wie Gerhardt Powitz formulierte, „wird der Stifter deshalb alles daran gesetzt

25 Heinrich NENTWIG (Bearb.): Die mittelalterlichen Handschriften in der Stadtbibliothek zu Braunschweig, Wolfenbüttel 1893, S. 46, Ms. 66, Vorsatzblatt: *Istum librum resignavit frater Ludolfus Sunne et eundem deputavit pro usu liberarie fratrum minorum in Brunswick. Quisquis in eo studuerit, intercessor eius esse dignetur*; siehe auch Helmar HÄRTEL: Studien zu einer Handschrift des Braunschweiger Guardians Ludolfus Sunne OFM († 1470), in: Die Diözese Hildesheim in Vergangenheit und Gegenwart 50 (1982), S. 109-118, hier S. 115.

26 Für den Hochaltar des Marienklosters vor Gandersheim bestimmte 1477 der Notar und Vikar Hermann Raphon ein Missale in schöner Schrift und mit wertvollem Einband; Hermann HERBST: Die Bibliotheksgründung beim St. Marienkloster vor Gandersheim im Jahre 1477, in: Braunschweigisches Jahrbuch 30 (1949), S. 48-64, hier S. 57.

27 Das sogenannte ‚Wevelkoven-Missale', Lüneburg, Ratsbücherei, Theol. 2° 1[a], ließ der vermögende Lüneburger Bürger Gerhard von Wevelkoven bei der Fundierung einer Vikarie der Pfarrkirche St. Johannis anfertigen, Irmgard FISCHER: Handschriften der Ratsbücherei Lüneburg, Bd. 2: Die theologischen Handschriften 1. Folioreihe, Wiesbaden 1972, S. 2-5.

28 Beispielsweise musste bei den beliebten Fensterstiftungen in Kirchen vorab überlegt werden, ob und auf welche Weise auf den Stifter verwiesen werden sollte. Vielfach wurden auch Kelche und Patenen gestiftet, bei denen eine Inschrift nachträglich eingraviert werden konnte.

29 Hannover, Kestner Museum, Nr. 3931, beschrieben von Helmar HÄRTEL: Handschriften des Kestner-Museums zu Hannover (Mittelalterliche Handschriften in Niedersachsen, 11), Wiesbaden 1999, S. 41f. mit weiterer Literatur; Hermann HERBST: Literarisches Leben im Benediktinerkloster St. Ägidien zu Braunschweig. Nebst einem Versuch der Rekonstruktion der Bibliothek dieses Klosters, in: Niedersächsisches Jahrbuch für Landesgeschichte 13 (1936), S. 131-189, hier S. 168-173. Siehe in diesem Kontext auch Carola JÄGGI: Stifter, Schreiber oder Heiliger? Überlegungen zum Dedikationsbild der Bernward-Bibel, in: DIES./Hans-Rudolf MEIER/Philippe BÜTTNER (Hrsg.): Für irdischen Ruhm und himmlischen Lohn. Stifter und Auftraggeber in der mittelalterlichen Kunst, Berlin 1995, S. 65-75.

haben, die Alienatio auszuschließen oder stark zu erschweren"[30]. Bei der Suche nach einem Empfänger konnte die materielle Bedürftigkeit berücksichtigt werden, indem die Bücher an arme Priester oder Klöster hinterlassen und so karitativ eingesetzt wurden.[31] Aus Dankbarkeit war dem Wohltäter die Memoria sicher. Bücher waren im Spätmittelalter noch keine Alltagsgegenstände, denn dazu waren sie zu wertvoll und nicht verbreitet genug. So wurde 1451 als Pfand für ein Rechtsbuch, die ‚Institutionen', der Gegenwert von einer silbernen Schale beim Rat der Stadt Hannover taxiert.[32] Im Druckzeitalter verbilligten Bücher sich zwar, ihr Nutzerkreis weitete sich und testamentarische Erwähnungen nahmen allmählich zu, dennoch beschränkten sowohl die Kosten als auch die Gebrauchsvoraussetzungen ihre Verbreitung. Vielfach wurde der vom Stifter bezifferte Geldwert in Testamenten angegeben, falls das Buch doch verkauft werden sollte, um die freie Verfügung über den Erlös zu gewähren.[33]

Bei der testamentarischen Vergabe konnte ein weiterer karitativer Aspekt in der Förderung des christlichen Lebens bestehen. Das Besondere an Bücherlegaten war nämlich, dass geistiges Kapital bereits in ihnen enthalten war. Wurden Bücher an neue Besitzer weitergegeben, dann konnten durch die Rezeption der Inhalte Frömmigkeit und Wissen zunehmen. Der Leser gelangte idealerweise sogar zu göttlicher Erkenntnis und Seelenheil und konnte seinerseits frommes Verhalten evozieren und damit gesellschaftliche Missstände minimieren.[34]

Aber auch profane Motive und pragmatische Zweckbestimmungen von Bücherstiftungen spielten eine Rolle, nur sind sie schwer nachzuweisen, da sich verschiedene Absichten überlagert haben dürften und gerade Bücher eng mit religiösen Inhalten ver-

30 Gerhardt POWITZ: Libri inutiles in mittelalterlichen Bibliotheken. Bemerkungen über Alienatio, Palimpsestierung und Makulierung, in: DERS. (Hrsg.): Handschriften und frühe Drucke. Ausgewählte Aufsätze zur mittelalterlichen Buch- und Bibliotheksgeschichte (Frankfurter Bibliotheksschriften, 12), Frankfurt a. M. 2005, S. 82-112, hier S. 92.

31 Siehe das Legat des Lüneburger Priesters Leo von 1339, der seinen großen Psalter an ein armes Kloster übertrug. Ludolf Mangard, Priesters an St. Johannes in Lüneburg, stellte alle seine Bücher armen Geistlichen, Studenten und Schülern zur Verfügung, Uta REINHARDT (Bearb.): Lüneburger Testamente des Mittelalters 1323 bis 1500 (Veröffentlichungen der Historischen Kommission für Niedersachsen und Bremen, 37; Quellen und Untersuchungen zur Geschichte Niedersachsens im Mittelalter, 22), Hannover 1996, S. 3, 398.

32 Jürgen BUSCH: Die Ratsbibliothek in Hannover. Beiträge zur Geschichte der Stadtbibliothek vom 15. bis zum Beginn des 19. Jahrhunderts, in: Hannoversche Geschichtsblätter, N. F. 10 (1957), S. 173-234, hier S. 179.

33 Siehe die Wertschätzungen im Testament des Lübecker Priesters Hermann Hose von 1350 bei Ahasver von BRANDT (Hrsg.): Regesten der Lübecker Bürgertestamente des Mittelalters, Bd. 1: 1278-1350 (Veröffentlichungen zur Geschichte der Hansestadt Lübeck, 18), Lübeck 1964, S. 202f.; ebenso Johannes SCHILDHAUER: Hansestädtischer Alltag. Untersuchungen auf der Grundlage der Stralsunder Bürgertestamente vom Anfang des 14. bis zum Ausgang des 16. Jahrhunderts (Abhandlungen zur Handels- und Sozialgeschichte, 28), Weimar 1992, S. 99.

34 Vgl. HONEMANN: Laien (wie Anm. 14), S. 151f. Pierre Bourdieu prägte den Begriff des kulturellen Kapitals, nach dem Bücher als materielle Träger des objektivierten Kulturkapitals gelten und die Nutzung und Anwendung von Wissen als inkorporiertes Kulturkapital. In diesem Fall leisten die Buchinhalte dem religiösen Kapital Vorschub, Pierre BOURDIEU: Ökonomisches Kapital, kulturelle Kapital, soziales Kapital, in: Reinhard KRECKEL (Hrsg.): Soziale Ungleichheiten (Soziale Welt, Sonderbd. 2), Göttingen 1983, S. 183-198, hier S. 186-190.

bunden waren. Bei einem Vermächtnis an eine Ratsbibliothek war die Aufforderung zu privater Fürbitte die einzige Möglichkeit, der Sorge um das Seelenheil nachzukommen. Bernd Moeller hat darauf verwiesen, dass der Stifter auf diese Weise zwar karitativ und gemeinnützig tätig sein und Gedenken erlangen konnte, aber eben keine kirchliche Memoria erhalten habe.[35] Daneben erlangten Stifter aber auch Prestige als Wohltäter einer Stadt. Die Repräsentation der eigenen Person oder der Familie konnte ausschlaggebend für eine Stiftung sein, möglicherweise, wenn die Bibliothek zur öffentlichen Nutzung bestimmt wurde.[36] Ebenso konnte sie eine Demonstration der Gruppenzugehörigkeit sein oder gruppenspezifische Erwartungshaltungen erfüllen. Hieraus ergaben sich dann Schenkungstraditionen, bei denen die Mitglieder einer Personengruppe immer die gleiche Institution bedachten, wie es bei vielen Stiftsbibliotheken ablesbar ist.[37] Verfügte man selbst über keine oder keine adäquaten Bücher für einen ausgewählten Empfänger, dann konnte die zweckbestimmte Geldstiftung für die Bibliotheksgebäuderenovierung oder die Bestandserweiterung eine Möglichkeit zur Wohltätigkeit sein;[38] die Textauswahl oblag dann dem Empfänger.

Große Bücher- oder gar Bibliotheksstiftungen rangierten auf einer Ebene zwischen Nutzen und Repräsentation. Sie erfolgten oft schon zu Lebzeiten des Besitzers oder wurden zumindest in Aussicht gestellt, damit andere von ihnen profitieren konnten. Teilweise waren sie Anlass für Bibliotheksneugründungen, wie die Rats-, Kollegien- und Fakultätsbibliotheken, denn auf diese Weise konnte der Donator zusätzlich ein Alleinstellungsmerkmal im allgemein hohen Stiftungsaufkommen der Städte erwirken. Gerade Stifter ohne Nachkommen verfolgten diese Option.[39] Für neue Räume oder ganze Gebäude sorgte zumeist der Begünstigte. Mit diesen Neugründungslegaten verband sich die Forderung, die Bücher für die Öffentlichkeit oder zumindest für einen eingeschränkten

35 MOELLER: Anfänge (wie Anm. 3), S. 142.

36 Siehe die Stiftung des Johannes Seeburg und des Volkmar von Anderten im nächsten Abschnitt. Büchersammlungen wiesen ihre Besitzer oder Stifter zwar als gelehrte Person aus, hatten aber bei Weitem nicht die repräsentative Kraft wie beispielsweise die Stiftung eines opulenten Grabmals in einer Kirche.

37 Für Frankfurt Gerhardt POWITZ: Die Bibliothek des Frankfurter Stadtpfarrers Peter Scheu († 1510). Klerikaler Buchbesitz um 1500 und der Handel mit Büchern als Nachlaßgut, in: Gutenberg-Jahrbuch 76 (2001), S. 314-333, hier S. 316-318.

38 An das Godehardikloster in Hildesheim erging die Geldstiftung der Laiin Elisabeth für den Ausbau der Bibliothek, SCHWARZ: Auszüge (wie Anm. 23), S. 176. Die Mutter zweier Minoritenbrüder in Lübeck stiftete ihnen 60 Mark für Bücherkäufe, BRANDT: Regesten (wie Anm. 33), S. 55.

39 Ohne eigene Nachkommen im Laienstand war der Greifswalder Bürgermeister Heinrich Rubenow, der maßgeblich die Gründung der Universität in seiner Heimatstadt betrieb. Er stellte aus eigenen Mitteln Geld für ihre Ausstattung und seine Bücher zur Verfügung. Ein Grund für seine Stiftung war zweifelsohne, das Gedenken an seine bedeutende Familie aufrecht zu erhalten, siehe Roderich SCHMIDT: Heinrich Rubenow und die Gründung der Universität Greifswald 1456, in: DERS.: Das historische Pommern. Personen – Orte – Ereignisse (Veröffentlichungen der Historischen Kommission für Pommern, Reihe 5, 41), Köln 2007, S. 504-520, hier S. 516; Theodor PYL: Die Rubenow-Bibliothek, die Handschriften und Urkunden der von Heinrich Rubenow 1456 gestifteten Juristen- und Artisten-Bibliothek zu Greifswald, Greifswald 1865.

Personenkreis zugänglich zu machen und diese Bedingung wurde nicht nur an Rats-, sondern auch an Kirchenbibliotheken gestellt.[40]

Ruhm und Andenken des Stifters konnten nur zur vollen Geltung kommen, wenn die Sammlung erhalten und gepflegt wurde. Insofern galt eine Sorge des Stifters dem Erhalt des Mediums seiner Memoria. Kirchen und Klöster waren im Bewusstsein der Menschen Institutionen von langer Dauer, und wo bereits viele Bücher zusammenkamen, waren die Verwahrungsmöglichkeiten günstig: Die Bücher befanden sich hier an einem festen Ort, wurden zum Schutz vor Diebstahl angekettet und man sorgte eher für einen guten Erhaltungszustand, an den sich die Aufrechterhaltung des Gedenkens knüpfte. Teilweise verfügten die Testatoren, wie der Lübecker Pfarrer Hermann Hose, dass die Bücher nicht verliehen, verkauft oder die Sammlung aufgeteilt werden dürften. Er drohte mit dem Entzug der ganzen Sammlung durch die Testamentsvollstrecker, wenn einzelne Bücher verkauft würden.[41]

3 Persönliche Bindungen als Auswahlkriterium für einen Empfänger

In den Städten ergaben sich für die Besitzer von Büchern vielfältige Handlungsoptionen zu deren Vergabe nach dem Tod. Je nach Motivation und Ertragsprognose konnte zwischen geistlichen Bibliotheken bei den Pfarr- und Hospitalkirchen sowie den Klöstern der näheren und weiteren Umgebung gewählt werden. Als alternative Empfänger kamen aber auch die Universitäts-, Hospital-, Bruderschafts- und Ratssammlungen oder Privatpersonen in Frage. Daneben mussten aber weitere Überlegungen in die Entscheidung einbezogen werden. Dazu zählten das Ansehen der Kirchen, Klöster, Stifte und ihrer Mitglieder in der Stadt, ihre Ordenszugehörigkeit und das Seelsorgeangebot, die mögliche Reformbereitschaft oder die Kategorisierung als besonders ‚bücherliebend', also das Wissen um eine bereits vorhandene Büchersammlung und ihre Pflege. Die gegenseitige Kenntnis beeinflusste die Entscheidungsfindung im Hinblick auf die Wahrscheinlichkeit der Weiternutzung eines Buches. Ein persönlicher Kontakt, der auf der potentiellen Empfängerseite Auskunft über den Zustand der Büchersammlung geben konnte, war neben den genannten Faktoren sicherlich eine der ausschlaggeben-

40 Siehe hierzu MOELLER: Anfänge (wie Anm. 3), S. 140. Die Bestimmungen im Testament des Hamburger Bürgermeisters Hinrich Murmester legen dar, dass jeder Zugang erhalten sollte. Nur den städtischen Bediensteten war es aber möglich, Bücher zu entleihen, wenn sie ein wertvolleres und besseres an seine Stelle legten, vgl. Erich ZIMMERMANN: Die Bibliothek in der „neuen Schreiberei". Hinrich Murmester und die älteste Hamburger Stadtbibliothek (1479/1481), in: Werner KAYSER: 500 Jahre wissenschaftliche Bibliothek in Hamburg, 1479-1979. Von der Ratsbücherei zur Staats- und Universitätsbibliothek. Mit Beiträgen von Hellmut Braun und Erich Zimmermann (Mitteilungen aus der Staats- und Universitätsbibliothek Hamburg, 8), Hamburg 1979, S. 17-26, hier S. 24f.; Peter GABRIELSSON: Die letztwillige Verfügung des Hamburger Bürgermeisters Dr. Hinrich Murmester, in: Zeitschrift des Vereins für Hamburgische Geschichte 60 (1974), S. 35-57.

41 BRANDT: Regesten (wie Anm. 33), S. 202f.; Urkundenbuch der Stadt Lübeck, hrsg. von dem Vereine für Lübeckische Geschichte, Abt. 1, Teil 2,2, Lübeck 1958, Nr. 977; Birgit NOODT: Religion und Familie in der Hansestadt Lübeck anhand der Bürgertestamente des 14. Jahrhunderts (Veröffentlichungen zur Geschichte der Hansestadt Lübeck, Reihe B, 33), Lübeck 2000, S. 372f.

den Informationsquellen. Gleichzeitig erhoffte man sich von der persönlichen Verbindung, den memorialen Druck zu erhöhen. So rückt die soziale Beziehung zwischen Schenkendem und Empfänger in den Vordergrund der Betrachtung.[42] Eigene Bekenntnisse der Stifter für die Entscheidungsfindung fehlen meistens,[43] doch grenzten Herkunft und familiäre Bindungen, der Studienort, eine langjährige Diensttätigkeit, Ämter und Pfründenbesitz die regionale und institutionelle Vergabevariabilität ein.

Da Angehörige des höheren Weltklerus weitgehend Autonomie bei der Empfängerauswahl besaßen, gute Bildungsvoraussetzungen hatten und über die nötige wirtschaftliche Kraft verfügten, um Bücher zu besitzen, ist ihr Stiftungsverhalten besonders aufschlussreich. Die folgenden drei Beispiele verbindet die testamentarische Bestimmung über einen größeren Nutzungskreis der Bücher. Der aus Hannover stammende Lübecker Domherr Volkmar von Anderten († 1481) übergab seine Bücher der Sammlung beim hannoverschen Rat, obwohl er in Lübeck in seinen späteren Jahren seinen Lebensmittelpunkt gefunden hatte und hier eine Vikarie und eine ewige Memorie für sich stiftete.[44] Volkmar von Anderten hatte in Leipzig, Rostock und möglicherweise in Erfurt studiert und war in Hildesheim, Hannover, Königslutter, Minden, Hameln, Einbeck, Kammin, Verden und Lübeck bepfründet, teilweise sogar mehrfach. Sein Vater und sein jüngerer Bruder waren Ratsmitglieder und Bürgermeister in Hannover. Ihr persönlicher Bücherbedarf zeigt sich darin, dass der Vater lange vor Eingang von Volkmars Spende für den jüngeren Bruder Rechtsbücher beim Rat auslieh. Die erhaltenen Handschriften aus Volkmars Besitz sind vorwiegend juristischen Inhalts und betreffen das kanonische wie das weltliche Recht.[45] In der Lübecker Dombibliothek waren diese Werke zwar nicht vollständig, aber doch in wesentlichen Teilen, bereits vorhanden.[46]

Ähnlich heimat- bzw. familienverbunden verhielt sich Johannes Seeburg († nach 1502) aus Duderstadt, der seine juristischen Bücher der dortigen Pfarrkirche St. Cyriacus mit öffentlicher Nutzungsbestimmung überließ. Damit leistete er einen Beitrag zur

42 Zur „Wechselwirkung von Bedürfnisstrukturen" siehe Gerhard JARITZ: Seelgerätstiftungen als Indikator der Entwicklung materieller Kultur im Mittelalter, in: DERS. (Hrsg.): Kultur (wie Anm. 5), S. 13-35, hier S. 15f.

43 SCHMID: Kunststiftungen (wie Anm. 5), S. 162.

44 Brigide SCHWARZ: Volkmar von Anderten, Domherr und Offizial zu Lübeck. (Mit-)Begründer der Ratsbibliothek Hannover († 1481), in: Wolfenbütteler Notizen zur Buchgeschichte 24 (1999), S. 117-131, hier S. 126; DIES.: Karrieren von Klerikern aus Hannover im nordwestdeutschen Raum in der 1. Hälfte des 15. Jahrhunderts, in: Niedersächsisches Jahrbuch für Landesgeschichte 73 (2001), S. 235-270, hier S. 257f.; Robert GRAMSCH: Erfurter Juristen im Spätmittelalter. Die Karrieremuster und Tätigkeitsfelder einer gelehrten Elite des 14. und 15. Jahrhunderts (Education and society in the Middle Ages and Renaissance, 17), Leiden 2003, Personenkatalog, S. 61-68.

45 Udo KÜHNE (Bearb.): Handschriften in Hannover. Stadtbibliothek, Stadtarchiv, Niedersächsisches Hauptstaatsarchiv, Landeskirchliches Archiv (Mittelalterliche Handschriften in Niedersachsen, Kurzkatalog, 1), Wiesbaden 1991, Mss. Mag. 11, 33-47, 49, 50, 53. Die Inkunabeln sind überwiegend theologischen Inhalts, siehe BUSCH: Ratsbibliothek (wie Anm. 32), S. 184f.

46 Vgl. die Verzeichnisse der Dombibliothek bei Wilhelm LEVERKUS (Hrsg.): Urkundenbuch der Bisthums Lübeck, Bd. 1: 1154-1341 (Schleswig-Holsteinische Regesten und Urkunden, 13,1; Veröffentlichungen des Schleswig-Holsteinischen Landesarchivs, 35), Oldenburg 1856 [ND Neumünster 1994], S. 383-411.

Wissensförderung in der Stadt. Seeburg ging einer Tätigkeit als Professor an der Universität Leipzig nach, war Kanoniker in St. Severin in Erfurt und Pfarrer in der Stadtkirche St. Katharinen in Braunschweig sowie deren Syndicus. Er besaß aber keine Pfründe in Duderstadt. Bestatten ließ er sich prestigeträchtig in der St. Thomaskirche zu Leipzig.[47]

Die beiden Vererbungswege zeigen, dass Heimat und Familienbewusstsein durchaus einflussreiche Faktoren bildeten, während die neue besitzrechtliche Lage der Bücher und der eigene Tätigkeitsort keine Bedeutung hatte. Die Gewichtung der Auswahlkriterien innerhalb einer Stadt mit zahlreichen Stiftungsoptionen offenbart das folgende Vermächtnis. In Braunschweig standen sieben Pfarrkirchen zur Auswahl, daneben sechs Stifts- und Klosterbibliotheken in der Stadt und vier weitere in der Umgebung sowie die bereits erwähnte Büchersammlung des Rates.[48] Der Stadtschreiber Gerwin von Hameln († 1496), der aus Braunschweig stammte und in Leipzig studiert hatte, hinterließ seine über 300 Bände sowohl theologischer als auch juristischer Literatur aber keineswegs dem Rat, sondern der Pfarrkirche von St. Andreas in der Neustadt, an der er bepfründet war und in deren Nähe er mit seiner Familie wohnte. Er hatte aus Gründen der finanziellen Versorgung die niederen Weihen empfangen, um die Pfründen annehmen zu können. Das Patronat der Andreaskirche lag in der Hand der welfischen Herzöge.[49] Besitzrechtlich gehörten die Bücher der Kirche, jedoch bestand in Bezug auf die Bibliothek eine gemischte Zuständigkeit von Kirche und Stadt, denn bei ihrer baulichen Neugründung hatte der Stifter Johann Ember 1412 verfügt, dass der Schlüssel zum Gebäude vom Pfarrer, die Schlüssel zu den Ketten, mit denen die Bücher an den Pulten befestigt waren, aber beim Rat der Neustadt aufgehoben werden sollten. Zukünftig wurde sie als *Libarie in der Nigen Stadt* und nicht als Bibliothek der Andreaskirche bezeichnet.[50] Seit dem Neubau brachten die Pfarrer ihr

47 BOOCKMANN: Lebenswelt (wie Anm. 24), S. 290f., 299. Bei seinem Legat handelt es sich um Werke zum kanonischen und weltlichen Recht. Seeburg war zeitweilig auch Syndicus in Braunschweig, siehe Martin KINTZINGER: Das Bildungswesen in der Stadt Braunschweig im hohen und späten Mittelalter. Verfassung und institutionengeschichtliche Studien zu Schulpolitik und Bildungsförderung (Beihefte zum Archiv für Kulturgeschichte, 32), Köln 1990, S. 505f. 1488 musste Seeburg das Amt des Syndicus in Braunschweig unfreiwillig aufgeben. Eine Stiftung an die Ratssammlung war damit ausgeschlossen. Dennoch ließ er zweimal jährlich Gedächtnismessen in der Stadt verlesen und wünschte die Aufnahme in die Fürbitte der sonntäglichen Messe.

48 Neben den Kollegiatstiften St. Blasius und St. Cyriacus ist für die Benediktiner, Franziskaner, Dominikaner sowie die Zisterzienserinnen im Kreuzkloster Buchbesitz belegbar. Weiter außerhalb der Stadt gilt dieses für die Zisterzienser in Riddagshausen und die drei Augustiner-Chorfrauenstifte in Steterburg, Heiningen und Dorstadt.

49 Bernd-Ulrich HERGEMÖLLER: Verfassungsrechtliche Beziehungen zwischen Klerus und Stadt im spätmittelalterlichen Braunschweig, in: Manfred R. GARZMANN (Hrsg.): Rat und Verfassung im mittelalterlichen Braunschweig. Festschrift zum 600jährigen Bestehen der Ratsverfassung, 1386-1986 (Braunschweiger Werkstücke, Reihe A, 21), Braunschweig 1966, S. 135-186, hier S. 144.

50 MOELLER: Anfänge (wie Anm. 3), S. 138f.; Hermann HERBST: Die Bibliothek der St. Andreaskirche zu Braunschweig, in: Zentralblatt für Bibliothekswesen 58 (1941), S. 301-338, hier S. 314f.; Anette HAUCAP-NASS: Der Braunschweiger Stadtschreiber Gerwin von Hameln und seine Bibliothek (Wolfenbütteler Mittelalter-Studien, 8), Wiesbaden 1995; Brigide SCHWARZ: Hannoveraner in Braunschweig. Die Karrieren von Johann Ember († 1423) und Hermann Pentel

eine besondere Aufmerksamkeit entgegen, indem sie den Buchbestand vergrößerten und ihn inventarisierten. In Duderstadt wie in Braunschweig – zwei in Größe und Bedeutung unterschiedlichen Städten – sowie in zahlreichen anderen Orten übernahmen die Pfarrbibliotheken die Literaturversorgung zum Wohl der Stadt- bzw. Pfarrgemeinde, denn anders als die Ratsbibliotheken standen sie eher in der Tradition von Bildungseinrichtungen.[51]

4. Buchinhalte und Transferwege

Auch die Buchinhalte hatten Einfluss auf die Transferwege. Ein eigenhändig geschriebenes, aus verschiedenen erbaulichen Texten zusammengestelltes und unter beträchtlichem Kostenaufwand eingebundenes Buch hatte neben dem materiellen und ideellen Wert einen persönlichen Charakter. Zugleich stellten sich Ansprüche an den Empfänger, der über eine gewisse Bildung und ähnliche Interessen verfügen musste. Er sollte zweifelsohne gut ausgewählt sein, damit die Buchinhalte seinen Bedürfnissen entsprachen und Gedenken praktiziert wurde. Zwar waren solche Geschenke für den Gelehrten grundsätzlich nicht zu verachten, doch wurde in Testamenten immer wieder der Verkauf von Büchern bestimmt, weil kein Gebrauchswert vorhanden war. So überließ der Lübecker Syndicus Simon Batz seine umfangreiche Sammlung seinen drei Schwestern. Nur: Was sollten sie mit überwiegend juristischer Literatur anfangen? Da der Verkauf nahe lag, schlug Batz gleich selbst den Rat als Empfänger vor und zwar zunächst gegen einen Kaufpreis von 200, in seiner zweiten Testamentsfassung von 1464 von 300 rheinischen Gulden.[52] Andererseits mutet es etwas unpassend an, wenn eine Laiin dem Prior eines Dominikanerklosters einen Psalter überließ, denn es ist davon auszugehen, dass er diesen auswendig konnte.[53] Da sie jedoch auf dem Klosterfriedhof beigesetzt werden wollte und ihre gesamte Habe, die nicht umfangreich war,

(† nach 1463), in: Braunschweigisches Jahrbuch für Landesgeschichte 80 (1999), S. 9-54, besonders S. 13-29. Eine ähnliche Konstellation, bei der Bücher durch ein Legat in den Besitz der Kirche übergingen, die Bestimmung über den Aufbewahrungsort sowie Aufsicht und Schutz aber beim Rat lag, ist aus Hannover bekannt. Den Klerikern der Marktkirche sollte die Nutzung freistehen. Hier lag das Patronatsrecht der Kirche ebenfalls bei den welfischen Herzögen, siehe BUSCH: Ratsbibliothek (wie Anm. 32), S. 177.

51 MOELLER: Anfänge (wie Anm. 3), S. 139.

52 Robert SCHWEITZER/Ulrich SIMON: „Boeke, gude unde böse…“: Die Bibliothek des Lübecker Syndikus Simon Batz von Homburg. Rekonstruktionsversuch anhand seines Testaments und der Nachweise aus dem Bestand der ehemaligen Ratsbibliothek in der Stadtbibliothek Lübeck, in: Rolf HAMMEL-KIESOW/Michael HUNDT (Hrsg.): Das Gedächtnis der Hansestadt Lübeck. Festschrift für Antjekathrin Graßmann zum 65. Geburtstag, Lübeck 2005, S. 127-157, hier S. 130; Gerhard NEUMANN: Simon Batz. Lübecker Syndicus und Humanist, in: Zeitschrift des Vereins für Lübeckische Geschichte und Altertumskunde 58 (1978), S. 49-73. Simon Batz besaß eine Pfründe in der Diözese Metz und zählt damit zu der Gruppe von Klerikern im städtischen Dienst, welche die Ratsbibliothek als Legatempfänger in Erwägung zog. Siehe die Stationen seines Lebens im Überblick bei GRAMSCH: Juristen (wie Anm. 44), Personenkatalog, S. 123-125

53 Manfred R. GARZMANN (Hrsg.): Urkundenbuch der Stadt Braunschweig, Bd. 6: 1361-1374 samt Nachträgen, Hannover 1998, Nr. 563.

den Predigerbrüdern vererbte, war es wohl aus ihrer Sicht eine angemessene Entscheidung, ein für sie auch materiell wertvolles Buch zu vererben.

Die Haupttransferwege von Büchern in den Städten sind die zwischen Klerikern und geistlichen Einrichtungen. Die Geistlichen, die über Bücher verfügten, differenzieren sich in Ordensmitglieder, Stiftskanoniker und den Pfarrklerus, die aufgrund ihrer unterschiedlichen sozialen Bindungen ihre Sammlungen vererbten. Klosterbewohner übergaben ihre privaten Bücher mehrheitlich der Bibliothek an dem Ort, der auch ihre letzte Ruhestätte bot. Den Besitzübertragungen lagen hier keine Testamente zu Grunde, sie sind vielfach nur rudimentär durch Stiftungseinträge in einzelnen Büchern nachweisbar. Im Allgemeinen wurde der Büchernachlass aus den Zellen der Verstorbenen in die gemeinschaftliche Bibliothek integriert.[54] Obwohl aus den meisten spätmittelalterlichen Bibliotheken nur Restbestände erhalten sind und keine Aussage über den Gesamtumfang getroffen werden kann, erscheint der Anteil von Handschriften, die nachweislich aus Privatbesitz stammen, nicht unbedeutend. Bei den Franziskanern in Braunschweig lag er ungefähr bei einem Viertel. Unter den betreffenden Donatoren befanden sich zehn Ordensangehörige; nur zwei weitere waren keine Konventsmitglieder.[55] Bei den Lüneburger Franziskanern lag der Anteil an Handschriften mit individuellen Vorbesitzern ungefähr ebenso hoch.[56] Mehrfach waren es die Lektoren oder Scholaster, die privat über Bücher verfügten. Die Vergrößerung der klösterlichen oder stiftischen Studienbibliotheken ging außerhalb von Überlassungen vielfach auf das Engagement von Klosterangehörigen, zumeist in Leitungspositionen, zurück, die Abschreibarbeiten initiierten, selbst vornahmen oder Bücher käuflich erwarben.[57] Auf diese Weise war die Einrichtung einer Studienbibliothek allerdings sehr aufwendig und teuer. Die mehr oder minder großen Stiftungen mit inhaltlich hoher Varianz sorgten hingegen für die Entlastung des Budgets.

Die Annahme wechselseitiger Kenntnis von auswärtigen Stiftern und Empfängern lässt es fraglich erscheinen, ob Bücherstiftungen tatsächlich willkürlich an die neuen Besitzer ergingen. Eher wären sie dann auf die schon vorhandene und fehlende Litera-

54 Im Dominikanerinnenkloster St. Katharina in Nürnberg wurden in der Mitte des 15. Jahrhunderts im großen Umfang die Bücher im Privatbesitz der Nonnen verzeichnet, die später in den Allgemeinbesitz der Klosterbibliothek übergingen, siehe Karin SCHNEIDER: Die Bibliothek des Katharinenklosters in Nürnberg und die städtische Gesellschaft, in: MOELLER/PRATZE/STACKMANN (Hrsg.): Studien (wie Anm. 3), S. 70-82, hier S. 71 und 73; Marie-Luise EHRENSCHWENDTNER: Die Bildung der Dominikanerinnen in Süddeutschland vom 13. bis 15. Jahrhundert (Contubernium, 60), Stuttgart 2004, S. 211-237.

55 Luitgard CAMERER: Die Bibliothek des Franziskanerklosters in Braunschweig (Braunschweiger Werkstücke, Reihe A, 18), Braunschweig 1982, S. 38, 51.

56 Siehe die Übersicht bei Sigrid KRÄMER: Handschriftenerbe des deutschen Mittelalters, Teil 1-3 (Mittelalterliche Bibliothekskataloge Deutschlands und der Schweiz, Erg.-Bd. 1), München 1989-1990, S. 510-513; FISCHER: Handschriften (wie Anm. 27), S. VII-IX.

57 Helmar HÄRTEL: Studien zum Wachstum und zur Entwicklung von Bibliotheken in Südostniedersachsen am Ende des 15. und zu Beginn des 16. Jahrhunderts, in: Hans BEKKER-NIELSEN (Hrsg.): From Script to Book. A Symposium, Odense 1986, S. 79-105, hier S. 79, 104. Zu den auf Einzelpersonen zurückgehenden Anfängen von Dombibliotheken siehe Oliver AUGE: Spiritualität und Frömmigkeit an Stiftskirchen – Das Beispiel der Stiftsbibliotheken, in: Bibliothek und Wissenschaft 37 (2004), S. 1-38, hier S. 11.

tur abgestimmt worden. Das würde bedeuten, dass Institutionen mit wenigen Büchern bevorzugt Legate erhielten, die mehrfache Stiftung eines gedruckten Standardwerkes von einer großen Bibliothek aber abgelehnt, weitergegeben oder verkauft worden wäre, denn weniger brauchbares Schriftgut[58] sowie doppelt vorhandene Texte konnten und mussten teilweise aus dem Bestand ausgeschieden werden.[59] Bei echter Bedürftigkeit nach Bränden oder Kriegszerstörungen konnte die Zahl der Legate zunehmen.[60]

Büchersammlungen eigneten sich gut, um auf verschiedene neue Besitzer aufgeteilt zu werden. Dieses Verhalten ist besonders bei Personengruppen zu beobachten, deren Bindung an eine Institution nicht so stark war wie die von Klosterbewohnern, also Laien oder Weltklerikern. Die Aufteilung konnte aus zwei Gründen erfolgen: Zum einen sollte der Empfängerkreis möglichst groß sein, um das Gedächtnis zu bewahren, wie es der Braunschweiger Priester Johannes Wenthusen vollführte. Er verteilte seine Bücher *pro salute anime sue* auf verschiedene Stifte und Klöster im Umkreis von Braunschweig.[61] Zum anderen diente die Aufteilung des vorhandenen Be-

58 Darunter fielen sowohl fehlerhafte und unvollständige Textversionen, die im Druckzeitalter leicht ausgetauscht werden konnten, als auch durch Reformen nicht mehr aktuelle liturgische Bücher und nonkonforme Inhalte, POWITZ: Libri (wie Anm. 30), S. 86-89.

59 Siehe zur Auswahl von Büchern AUGE: Spiritualität (wie Anm. 57), S. 12. In den Bibliotheken der Franziskaner sollte kein Text doppelt vorhanden sein und nicht benötigte Bücher im Privatbesitz an andere Ordensmitglieder weitergegeben werden, die für sie Verwendung fanden, Eva SCHLOTHEUBER: Die Franziskaner in Göttingen. Die Geschichte des Klosters und seiner Bibliothek (Saxonia Franciscana, 8), Werl 1996, S. 102-104; Powitz: Libri (wie Anm. 30), S. 91-95.

60 Als die Bibliothek im Reichsstift Gandersheim 1466 teilweise zerstört worden war, überließ der Stiftssenior Hermann Coci seine bisher in Leinenbeuteln verwahrten Bücher dem Stift, siehe Helmar HÄRTEL: Die Handschriften der Stiftsbibliothek zu Gandersheim (Mittelalterliche Handschriften in Niedersachsen, 2), Wiesbaden 1978, S. 10.

61 An das Augustiner-Chorfrauenstift Dorstadt gelangten zwei Handschriften: Wolfenbüttel, Herzog August Bibliothek, Cod. Guelf. 419 Helmst. und 440 Helmst. Neubeschrieben von Bertram LESSER unter www.hab.de/bibliothek/wdb/helmstedterhss/html/419-helmst.html (Stand: 26.02.2012) und www.hab.de/bibliothek/wdb/helmstedterhss/html/440-helmst.html (Stand: 26.02.2012), die möglicherweise in Abstimmung mit dem Stift entstanden, siehe Bertram LESSER: Kaufen, Kopieren, Schenken. Wege der Bücherverbreitung in den monastischen Reformbewegungen des Spätmittelalters, in: Patrizia CARMASSI/Eva SCHLOTHEUBER (Hrsg.): Schriftkultur und religiöse Zentren im norddeutschen Raum (Wolfenbütteler Mittelalter-Studien), Wiesbaden (in Vorbereitung). Das St. Blasiusstift in Braunschweig erhielt eine Inkunabel: Braunschweig, Stadtbibliothek, Ink. 15, siehe Heinrich NENTWIG (Bearb.): Die Wiegendrucke in der Stadtbibliothek zu Braunschweig, Wolfenbüttel 1891, S. 9, Nr. 15. Dem Zisterzienserinnenkloster Wienhausen überließ Wenthusen eine ‚Vitas Patrum': Horst APPUHN (Hrsg.): Chronik des Klosters Wienhausen. Erweitert um das Totenbuch des Klosters Wienhausen und ein Register der Personennamen, 2. Aufl., Celle 1968, S. LVI. Eine weitere Inkunabel geht auf sein Legat zurück, allerdings ist der Empfänger unbekannt, siehe Konrad ERNST (Bearb.): Die Wiegendrucke des Kestner-Museums (Bildkataloge des Kestner-Museums Hannover, IV), Hannover 1963, Nr. 71. Johannes von Wenthusen († um 1484) stammte wahrscheinlich aus einer noch im 14. Jahrhundert dem Braunschweiger Rat angehörenden Familie, siehe Werner SPIESS: Die Ratsherren der Hansestadt Braunschweig, 1231-1671. Mit einer verfassungsgeschichtlichen Einleitung (Braunschweiger Werkstücke, 42), 2. Aufl., Braunschweig 1970, S. 229f. Eine kleinteilige Aufsplitterung seines Büchernachlasses vollzog auch der Braunschweiger Pfarrer Konrad Leonhardi, der fast alle Kirchen der Stadt bedachte. Ein solches Vorgehen ist analog zu den Geldstiftungen mancher vermögender Testatoren zu bewerten, die

stands der Bedarfsanpassung in Frage kommender Empfänger. Das bereits erwähnte Legat des Berthold Plockhorst zeigt, dass liturgische Bücher an die Pfarrkirche gingen, während eine Klosterbibliothek ein Arzneibuch, das biblische Buch ‚Jesus Sirach' und Glossen zu den Zehn Geboten erhielt. Gerade bei juristischen Büchern bestand das Problem, einen geeigneten neuen Besitzer zu finden. Sie wurden in erster Linie einzelnen Personen hinterlassen wie Mitklerikern, Verwandten oder Freunden sowie den geistlichen Einrichtungen, mit denen man in Verbindung stand.[62] So verfuhr Johann von Kampe, der *doctor decretorum*, Hamburger Dompropst und Kanoniker in Schwerin. Er überließ einen Teil seiner juristischen Bücher geistlichen Einrichtungen und gab die theologischen Bände an Privatpersonen.[63] Nur selten scheinen die Fälle zu sein, in denen Bücher von Klerikern an Laien geschenkt wurden. Dabei handelte es sich zumeist um Nachkommen von Verwandten, die die geistliche Laufbahn oder ein Studium noch vor sich hatten.[64]

An Frauenklöster ergingen Bücher von Angehörigen der Schwestern oder ihren Seelsorgern. Das Augustiner-Chorfrauenstift Heiningen bei Braunschweig erhielt eine mehrbändige Predigtsammlung von einem Priester, der in Hamburg bepfründet war.[65] Aus derlei Hinterlassenschaften konnten sich Sammlungen zum weiteren Gebrauch der Seelsorger ergeben, während die Frauen auf Bücher eigener, paralleler Samm-

das städtische Pfarrkirchenwesen als Einheit betrachteten. RÜTHER: Prestige (wie Anm. 16), S. 63; NENTWIG: Buchwesen (wie Anm. 1), S. 5.

62 NOODT: Religion (wie Anm. 41), S. 245, 371, Anm. 612. Dass diese nicht immer in derselben Stadt oder im Umkreis ansässig waren, zeigt das Legat des Braunschweiger Kanonikers an St. Blasius, Johannes Schorkop, von 1509, mit dem er dem Benediktinerkloster Clus bei Gandersheim Bücher vermachte, Hermann HERBST: Der Braunschweiger Stiftsherr Johannes Schorkop und seine Bibliothek, in: Archiv für Kulturgeschichte 29 (1939), S. 78-92. Dekret und Dekretalen im Laienbesitz finden sich bei dem Lübecker Bürgermeister Nicolaus Schoneke 1362, der die Bände seinem Enkel hinterließ, BRANDT: Regesten (wie Anm. 33), Bd. 2: 1351-1363 (Veröffentlichungen zur Geschichte der Hansestadt Lübeck, 24), Lübeck 1973, S. 291f.

63 Die juristischen Werke hinterließ er dem Hamburger Dom und dem Zisterzienserkloster Neuenkamp, während die theologischen an seinen Freund, den Domkanoniker Johann Greseken, und einen weiteren verwandten Geistlichen übertragen wurden, siehe das Testament von 1353 bei Hans-Dieter LOOSE (Bearb.): Hamburger Testamente 1351-1400 (Veröffentlichungen aus dem Staatsarchiv der Freien und Hansestadt Hamburg, 11), Hamburg 1970, S. 3-9.

64 Gunnar MEYER: „Besitzende Bürger" und „elende Sieche". Lübecks Gesellschaft im Spiegel ihrer Testamente 1400-1449, Teil 2: Transkripte Lübecker Testamente (Veröffentlichungen zur Geschichte der Hansestadt Lübeck, Reihe B, 48), Lübeck 2010, Nr. 1423/11; BRANDT: Regesten (wie Anm. 33), S. 72.

65 Britta-Juliane KRUSE/Bertram LESSER: Virtuelle und erhaltene Büchersammlungen aus den Augustiner-Chorfrauenstiften Steterburg und Heiningen, in: Sabine GRAEF/Sünje PRÜHLEN/ Hans-Walter STORK (Hrsg.): Sammler und Bibliotheken im Wandel der Zeiten. Kongress in Hamburg am 20. und 21. Mai 2010 (Zeitschrift für Bibliothekswesen und Bibliographie, Sonderband, 100), Frankfurt a. M. 2010, S. 97-115, hier S. 110f. Je nach Organisationsstruktur der Büchersammlungen in Frauenklöstern wurde den Priestern eine Sammlung zur Verfügung gestellt oder sie waren selbst dafür verantwortlich, BUZÁS: Bibliotheksgeschichte (wie Anm. 3), S. 107. In Steterburg scheint eher Letzteres der Fall gewesen zu sein, denn kaum ein Buch mit Predigtliteratur ist überliefert. Andererseits überließ der dortige Seelsorger Johannes Rintelen († nach 1502) seine Bücher der St. Nikolai Kapelle in Braunschweig, siehe NENTWIG: Buchwesen (wie Anm. 1), S. 4.

lungen zurückgriffen, die sich unter anderem aus Legaten lateinischer oder volkssprachlicher Andachtsliteratur, besonders von externen Laien speisen konnten.[66] Die Mitnahme von Büchern ins Kloster war eine weitere Möglichkeit, die Konventsbibliothek zu bereichern. So führte die Witwe Margarete von Gustedt aus Braunschweig einen niederdeutschen Marienspiegel aus dem Besitz ihres verstorbenen Mannes, des Ratsherrn Tile von Seesen, ins Stift Steterburg mit.[67]

Pfarrkirchen waren Empfänger von liturgischen Büchern aus dem Vorbesitz der dort tätigen Priester als auch der Gemeindemitglieder. Die Schenkungen bestanden zum großen Teil aus Messbüchern und anderen liturgischen Utensilien, die der Altarausstattung dienten.[68] Die Beanspruchung dieser Bände war durch den täglichen Gebrauch hoch. Ihre Anschaffung und Ausbesserung oblagen der Kirchenfabrik, welche die Ausgaben durch die Verwendung von gestifteten Büchern reduzieren konnte und teilweise sogar Geld aus Verfügungen für Reparaturen erhielt. Auch Teilbeträge für Neuanschaffungen kirchlicher Bücher wurden testamentarisch vermacht.[69]

Während sich das Stiftungsverhalten der Geistlichen noch vergleichsweise einheitlich darstellt und vorrangig geistliche Empfänger bedacht wurden, war das der Laien disparater, richtete sich aber überwiegend nach dem Charakter der vorhandenen Schriften, der wiederum vom Ausbildungsstand der Besitzer abhängig war. Durch Testamente wurden im Verlauf des 15. Jahrhunderts immer häufiger lateinische und deutsche Psalter, Evangelien-, Gebets- und Andachtsbücher an Privatpersonen über-

66 Testamentarische Bücherstiftungen an Frauenklöster bei SCHILDHAUER: Alltag (wie Anm. 33), S. 78; NOODT: Religion (wie Anm. 41), S. 40f; MEYER: „Besitzende Bürger" (wie Anm. 64), Nr. 1406/19; siehe auch Michael LUTTERBECK: Der Rat der Stadt Lübeck im 13. und 14. Jahrhundert. Politische, personale und wirtschaftliche Zusammenhänge in einer städtischen Führungsgruppe (Veröffentlichungen zur Geschichte der Hansestadt Lübeck, Reihe B, 35), Lübeck 2002, S. 163f.

67 Wolfenbüttel, Herzog August Bibliothek, Cod. Guelf. 474 Helmst.; Otto von HEINEMANN (Bearb.): Die Helmstedter Handschriften, Bd. 1: Codex Guelferbytanus 1 Helmstadiensis bis 500 (Kataloge der Herzog-August-Bibliothek Wolfenbüttel, 1), Frankfurt a. M. 1884 [ND Frankfurt a. M. 1963], S. 366; Sophie REIDEMEISTER/Werner SPIESS (Hrsg.): Genealogien Braunschweiger Patrizier- und Ratsgeschlechter aus der Zeit der Selbständigkeit der Stadt (vor 1671) (Werkstücke aus Museum, Archiv und Bibliothek der Stadt Braunschweig, 12), Braunschweig 1948, S. 137; siehe für Nürnberg auch SCHNEIDER: Bibliothek (wie Anm. 54), S. 73.

68 Heinrich MACK (Hrsg.): Urkundenbuch der Stadt Braunschweig, Bd. 4: 1341-1350, Braunschweig 1907, S. 357f.; MEYER: „Besitzende Bürger" (wie Anm. 64), Nr. 1449/24; REINHARDT: Testamente (wie Anm. 31), S. 110; siehe den Handschriftenkatalog der Hamburger Pfarrkirchen St. Petri und St. Jacobi mit zahlreichen Hinweise auf Schenkungen: Tilo BRANDIS/Herwig MAEHLER (Bearb.): Die Handschriften der S.-Petri-Kirche Hamburg. Die Handschriften der S.-Jacobi-Kirche Hamburg (Katalog der Handschriften der Staats- und Universitätsbibliothek Hamburg, 4), Hamburg 1967, bes. S. 139f.

69 Siehe die Zahlung von Klaus von Remlingen an die Braunschweiger Pfarrkirche St. Martin bei NENTWIG: Buchwesen (wie Anm. 1), S. 4. Eine Mark steuerte Marquard Dummersdorpe für ein Missale der Lübecker Gertrudenbruderschaft bei, siehe MEYER: „Besitzende Bürger" (wie Anm. 64), Nr. 1438/25; siehe zur Kirchenfabrik und ihr Bemühen um den notwendigen Buchbesitz Arnd REITEMEIER: Pfarrkirchen in der Stadt des späten Mittelalters: Politik, Wirtschaft und Verwaltung (Vierteljahresschrift für Sozial- und Wirtschaftsgeschichte, Beiheft, 177), Stuttgart 2005, S. 273-280.

eignet, deren Erbgang dem Sachsenspiegel zufolge über die Frauen erfolgte oder vielfach an ein Frauenkloster erging.[70] Der eingangs erwähnte Braunschweiger Ratsherr Hans Porner, dessen Frau lange vor ihm verstorben war, besaß nur zwei Bücher, ein Evangelienbuch und ein Stundenbuch, die er an befreundete Privatpersonen weitergab.[71] Er entschied sich weder für die städtische Sammlung noch für eine geistliche Bibliothek – wohl auch aus der Überlegung heraus, dass diese Werke in der einen Sammlung keine Verwendung fanden und in den anderen Bibliotheken zur Genüge vorhanden waren. In beiden Fällen wäre dem Legat nicht die gewünschte Geltung und Wertschätzung widerfahren. Dabei war Hans Porner sehr um sein Seelenheil besorgt: Zweimal begab er sich als Bußleistung auf Pilgerreisen nach Jerusalem und Rom. Außerdem stiftete er viel Geld an die Kirchen und Klöster der Stadt und ließ regelmäßig Seelmessen zugunsten seiner Memoria halten. Viele Bücherstifter verfuhren auf ähnliche Weise, denn sie konnten es sich leisten, ihr Vermögen vielfältig einzusetzen. Der Hildesheimer Ratsherr Drewes Stein hinterließ in der zweiten Hälfte des 15. Jahrhunderts der Bibliothek der Domvikare seiner Heimatstadt einen Band, der niederdeutsche Predigten und den ‚Großen Seelentrost' enthielt.[72] Zwei Bände mit Predigten für das Kirchenjahr schenkte der Lüneburger Bürgermeister Hinrik Garsen dem dor-

70 Eike von REPGOW: Sachsenspiegel, Landrecht, I 24, § 3: *seltere unde alle buchere, di zu gotis dinst gehorn, di vrouwen phlegen zu lesene.* Die Wolfenbütteler Bilderhandschrift Cod. Guelf. 3.1. Aug. 2°, Textbd. (Codices selecti phototypice impressi, 111,1), Graz 2006, S. 122; Jürgen WOLF: *saltervrouuwen.* Schlüssel zur Bildungswirklichkeit des weltlichen Hofs? In: Anton SCHWOB/Karin KRANICH-HOFBAUER (Hrsg.): Zisterziensisches Schreiben im Mittelalter – Das Skriptorium der Reiner Mönche. Beiträge der Internationalen Tagung im Zisterzienserstift Rein, Mai 2003 (Jahrbuch für Internationale Germanistik, Reihe A, 71), Bern 2005, S. 305-321, hier S. 317. Für Bücher, die von und an Frauen vererbt wurden, gibt es zahlreiche Beispiele: NOODT: Religion (wie Anm. 41), S. 40f.; REINHARDT: Testamente (wie Anm. 31), S. 221. Der Lübecker Albert up dem Damme entschied sich, ein Buch unter anderem mit einer Hoheliedauslegung und dem ‚Horologium sapientiae' des Heinrich Seuse an den Konvent der Schwestern vom gemeinsamen Leben St. Michael zu geben; Paul HAGEN: Die deutschen theologischen Handschriften der Lübeckischen Stadtbibliothek (Veröffentlichungen der Stadtbibliothek der freien und Hansestadt Lübeck, 1,2), Lübeck 1922, S. 4.

71 Das Testament bei Ludwig HÄNSELMANN: Hans Porners Meerfahrt, in: Zeitschrift des historischen Vereins für Niedersachsen (1874/75), S. 130-156, hier S. 152. Mit dem Gebetbuch wurde der Testamentsvollstrecker Tile Kovote bedacht, mit dem Hans Porner verschwägert war und Geschäfte abwickelte. Er war ebenfalls Ratsherr und wäre bei vorzeitigem Tod von Hans Porners Neffen Kersten einer der Haupterben gewesen. Das Evangelienbuch erhielt Tiles Tochter Lucke Kovote, siehe Dietrich MACK: Zur Geschichte der Braunschweiger Familie Porner (1326-1551), in: Forschungsberichte der Familienkundlichen Kommission für Niedersachsen und Bremen N. F. 10 (1991), S. 7-112, hier S. 25-33; DERS.: Testamente (wie Anm. 19), Bd. 5: Altstadt 1421-1432 (Beiträge zu Genealogien Braunschweiger Familien, 5), Göttingen 1995, S. 237-248.

72 Hildesheim, Dombibliothek, Hs. 724a, siehe Helmar HÄRTEL: Einleitung, in: DERS./Marlis STÄHLI/Marina ARNOLD u. a. (Bearb.): Handschriften der Dombibliothek zu Hildesheim, Teil 1: Hs 124a-Hs 698 (Mittelalterliche Handschriften in Niedersachsen, 8), Wiesbaden 1991, S. XIV sowie die Beschreibung in Teil 2, S. 22-24; NOODT: Religion (wie Anm. 41), S. 245.

tigen Kloster St. Michael, während der ‚Seelentrost' auch von Lübecker Bürgern an Privatleute vererbt wurde.[73]

Bei dieser Gruppe handelte es sich also weniger um juristisch ausgebildete Ratsherren – ihr Schriftgut hatte geistlichen Charakter. Nur für Besitzer von juristischer Literatur kam die Ratsbibliothek als Legatempfänger in Betracht, die aber selten tatsächlich ausgewählt wurde und dann besonders in Notlagen.[74] In Braunschweig überließ schon 1350 ein Priester dem Rat einige Bücher; in Lüneburg und Göttingen sind Stiftungen von Ratsmitgliedern und Vikaren zu verzeichnen.[75] In Hamburg erging die umfangreiche Stiftung des Bürgermeisters Hinrich Murmester an die im Bau befindliche Ratsbibliothek und der Lübecker Syndicus Simon Batz wusste offenbar um die Begehrlichkeit, die seine Bücher beim Rat auslösten.[76]

Berufsbedingte Stiftungen sind auch bei Universitätslehrern zu beobachten. Damit verbunden war nicht nur Dankbarkeit gegenüber der Institution, auch Aspekte wie Ruhm und Wissenschaftsförderung lagen ihren Gaben zugrunde, denn mit der Gründung von Universitäten wurden zumeist keine Bibliotheken eingerichtet. Gegen diese Schenkungstradition handelte Liborius Meyer, dessen Tätigkeiten vielfältig waren. Durch ein Stipendium konnte der aus Lübeck stammende Meyer in Köln studieren und trat dann für kurze Zeit als Schreiber in den Dienst seiner Heimatstadt. Doch bald darauf nahm er das Studium wieder auf und wurde an der Universität Rostock Rektor. Meyer entschied sich, seine Bücher dem Augustiner-Chorherrenstift Bordesholm in Holstein zu hinterlassen, in dem sein Bruder Johannes jahrelang Prior gewesen war, auch wenn dieser zur Zeit der Abfassung des Testaments 1495 schon nicht mehr lebte.[77]

5. Fazit

Bei der Betrachtung von Bücherlegaten über die Grenzen der Quellengattungen hinweg, ergibt sich ein divergierendes Bild. In den Bürgertestamenten werden Bücher vergleichsweise selten an Stifts-, Kloster- oder Ratsbibliotheken vererbt, hingegen kommen Legate an Pfarrkirchen und Privatpersonen darin mehrfach vor. Die erhaltenen mittelal-

73 Anton C. WEDEKIND: Noten zu einigen Geschichtsschreibern des deutschen Mittelalters, Bd. 3, Nr. 5: Nekrologium Monasterii S. Michaelis, Hamburg 1836, S. 83.

74 BOOCKMANN: Mäzenatentum (wie Anm. 18), S. 33; Silke WEGLAGE: Menschen und Vermächtnisse. Untersuchungen zu den Braunschweiger Bürgertestamenten des 14. Jahrhunderts (1289-1390) (Studien zur Geschichtsforschung des Mittelalters, 27), Hamburg 2011, S. 151f.; Johannes Schildhauer stellt fest, dass im Verlauf des 16. Jahrhunderts die Bücherstiftungen an den Rat zunahmen, vgl. DERS.: Alltag (wie Anm. 33), S. 115

75 KAEGBEIN: Ratsbüchereien (wie Anm. 3), S. 27, 30f.; Peter HOHEISEL: Die Göttinger Stadtschreiber bis zur Reformation. Einfluß, Sozialprofil, Amtsaufgaben (Studien zur Geschichte der Stadt Göttingen, 21), Göttingen 1998, S. 115-117, 203.

76 ZIMMERMANN: Hinrich Murmester (wie Anm. 40), S. 18; SCHWEITZER/SIMON: Boeke (wie Anm. 52), S. 130.

77 Klaus WRIEDT: Das gelehrte Personal in der Verwaltung und Diplomatie der Hansestädte, in: Hansische Geschichtsblätter 96 (1978), S. 15-37, hier S. 27; Kurt HEYDECK: Die mittelalterlichen Handschriften der Universitätsbibliothek Rostock (Kataloge der Universitätsbibliothek Rostock, 1), Wiesbaden 2001, S. 16, Anm. 22.

terlichen Handschriften und Drucke aus Legaten sind hingegen überwiegend über Sammlungen geistlicher Niederlassungen tradiert worden und stammen aus Privatsammlungen der eigenen Mitglieder. Zugleich sind auswärtige, engagierte Förderer von institutionellen Bibliotheken mit hohem Stiftungsumfang kaum nachweisbar.

Mehrere Faktoren beeinflussten das Stiftungsverhalten bei Büchern: Eigene Bildung, eigener Besitz und Buchbesitz, Buchinhalte, Stiftungszweck, persönliche Bindungen und ihre Wertung, Kenntnisse über den Empfänger, wie seine intellektuellen Möglichkeiten und materiellen Bedürfnisse, der Bibliothekstyp und damit der Charakter der vorhandenen Sammlung sowie die Aufbewahrungsbedingungen. Sie mussten in Einklang gebracht werden, damit die Stiftung ihren Sinn nicht verfehlte, und dies war weit schwieriger als eine Geldstiftung. Eine soziale Beziehung, die wir aus einem Buchlegat ableiten können, war demnach verhältnismäßig eng und beruhte womöglich auf familiären oder beruflichen Banden. Dies unterscheidet die Bücherstiftung von den vielfach eingesetzten Geldstiftungen an Personen und Institutionen.

Dass Kleriker einen großen Teil des spätmittelalterlichen Buchbesitzes auf sich vereinten, wird sowohl in Testamenten als auch im erhaltenen Buchbestand fassbar. In ihrem Besitz dominierten Werke für Liturgie und praktische Theologie, beim höheren Klerus aber auch juristische Literatur. Sie überließen ihre Bücher zumeist Vertretern ihrer eigenen sozialen Gruppe oder einer geistlichen Einrichtung – je nachdem, wo sie Verwandte oder Freunde und dadurch Informationen über den Buchbedarf hatten, Memoria erwirken wollten oder ihre Bücher gut aufgehoben sahen. Durch diese nicht immer eindeutig nachweisbaren Beziehungen erhielten auch die außerstädtischen, aber stadtnahen Klöster und Stifte ihren Anteil an Legaten. Laien besaßen überwiegend Andachtsliteratur und gaben sie in diesem Sinne weiter. Der übliche Vererbungsweg über die Frauen führte dazu, dass sie sowohl im privaten wie im klösterlichen Bereich häufig bedacht wurden und neben den Säkularklerikern zu den Trägerinnen des städtischen Literaturtransfers über Institutionengrenzen hinweg zu zählen sind.

Der humanistische Gedanke, diese großen Bibliotheken nicht im Verborgenen bestehen zu lassen, sondern das Nutzungsrecht auszuweiten, setzte sich allmählich durch und wurde gerade bei der Übertragung großer Sammlungen zur Bedingung. Diese setzte man als Gründungsausstattungen für Rats- oder Fakultätssammlungen ein, denn der Distinktionsgewinn für den Wohltäter, aber auch für die empfangende Einrichtung, war damit besonders hoch. Für den Sammlungsbestand lag der Vorteil darin, dass keine doppelten Texte ausgeschieden werden mussten. Die breite öffentliche Wahrnehmung einer Ratssammlung veränderte sich aber wohl erst mit der Übertragung großer Stiftungen. Kleinere Donationen an städtische Sammlungen ohne öffentliche Nutzungsmöglichkeit wurden durch das vermeintlich geringe Interesse des mutmaßlichen Leserkreises an theologischen Inhalten oder gar Andachtsliteratur, die im stadtbürgerlichen Laienbesitz dominierte, stark eingeschränkt. Unattraktiv war auch die fehlende Möglichkeit zur Memoria, so dass Stiftungen von Privatpersonen, einschließlich der Ratsherren und städtischen Bediensteten, selten waren. Dementsprechend waren Ratsbibliotheken gezwungen, ihren Literaturbedarf in der Regel auf eigene Kosten zu decken.

Harm von Seggern

Männer, Trinken, Sex. Der Kölner Hermann Weinsberg (1518-1597) über seine Bordellbesuche

I.

Vor Kurzem hat Helmut Puff unter dem etwas in die Irre führenden Titel „Wollust lernen" einen kleinen Beitrag vorgelegt, in dem er unter ausdrücklichem Bezug auf einen Essay von Simon Blackburn die unter dem Verdikt der Todsünde leidende Wollust, als solche ja ein Konstrukt, von eben diesem traditionellen, seit der griechischen Antike gepflegten Vorurteil zu befreien sucht.[1] Etwas in die Irre führt der Titel, denn gemeint ist nicht das ‚Lernen der Wollust', sondern genauer, dass die modernen Wissenschaften die menschliche Wollust als gegeben akzeptieren sollten. In diesem Sinne entstand in den letzten Jahren eine eigene Denkrichtung, die man als Sexualphilosophie bezeichnen könnte.[2] Auch für die moderne Geschichtswissenschaft ist dies von Bedeutung. Man kann davon ausgehen, dass die menschliche Sexualität in der Vergangenheit eine große Rolle gespielt hat; wenn man sich vom Verhalten der Menschen in der Vergangenheit ein vollständiges Bild machen will, darf man die Sexualität nicht ausschließen. Die Sexualität an sich mag vielleicht gleich geblieben sein, der gesellschaftliche und kulturelle Umgang mit ihr hat jedoch seine Geschichte. Dabei hat die Mediävistik die Existenz der Sexualität bisher durchaus nicht negiert, jedoch allenfalls mit Vorsicht, nämlich mit moraltheologischen und scholastischen Wertungen in die Betrachtung gezogen,[3] und somit doch wieder im christlichen Verständnis als Sünde gewertet. Die Neuinterpretation liegt darin, dass man sich in der modernen Kulturgeschichte von der tradierten und konventionellen Auffassung der Lust löst und sie als den Menschen gegeben akzeptiert und sie deswegen als eine Größe wertet, die von der Philosophie und den philosophisch gebundenen Wissenschaften behandelt zu werden verdient. Oder, in den Worten Arthur Schopenhauers im Kapitel „Metaphysik der Ge-

1 Helmut PUFF: Wollust lernen, in: Frühneuzeit-Info 21 (2010), H. 1 u. 2, S. 8-21; Simon BLACKBURN: Die Wollust. Die schönste Todsünde, aus dem Engl. von Matthias WOLF, Berlin 2008.

2 Joerg H. Y. FEHIGE: Sexualphilosophie. Eine einführende Annäherung (Einführungen, Philosophie, 10), Berlin 2007 (betrifft Hermann Schmitz und seine Philosophie des Leibes); Philipp BALZER/Klaus P. RIPPE (Hrsg.): Philosophie und Sex. Zeitgenössische Beiträge, München 2000 (Sammlung bzw. Übersetzung von wichtigen (nur acht) Aufsätzen zur Erforschung der Sexualität, die eigentlich „Sex und Wissenschaft" hätte betitelt sein müssen); Gayle S. RUBIN: Sex denken. Anmerkungen zu einer radikalen Theorie der sexuellen Politik (aus dem Amerik. von Judith KLINGER), in: Andreas KRASS (Hrsg.): Queer denken. Gegen die Ordnung der Sexualität (Queer Studies) (suhrkamp-TB, 2248), Frankfurt a. M. 2003, S. 31-79 (dezidiert feministisch und gegen die Ausgrenzungsmechanismen der prüden US-amerikanischen Mainstream-Gesellschaft gerichtet); populär: Stephanie VOIGT/Markus KÖHLERSCHMIDT (Hrsg.): Die philosophische Wollust. Sinnliches von Sokrates bis Sloterdijk, Darmstadt 2011.

3 Eberhard SCHOCKENHOFF: Art. „Lust, -empfinden", in: Lexikon des Mittelalters, Bd. 6, München/Zürich 1993, Sp. 21f.

schlechtsliebe“ seines Hauptwerks „Die Welt als Wille und Vorstellung“: „Also kann man […] weder an der Realität noch an der Wichtigkeit der Sache [Leidenschaft der Geschlechtsliebe, v.S.] zweifeln […] und sollte sich darüber wundern, dass eine Sache, welche im Menschenleben durchweg eine so bedeutende Rolle spielt, von den Philosophen bisher so gut wie gar nicht in Betrachtung genommen ist und als unbearbeiteter Stoff vorliegt“[4].

Gleich mehrere Forschungsfelder sind es, die in der jüngeren Geschichtswissenschaft der letzten 20 bis 30 Jahre eine bedeutende Rolle spielten, und die in diesem Beitrag für die Erforschung der Sexualität miteinander verknüpft werden sollen: Die Geschichte der Freizeitgestaltung, die sogenannten Ego-Dokumente und die Prostitution.

In den 1970er Jahren war die Arbeit und damit auch die Arbeitszeit ein zentraler Gegenstand der damaligen Sozial- und Wirtschaftsgeschichte, deren Erforschung recht schnell die Frage aufwarf, ob es auch so etwas wie das Gegenteil von Arbeit, die Freizeit, gegeben habe, woraus sich seit dem Erscheinen von Jean Verdons Buch „Les loisirs en France au Moyen Age“ 1980 ein eigenständiges Feld der jüngeren Kulturgeschichte entwickelt hat.[5] Der Begriff Ego-Dokument ist bereits 1958 vom Niederländer Jacob Presser in die Forschung eingeführt worden, zunächst ohne großen Widerhall zu finden, doch eignet er sich für die Geschichtswissenschaft besser als der an ein bestimmtes literarisches Genre geknüpfte Ausdruck der Autobiographie, da mit den Ego-Dokumenten alle Zeugnisse gemeint sind, in denen Personen über sich Auskunft geben, sei es freiwillig oder unfreiwillig, so dass sich beispielsweise auch Strafakten dazu rechnen lassen, in denen einfache Leute der Unterschicht über ihr Leben berichten, die ansonsten nicht in das Blickfeld der Geschichtswissenschaft geraten wären.[6] Nicht zuletzt gilt dies für die aus dem Blickwinkel der sogenannten Mehr-

4 Arthur SCHOPENHAUER: Die Welt als Wille und Vorstellung. Zweiter Band, welcher die Ergänzungen zu den vier Büchern des ersten Bandes enthält, Zürich 1988, S. 618, das gesamte Kapitel 44: Metaphysik der Geschlechtsliebe, S. 616-660.

5 Jean VERDON: Les loisirs en France au Moyen Age, 2. Aufl., Paris 1996; Simonetta CAVACIOCCHI (Hrsg.): Il tempo libero. Economia e società (loisirs, leisure, tiempo libre, Freizeit), secc. XIII–XVIII. Atti della "26 settimana di studi", 18-23 aprile 1994, Prato (Fondazione Istituto Internazionale di Storia Economica “F. Datini”, Prato, Serie II: Atti delle Settimane di Studi e altri Convegni, 26), Florenz 1995; Hans-Jörg GILOMEN (Hrsg.): Freizeit und Vergnügen vom 14. bis zum 20. Jahrhundert (Schweizerische Gesellschaft für Wirtschafts- und Sozialgeschichte, 20), Zürich 2005; Wolfgang SCHMID: „Am Brunnen vor dem Tore …“. Zur Freizeitgestaltung der Stadtbevölkerung im 15./16. Jahrhundert, in: Peter JOHANEK (Hrsg.): Die Stadt und ihr Rand (Städteforschung, Reihe A, 70), Köln/Weimar/Wien 2008, S. 19-145.

6 Winfried SCHULZE: Ego-Dokumente – Annäherung an den Menschen in der Geschichte?, in: DERS. (Hrsg.): Ego-Dokumente. Annäherung an den Menschen in der Geschichte (Selbstzeugnisse der Neuzeit, 2), Berlin 1996, S. 11-30, hier S. 13-15; Ferner Klaus ARNOLD/Sabine SCHMOLINSKY/Urs M. ZAHND (Hrsg.): Das dargestellte Ich. Studien zu Selbstzeugnissen des späteren Mittelalters und der frühen Neuzeit (Selbstzeugnisse des Mittelalters und der beginnenden Neuzeit, 1), Bochum 1999; Heinz-Dieter HEIMANN (Hrsg.): Kommunikation mit dem Ich. Signaturen der Selbstzeugnisforschung an europäischen Beispielen des 12. bis 16. Jahrhunderts (Europa in der Geschichte, 7), Bochum 2004; Kaspar von GREYERZ (Hrsg.): Selbstzeugnisse in der frühen Neuzeit. Individualisierungsweisen in interdisziplinärer Perspektive (Schriften des Historischen Kollegs. Kolloquien, 60), München 2007; Harald TERSCH: Frühneuzeitliche Selbstzeugnisse, in: Josef PAUSER/Martin SCHEUTZ/Thomas WINKELBAUER (Hrsg.): Quellenkunde der Habsburger-

heitsgesellschaft benannten Randständigen wie beispielsweise Prostituierte. Die Prostitution ist wie die Freizeitgestaltung seit den 80er Jahren ein Thema der Sozial- und Kulturgeschichte, das eine erhöhte Aufmerksamkeit auf sich zog, da die Forschung die seit dem frühen 14. Jahrhundert durch die städtischen Obrigkeiten nicht nur zugelassenen, sondern auch in Frauenhäusern organisierte und kontrollierte Prostitution zu erklären hatte und sich dabei des Weiteren von den Urteilen wie dem eines sinnenfrohen Mittelalters, wie sie die ältere Kulturgeschichte vor dem Ersten Weltkrieg formulierte, lösen musste;[7] es ist jedoch festzuhalten, dass die Prostitution für die tätigen Frauen als Arbeit zu werten ist, die Zuordnung zur Freizeit kann nur aus Freiersicht geschehen. Beeinflusst durch die rege Erforschung der Geschichte der Frauen seit den 1970er Jahren wurde man darauf aufmerksam, dass es bestimmte Geschlechterrollen sind, die das Leben nicht nur der Frauen, sondern auch der Männer bestimmten. Hierdurch ist die Geschichte der Männlichkeit ebenfalls zum Thema geworden, bei der man eine ganze Bandbreite an Ausdrucksmöglichkeiten festgestellt hat, weswegen besser im Plural von Männlichkeiten zu sprechen ist. Man hat mit emphatischen Bedeutungsgehalten sowohl in der Quellen- als auch in den Gegenwartssprachen zu rechnen, wenn man über die Konstruktion ‚richtiger' Männer forscht.[8]

monarchie, 16.-18. Jahrhundert (Mitteilungen des Instituts für Österreichische Geschichtsforschung, Ergänzungsband, 44), Wien 2004, S. 727-740.

7 Richard C. TREXLER: La prostitution florentine au XVe siècle. Patronages et clientèles, in: Annales E. S. C. 36 (1981), S. 983-1015; Jacques ROSSIAUD: Dame Venus. Prostitution im Mittelalter (Beck'sche Reihe, 1044), München 1994; Leah L. OTIS: Prostitution in Medieval Society. The History of an Urban Institution, Chicago/London 1985; Peter SCHUSTER: Das Frauenhaus. Städtische Bordelle in Deutschland 1350-1600, Paderborn 1992; Jacques ROSSIAUD: Amour vénales. La prostitution en Occident, XIIe-XVIe siècle, Paris 2010; Kevin MUMMEY: Prostitution. The Moral Economy of Medieval Prostitution, in: Ruth EVANS (Hrsg.): A Cultural History of Sexuality, Bd. 2: In the Middle Ages, Oxford/New York 2011, S. 165-180 mit Anm. auf S. 247-252.

8 Früh beschäftigte sich mit Blick auf die modernen Wissenschaften Robert W. CONNELL mit Fragen zur Männlichkeit, siehe zusammenfassend DERS.: Der gemachte Mann. Konstruktion und Krise von Männlichkeiten, übers. von Christian STAHL, hrsg. und mit einem Geleitwort versehen von Ursula MÜLLER (Geschlecht und Gesellschaft, 8), Opladen 1999 (allerdings mit ungenauen Belegen, zur Geschichte S. 47-50 und S. 205-224); die Forschung hierzu ist zu weiten Teilen literaturgeschichtlich bestimmt, siehe die Beiträge in Clare A. LEES in Zusammenarbeit mit Thelma FENSTER und Jo A. MCNAMARA (Hrsg.): Medieval Masculinities. Regarding Men in the Middle Ages (Medieval Cultures, 7), Minneapolis/London 1994; Dawn M. HADLEY (Hrsg.): Masculinity in Medieval Europe (Women and Men in History), London/New York 1999; Walter ERHART/Britta HERMANN (Hrsg.): Wann ist der Mann ein Mann? Zur Geschichte der Männlichkeit, Stuttgart u. a. 1997; Susan C. KARANT-NUNN: „Fast wäre mir ein weibliches Gemüt verblieben". Martin Luthers Männlichkeit, in: Hans MEDICK/Peer SCHMIDT (Hrsg.): Luther zwischen den Kulturen. Zeitgenossenschaft – Weltwirkung. Internationale Tagung anlässlich des 500. Jahrestages der Immatrikulation Martin Luthers an der Universität Erfurt, 1.-3. Nov. 2001, Göttingen 2004, S. 49-65, u. a. über Zölibatsdiskussion in Luthers Tischgesprächen, hier S. 56; zur Rolle von Katharina Bora siehe weiterführend Andreas RANFT: Katharina von Bora, die Lutherin – eine Frau von Adel, in: Peter FREYBE (Hrsg.): Mönchshure und Morgenstern. Katharina von Bora, die Lutherin – im Urteil der Zeit (Wittenberger Sonntagsvorlesungen), Wittenberg 1999, S. 58-74, auch in: Zeitschrift für Geschichtswissenschaft 50 (2002), S. 708-721.

Was einen Teil der jüngeren kulturalistisch beeinflussten Forschung in den letzten Jahren besonders interessiert, ist der Umgang mit der Sexualität. Hier hat sich die Abkehr von älteren Urteilen, auch von denen der Sozialgeschichte der 1970-80er Jahre, wohl am deutlichsten vollzogen,[9] und hier schließt sich auch der Bogen zu dem einleitend angeführten Aufsatz von Helmut Puff.

All diese Forschungsfelder lassen sich in einem Text in außergewöhnlicher Dichte wiederfinden, nämlich in den Lebenserinnerungen des Kölner Juristen, Ratmannes und Sonderlings Hermann (von) Weinsberg (1518-1597), eine bedeutende Quelle, die es erlaubt, auch „private Milieus" – so Gerhard Fouquet[10] – zu erforschen. An einer Stelle seines außerordentlich umfangreichen Erinnerungswerks beschreibt Wiensberg den Verlust seiner Unschuld und gesteht sogar zu bzw. ein, seinerzeit als Student mit Prostituierten verkehrt zu haben. Diese Freimütigkeit macht den Text bedeutsam. Aussagen von Freiern sind sowohl in der Gegenwart als auch aus der Vergangenheit höchst selten. Folglich kommt dieser Textstelle eine große Bedeutung für die Erforschung der Geschichte der männlichen Sexualität zu. Der sozialgeschichtlichen Forschung ist diese Erwähnung bekannt durch eine biographische Skizze Hermanns durch Wolfgang Herborn, der zudem das studentische Dasein eigens beschrieb,[11] und durch ein ausführliches Kapitel über die Prostitution in der größeren Untersuchung der gesellschaftlichen Außenseiter Kölns im 15. und 16. Jahrhundert durch Franz Irsigler und Arnold Lassotta, in dem Hermann als Spießer gewertet wird, der mit der Sexualität ein grundsätzliches Problem gehabt haben soll.[12] Daneben dienten die Erinnerungen Weinsbergs zur Erforschung der Rolle des Haushaltsvorstandes[13], der Familie[14], des Reisens[15], der Freizeit-

9 Tilman WALTER: Unkeuschheit und Werk der Liebe. Diskurse über Sexualität am Beginn der Neuzeit in Deutschland (Studia Linguistica Germanica, 48), Berlin/New York 1998, S. 1-39; DERS.: Begrenzung und Entgrenzung. Zur Genealogie wissenschaftlicher Debatten über Sexualität, in: Claudia BRUNS/Tilmann WALTER (Hrsg.): Von Lust und Schmerz. Eine Historische Anthropologie der Sexualität, Köln/Weimar/Wien 2004, S. 129-174.

10 Gerhard FOUQUET: Ein privates Milieu im 16. Jahrhundert. Familie und Haushalt des Kölners Hermann Weinsberg 1518-1597, in: Rainer S. ELKAR u. a. (Hrsg.): „Vom rechten Maß der Dinge". Beiträge zur Wirtschafts- und Sozialgeschichte. Festschrift für Harald Witthöft zum 65. Geburtstag (Sachüberlieferung und Geschichte, 17), St. Katharinen 1996, S. 347-379.

11 Wolfgang HERBORN: Hermann von Weinsberg 1518-1597, in: Rheinische Lebensbilder 11 (1988), S. 59-76, hier nach Wiederabdruck in: Manfred GROTEN (Hrsg.): Hermann Weinsberg 1518-1597. Kölner Bürger und Ratsherr. Studien zu Leben und Werk (Geschichte in Köln – Beihefte, 1), Köln 2005, S. 15-33, hier S. 29f.; Wolfgang HERBORN: „O alte Burschenherrlichkeit". Hermann Weinsberg als Student, in: Manfred GROTEN (Hrsg.): Hermann Weinsberg 1518-1597. Kölner Bürger und Ratsherr. Studien zu Leben und Werk (Geschichte in Köln – Beihefte, 1), Köln 2005, S. 79-114, hier S. 103 mit Anm. 102: Verweis auf Buch Weinsberg, Bd. 5, S. 120.

12 Franz IRSIGLER/Arnold LASSOTTA: Bettler und Gaukler, Dirnen und Henker, 7. Aufl., München 1996, das Kapitel über die Prostitution, S. 179-227, hier S. 201ff.

13 Birgit STUDT: Der Hausvater. Haus und Gedächtnis bei Hermann von Weinsberg, in: Rheinische Vierteljahrsblätter 61 (1997), S. 135-160.

14 Gregor ROHMANN: Der Lügner durchschaut die Wahrheit. Verwandtschaft, Status und historisches Wissen bei Hermann von Weinsberg, in: Jahrbuch des Kölnischen Geschichtsvereins 71 (2000), S. 43-76.

gestaltung[16], zur Wahrnehmung der umlaufenden politischen Nachrichten[17], der kirchlichen Feste[18], des studentischen Lebens[19] bis hin zur Geschichte des Lachens[20]. Überhaupt ist das schriftliche Lebenswerk, das sich auf mehrere Bücher mit verschiedenen Gegenständen (Geschichte der Familie, seines eigenen Lebens in drei Teilen und der Nachlassregelung) verteilt, so ungemein reich an Nachrichten, dass man von einer eigenständigen Hermann Weinsberg-Forschung sprechen kann, die sich um diese Quelle gebildet hat. Es gibt bezeichnenderweise eine Bibliographie als Hilfsmittel.[21]

Hermann Weinsberg wurde am 3. Januar 1518 als ältester Sohn von Christian Weinsberg und Sophia Korth[22] geboren. Der Vater betrieb in Köln Weinhandel, Bierbrauerei und Tuchfärberei und wurde mehrmals in den Rat gewählt, wo er zeitweise bedeutende Ämter bekleidete. Durch einen Prozess verlor der Vater viel Geld, was ihn zwang, das Amt eines ‚Burggrafen unter dem Rathaus' anzunehmen, eine Art Hausmeisterstelle, ein Umstand, der mit seiner Tätigkeit als Ratsherr nicht vereinbar war, er also aus dem Rat ausscheiden musste. 1521 zog die Familie in das namengebende Haus Weinsberg um, wo Hermann seine Kindheit verbrachte. Mit sechs Jahren wurde er in die Schule St. Georg aufgenommen. Dort blieb er für vier Jahre, um dann an die Schule an der Sandkaul zu wechseln, wo die Kinder aus besseren Familien – der Vater war zu dieser Zeit Ratsherr – unterrichtet wurden. Mit dem Leiter der Schule wechselten Hermann und viele andere Schüler zur Schule St. Alban, von wo er nach einem Jahr zur angesehenen Fraterherrenschule in Emmerich geschickt wurde. Dort sollte er auf ein Universitätsstudium vorbereitet werden, weswegen er Latein und Griechisch lernte, die antiken Klassiker und Werke von Erasmus von Rotterdam las. 1534

15 Wolfgang HERBORN: Die Reisen und Fahrten des Hermann von Weinsberg. Zur Mobilität eines Kölner Bürgers im 16. Jahrhundert, in: Georg MÖLICH/Gerd SCHWERHOFF (Hrsg.): Köln als Kommunikationszentrum. Studien zur frühneuzeitlichen Stadtgeschichte, Köln 2000, S. 141-166.

16 Ingrid SEPPEL: „Kurzweil getriben …" Bürgerliche Freizeitgestaltung im 16. Jahrhundert nach den Aufzeichnungen des Hermann Weinsberg, in: Volkskultur an Rhein und Maas 22 (2004), H. 1-2, S. 21-32.

17 Eva-Maria SCHNURR: „jedem anbringer gleub ich so balt nit". Informationsbeschaffung und Mediennutzung des Kölner Bürgers Hermann Weinsberg während des Kölner Kriegs 1582-1590, in: Geschichte in Köln 56 (2009), S. 171-206.

18 Friedrich LURZ: Erlebte Liturgie. Autobiografische Schriften als liturgiewissenschaftliche Quellen (Ästhetik – Theologie – Liturgik, 28), Münster 2003, S. 40-160.

19 HERBORN: „Alte Burschenherrlichkeit" (wie Anm. 11), zur Freizeitgestaltung S. 97-101.

20 Wolfgang HERBORN: Das Lachen im 16. Jahrhundert. Die Chronik des Hermann von Weinsberg als Quelle für eine Gemütsäußerung, in: Rheinisch-Westfälische Zeitschrift für Volkskunde 40 (1995), S. 9-30.

21 Tobias WULF: Auswahlbibliographie, in: Manfred GROTEN (Hrsg.): Hermann Weinsberg 1518-1597. Kölner Bürger und Ratsherr. Studien zu Leben und Werk (Geschichte in Köln – Beihefte, 1), Köln 2005, S. 293-300; vgl. auch die Darstellung und die Verweise auf der von Frau Dr. Gabriele Jancke betriebenen Website über die Autobiographien im 15. und 16. Jahrhundert unter www.geschkult.fu-berlin.de/e/jancke-quellenkunde/verzeichnis/w/weinsberg/index.html (Stand: 18.04.2012).

22 Andrea KAMMEIER-NEBEL: Sophia Korth. Ein Frauenleben zwischen Blaubach und Bürgerstraße im 16. Jahrhundert. Das Buch Weinsberg als frauengeschichtliche Quelle, in: Irene FRANKEN/Christiane KLING-MATHEY (Hrsg.): Köln der Frauen. Ein Stadtwanderungs- und Lesebuch, Köln 1992, S. 121-130.

gab es für den 16jährigen die Möglichkeit, ein Stipendium mit Kost und Logis an der Kronenburse in Köln zu erlangen, so dass Hermann wieder in seine Heimatstadt zurückkehren konnte. Für die nächsten achteinhalb Jahre wohnte er in der Burse und studierte die Artes, also die sprachlichen und methodisch-logischen Grundlagen der höheren Fächer, und darauf aufbauend die Rechte. Da er eigentlich für eine geistliche Laufbahn vorgesehen war, erhielt er kurz nach der Immatrikulation den niedrigsten Weihegrad und die Tonsur. 1536 machte er das erste Examen und wurde Baccalaureus, ein Jahr später, 1537, Lizentiat und anschließend noch Magister.[23]

In diesem Jahr spielt auch die Episode im studentischen Milieu, bei der er seine Unschuld verlor und gestand, mit Prostituierten verkehrt zu haben.

Die ältere Forschung des 19. und 20. Jahrhunderts hatte ihre liebe Not mit diesen wie mit vielen anderen Ausführungen Weinsbergs, in denen er über seine Befindlichkeiten Auskunft gibt. Letztlich war es eine Prüderie, die die ältere Forschung über manche Freimütigkeiten hinweg gehen ließ. Das gilt jedoch nicht für die Stelle über die Verführung und den Prostituiertenbesuch, die in die ältere Edition von Konstantin Höhlbaum sehr wohl Eingang fand[24] und seitdem der Forschung bekannt ist.

Die Publikation von Weinsbergs Büchern hat ihre eigene Geschichte. Die von Höhlbaum edierten Bände (Bd. 1 und 2 des Gesamtwerks) reichen zeitlich nur bis 1578, das Editionsvorhaben wurde von Friedrich Lau[25] fortgesetzt, der die Bände 3 und 4 zum Druck brachte. Beide Herausgeber haben Passagen wegen ihrer vermeintlichen Unwichtigkeit, ihrer Anstößigkeit oder wegen ihrer „lediglich didaktischen Natur" (so Lau) weggelassen.[26] Bereits in der Zeit um den Ersten Weltkrieg wurde dieses als ungenügend empfunden, so dass Josef Stein einen fünften und letzten Band herausgab.[27] Eine bündige Gesamtedition des umfangreichen Werks wurde erst in den vergangenen Jahren unter der Leitung von Manfred Groten und Thomas Klein unternommen, die 2007 eine digitale Ausgabe veröffentlichten.[28]

Für das Verständnis des Werks ist zu beachten, dass der Verfasser in der zweiten Hälfte seines Lebens eine fast 2.000 Seiten umfassende Darstellung seines Lebens und das seiner Familie, der Freunde und Verwandten, das Leben im Haus und auf der Straße und nicht zuletzt in der Stadt niederlegte und mit persönlichen Kommentaren versah. Im Alter von über 40 Jahren begann er 1561, seine Chronik zu schreiben, nachdem er be-

23 Alles nach HERBORN: Hermann von Weinsberg (wie Anm. 11), S. 19f.; HERBORN: „Alte Burschenherrlichkeit" (wie Anm. 11), S. 81f., zu den Bursen S. 83-86; kritisch zur ersten Weihe LURZ: Liturgie (wie Anm. 18), S. 73

24 Konstantin HÖHLBAUM (Hrsg.): Das Buch Weinsberg. Kölner Denkwürdigkeiten aus dem 16. Jahrhundert. Bde. 1 und 2, Leipzig 1886/87 [ND Düsseldorf 2000], S. 119f.

25 Friedrich LAU (Hrsg.): Das Buch Weinsberg. Kölner Denkwürdigkeiten aus dem 16. Jahrhundert. Bde. 3 und 4, Bonn 1897/98 [ND Düsseldorf 2000)].

26 Hierzu Manfred GROTEN: Vorwort, in: DERS. (Hrsg.): Hermann Weinsberg 1518-1597. Kölner Bürger und Ratsherr. Studien zu Leben und Werk (Geschichte in Köln – Beihefte, 1), Köln 2005, S. 9-13, hier S. 9-12 mit Anm. 3, „didaktische Natur" S. 10 mit Anm. 8.

27 Josef STEIN (Hrsg.): Das Buch Weinsberg. Kölner Denkwürdigkeiten aus dem 16. Jahrhundert. Bd. 5, Bonn 1926 [ND Düsseldorf 2000].

28 Die autobiographischen Aufzeichnungen Hermann Weinsbergs 1518-1597. Digitale Gesamtausgabe. Im Internet unter der URL www.weinsberg.uni-bonn.de/Forschung. htm (Stand: 27.09.2011).

reits seit 1550 tages- oder wochenweise Ereignisse des täglichen Lebens notierte. Den ersten Teil über seine Kindheit, die Jugend- und Studienjahre sowie die Zeit bis in die Mitte der 30er Jahre seines Lebens, den Zeitraum 1517 bis 1555, schrieb er ab dem 28. Dezember 1560 relativ schnell innerhalb von sieben Monaten und vier Tagen zusammen, wobei er sich neben seinen Erinnerungen auf Erzählungen von Verwandten und schriftliche Zeugnisse stützte, ab 1550 zudem auf seine eigenen Aufzeichnungen.[29]

Hermann Weinsberg hatte Latein gelernt und Jura studiert, er war mit der antiken Literatur vertraut, kann also als gebildet, vielleicht sogar als gelehrt gelten. Er verfügte durchaus über schriftstellerische Fähigkeiten, wie man beispielsweise an der Beschreibung seines Bartes sehen kann.[30] Gerade aber die schriftstellerische Qualität stellt in historisch-quellenkundlicher und -kritischer Hinsicht ein Problem dar. Man kann (oder muss vielleicht) seine Darstellung als literarisches Produkt begreifen. Die Erinnerungen sind literarisch gestaltet und stecken derart voller Wertungen (was er selbst thematisiert), dass es schwer fällt, direkt auf sein Leben zurückzuschließen. Wolfgang Herborns biographische Skizze, in der die Bezüge zur Gelehrsamkeit präzis herausgearbeitet werden, ist gelegentlich von Skepsis gegenüber dem Text geprägt.[31] Zwar hat Hermann Weinsberg nicht frei erfunden, im Gegenteil, er war Teil der Welt, der Stadtkölner Gesellschaft, der Familie, doch muss man sich bewusst sein, dass er nur seine eigene Sicht der Dinge wiedergibt, die jedoch bei aller Individualität – er war, soweit wir wissen, der einzige im Köln des 16. Jahrhunderts, der ein 2.000-Seiten Konvolut über sein Leben und seine Familie verfertigte – von Konventionen geprägt war. Mit kritischem Bewusstsein lassen sich diese Konventionen aufspüren. Was sich wirklich in der einen Dezembernacht des Jahres 1537 abspielte, die im Folgenden näher untersucht wird, das wissen wir nicht und können es auch nicht wissen.

29 Abfassungszeit nach HERBORN: Hermann von Weinsberg (wie Anm. 11), S. 16; HERBORN: „Alte Burschenherrlichkeit“ (wie Anm. 11), S. 79f.

30 Im Internet unter www.weinsberg.uni-bonn.de/Edition/Liber_Iuventutis/Liber_Iuventutis.htm unter dem Datum 22. Februar 1574 oder unter fol. 665v-666r: *Item der bart ginge rorendt vamheubthar her ab daum breit zwen den oren und backen da breiten er sich fast langs die backen her ab daß er wol ein firdel illen oder span* langk *under daß kinne ginck, oben hinck der knevel dar rorent van den naßlochern under und in den anderen* bart, *doch nit mit langen stertzen wie wol der knevel nimmer gekurtzst wart, der groisse bart war wal wat krauß* aber *gar wenich doch follich und verloir sich underwertz daß er sich gespalten deilte wart unden an den spitzen* zu *zeiten gekurtzst sunst woiß er inß rau doch umb den haltz worden die floch har mit der scheren abgethain. Er waß vur zu und eitz von fern noch muißfarb inß greiß zu sehen aber oben zu seithen etwaß greiser dan er war* wol *halb greiß unden doch an den spitzn brun anzusehen dan binnen zum haltz zu war er swartzer*; eine andere Bartbeschreibung ebd. unter dem Datum 1. März 1544 oder unter fol. 151v, zu dieser Textstelle HERBORN: Hermann von Weinsberg (wie Anm. 11), S. 29; Gelehrsamkeit auch bei STUDT: Hausvater (wie Anm. 13), S. 154.

31 HERBORN: Hermann von Weinsberg (wie Anm. 11), z. B. S. 21: „… wenn man seinen eigenen Schilderungen trauen darf, … Man mag ihm deshalb glauben, …“ – Auch HERBORN: Lachen (wie Anm. 20), S. 12: „… eine gewisse Skepsis …“.

II.

Hermann Weinsberg berichtete als älterer Mann mit 23 Jahren Abstand aus seiner Jugend- und Studentenzeit. Der entscheidende und von der bisherigen Forschung, wie ich finde, etwas überschätzte Satz über die Bordellbesuche [Nr. 9 der folgenden Einteilung] ist in seinem Kontext zu betrachten. Der gesamte Absatz wird wiedergegeben und anschließend übersetzt. Dazu wird der lange Text in Absätze gegliedert und durchgezählt. Dass damit bereits eine Interpretation gegeben wird, ist mir bewusst:

> [1] *Anno 1537 bin ich eirstlich verfort worden, das ich in geselschaft lichtfertiger leut komen bin.*
>
> [2] *Dan schir alle mine gesellen, darbei ich wonten, bei den ich studeirten, wie geschickt, fleislich und geleirt sei auch waren, noch dannest redten sei van hubschen frauwenleutn, der ein verzalt diss, der ander jenes, unverschamt, hesslich und koinlich; die unzucht wart also zwischen den studenten getriben, der ein sagt, er het bei disser boleirt, gelegen, gesclaifen, der ander, was er uis- und inwendich angetriben hatte.*
>
> [3] *Es war ein geistlicher, im Dall wonhaftich, der underricht mich sonderlich, wie er vur und nach mit horen mit unzucht gehandlet hette, fragte mich fil und fil, dess ich nit woste, und bericht mich vil boser sachen. Ich war einfeltich, noch dannest hort ich so fil, das ich daran gedacht und bose anreizung machte.*
>
> [4] *Min gesellen gingen oft uff die bolschaft.*
>
> [5] *Zulast bracht mich meister Joseph Goltberch uff ein ort in die Schemmersgass, dar wonte ein alt weib, damit er kontschaft het, und leis hin nach zweien seidespennerschen schicken; die quamen alsbalde. Mir hatten vurhin zimlich gedrunken und er leis win holen, das mir noch mehe dronken. Es war uff Davids tag nach den christhilligen tagen.*
>
> [6] *Hie mois ich min sunde bichten und bekennen mit dem hilligen David, das mirs herzlich leit ist.*
>
> [7] *Dan wie wir saissen und trunken, hat es sich verlaufen, das ich min jonferschaft mit der einer, genant Trein Hoestirne, verloren hab, do ich hart bei 20 jar alt war.*
>
> [8] *Diss ist min eirster unfall, das ich in sulchen gebrech und geselschaft komen war. Sulchs leben gefeil mir nit seir wol, dan mich dochte es ein grausam untugsam handel sin, mit alsulchen lichtfertigen horen zu leben.*
>
> [9] *Darnach hab ich in drunkentschaft noch 4 ader 5 mail mit horen haus gehalten, darzu mich die geselschaft und der drunk bewechte.*
>
> [10] *Aber als die franzosenpocken ader hispanische krankheit zu disser zit noch gewaltich regeirte, davon vil leut in jamerlich gebrech quamen, hab ich gott dem almechtigen gedankt, das er mich behut hat, und hab mich gar fleislich fortmehe vur den lichtfertigen frauluten, horen und horenforer gehut, das ich noch nehe gebrech krigen hab.*
>
> [11] *Diss mois ich bekennen, wan mich got nit gnediglich behut hett, ich were on schaden nit darvan komen, und es mogen alle und jede alteren wol mit fleis acht uff ir kinder haben, war sei hin gaint und staint, dan lichtlich mogen sei verfort werden, wie genau man auch daruff seut*[32].

32 HÖHLBAUM (Hrsg.): Buch Weinsberg (wie Anm. 24), Bd. 1, S. 119f.; im Internet unter www.weinsberg.uni-bonn.de/Edition/Liber_Iuventutis/Liber_Iuventutis.htm unter unter fol. 79r-

„[1] Anno 1537 bin ich zum ersten Mal verführt worden, als ich in die Gesellschaft leichtfertiger Leute gekommen war.

[2] Denn so gut wie alle meine Gesellen, mit denen ich wohnte und bei denen ich studierte, so geschickt, fleißig und gelehrt sie auch waren, so redeten sie dennoch von hübschen Frauen. Der eine erzählt dieses, der andere jenes, ohne Scham, hässlich und kühn [die Grenzen des Anstands sprengend]. Die Unzucht wurde also von den Studenten getrieben, der eine sagt, er hätte mit dieser [Frau] Buhlschaft gehabt, bei ihr gelegen, mit ihr geschlafen. Ein anderer, wie er es aus- und inwendig [außer- und innerhalb des Hauses, also überall] getrieben hätte.

[3] Es war ein Geistlicher, der in der Straße Im Dall wohnte, der mich davon unterrichtete, wie er vor und nach [immer wieder] mit Huren Unzucht getrieben hatte. Er fragte mich viel und viel [genau aus], worüber ich nichts [zu sagen] wusste, und berichtete mir von vielen bösen Sachen. Ich war einfältig, und ich hörte dennoch so viel, woran ich dachte und wodurch ich böse angereizt wurde.

[4] Meine Gesellen gingen oft auf Buhlschaft [aus].

[5] Zuletzt brachte Meister Joseph Goldberg mich zu einem [bestimmten] Ort in der Schemmersgasse, wo eine alte Frau wohnte, die er [etwas besser] kannte, und veranlasste sie, nach zwei Seidenspinnerinnen zu schicken. Die kamen [tatsächlich] recht schnell. Wir hatten vorher [schon] ziemlich getrunken und er ließ [noch mehr] Wein holen, so dass wir noch mehr tranken. Es war am Davidstag nach den heiligen Christtagen [30. Dezember 1537].

[6] Hier muss ich meine Sünde beichten und mit dem heiligen David bekennen, dass es mir herzlich leid tut.

[7] Denn, wie wir dort saßen und tranken, hat es sich begeben, dass ich meine Jungfernschaft mit einer von ihnen, die Trine Hoestirne hieß, verloren habe, als ich gerade 20 Jahre alt geworden bin.

[8] Das war mein erster Unfall, dass ich in solchen Schaden [oder Fehler] [in solche] Gesellschaft gekommen bin. Solch ein Leben gefällt mir nicht sehr gut, denn mich dünkt es ein grausames, untugendsames Handeln [Tun, Lebenswandel] zu sein, mit solchen Huren zu leben.

[9] Danach habe ich in Trunkenheit noch vier- oder fünfmal mit Huren gehaushaltet [Gemeinschaft gehabt], wozu mich [stets] die Geselligkeit und der Trunk gebracht hatte.

[10] Aber da die Franzosenpocken oder die Spanische Krankheit [Syphilis] zu dieser Zeit [gemeint: damals, 1537] noch gewaltig herrschten, wodurch viele Leute jämmerlich zu Schaden kamen, habe ich Gott dem Allmächtigen zu danken, dass er mich [davor] behütet hatte, und [ich] habe mich hinfort [in] fleischlicher [Hinsicht] vor den leichtfertigen Frauensleuten, Huren, Hurenführer [Zuhälter] gehütet, damit ich keinen Schaden mehr erleide.

[11] Dieses muss ich bekennen: Wenn Gott mich nicht gnadenhalber behütet hätte, ich wäre ohne Schaden nicht davon gekommen, und es sollen alle und jede Eltern mit Fleiß auf ihre Kinder achten, wo sie hingehen oder [wo sie] stehen [sich aufhalten], denn allzu leicht können sie verführt werden, wie genau man auch auf sie sieht."

80r; leicht abweichende Übersetzung bei Johann J. HÄSSLIN: Das Buch Weinsberg. Aus dem Leben eines Kölner Ratsherrn. Mit einem Nachwort von Max-Leo SCHWERING, 5. Aufl., Köln 1997, S. 99f.

Als erstes fällt auf, dass Hermann Weinsberg in dem ersten Satz [1] sowohl den Verlust seiner Unschuld als auch den Umgang mit Prostituierten in einer Überschrift zusammenfasst und mit dem Kommentar versieht, dass dieses aus der Gesellschaft mit leichtfertigen Leuten geschehen war; die Verführung habe, so darf man interpretieren, nicht an ihm gelegen, er sei der Verführte gewesen. Sich selbst stellt er passivisch dar. Die Überschrift ist kennzeichnend für die Ordnung von Weinsbergs breiter Darstellung; auch die anderen Abschnitte sind jeweils betitelt, was auf eine Kategorienbildung bei Hermann Weinsberg verweist.

Er beginnt seine freimütige Darstellung über die ersten sexuellen Erfahrungen in seinem Leben mit einer Skizzierung des losen Redens der Studenten in der Burse [2], an dem sich ‚so gut wie alle' beteiligt hätten, was es ihm argumentativ gestattet, sich als Ausnahme darzustellen. Damit stilisiert er sich und die wenigen anderen, die sich an dem Schwadronieren nicht beteiligten, als Außenseiter. Das Buhlen um die Gunst erscheint hier als aktives Verb *buhlieren*. Die meisten, auch die sehr gelehrten, brüsteten sich bei diesen Gesprächen mit ihren Erfolgen bei den Frauen. Hermann Weinsberg formuliert dabei keine Kritik in der Art, dass er den Aufschneidern und Maulhelden keinen Glauben schenkte, er nahm das Gerede nach Ausweis dieses Textes für bare Münze. Man kann diese Textstelle als Indiz für den Diskurs der Männer untereinander verstehen, bei dem die meisten sich als Helden stilisierten. Die studentischen Bursen fungierten als wichtige Institution der Sozialisation der Studenten gerade in männlicher Hinsicht, wie Ruth Mazo Karras hervorgehoben hat und betonte, dass es eher die aufstiegswilligen Männer waren, die sich von einem Studium nicht nur fachliche Fertigkeiten, sondern auch berufliche Beziehungen erhofften, die sie weiterbrachten.[33] Besonders karrierebewusst war Hermann Weinsberg nicht,[34] so dass sein distanziertes Verhältnis zu den anderen Studenten nicht verwundert. Doch gab es bei den Studenten Unterschiede.

Insbesondere ein Geistlicher sei es gewesen, der mit seinen Frauengeschichten prahlte und ihn, Hermann, immer wieder ausgefragt habe [3]. Allerdings wohnte dieser nicht in der Burse, sondern in der Straße Im Dall.[35] Hermann verhehlte nicht, dass die Erzählungen ihn aufreizten, also Wirkung auf ihn hatten. Er bemerkte die in ihm woh-

33 Ruth M. KARRAS: Sharing Wine, Women, and Song. Masculine Identity Formation in the Medieval European Universities, in: Jeffrey J. COHEN/Bonnie WHEELER (Hrsg.): Becoming Male in the Middle Ages (The New Middle Ages, 4), New York/London 1997, S. 187-202, Freizeitgestaltung in Bursen erwähnt S. 192f., Prostitution im Bursenmilieu S. 194f.; die „im Mittelalter so oft anzutreffende Frauenfeindschaft" auch erwähnt bei Gerhard STRECKENBACH: Paulus Niavis „Latinum ydeoma pro novella studentibus". Ein Gesprächsbüchlein aus dem letzten Viertel des 15. Jahrhunderts, in: Mittellateinisches Jahrbuch 6 (1970), S. 152-191 und 7 (1972), S. 187-251, hier Teil 1 (1970), S. 175 und Teil 2 (1972), S. 228-233.

34 So zumindest mit Bezug auf einen politischen Aufstieg im Kölner Rat: HERBORN, Hermann von Weinsberg (wie Anm. 11), S. 21; etwas anders begründet bei STUDT, Hausvater (wie Anm. 13), S. 143; gegenteilige Interpretation bei ROHMANN, Lügner (wie Anm. 14), S. 45.

35 Es kämen mehrere Straßen oder Gassen in Frage, siehe Hermann KEUSSEN: Topographie der Stadt Köln im Mittelalter, 2 Bde. (Publikationen der Gesellschaft für Rheinische Geschichtskunde, Preis-Schriften der Mevissen-Stiftung, 2), Bonn 1910 [ND Düsseldorf 1986], hier Bd. 2 im Register S. 361 unter dem Stichwort „Dale, in dem", eventuell ist ein Teil der Straße Unter Gottesgnaden gemeint.

nende Sexualität sehr wohl, und auch, dass er auf bestimmte Reize und Vorstellungen reagierte. Zu beachten ist aber, dass es sich nur um einen Geistlichen handelte, nicht um ‚die Geistlichen',[36] und dass er dessen Namen nicht nennt, vielleicht, um ihn zu schützen. Über die anderen Studenten führt Hermann weiter aus [4], dass sie die Burse oft verließen, um Frauen zu treffen, während er, wie man interpretieren darf, in seiner Wohnung geblieben sei.

Erst im fünften Satz kommt er auf seine ‚Entbubung' zu sprechen [5], wobei er mit einem ‚zuletzt' anschließt. Dieses legt die Vermutung nahe, dass innerhalb der Burse Druck auf ihn ausgeübt worden sein könnte, es den anderen gleichzutun. Die anderen Bursenbewohner mochten sich an seiner Zurückhaltung gestoßen haben. Wie weit der soziale Druck genau ging, führt er nicht aus. Jedenfalls war es ein fortgeschrittener, den Magister-Titel führender Student namens Joseph Goldberg, der ihn zu einer alten Frau in der Schemmersgasse[37] brachte, die man wohl als Kupplerin interpretieren darf. Ihren Namen nennt er nicht, Kuppelei stand an der Grenze zur Prostitution, war zumindest schief angesehen,[38] da sie dem außerehelichen Geschlechtsverkehr Vorschub leistete.

36 An Hinweisen auf promiskuöse Geistliche, die einer Typenbildung Vorschub leisten, mangelt es in der Forschung nicht, vgl. Antje FLÜCHTER: Pastor Lauffs und die Frauen. Sexualität und Konflikt in einer frühneuzeitlichen Gemeinde, in: Christoph DARTMANN/Marian FÜSSEL/Stefanie RÜTHER (Hrsg.): Raum und Konflikt. Zur symbolischen Konstituierung gesellschaftlicher Ordnung in Mittelalter und früher Neuzeit (Symbolische Kommunikation und Gesellschaftliche Werte, 5), Münster 2004, S. 155-173 (betrifft Pastor Lauffs in Bilk, der es gleich mit mehreren Frauen getrieben hatte, mit Mägden in seinem Haushalt, einigen Ehefrauen des Dorfes und Prostituierten im dörflichen Wirtshaus. Nach Beschwerden der Dorfbewohner wurde eine Visitation durchgeführt, die zu seiner Absetzung führte, einem gravierenden Mittel, zu dem die kirchliche Obrigkeit nur selten schritt, nämlich wenn es sich nicht vermeiden ließ); zum Problem der wertenden Darstellung von Personen, die Verstöße gegen die Sexualnormen unternommen hatten, in Verhör- und Gerichtsprotokollen, siehe Ulrike GLEIXNER: „Das Mensch" und „der Kerl". Die Konstruktion von Geschlecht in Unzuchtsverfahren der Frühen Neuzeit, 1700-1760 (Geschichte und Geschlechter, 8), Frankfurt a. M./New York 1994, besonders S. 19-27 (die Lebensverhältnisse der Altmark betreffend); siehe ferner Antje FLÜCHTER: Der Zölibat zwischen Devianz und Norm. Kirchenpolitik und Gemeindealltag in den Herzogtümern Jülich und Berg im 16. und 17. Jahrhundert (Norm und Struktur, 25), Köln/Weimar/Wien 2006; vgl. auch die Vergewaltigungen und das Benehmen des Freiburger Theologieprofessors Karl Montfort in den 1740er Jahren, beschrieben bei Martin ZÜRN: Wollust, Macht und Angst. Städtische Diskurse über Sexualität und Körperempfinden in der Frühen Neuzeit. in: BRUNS/WALTER (Hrsg.): Lust und Schmerz (wie Anm. 9), S. 87-128, hier S. 94-97 u. ö.

37 KEUSSEN: Topographie (wie Anm. 35), Bd. 1, S. 260f.

38 Es sei an das Sprichwort „Alt Huren gut Kuppler, alt Koch gut Bräter, alt Reiter gut Verräter" erinnert, das der Humanist Jodocus Gallus 1488 in seiner Quodlibet-Disputation an der Heidelberger Universität anführte, siehe Jodocus Gallus: Monopolium et societas, vulgo des Lichtschiffs, in: Friedrich ZARNCKE: Die deutschen Universitäten im Mittelalter. Beiträge zur Geschichte und Charakteristik derselben, Leipzig 1857, S. 51-61, hier S. 54. – Zu Jodocus Gallus siehe Jakob FRANCK: Art. „Gallus, Jodocus", in: Allgemeine Deutsche Biographie, Bd. 8, Leipzig 1878, S. 348-351; ferner Erich KLEINSCHMIDT: Scherzrede und Narrenthematik im Heidelberger Humanistenkreis um 1500. Mit der Edition zweier Scherzreden des Jodocus Gallus und dem *Narrenbrief* des Johannes Renatus, in: Euphorion 71 (1977), S. 47-81 (auch zu den Quodlibet-Disputationen überhaupt, datiert S. 49 die Disputation in das Jahr 1489); mit Bezug auf das

Joseph Goldberg stand Hermann Weinsberg nah. Mit ihm pflegte er engeren Kontakt. An einer anderen Stelle in seinen Erinnerungen bezeichnet Hermann ihn als der *rechten licentiat* und *canonicus zu s. Georgen*, welcher am 6. März 1572 verstarb. Er war, wie Hermann kommentiert, *min alt bursgesel*, und wurde mit ihm *magister artium promoveirt*, von ihm überdies *in minem testament auch zu minem treuhender verordnet*, und überhaupt sei er *ein gut gesell* gewesen.[39] Mehrmals hatten sie gemeinsam ‚Kränzchen' (*Krenzgin*) abgehalten, Treffen im Freundeskreis. Herman Weinsberg notiert, was aus diesen Anlässen verzehrt wurde.[40]

Es war also ein Freund, der ihn zu einer Kupplerin geführt hatte, die dann wiederum zwei ihr bekannte Seidenspinnerinnen holen ließ, die recht bald erschienen. Im Nachsatz erklärt er, dass sie, Joseph Goldberg und er, vorher schon getrunken hätten und nun, in Anwesenheit der beiden Mädchen, habe Joseph Goldberg noch mehr Wein holen lassen; das Feiern sei weiter gegangen, die Stimmung gelöster geworden. Jetzt, wo es in der Erzählung ernst wird, gibt er auch genau das Datum an, an das er sich noch (mit Schrecken?) erinnert.

Dass es Hermann Weinsberg ernst gewesen und beim Schreiben der Erinnerungen noch immer war, belegt sein im nächsten Satz [6] gebrauchter Ausdruck, dass er nun seine Sünde beichten müsste. Der Bezug auf den christlichen Glauben wird durch die Wortwahl ersichtlich, er bewegt sich hier im Rahmen der von der Kirche gelehrten Tabuisierung des Sexuellen. Dass er der Verführung nachgegeben hatte, tat ihm Jahre später noch herzlich leid. Er bittet gleichsam um Vergebung. Da es am Davidstag, dem 30. Dezember, geschah, bezieht er sich auf die biblische Figur des heiligen David. Denn bei diesem Treffen, so im nächsten Satz [7], habe es sich ergeben (*hat es sich verlaufen*), dass er mit einer der Seidenspinnerinnen, an deren Namen (Trine Hoestirne) er sich bei der Niederschrift seiner Aufzeichnungen noch gut erinnern konnte, seine *jonferschaft* verloren habe; wie genau, sagt er nicht, und man erfährt auch nicht, ob es im Hause der Kupplerin in der Schemmersgasse oder woanders stattfand. Aber sein Alter hält er fest, er stand kurz vor der Vollendung seines 19. Lebensjahres. Hermann Weinsberg schließt im nächsten Satz [8] einen Kommentar an, in dem er von einem *eirsten unfall* spricht und beklagt, dass er in solche leichtfertige Gesellschaft gekommen sei. Hierbei qualifiziert er die beiden Seidenspinnerinnen als *lichtfertige horen*; eventuell zählt er die Kupplerin auch hierzu, obwohl von einer Bezahlung im vorherigen Satz nicht die Rede ist. Eine Bezahlung ist nicht mit Gewissheit auszuschließen, doch eher scheint es sich um eine Übertragung Weinsbergs zu handeln, indem er die sexuell auf-

Sprichwort ist ebenfalls methodisch-quellenkritisch zu fragen, ob es sich um einen geläufigen Spruch handelte oder es von Jodocus Gallus erfunden und aus literarischen Gründen in seinen Text eingefügt wurde. Das Sprichwort kann wegen der ständischen Steigerung eine adelskritische Note enthalten, wenn man statt ‚Reiter' ‚Ritter' liest.

39 HÖHLBAUM (Hrsg.): Buch Weinsberg (wie Anm. 24), Bd. 2, S. 227 oder im Internet unter www.weinsberg.uni-bonn.de/Edition/Liber_Iuventutis/Liber_Iuventutis.htm unter dem Datum 1572 März 6 oder unter fol. 612r; die gemeinsame Beförderung zusammen mit Goswin Winter zum Magister am 19. Mai 1537 ebd., Bd. 1, S. 114f. oder unter www.weinsberg.uni-bonn.de/Edition/Liber_Iuventutis/Liber_Iuventutis.htm unter dem Datum 1537 Mai 19 oder unter fol. 76v-77v.

40 HÖHLBAUM (Hrsg.): Buch Weinsberg (wie Anm. 24), Bd. 2, S. 90f. zum 25. März 1557.

geschlossene Trine Hoestirne und die anderen Frauen im Nachhinein als Huren benennt, was letztlich eine Beschimpfung darstellt. Die Tatsache, dass er die ihm doch so entgegenkommende Trine Hoestirne anschließend beschimpft, verweist vielleicht eher auf den sogenannten Hure-Madonna-Komplex, der nach Simon Blackburn eigentlich erst in der Bürgerkultur des 19. Jahrhunderts aufgekommen sein soll[41]. Gegen die These eines solchen Komplexes bei Hermann Weinsberg spricht aber, dass im noch zu besprechenden Satz 10 auch vor liederlichen Männern, den Hurenführern (Zuhältern), gewarnt wird; die ablehnende Haltung bezieht sich nicht nur auf Frauen. Dem Joseph Goldberg hat er jedoch dessen Leichtfertigkeit sowie den Kontakt zu einer Kupplerin nicht übel genommen, und dieses wohl nicht, weil er ein Mann, sondern weil er ein Freund war. Zudem sagt er nicht, was sich zwischen Joseph Goldberg und dem anderen Mädchen abgespielt hatte.

Ob es sich bei den Frauen wirklich um Prostituierte handelte, ist fraglich. Spinnstuben waren spezielle Orte der Geselligkeit unter Jugendlichen, die vor allem im Winter betrieben wurden, wenn andere Arbeiten ruhten, und wo ausgelassenem Treiben, Trank und sexuellen Annäherungen Raum gegeben wurde.[42] Vielleicht, sogar sehr wahrscheinlich, waren auch die beiden Seidenspinnerinnen angetrunken. Gewiss kann man dem Text entnehmen, dass es sich um zwei besondere Frauen handelte; nicht alle Seidenspinnerinnen hätten die Offenheit mitgebracht, einen Jungen von knapp 20 Jahren an einem Abend kennenzulernen und gleich mit ihm intim zu werden. Der Kontakt musste über eine Kupplerin hergestellt werden. Auf alle Fälle ereignete sich die Entbubung in der Winterzeit, am 30. Dezember 1537, als, wie man annehmen darf, auch in Köln die Spinnstuben betrieben wurden. Bemerkenswert ist zudem, dass die Studenten (zumindest diejenigen der Kronenburse[43]) keinen direkten Zugang zu den Seidenspinnerinnen hatten, sondern seiner Vermittlung bedurften. In der Stadt

41 BLACKBURN: Wollust (wie Anm. 1), S. 81 im Kapitel „Einige Konsequenzen" anhand der Darstellungen in der Malerei und mit Verweis auf Bram DIJKSTRA: Idols of Perversity. Fantasies of Feminine Evil in Fin-de-Siècle Culture, New York/Oxford 1986, ohne Seitenzahlen zu nennen, hier lt. Register s. v. „Virgin/whore dichotomy" und „Virgin whore, theme of": S. 334, 374f., 381, 384f., 395-398 mit zahlreichen Hinweisen auf Literatur und Malerei des ausgehenden 19. und frühen 20. Jahrhunderts, die auf die mit Hilfe der modernen Medien sich ausbreitende Populärkultur wirkten; fraglich ist, ob es den Komplex wirklich gibt oder ob er nur ein zeitweiliges Konstrukt der mit Versatzstücken arbeitenden Kunst der bürgerlich-prüden Gesellschaft des 19. und 20. Jahrhunderts war sowie der heutigen Wissenschaften, die sich mit dieser Gesellschaft beschäftigen. Im kontrastierenden Vergleich hätte Dijkstra auch danach fragen müssen, ob eventuell die Männer nicht auch in einer Dichotomie zwischen strahlenden Helden und niederträchtigen Verlierern dargestellt worden sind, in Typen also, die man problemlos mit sexuellen Attributen und Werten versehen konnte, wie überhaupt typisierende Dichotomien hinsichtlich ihrer Konstrukthaftigkeit zu hinterfragen wären; IRSIGLER/LASSOTTA: Bettler (wie Anm. 12), S. 203 sprechen mit Bezug auf Hermann von Weinsbergs Verachtung der Prostituierten von einem „persönlichen Verdrängungskomplex", der aber, so Irsigler/Lassotta, weit verbreitet war.

42 Hans MEDICK: Spinnstuben auf dem Dorf. Jugendliche Sexualkultur und Feierabendbrauch in der ländlichen Gesellschaft der frühen Neuzeit, in: Gerhard HUCK (Hrsg.): Sozialgeschichte der Freizeit. Untersuchungen zum Wandel der Alltagskultur in Deutschland, 2. Aufl., Wuppertal 1982, S. 19-49.

43 Zu dieser Burse siehe HERBORN, „Alte Burschenherrlichkeit" (wie Anm. 11), S. 84f.

Köln dürfte es folglich verschiedene gesellschaftliche Kreise gegeben haben, die nebeneinander her existierten und zu denen Außenstehende nicht einfach Zugang hatten. Erst Makler bzw. Maklerinnen (als solche lässt sich die Funktion der Kupplerin verstehen, die auch im Auftrag von Prostituierten tätig waren[44]) konnten die gesellschaftlichen Grenzen überwinden. Der Student Joseph Goldberg kannte, so der Text, eine Kupplerin. Ob er sich ihrer Vermittlungsdienste öfter bedient hatte, ist dem Text nicht zu entnehmen, dürfte aber wahrscheinlich gewesen sein.

Der entscheidende Satz [9] über die Bordellbesuche lautet: *Darnach hab ich in drunkentschaft noch 4 ader 5 mail mit horen haus gehalten, darzu mich die geselschaft und der drunk bewechte.* / „Danach habe ich in Trunkenheit noch vier- oder fünfmal mit Huren gehaushaltet [Gemeinschaft gehabt], wozu mich [stets] die Geselligkeit und der Trunk gebracht hatte". Streng genommen sagt der Satz nur, dass Hermann mit den Huren *haus gehalten* habe, hier übersetzt mit „Gemeinschaft (oder Gesellschaft) gehabt hatte"; ausdrücklich von Bordellbesuchen spricht er nicht. Dieses lässt die Interpretation zu, dass er zwar mit anderen im Wirtshaus auf dem Berlich[45], wie man in Köln das städtische Frauenhaus nannte, gelandet war, aber sich nur in der großen Stube, dem, wenn man so will, Barbetrieb, aufhielt und nicht in eine der kleineren Stuben, den Chambres séparées, gelangt war.[46] Immerhin gibt er in einem anderen Teil seines Werks eine ausführliche Beschreibung des städtischen Frauenhauses, in die allerdings Ausdrücke des Hörensagens wie ‚man sagt' und ähnliche Formulierungen eingeflossen sind, die sein Wissen aus zweiter Hand belegen sollen.[47] Eventuell hatte er auch lediglich Kontakt zu Kupplerinnen oder sich in bestimmten Wirtshäusern oder Badestuben mit ihnen getroffen.[48] Auch hatte sich einige Jahre später eine Kupplerin in einem von Hermann Weinsbergs Mietshäusern eingenistet, bis sie von ihm an die frische Luft gesetzt wurde.[49] Vielleicht handelt es sich bei dem Ausdruck ‚Haushalten' an dieser Stelle um einen Euphemismus, so dass zu interpretieren ist, dass er doch tatsächlich im Bordell gewesen war; zu belegen ist diese Vermutung jedoch nicht. Auch werden die Besuche nicht datiert. Er schließt sie einfach mit einem ‚danach' an; nur zu vermuten ist, dass er dies noch zu seiner Studienzeit geschah, die sich noch bis 1543

44 IRSIGLER/LASSOTTA: Bettler (wie Anm. 12), S. 204 anhand des Beispiels der am Bein behinderten und deswegen mit dem Beinamen „die krueppelersche" belegten Anna, Tochter des verstorbenen Kölner Goldschmieds Johan Geninge, die als Kupplerin mehrere Prostituierte, darunter auch Ehefrauen, mit Kunden versorgte.

45 Zu diesem erst 1527 auf Anordnung des Rats eingerichteten Frauenhaus siehe IRSIGLER/LASSOTTA: Bettler (wie Anm. 12), S. 184; 1591 wurde es geschlossen (ebd., S. 192).

46 Zur baulichen Struktur der Freudenhäuser allgemein siehe SCHUSTER, Frauenhaus (wie Anm. 7), S. 58ff.

47 IRSIGLER/LASSOTTA: Bettler (wie Anm. 12), S. 184-188; LAU (Hrsg.): Buch Weinsberg Bd. 4 (wie Anm. 25), S. 193f.; im Internet unter www.weinsberg.uni-bonn.de/Edition/Liber_Decrepitudinis/ Liber_Decrepitudinis.htm unter dem Datum 20. April 1594.

48 Zur Kupplerei IRSIGLER/LASSOTTA: Bettler (wie Anm. 12), S. 199-201, zu anderen Treffpunkten der Prostituierten ebd. S. 204.

49 Ebd., S. 200; Höhlbaum (Hrsg.): Buch Weinsberg (wie Anm. 24), Bd. 2, S. 45; im Internet unter www.weinsberg.uni-bonn.de/Edition/Liber_Iuventutis/ Liber_Iuventutis.htm zum 1553 Dez. 5 oder unter fol. 292v-293r.

erstreckte, als er Examen machte, oder bis 1548, als er seine erste Ehe einging und die vermögende Witwe Weisgin Ripgin heiratete.[50]

Zudem ruft die unpräzise Zahlenangabe Verwunderung hervor: Vier- oder fünfmal habe er sich in der Gesellschaft von Huren befunden. Wenn man den Text genau nimmt, so wusste Hermann Weinsberg im Nachhinein nicht mehr genau, wie oft er sich mit ihnen abgegeben hatte, aber dass er immer sowohl in schlechter Gesellschaft, also von anderen Männern angetrieben, als auch angetrunken gewesen sei, das vermochte er doch anzugeben. Auf jeden Fall sei er wie bei seiner Entbubung nicht Herr seiner selbst gewesen, so dass ihn keine oder nur eine geringe Schuld treffe. Er stellt die Besuche eher als Unfälle dar, die ihm aus Versehen zugestoßen seien und die er nicht aktiv betrieben habe. Der Zahlenangabe ist wegen ihrer Unbestimmtheit nicht allzu viel Wert beizumessen. Vielleicht war er ja auch fünf- oder sechsmal im Frauenhaus oder gar siebenmal oder noch öfter, vielleicht aber auch nur zwei- oder dreimal. Oder gar keinmal. Zu bedenken ist, dass er gegenüber seinen Verwandten, die den Text später lesen würden, glaubwürdig erscheinen wollte und deswegen eine glaubhafte Angabe machte, die ihn männlicher und aktiver erscheinen lassen mochte als er eigentlich war. Hätte er sich als völlig abstinent geschildert, wäre er womöglich als unglaubwürdig abgestempelt worden, was wiederum bedeutet, dass ein mäßiger Bordellbesuch (ein- bis zweimal) zum gesellschaftlich akzeptierten Bild des Mannes gehörte.

Es folgen noch zwei Sätze allgemeineren Inhalts. Zunächst [10] dankt er dafür, dass er trotz der von ihm eingestandenen gelegentlichen Kontakten zur Prostituierten vor der seit Ende des 15. Jahrhunderts in Europa neuen, sich rasch ausbreitenden und die Männer, insbesondere auch die gelehrten Humanisten, erschreckenden Krankheit der Syphilis[51] verschont geblieben sei, was er mit einem Dank an den Herrn verbindet, und sagt, dass er sich ‚hinfort' vor den von ihm als liederlich eingeschätzten Leuten fern gehalten habe. Worauf sich das ‚hinfort' bezieht, ist nicht ganz klar, streng genommen kann es sich nur auf die Zeit nach dem geschilderten fünften und somit letzten Kontakt zu Prostituierten beziehen, der wiederum nicht datiert ist. Eine allgemeine Sentenz [11] schließt sich an, die im Stil einer Beichte wie Satz 6 als Bekenntnis anfängt und ein nochmaliges Gotteslob einflicht, ehe er eine Ermahnung an die Eltern ausspricht, ja gut auf den Umgang der Kinder zu achten, um zu verhüten, dass diese in schlechte Gesellschaft geraten.

50 HERBORN: Hermann von Weinsberg (wie Anm. 11), S. 21.

51 Claudia STEIN: Die Behandlung der Franzosenkrankheit in der Frühen Neuzeit am Beispiel Augsburgs (Medizin, Gesellschaft und Geschichte, Beiheft,19), Stuttgart 2003, insbes. die Einleitung S. 11-38 und Kap. 2: Deutungsversuche, S. 39-94; Jon ARRIZABALAGA/John HENDERSON/ Roger K. FRENCH: The Great Pox. The French Disease in Renaissance Europe, New Haven (Ct.)/London 1997, zu Deutschland S. 88-112; Raimund KEMPER: Zur Syphilis-Erkrankung des Conrad Celtis, zum ‚Vaticinium' Ulsens und zum sogenannten ‚Pestbild' Dürers, in: Archiv für Kulturgeschichte 59 (1977), S. 99-118; Georg WÖHRLE (Hrsg.): Girolamo Fracastro. Lehrgedicht über die Syphilis (Gratia, 18), Bamberg 1988.

III.

Hermann Weinsberg legt in seinem Erinnerungswerk eine beachtliche Offenheit gegenüber sich und den Lesern aus seiner Familie an den Tag, die sich dadurch erklären lässt, dass sein Werk nicht für die Öffentlichkeit, sondern für seine Nachfolger als Haushaltsvorstände gedacht war.[52] Die Aussagen des Erinnerungswerks sind mit Vorsicht zu genießen. Das menschliche Gedächtnis trügt, und da Hermann Weinsberg erst im fortgeschrittenen Alter über seine Jugenderfahrungen berichtete, dürften ihm Fehler bei der Wiedergabe unterlaufen sein.[53] Gerade in den so interessanten Details ist die Quellenkritik angebracht, ja ist der Text eher unglaubwürdig. Dass die jungen Männer in den Bursen über Frauen und das Geschlechtliche redeten, will man hingegen gern glauben.

So ganz genau weiß man also nicht, ob Hermann Weinsberg wirklich im Bordell war. Er behauptet es zwar in einer etwas verklausulierten Wendung, aber ob er die Wahrheit sagt oder sich selbst an das Bild vom ‚richtigen' Mannes anpasste, ob er sich also selbst ‚männlicher' machte, als er wirklich war, kann man nicht mit letzter Sicherheit sagen: Es gibt einen Vorbehalt der Interpretation. Hermann Weinsberg beschreibt sichtlich keine ‚Wahrheit', sondern die ersten sexuellen Erfahrungen aus seiner späteren Selbstwahrnehmung heraus und mit seiner nachträglichen persönlichen Bewertung. Sichtlich legt er dabei Wert auf Schamgrenzen.[54] Ob er sie tatsächlich hatte, wissen wir nicht. Andere Männer wie die in Satz 2 erwähnten ‚unverschämten Bursenbewohner' hätten sich vielleicht deutlicher ausgedrückt, und auch über deren Schamgrenzen können wir keine Aussagen machen. Einer ‚Wahrheit' käme die moderne Forschung erst etwas näher, wenn es auch eine Beschreibung der Trine Hoestirne über den Verlauf des Abends des 30. Dezember 1537 gäbe sowie die Erinnerungen Joseph Goldbergs und der anderen Seidenspinnerin und nicht zuletzt diejenige der Kupplerin.

Der Text vermittelt eine Distanz des Autors zu dem Treiben der anderen Studenten. Letztlich betont er die Individualität Hermann Weinsbergs. Nicht alle Männer waren gleich, neben den eher zur Abstinenz neigenden und Zurückgezogenen gab es die-

52 Gerd SCHWERHOFF: Verklärung und Untergang des Hauses Weinsberg – eine gescheiterte Geltungsgeschichte, oder: Vom glücklichen Überlieferungs-Zufall eines Ego-Dokuments aus dem 16. Jahrhundert, in: Johannes ALTENBEREND/Reinhard VOGELSANG (Hrsg.): Kloster – Stadt – Region. FS Heinrich Rüthing. Mit einem Geleitwort von Reinhard KOSELLECK, Bielefeld 2002, S. 65-86, hier S. 71.

53 Grundsätzlich hierzu die für die Quellenkritik von Texten, die aus dem Gedächtnis heraus verfasst wurden, entscheidenden Ausführungen von Johannes FRIED: Der Schleier der Erinnerung. Grundzüge einer historischen Memorik, München 2004; die Relativierung der auf der Erinnerung von Menschen und mit großem zeitlichen Abstand zum Ereignis geschriebenen bedeutet in der Umkehrung eine Aufwertung der schriftlichen Überlieferung, die dem zu erforschenden Vorgang nahe steht, wie Ahasver von BRANDT: Werkzeug des Historikers. Eine Einführung in die Historischen Hilfswissenschaften (Urban-TB, 33), 17. Aufl., Stuttgart 2008 an einer Stelle versteckt und unaufwendig sagt: „Ein solcher Maßstab [von mehreren Bewertungsmaßstäben, v. S.] ist die ‚Nähe' der Quelle zu dem zu erforschenden Vorgang oder Zustand" (S. 51).

54 Axel T. PAUL: Die Gewalt der Scham. Elias, Duerr und das Problem der Historizität menschlicher Gefühle, in: Michaela BAUKS/Martin MEYER (Hrsg.): Zur Kulturgeschichte der Scham (Archiv für Begriffsgeschichte, Sonderheft 9), Hamburg 2011, S. 195-216.

jenigen, die ohne große Umstände auf das andere Geschlecht zugingen. Diese Differenzierung dürfte auch auf die Frauen anzuwenden sein; wohl nicht alle Seidenspinnerinnen waren bereit, sich ohne viel Federlesens mit einem angetrunkenen Jurastudenten einzulassen. Sowohl Joseph Goldberg als auch die Kupplerin in der Schemmersgasse fungierten als Makler, die die Grenzen, die zwischen den gesellschaftlichen Gruppen bestanden, überwinden halfen. Deswegen fällt es auch schwer, kollektive Gruppen wie ‚die Frauen' oder ‚die Männer' zu konstruieren. Man kann also nicht von Hermann Weinsberg und ‚den Frauen' sprechen,[55] sondern nur von Hermann Weinsberg und seinen Frauengeschichten.

Auch wenn es banal klingt, so muss doch festgehalten werden, dass die modernen Wissenschaften unterschiedlich sind und sie ihre je eigene Entwicklung hinter sich haben. Wenn die Geschichtswissenschaft die Sexualität erst im ausgehenden 20. Jahrhundert als Thema entdeckt, so ist zu vermerken, dass seit dem späten 19. Jahrhundert die Psychologie seit Freud sich in erster Linie auf die Triebstruktur des Menschen fokussiert hat und erst im Laufe der Zeit lernen musste, dass bei der Herausbildung der individuellen Persönlichkeit seit den ersten Lebenswochen umfassende psychosoziale Anpassungen geschehen, weswegen vor der Sexualität noch die „emotionale Bindung, Sicherheit, Zuwendung und angemessene Versorgung“[56] von Bedeutung sind. Die Sexualität wird durch diese Einsicht relativiert. Nur als Ausblick sei darauf hingewiesen, dass mit der ‚angemessenen Versorgung' Fragen der wirtschaftlichen Sicherung angesprochen werden. Wirtschaftliche Gegebenheiten können sich auf die psychologische Befindlichkeit eines Individuums auswirken. Dies lässt sich wiederum auf die Vergangenheit wenden: Wenn die moderne Kulturgeschichte nach dem Menschen in der Vergangenheit fragt und sich dabei auf das Sexuelle fokussiert, so sollte man darüber die wirtschaftlichen Bedingungen des Daseins nicht vergessen.

55 So als Kapitelüberschrift bei HERBORN: „Alte Burschenherrlichkeit“ (wie Anm. 11), S. 102: „Das Verhältnis der Studenten zu Frauen“; so auch die Überschrift von FLÜCHTER: Pastor Lauffs (wie Anm. 36); streng genommen müsste man auch die Frauen, also die in dem Aufsatz angesprochenen Mägde, Ehefrauen und Prostituierte, als handelnde Subjekte wiedergeben, doch ging es der damaligen Kirchenobrigkeit um den Priester und dessen illegale Beziehungen, so dass nur diese in die Visitationsakten Eingang fanden. Anhand dieser Quelle lässt sich die Sexualitätsgeschichte aus Sicht der Frauen nicht nachzeichnen. Bei der Auswertung der Prozessakten wäre ferner auf die Bedingungen der Memorik zu achten.

56 Claudia BRUNS/Tilmann WALTER: Einleitung. Zur Historischen Anthropologie der Sexualität, in: BRUNS/WALTER: Lust und Schmerz (wie Anm. 9), S. 1-22, hier S. 14.

Marc Sgonina

Die Johanniterkommende Steinfurt im Mittelpunkt gräflicher und städtischer Politik

Domini visitatores ex informacione domini preceptoris et eciam ex parte domini comitis in Steinfort fuerunt informati de dissoluta vita et inhonestate cappellanorum preceptorie Steinfort propter continuas inebrietates et alia vitia[1].

Dies schrieben die Visitatoren der Johanniterkommende Steinfurt in ihr Protokoll, als sie das Ordenshaus am 23. August 1495 im Auftrag des Großmeisters besuchten. Die Beschreibung des Lebenswandels der Ordensmitglieder ist dabei weniger interessant als die Tatsache, dass der Graf von Steinfurt die Visitatoren über die Situation vor Ort informierte. Als großzügiger Gründer und Förderer der Kommende Steinfurt fiel ihm die Rolle des Vertrauensmannes für die Visitatoren zu.[2] Ehbrecht behauptet sogar, dass man in der Beziehung zwischen Steinfurter Edelherren[3] und Johanniterkommende bis ins 14. Jahrhundert Züge eines ‚Hausklosters' erkennen könne.[4] Wie aber gestaltete sich das Verhältnis zwischen der Kommende und dem Grafengeschlecht? Welche Rolle spielte dabei die Stadt Steinfurt?

Zwar nennt keine Urkunde den genauen Gründungstermin und damit den Beginn der Beziehung zwischen Kommende und Herren von Steinfurt, aber es ist anzunehmen, dass das Ordenshaus um 1190 von den Edlen Rudolf von Steinfurt und seinem Bruder, dem Münsteraner Dompropst Bernhard, gestiftet wurde. Ersterer hatte sich am Kreuzzug Barbarossas beteiligt und sich von den Taten der Johanniter im Heiligen Land

1 National Library Malta (im Folgenden NLM), Valletta, Archiv 45, „Visitatio Commendarum Sup. et Infer. Alemania. Anno domini 1495", „Visitatio Commendarum Sup. et Infer. Alemania. Anno domini 1495", fol. 238v: „Die Herren Visitatoren wurden durch Information des Herrn Komturs und auch von Seiten des Herrn Grafen in Steinfurt über das zerrüttete und unehrenhafte Leben der Kapläne der Kommende Steinfurt informiert über fortgesetztes Liebesleben und anderes Fehlverhalten."

2 Vgl. NLM, Valletta, Archiv 45, Archiv 6340, „Descriptio Visitationis preveptoriarum boneficiorum et domorum ordinis sancti Johanis Hierosolimitani per germaniam 1540/1541", fol. 141v.

3 Das Geschlecht der Edlen von Steinfurt erlosch 1421. Das Erbe fiel durch die bereits 1404 erfolgte Heirat der Erbin Eva mit Everwin V. an die Grafen von Bentheim. Seit 1495 war Steinfurt durch Kaiser Maximilian Reichsgrafschaft, gehörte aber zur Hälfte dem Hochstift Münster, wodurch die Steinfurter Reichsunmittelbarkeit von 1547 bis 1716 auf dem Reichskammergericht verhandelt wurde. Bis in die zweite Hälfte des 16. Jahrhundert vereinigte das Haus Bentheim die Reichsgrafschaften Bentheim, Steinfurt und Tecklenburg sowie die Herrschaft Rheda (vgl. Stephanie MARRA: Bentheim, Grafen von, in: Mitteilungen der Residenzen-Kommission der Akademie der Wissenschaften zu Göttingen 16 [2006], Nr. 1, S. 25f.). Die Kommende hatte damit zwar wechselnde Herren, aber immer dieselbe Familie, in deren Herrschaftsgebiet sie sich befand.

4 Vgl. Wilfried EHBRECHT: Der Weg der Steinfurter Johanniter nach Friesland in nachstaufischer Zeit, in: Heimatbund für das Oldenburger Münsterland (Hrsg.): Zur Geschichte des Johanniterordens im friesischen Küstenraum und anschließenden Binnenland. Beiträge des Johanniter-Symposiums vom 11. bis 12. Mai 2007 in Cloppenburg-Stapelfeld (Die Blaue Reihe, 15), Cloppenburg 2008, S. 66-92, hier S. 73.

überaus beeindruckt gezeigt.[5] Für die Stadt selbst war die Ansiedlung der Johanniter am Ufer der Steinfurter Aa, südlich des Schlosses und dicht neben der Pfarrkirche der Stadt, eine Verbesserung der Lebensqualität. Unter anderem waren die Johanniter als Heilkundige und Ärzte nach Steinfurt geholt worden. Ihre Anwesenheit erhöhte den Wohlstand und das Ansehen der Stadt. Sie machten einen Anschluss an ein Fernhandelsnetz notwendig, da sie auf besondere Waren (Kultgeräte, Seidenmäntel) angewiesen waren. Außerdem mussten sie das Korn aus ihrem Villikationsbezirk umsetzen.[6]

Die Grundlage für dieses karitativ-religiöse Wirken der Johanniter in Steinfurt war die Dreizehn-Armenstiftung des Edlen Ludolf von Steinfurt aus dem Jahre 1230. In dieser Urkunde schenkt der Edle zur Sühne seiner Sünden und mit Zustimmung seines Sohnes den Johannitern den Zehnt über mehrere Erben um Steinfurt *mit allem beweglichen und unbeweglichen Zubehör* unter der Bedingung, dass zu seinem, seiner Eltern und Ahnen Seelenheil dreizehn Arme täglich zweimal, an Fasttagen jedoch nur einmal, auf der Kommende mit Speisen und Getränken versorgt würden. Unter den Siegelnden findet man auch den Großmeister hospitalis in Alemannia.[7] Auch wirtschaftlich gereichte diese Schenkung der Stadt zum Vorteil, da *gutes weißes Deventer Salz, gute Heringe und guter Stockfisch* auf die Märkte geliefert wurden, um die Bedingungen der Dreizehn-Armenstiftung zu erfüllen.[8]

Im Rahmen der Kreuzzugsbegeisterung schenkte der Edle Johannes von Steinfurt 1270 den Johannitern das Patronat über die Steinfurter Pfarrkirche.[9] Damit konnte ein kirchliches Wirken der Johanniter in Steinfurt seinen Anfang nehmen. Mit den Seelenmessen und Pfründen, die in den folgenden Jahren gestiftet wurden, mehrte sich der Reichtum der Kommende.[10] Durch das päpstlich verbriefte Recht des Ablasses kamen die Pilger von überall her, um von dem Privileg der Johanniter zu profitieren.

Steinfurt revanchierte sich bei den Johannitern auf verschiedene Weise. Man befreite die Eigenbehörigen der Kommende vom Wegegeld. Lediglich etwas Holz hatten sie für die Bauten der Stadt zu liefern.[11] Außerdem hatten die Pförtner der vier Stadttore die Anordnung, dem Komtur, den anderen Ordensmitgliedern und den Kommendebediensteten jederzeit unentgeltlich die Tore zu öffnen. Hierfür erhielten sie von der Kommende jährlich je zwei Roggenbrote, vier Mettwürste, vier Flaschen Bollbier, 3 Stüber[12] Geld sowie täglich Essen und Trinken und im Sommer einen Wagen Torf.[13]

5 Vgl. Adam WIENAND: Die Kommenden des Ordens im deutschen und böhmischen Großpriorat, in: DERS. (Hrsg.): Der Johanniterorden. Der Malteserorden. Der ritterliche Orden des hl. Johannes vom Spital zu Jerusalem. Seine Geschichte, seine Aufgaben, 3. Aufl., Köln 1988, S. 367.

6 Vgl. Paul G. HESPING: Bevölkerung und Siedlung in der Niedergrafschaft Steinfurt. Eine siedlungs- und sozialgeographische Untersuchung, Münster 1963, S. 182ff.

7 Vgl. Landschaftsverband Westfalen-Lippe – Archivamt für Westfalen, Münster, Fürstliches Archiv Burgsteinfurt (im Folgenden LWL, AW, FAB), Bestand H, Johanniterkommende Steinfurt, Urkunden und Akten, 1230, Nr. 687.

8 Vgl. LWL, AW, FAB, H, 1566-02-17, Nr. 467.

9 Vgl. ebd., 1270-06-01, Nr. 688, 1269 oder 1270-03-12, Insert in Urkunde 1323-01-08.

10 Vgl. ebd., 1445-12-13, Nr. 71, Bl. 19v-20r: Stiftung einer Frühmessepfründe in der Großen Kirche.

11 Vgl. LWL, AW, FAB, Bestand A Steinfurt, Kommende Steinfurt, Akten, 1688-08-01, Nr. 94 und A, 1778, Nr. 253.

12 Eine niederländische Münzeinheit (Stüver), in Ostfriesland und Westfalen ‚Stüber'.

Kommende und Stadt standen auch im Rentenhandel: Am 3. Februar 1528 löste die Stadt die Zedelersche Rente von 3 Gulden aus, indem sie eine Rente von 2½ rheinischen Goldgulden für 50 Goldgulden aus städtischen Einkünften verkaufte. Auf der einen Seite stand der Verwahrer des Amtes Bokelo, Lubberte Royen, und auf der anderen Johan van Buckelte, Berndt Stuker, Gerdt Smedynck, Wessel Potteken, Rothger Wantman und Hinrick Snockel, genannt Byspinck, Bürgermeister und Schöffen der Stadt Steinfurt.[14]

Aber auch das Kirchspiel Steinfurt unterstützte die Kommende. So war ihr erlaubt, im Hollicher Feld Plaggen[15] zu stechen. Die Eingesessenen der Hollicher Bauernschaft erhielten dafür auf St. Johannis drei Roggenbrote, eine Seite Speck, einen Schinken, eine Schüssel Gerste und sieben Stüber Geld. Dazu wurde jeder Mann oder Sohn eines Erbes mit Essen und Trinken auf der Kommende bewirtet. Er musste jedoch seine Ankunft ein bis drei Tage vorher anmelden.[16]

Die große Pfarrkirche in Steinfurt war dem heiligen Johannes geweiht und besaß acht Altäre. Der erste war der Dreifaltigkeit geweiht, der zweite diente der Verehrung der Jungfrau Maria, der dritte Johannes dem Täufer. Der vierte Altar war für die Verehrung der Engel, der fünfte zur Verehrung der Apostel Petrus und Paulus, der sechste zur Verehrung des Kreuzes, der siebte zur Verehrung des Antonius und der achte war der Erlösung Marias geweiht. Eine Kerze befand sich vor den Sakramenten, die Tag und Nacht zu brennen hatte. Neun Kapläne kümmerten sich um den Gottesdienst. Sie sangen jeden Tag die Messe und verrichteten die kanonischen Stundengebete. Nach dem Protokoll von 1495 waren sie dazu verpflichtet, *drei Messen über die vorher genannten vier Messen hinaus zu lesen* und zudem jede Woche *drei hohe Messen* zu lesen.[17] Hinzu kamen wohl die Seelenmessen und die Abhaltung der Memorien, für deren Stiftung der Prior die Verantwortung trug. Im *Calendarium sive Necrologus Domus Hospitalitatis s[anc]ti joannis in steinfort* handelt es sich um ein Verzeichnis solcher Stiftungen für die Kommende Steinfurt.[18] Hier finden sich die genauen Ausführungen der Seelenmessen. Wie viele Personen den Gottesdienst besuchten, ist nicht bekannt, aber 1495 hatte die Kommende 1400 Pfarrkinder.[19] Jährliche große Prozessionen stärkten das spirituelle Leben der Stadt. Noch heute erinnern die Kreuzstiege an einen der alten Prozessionswege der Johanniter.[20] In einem Schreiben des Grafen Arnold aus dem Jahr 1603 werden die Aufgaben der Geistlichen in Steinfurt zusammen-

13 Vgl. Bernhard REGELMEIER: Die Johanniterkommende in Steinfurt, in: Zeitschrift für vaterländische Geschichte und Altertumskunde (Westfalen) 69 (1911), S. 305-402, hier S. 402.

14 Vgl. LWL, AW, FAB, H, 1528-02-03, Nr. 339.

15 Plaggen sind rechteckige Bodenstücke, die als Streu für die Ställe, als Dünger auf den Feldern oder als Baumaterial verwendet wurden.

16 Vgl. REGELMEIER: Steinfurt (wie Anm. 12), S. 402.

17 Vgl. NLM 45, fol. 234r.

18 Vgl. Landesarchiv Nordrhein-Westfalen (im Folgenden LA NRW), Münster, Verein für Geschichte und Altertumskunde Westfalens, Abteilung Münster (Dep.), Manuskripte, Nr. 154: „Calendarium sive Necrologus domus hospitalis sancti Joannis in Steinfort".

19 Vgl. NLM 45, fol. 234r.

20 Vgl. HESPING: Bevölkerung (wie Anm. 6), S. 156.

gefasst. So hatten sie sich um die Predigt, die Darreichung des heiligen Sakraments, den Besuch der Kranken und die Bestattung der Toten zu kümmern.[21]

Zur Ausübung des Gottesdiensts im Kirchspiel Steinfurt stellte der Orden die Geistlichen. Aus einem Protokoll von 1554 geht hervor, dass in der Kommende neben dem Prior noch sieben andere Geistliche, ein Diakon und ein Subdiakon für den Gottesdienst verantwortlich waren.[22] Hingegen kümmerten sich die Stadt und das Kirchspiel Steinfurt um die Instandhaltung der Kirche. Beaufsichtigt wurde sie durch Provisoren, den Pflegern der Kirche, die jährlich von den Steinfurter Grafen und dem Bürgermeister der Stadt ernannt wurden. Es waren wohl meistens zwei. Im Jahre 1614 bekleideten die Bürgermeister Gerhard Distelhof und Georg Andries dieses Amt.[23]

Neben den Kommendegeistlichen gab es noch weitere Kirchenbeamte. So kümmerte sich der Küster um die Bewachung der Kirche. Hinzu kamen ein Organist und ein Schulmeister. Zur Kirche gehörte auch eine Schule, die die Steinfurter Jugend durch Kommendegeistliche unterrichtete. Als 1547 die Stadt und das Kirchspiel zum neuen Glauben übertraten, wurde die Schule von den Schöffen und dem Rat der Stadt Steinfurt in die Stadt verlegt, *zu[r] größeren Bequemlichkeit der Jugend*[24]. Eine Beschwerde der Johanniter beim Grafen blieb ohne Erfolg.

1370 gründeten die Edlen von Steinfurt die Kapelle zum heiligen Geist. Aus einem in den Jahren 1471 bis 1477 daneben errichteten Neubau, ging die Kleine Kirche hervor.[25] Schon 1381 wurde die Kapelle samt dem Kirchhof der Großen Kirche unterstellt und vom Prior verwaltet.[26] Zu dieser Kapelle gehörte ein Armenhaus, das *huse ton hilligen geyste*. Ob es mit der Kapelle und dem Kirchhof an die Johanniter ging, ist nicht völlig ersichtlich.[27] Eine weitere Urkunde untermauert die Verwaltung beider Kirchen durch den Prior. Laut dieser verkauften die Edlen Balduin von Steinfurt und sein Sohn Ludolf dem Prior zu Steinfurt und den Verwahrern der Kapelle zum heiligen Geist in der Stadt eine jährliche Rente von zwei Mark Münsterisch. Das Geld diente der Beleuchtung der Gotteshäuser: beim Prior für die Große Kirche und bei den Verwahrern für die Kapelle.[28] Die Johanniter ließen einen Seiteneingang von der Kommende zur Großen Kirche errichten. Die Türen in der Südwand der Kirche und der Kommendemauer sind noch heute zu sehen. 1375 wurde die Große Kirche gotisch umgebaut und erweitert. 1426 bis 1430 erhielt sie ihren Treppenturm.[29]

Auch wenn sich nach dem eingangs erwähnten Protokoll die Ordensangehörigen nicht daran hielten, so lebten sie eigentlich nach sehr klaren Regeln: Die Laien des Ordens hatten täglich in den sieben Stunden 150 Vaterunser zu beten. *Zu gewöhnlichen*

21 Vgl. „Kommende Akten Nr. 1", nach REGELMEIER: Steinfurt (wie Anm. 13), S. 389.

22 Vgl. LWL, AW, FAB, H, 1554-04-11, Nr. 287.

23 Vgl. „Kommende Akten Nr. 1", nach REGELMEIER: Steinfurt (wie Anm. 13), S. 389.

24 Vgl. LWL, AW, FAB, H, 1547-04-14, Nr. 72, fol. 12[1].

25 Vgl. Karl G. DÖHMANN: Die Bau- und Kunstdenkmäler des Kreises Steinfurt, in: Provinzialverband der Provinz Westfalen (Hrsg.): Die Bau- und Kunstdenkmäler von Westfalen, Münster 1904, S. 21.

26 Vgl. LWL, AW, FAB, H, 1381-02-22, Nr. 286.

27 Vgl. HESPING: Bevölkerung (wie Anm. 6), S. 174.

28 Vgl. LWL, AW, FAB, H, 1381-05-01, Nr. 259.

29 Vgl. HESPING: Bevölkerung (wie Anm. 6), S. 206; 1487 erhielt die Große Kirche einen Lettner.

zeiten söllen sie Bettumgänge halten, und darinn Gott anruffen um der Christenheit bestendigen fried und einigkeit, auch für den Großmeister und Ritteren zubitten[30].

Starb ein Ritter, so sollten 30 Seelenmessen gehalten werden. Alle Ritter hatten Kerzen zu entzünden und einen Pfennig zu opfern. Im Konvent sollte man durch die gesamte Fasten- und Adventszeit predigen. In Steinfurt wird es sich ähnlich verhalten haben. Ob jedoch die Strafen des Ordens auch ausgeübt wurden, ist nicht nachweisbar. Denn brach einer der Mitglieder ein Ordensgesetz, so kam er bei Wasser und Brot ins Gefängnis der Kommende. Der Aufenthalt dort bemaß sich nach der Schwere des Verbrechens.[31]

Anscheinend galten diese Regeln als leicht und konnten auch älteren Mitgliedern zugemutet werden. Aus diesem Grund bat 1527 ein gewisser Hinricus Ricardt Roell von Helverson, Priester des Konvents Harlem im Bistum Utrecht, Professbruder des Karmeliterordens, dem Johanniterorden beizutreten. Wegen seiner ‚Körperschwäche' vermochte er nicht mehr den strengen Regeln seines Ordens Folge zu leisten. Mit besonderer päpstlicher Vollmacht erlaubte man ihm den Übertritt.[32] Die Grafen von Steinfurt und Bentheim unterstützten die Bitte, und so erlaubte der Balleier Herbord von Snetlagen den Beitritt und ließ den Mann in die Ordenstracht einkleiden.[33] Hier erkennt man den starken Einfluss der Grafen auf die Kommendepolitik. Dies ist wohl der Grund, weshalb die Visitatoren in ihrem Protokoll von 1540 angeben, dass dem Grafen von Steinfurt-Bentheim die Kommende unterstünde.[34] Dies erscheint durchaus realistisch. So waren das Wohlergehen und der Reichtum des Ordenshauses abhängig von den Herren von Steinfurt. Nicht nur, dass diese die Kommende gegründet hatten, sie hatten auch mit Schenkungen und Rechten für das nötige Einkommen gesorgt. So war es nicht unüblich, dass Kommende-Mitglieder in Urkunden ihre Wertschätzung für ihre Gönner ausdrückten. Die Übertragung des Aahofes 1244 an die Kommende etwa geschah *propter honestatem et dilectionem* [*prefati*] *Magistri R.* [*Rodolfi*] *et fratrum suorum.*[35] Im Jahre 1299 bekundete der Edle Balduin von Steinfurt einen Gütertausch mit den *honorabilibus viris et dilectis nostris amicis*[36].

Trotz aller Wohltaten waren die Herren von Steinfurt darauf bedacht, ihre Machtposition zu erhalten, so etwa über das Kirchenvermögen der Stadt. Zwar hatte der Prior die Kontrolle darüber, wurde aber vom Kirchenpfleger beaufsichtigt. Letzter musste jährlich dem gräflichen Drosten zu Steinfurt, dem Bürgermeister und Richter der Stadt über die Verwaltung des Kirchenvermögens informieren. Der Einfluss der Edlen von Steinfurt bzw. Grafen von Bentheim-Steinfurt auf das religiöse Wirken der Johanniter war stark. So hatten sie sogar die kleinsten Entscheidungen zu bewilligen, wie etwa die Vergrößerung der Anzahl der Chorjungen. Der Komtur der Kommende durfte dies nicht eigenständig entscheiden. In einem Schreiben bittet der Komtur Wil-

30 Vgl. LA NRW, Altertumsverein Münster (Dep.), Mscr. 154, Einleitung Nünning.
31 Vgl. LA NRW, Altertumsverein Münster (Dep.), Mscr. 154, fol. II.
32 Vgl. LWL, AW, FAB, H, 1527-02-22 (Insert in 1528-01-02 Urkunde Nr. 799).
33 Vgl. ebd., 1528-01-02, Urkunde Nr. 799.
34 Vgl. NLM 6340, fol. 142r.
35 Vgl. LWL, AW, FAB, H, 1244, Nr. 249.
36 Vgl. ebd., 1299-10-01, Nr. 224.

brand von Dinklage den gräflichen Drosten, dass dieser über die Gräfin den Grafen dazu bewegen möge, dem Komtur zu den vorhandenen sechs Chorjungen noch sechs weitere zuzulassen, da es infolge von Krankheit andauernd an solchen mangele.[37]

Besonders stark traten die Herren von Steinfurt bei der Ernennung des Komturs auf. 1551 informierte der Fürstbischof Franz von Waldeck den Grafen von Steinfurt über den Tod seines Vetters, Otto von Waldeck, ehemaliger Komtur zu Steinfurt, und bat ihn, den Konvent zu bewegen, mit der Wahl eines neuen Komturs noch etwas zu warten.[38] Das Schreiben kam wohl zu spät, denn in demselben Jahr entschuldigt sich der Konvent beim Grafen für die bereits erfolgte Wahl eines neuen Komturs, versprach hierbei Untertanenpflicht und empfahl sich dem gräflichen Schutz.[39] Johann von Hattstein, Johanniterordensmeister in Deutschland, meldete darauf den Grafen, dass er das Ergebnis der Wahl dem Großmeister mitteilen wolle.[40] Demnach war es der Graf, der den Deutschmeister über den neuen Komtur in Kenntnis setzte. Hinzu kam, dass der Großmeister den Grafen von Steinfurt bat, den neuen Komtur in sein Amt einzuführen.[41]

Auch bei Uneinigkeit zwischen den Komturbewerbern wurden die Herren von Steinfurt als Vermittler eingeschaltet. 1549 kam es zu einem Streit zwischen Wilbrand von Dinklage und Johann Aldenburg. Der Graf sollte das Problem lösen.[42]

Wie aber kam es zu solcher Machtfülle der Herren von Steinfurt gegenüber der Kommende? Betrachtet man die Familienverknüpfungen der Komture aus der Anfangszeit, so findet man Verbindungen zu den Bentheimern und schließlich zu den Steinfurtern, so etwa der Steinfurter Komtur Lubbert. Die Familie der Edelfreien Drivorden, benannt nach dem bentheimschen Ort nördlich von Schüttorf (rechts der Vechte bei Emsbüren, nahe der Grenze zum Oberstift Münster), wird erstmals 1138 erwähnt.[43] Sie ist verwandt mit der Familie Holte. 1271 kommt es zu einer Erbteilung des verstorbenen Bernhard von Drivorden. Die Güter werden vom Bischof Gerhard von Münster unter den Verwandten aufgeteilt, unter anderem an Marsilia von Bentheim, die Witwe des Ritters Ludolf von Rheine sowie an die Johanniter Heinrich und Lubbert von Drivorden.[44] Die Bentheimer waren wiederum über die Familie Holte mit den Steinfurtern verwandt.[45] Auf diesem Weg nahm der örtliche Adel familienbedingt Einfluss auf den Steinfurter Konvent.

In den höheren Positionen der Kommende finden sich keine landfremden Adligen, ein Phänomen, das nicht nur bei den Johannitern auftritt. Bei der westfälischen Ballei des Deutschen Ordens verhält es sich ähnlich. Auch hier wurden die höchsten Positionen der Ordenshäuser mit dem örtlichen Adel besetzt. Grund dafür war, die eigenen Interessen der regionalen Herrschaftsgruppe zu sichern. So war es möglich, an den

37 Vgl. „Kommende Akten Nr. 1“, nach REGELMEIER: Steinfurt (wie Anm. 13), S. 389.
38 Vgl. LWL, AW, FAB, H, 1551, Nr. 72, fol. 2).
39 Vgl. ebd., 1551, Nr. 72, fol. 2^1.
40 Vgl. ebd., 1551, Nr. 72, fol. 2^2.
41 Vgl. ebd., 1548-02-06; Nr. 72, fol. 3.
42 Vgl. ebd., 1549, Nr. 72, fol. 16.
43 Vgl. EHBRECHT: Weg (wie Anm. 4), S. 74.
44 Vgl. LWL, AW, FAB, H, 1271 oder 1270-01-23, Nr. 185.
45 Vgl. EHBRECHT: Weg (wie Anm. 4), S. 73f.

Einkünften der westfälischen Ordenshäuser Anteil zu haben, ohne in Konkurrenz zu anderen Adelsgruppen zu stehen.[46] Pfründen wurden immer häufiger vergeben, nicht aber um die damit einhergehenden Pflichten im Interesse des Johanniterordens zu verwalten, sondern vielmehr um in den finanziellen Genuss der damit verbundenen Rechte zu gelangen.[47] Anfang des 14. Jahrhunderts wurde vom Orden offen ausgesprochen, dass die Kommenden in erster Linie als Pfründen zur Versorgung der Ritterbrüder angesehen wurden.[48] Opgenoorth folgert daraus, dass die weltliche Herrschaft ein Interesse daran hatte, Einfluss auf die Besetzung solcher Pfründen zu gewinnen.[49] Dem stand wiederum nichts im Wege, war doch den Johannitern die Erwerbung von Lehnbesitz und die Übernahme darauf lastender Dienste – im Gegensatz zu den Templern – nicht verboten.[50]

Trotz des starken Einflusses des örtlichen Adels, kam es immer wieder zu Streit zwischen den Herren von Steinfurt und der Johanniterkommende. Hauptstreitpunkt war die Auferlegung von Steuern. Die Johanniter verwiesen dabei auf ihre päpstlichen bzw. kaiserlichen Privilegien, die ihnen Steuerfreiheit versprachen. 1542 baten sie den Deutschmeister Johann von Hattstein, gegen die vom Grafen erhobene Türkensteuer einzuschreiten. Der Deutschmeister schrieb darauf dem Grafen und verwies diesen auf den letzten Reichstag zu Speyer. Hier hatte der Orden wie jeder Reichsstand bereits eine Türkensteuer bezahlt. Und da niemand die Untertanen eines anderen mit Steuern belasten dürfe, wäre das Vorgehen des Grafen rechtswidrig. Allein der Großmeister dürfe die Ordenshäuser für Steuern heranziehen.[51] Doch blieben die Einwände erfolglos. Denn in demselben Jahr zahlte der Komtur Wilbrand von Dinklage die Steuer, bat jedoch den Grafen, dem Fürstbischof von Münster darüber zu benachrichtigen, damit er keinerlei Schwierigkeiten[52] mit seinen Ordensbrüdern bekäme.[53] Die Ordensoberen waren nicht mehr in der Lage, ihre Kommenden vor dem Zugriff und der Besteuerung durch die Territorialgewalten zu schützen. Die bisher anerkannte Immunität wurde angetastet.

Neben der Steuerfreiheit versuchten die Johanniter immer wieder eigene Gerichtsbarkeit zu erhalten. Doch die Herren von Steinfurt verhinderten dieses Bestreben. Vor der Reformation unterstand die Kommende vollständig der Gerichtsbarkeit der Herren

46 Vgl. Hans J. DORN: Die Deutschordensballei Westfalen von der Reformation bis zu ihrer Auflösung im Jahre 1809 (Quellen und Studien zur Geschichte des Deutschen Ordens, 26), Marburg 1978, S. 147ff.

47 Vgl. Hans PRUTZ: Die geistlichen Ritterorden. Ihre Stellung zur kirchlichen, politischen, gesellschaftlichen und wirtschaftlichen Entwicklung des Mittelalters, Berlin 1908, S. 257f.

48 Vgl. Ernst OPGENOORTH: Die Ballei Brandenburg des Johanniterordens im Zeitalter der Reformation und Gegenreformation, Würzburg 1963, S. 31.

49 Vgl. OPGENOORTH: Ballei (wie Anm. 48), S. 31.

50 Vgl. PRUTZ: Ritterorden (wie Anm. 47), S. 273.

51 Vgl. LWL, AW, FAB, H, 1542-09-08, Nr. 72, fol. 9.

52 Die möglichen ‚Schwierigkeiten' mit dem Fürstbischof von Münster deuten auf eine Rivalität zwischen Münster und dem Haus Steinfurt hin. Im Jahre 1548 begann dann auch am Reichskammergericht ein Prozess mit Münster um die Reichsunmittelbarkeit der Grafschaft Steinfurt (Münstersche Urkundensammlung, hrsg. von Joseph NIESERT, Bd. 6, Coesfeld 1835, S. 241-248, Nr. 41f.).

53 Vgl. LWL, AW, FAB, H, 1542, Nr. 72, fol. 10.

von Steinfurt. Zwar konnte der Komtur als Grundherr seine Eigenbehörigen bei Pachtsäumigkeit zur Pfändung zwingen, aber damit endete auch schon seine Gerichtsbarkeit. Es findet sich keine Urkunde, in der der Komtur als weltlicher Richter urteilt. Trotzdem kam es vor, dass die Johanniter durch Kauf von Gebieten an weltliche Gerichtsbarkeiten kamen. So zum Beispiel am 6. Dezember 1360, als die Edlen von Steinfurt, Ludolf und Balduin, für 140 Mark Münsterisch das Gogericht Rüschau an die Steinfurter Ordensniederlassung verpfändeten. Bis zur Wiedereinlösung dieses Gerichts sollten die Güter und Leute der Kommende in diesem Bezirk *von allen Brüchten und Sachen*[54] gerichtsfrei sein. Mit dem Konfessionswechsel der Herren von Steinfurt im Jahre 1544[55] kauften sie das Gericht mit 420 Mark zurück.[56]

Als zwischen 1587 und 1591 in der Grafschaft Bentheim-Steinfurt der Calvinismus eingeführt wurde, stand das Verhältnis zwischen Grafen und Johannitern auf einer weitaus schlechteren Basis.[57] So kam es beispielsweise 1620 zum Streit zwischen dem Komtur Eberhard von Galen und dem Grafen Wilhelm Heinrich von Bentheim-Tecklenburg-Steinfurt. Der Komtur hatte ein Gebäude des Ordenshauses reparieren lassen und der Bau ragte nun ein Stück über das Fundament hinaus hin zur Aa. Erst als der Graf sich überzeugt hatte, dass der Fluss dadurch nicht behindert wurde, ließ er den Streit fallen. Der Komtur versprach daraufhin, keine Bauwerke zu errichten, die den Aalauf verändern könnten.[58]

Diese Anfeindungen konnten sich die Johanniter solange erlauben, wie die seit 1548 bestehende Fehde zwischen Grafen von Steinfurt und den Bischöfen von Münster anhielt. Der Bischof von Münster war dabei ein starker Bundesgenosse. Als nun die Reichsunmittelbarkeit der Grafschaft von den Fürstbischöfen angezweifelt wurde, kam der Streit zu seinem Höhepunkt. Es war nämlich die Behauptung aufgekommen, dass die Kommende im Amt Rüschau liege, das wiederum von Münster an Steinfurt verpfändet worden sei.[59]

War es noch unter den Komturen Heinrich von Hövel und Alexander von Galen zur Verständigung gekommen – man darf nicht vergessen, dass beide Komture zum Protestantismus wechselten – so wurden die Auseinandersetzungen mit Eberhard von Galen weitaus erbitterter geführt. Das hielt die Johanniter nicht davon ab, in Notsituationen den Schutz der Herren von Steinfurt einzufordern. 1540 wurde die Kommende von ihren Gläubigern arg bedrängt, daher bat der Balleier von Westfalen und Komtur zu Steinfurt, Otto von Waldeck, den Grafen, dass er ein gutes Wort für sie einlege.[60]

1548 bat der Komtur Dinklage den Grafen, *unssen gnedigen heren* […] [*und*] *unsse gnedige bescherm* nennend, als *i*[*rer*] *g*[*naden*] *underdanige undersathen* um Hilfe gegen 80 Landsknechte, die die Kommende überfallen und besetzt hätten. Sie

54 Vgl. LWL, AW, FAB, H, 1360-12-02, Nr. 72, fol. 19.

55 Vgl. Bernhard RUTHMANN: Die Religionsprozesse am Reichskammergericht (1555-1648). Eine Analyse anhand ausgewählter Prozesse (Quellen und Forschungen zur höchsten Gerichtsbarkeit im Alten Reich, 28), Köln 1996, S. 440.

56 Vgl. LWL, AW, FAB, H, 1549, Nr. 72, fol. 19^3.

57 Vgl. RUTHMANN: Religionsprozesse (wie Anm. 55), S. 441.

58 Vgl. LWL, AW, FAB, H, 1620-05-04, Nr. 277.

59 Vgl. Münstersche Urkundensammlung, Bd. 6, Nr. 41f., S. 241-248.

60 Vgl. LWL, AW, FAB, H, 1540, Nr. 72, fol. 8.

hätten die Fenster zerstört und forderten von den Bewohnern, mit Essen und Getränken versorgt zu werden.[61]

Auf städtischer Seite zogen sich die Johanniter durch ihre Weigerung dem Kirchspiel die Kirche, das goldene und silberne Kirchengerät und die Pfarrpfründe zu übergeben, den Unmut der Bürger zu. Die politischen Verhältnisse erlaubten es dem Grafen in dieser Zeit nicht, offen Gewalt anzuwenden und so begnügte sich die lutherische Gemeinde mit der Kleinen Kirche und der Schlosskapelle.[62] Die Große Kirche blieb damit auf die wenigen Ordensmitglieder beschränkt. Es ist nur allzu verständlich, dass der Ruf der Johanniter darunter litt. Denn die Gemeinde musste nach wie vor für die Instandhaltung des Kirchengebäudes aufkommen, welches sie selbst nicht benutzen durfte. So genossen die Johanniter auch weiterhin die zwölf Pfarrpfründen für ihre Priester, die von Vorfahren der Grafen und frommen Kirchspielleuten zum Gottesdienst gestiftet worden waren. Die Gemeinde musste ihren evangelischen Geistlichen aus eigenem Vermögen unterhalten.[63] Infolgedessen verloren die Johanniter 1564 das Patronatsrecht über die Große Kirche in Steinfurt.[64]

Die katastrophale Beziehung zwischen den Grafen und der Stadtgemeinde auf der einen und der Kommende auf der anderen Seite gehörte unter anderem zu den Gründen, weshalb sich die Komture ab 1622 nach Münster zurückzogen.[65] Hier, in der katholischen Bischofsstadt, konnten die Johanniter viel einfacher und vor allem sicherer ihre Ländereien verwalten. Doch verloren sie damit ihren Einfluss auf das religiöse Leben in Steinfurt.

61 Vgl. LWL, AW, FAB, A, 1548-02-26, Nr. 88.
62 Vgl. ebd., 1572-1583, Nr. 248.
63 Vgl. LWL, AW, FAB, A, 1601-1622, Nr. 249.
64 Vgl. DÖHMANN: Bau- und Kunstdenkmäler (wie Anm. 25), S. 20.
65 Vgl. Inventare der nichtstaatlichen Archive des Kreises Steinfurt, hrsg. von der Historischen Kommission der Provinz Westfalen, Bd. 1 („Regierungsbezirk Münster"), H. 4 („Kreis Steinfurt"), Münster 1907, S. 169, „Die Johanniterkommende Steinfurt".

Matthias Steinbrink

Frauen im Geschäft – das Beispiel der Verena Meltinger

Ein aktuelles Schulbuch der siebten Jahrgangsstufe nähert sich dem Thema „Geld regiert die Welt“ zur entstehenden Geldwirtschaft im 15. Jahrhundert und dem damit verbundenen Aufbruch der Denkhorizonte mit einer Abbildung des berühmten Gemäldes von Marinus von Roymerswaele ‚Der Bankier und sein Weib‘.[1] Den Schülerinnen und Schülern wird im Bildimpuls somit direkt das gemeinsame Arbeiten der Eheleute vermittelt, denn die Frau sitzt eben nicht nur neben dem flämischen Geldwechsler und „blättert in einem Geschäftsbuch“[2], sie führt es auch selbst und kontrolliert die Rechnung ihres Mannes. Im zugehörigen Verfassertext oder den Quellenbeigaben wird dieser Faden hingegen nicht wieder aufgegriffen, sondern ganz auf den beispielhaften Aufstieg der Fugger abgehoben und die Rolle der Ehefrauen im Geschäft der Kaufherren nicht weiter thematisiert. Mag man im Falle einer siebten Klasse noch unter dem Aspekt der didaktischen Reduktion über diesen Umstand hinwegsehen können, überrascht es in Lehrbüchern für die Oberstufe schon eher.[3] Dabei sollte im Sinne der Vermittlung von *gender awareness* das tradierte Bild einer rein von Männern ‚gemachten‘ Geschichte aufgebrochen werden und die Rolle der Frau in der Geschichte und unterschiedliche Rollenkonzepte in den Mittelpunkt gerückt werden.[4]

In der wissenschaftlichen Forschung ist die soziale und ökonomische Rolle der Frau in der spätmittelalterlichen und frühneuzeitlichen Gesellschaft immer wieder untersucht worden. Der Fokus lag dabei auf Handwerkerinnen, weiblichen Armen und adligen Frauen, Beginen und Nonnen. Dazu kamen auch die Geschlechterbeziehungen

1 Michael SAUER (Hrsg.): Geschichte und Geschehen, Bd. 3, Stuttgart/Leipzig 2009, S. 140. Das Bild entstand um 1540 und wurde in verschiedenen Versionen gemalt. Es lehnt sich an Quentin Massys an, der ein ähnliches Thema bereits 1514 gewählt hatte. Zu einem Vergleich der beiden Bilder und einer Diskussion der Interpretationen siehe Manuel S. REDONDO: The Moneychanger and his Wife: From Scholastics to Accounting, http://eprints.ucm.es/6724/1/0023.pdf (Stand: 10.04.2012).

2 So die angebotene Interpretation des Lehrerhandbuches für dieses Bild, Michael SAUER (Hrsg.): Geschichte und Geschehen, Bd. 3: Lehrerband, Stuttgart/Leipzig 2009, S. 74.

3 Zur didaktischen Reduktion siehe im Überblick mit weiterer Literatur Horst GIES: Geschichtsunterricht. Ein Handbuch zur Unterrichtsplanung (UTB, 2619), Köln/Weimar/Wien 2004, S. 153-159.

4 Siehe dazu Brigitte LÖHR (Hrsg.): Frauen in der Geschichte. Grundlagen – Anregungen – Materialien für den Unterricht, Bd. 1: Beiträge, Tübingen 1993; Bea LUNDT: Das „Arbeiten“ über und mit Geschlecht. Ein Plädoyer für die Genderisierung der Geschichtsdidaktik, in: Zeitschrift für Geschichtsdidaktik 3 (2004), S. 34-55; Brigitte DEHNE: Genderforschung und Geschichtsdidaktik, in: Zeitschrift für Geschichtsdidaktik 3 (2004), S. 9-33; und den demnächst erscheinenden Band der Tagung „‚Geschlecht‘: (k)ein Thema in der Lehramtsausbildung? Perspektiven im Dialog zwischen Genderforschung und Fachdidaktik Deutsch und Geschichte“. Der Tagungsbericht unter Kerstin STACHOWIAK: Tagungsbericht ‚Geschlecht‘: (k)ein Thema in der Lehramtsausbildung? Perspektiven im Dialog zwischen Genderforschung und Fachdidaktik Deutsch und Geschichte. 13.05.2010-15.05.2010, Stuttgart, http://hsozkult.geschichte.hu-berlin.de/tagungsberichte/ id=3190 (Stand: 10.04.2012).

verstärkt in den Blick.[5] Doch auch hier spielt der Bereich des Handels eher eine untergeordnete Rolle, bei der die ökonomischen Aktivitäten von Frauen oft beschränkt auf wenige Orte oder Zeiten in den Blick genommen wurden.[6] Und obwohl es Hinweise auf kaufmännisch tätige Frauen aus einer großen Zahl mittelalterlicher Städte gibt,[7] bleibt die Stellung dieser Kauffrauen und der Umfang ihrer Aktivitäten in vielerlei Hinsicht doch immer noch unbestimmt.[8]

Der Grund dafür liegt sicherlich im mangelnden Quellenmaterial. Während es eine recht große Zahl von Rechnungs- und Notizbüchern von Kaufmännern gibt, haben solche von Kauffrauen die Zeit nur sehr selten überdauert.[9] Und wenn schon dieser Umstand nicht zu ändern ist, so können doch wenigstens die vorhandenen Quellen mit

5 Als kleine Auswahl der überaus umfangreichen Literatur seien hier nur genannt Sheilagh OGILVIE: A Bitter Living. Women, Markets, and Social Capital in Early Modern Germany, Oxford 2003; Katharina SIMON-MUSCHEID (Hrsg.): „Was nützt die Schusterin dem Schmied?“ Frauen und Handwerk vor der Industrialisierung (Studien zur Historischen Sozialwissenschaft, 22), Frankfurt a. M./New York 1998; Heide WUNDER (Hrsg.): Eine Stadt der Frauen. Studien und Quellen zur Geschichte der Baslerinnen im späten Mittelalter und zu Beginn der Neuzeit (13.–17. Jh.), Basel/Frankfurt a. M. 1995; Merry E. WIESNER: Working Women in Renaissance Germany (The Douglass series on women’s lives and the meaning of gender), New Brunswick 1986; Barbara VOGEL/Ulrike WECKEL (Hrsg.): Frauen in der Ständegesellschaft. Leben und Arbeiten in der Stadt vom späten Mittelalter bis zur Neuzeit (Beiträge zur deutschen und europäischen Geschichte, 4), Hamburg 1991; Pauline PUPPEL: Die Regentin. Vormundschaftliche Herrschaft in Hessen 1500-1700 (Reihe Geschichte und Geschlechter, 43), Frankfurt a. M. 2004; Jörg VOIGT: Beginen im Spätmittelalter. Frauenfrömmigkeit in Thüringen und im Reich (Veröffentlichungen der Historischen Kommission für Thüringen, Kleine Reihe, 32), Köln/Weimar/Wien 2012; Eva LABOUVIE (Hrsg.): Ungleiche Paare. Zur Kulturgeschichte menschlicher Beziehungen (Beck’sche Reihe, 1197), München 1997.

6 Siehe Erika UITZ: Zur wirtschaftlichen und gesellschaftlichen Situation von Frauen in ausgewählten spätmittelalterlichen Hansestädten, in: VOGEL/WECKEL: Frauen in der Ständegesellschaft (wie Anm. 5), S. 89-115, hier S. 89. Eine ausführlichere Betrachtung stellt Susanne Schötz an, wenn auch für die Frühe Neuzeit. In ihrem Buch finden sich aber auch Ausführungen zur mittelalterlichen Situation, siehe Susanne SCHÖTZ: Handelsfrauen in Leipzig. Zur Geschichte von Arbeit und Geschlecht in der Neuzeit, Köln/Weimar/Wien 2004, S. 8-16; siehe auch DIES.: Weibliche Teilhabe am Leipziger Handel des 16. und 17. Jahrhunderts, in: Mark HÄBERLEIN/Christof JEGGLE (Hrsg.): Praktiken des Handels. Geschäfte und soziale Beziehungen europäischer Kaufleute in Mittelalter und früher Neuzeit (Irsee Schriften, NF, 6), Konstanz 2010, S. 493-509.

7 Siehe Margret WENSKY: Die Stellung der Frau in der stadtkölnischen Wirtschaft im Spätmittelalter (Quellen und Darstellungen zur hansischen Geschichte, NF, 26), Köln/Wien 1980, S. 318f.; DIES.: Frauen in der Hansestadt Köln im 15. und 16. Jahrhundert, in: VOGEL/WECKEL: Frauen in der Ständegesellschaft (wie Anm. 5), S. 49-68; Heide WUNDER: „Er ist die Sonn’, sie ist der Mond“. Frauen in der frühen Neuzeit, München 1992, S. 126.

8 Dies gilt selbst für Gegenden, die gemeinhin als offener für weibliche Erwerbstätigkeiten angesehen werden, Danielle van den HEUVEL: Kauffrauen in der Republik der Niederlande. Einzelhändlerinnen im ’s-Hertogenbosch des 18. Jahrhunderts: Eine Fallstudie, in: HÄBERLEIN/JEGGLE: Praktiken des Handels (wie Anm. 6), S. 511-536, hier S. 511f.

9 Balduin PENNDORF: Geschichte der Buchhaltung in Deutschland, Leipzig 1913; noch immer die vollständigste, freilich bei weitem nicht fehlerfreie oder abschließende Übersicht über Kaufmannsbücher, nennt kein einziges Geschäftsbuch einer Kauffrau. Zumindest aus Köln sind solche aber bekannt. Erika UITZ: Die Frau in der mittelalterlichen Stadt, Stuttgart 1988, S. 47.

einem stärker auf die Frauengeschichte ausgerichteten Blick gelesen werden, um den Anteil der Kauffrau am Geschäft des Kaufmanns und ihre Tätigkeit in eigener Verantwortung herauszuarbeiten.

Dazu seien zwei Beispiele gegeben: Als der Basler Kaufmann Ulrich Meltinger 1482 von seiner Frau Verena Abschied nahm, um zu den Messen nach Straßburg und Frankfurt zu reisen, hinterließ er ihr die Summe von 30 lb für die Zeit seiner Abwesenheit.[10] Während dieser übernahm sie das Geschäft und akzeptierte Zahlungen der vielen Schuldner ihres Ehemannes. Nach seiner Rückkehr rechneten die Eheleute über die in der Zwischenzeit entstandenen Kosten ab.[11] 1489 kaufte Ulrich Meltinger Anteile am Todtnauer Bergwerk ‚Im Gauch' hinzu. Ausdrücklich verweist Ulrich in seinen Aufzeichnungen darauf, dass er diese Teile gemeinsam mit seiner Frau Verena besaß.[12] Verena verfügte offenkundig über eigene Geldbeträge, die sie im kapitalträchtigen Bergwerkswesen zu investieren suchte.

Diese beiden Beispiele mögen zum Einstieg genügen, um die zwei ökonomischen Betätigungsfelder aufzuzeigen, in denen mittelalterliche Frauen aktiv in den Handel eingreifen konnten – und es auch taten. Dabei weist die zuerst genannte Aufgabe in den Bereich der Stellvertretung des Kaufmanns, die zweite hingegen eher in die Richtung einer selbständig agierenden Kauffrau. Daher soll im Folgenden der Versuch unternommen werden, sich am Beispiel der Verena Meltinger der Beteiligung der Kauffrauen am mittelalterlichen Geschäft zu nähern.[13] Neben diesen Überlegungen über die Bedeutung der weiblichen Teilhabe soll es daneben aber auch darum gehen, inwieweit diese Erkenntnisse Eingang in Lehrinhalte an den Schulen finden sollten, um das eingangs beschriebene Dilemma aufzulösen.

Verena Meltinger

Bereits die Frage nach der genaueren Biographie Verena Meltingers bereitet erhebliche Schwierigkeiten. Die ältere Forschung ist davon ausgegangen, dass Verena die Tochter des Rudolf Murer gewesen sei.[14] Die Murer von Istein gehörten zu den Basler Achtburgern und stellten mehrfach Zunft- und Oberstzunftmeister der Schlüssel-

10 Zur offiziellen Umrechnung des Guldens in Schilling in Basel siehe Bernhard HARMS: Die Münz- und Geldpolitik der Stadt Basel im Mittelalter (Zeitschrift für die gesamte Staatswissenschaft, Ergänzungsheft, 23), Tübingen 1907, S. 42. Die Abweichungen in den Aufzeichnungen der Kaufleute waren zum Teil deutlich, Matthias STEINBRINK: Ulrich Meltinger. Ein Basler Kaufmann am Ende des 15. Jahrhunderts (Vierteljahrschrift für Sozial- und Wirtschaftsgeschichte, Beihefte, 197), Stuttgart 2007, S. 66.

11 STEINBRINK: Meltinger (wie Anm. 10), S. 95.

12 Zum Engagement Meltingers im Bergwerkswesen siehe Bernd BREYVOGEL: Silberbergbau und Silbermünzprägung am südlichen Oberrhein im Mittelalter (Schriften zur südwestdeutschen Landeskunde, 49), Leinfelden-Echterdingen 2003; STEINBRINK: Meltinger (wie Anm. 10), S. 146-149.

13 Der Aufsatz wurde 2006 auf der 6. European Social Science History Conference in Amsterdam unter dem Titel: „Representative or merchant woman? Verena Meltinger from Basel" vorgestellt.

14 Dorothee RIPPMANN: Frauen in Wirtschaft und Alltag des Spätmittelalters. Aufzeichnungen des Kaufmanns Ulrich Meltinger, in: WUNDER: Stadt (wie Anm. 5), S. 99-117, hier S. 101.

zunft.[15] Betrachtet man allerdings eine gerichtliche Auseinandersetzung zwischen Rudolfs Geschwistern Dietrich Murer und Anastasia Sürlin auf der einen und Verena und ihrem neuen Mann Ulrich Meltinger auf der anderen Seite, so wird aus dem Sorge- und Erbrechtsprozess deutlich, dass Verena die Witwe Rudolf Murers gewesen sein muss.[16] Neben der Erbsumme ging es auch um die Versorgung von Rudolfs und Verenas Tochter Agnes, die im Verlauf des Verfahrens sogar selbst um eine Einschätzung durch das Gericht gebeten wurde.[17] Auch wenn die Rechtsstellungen Agnes' und Verenas nicht schlussendlich erhellt werden können,[18] wird dennoch deutlich, dass Verena aus einer gut situierten Familie stammen musste, die Heiratsverbindungen in die höheren Kreise der Schlüsselzunft hatte.

Denn auch ihr neuer Mann Ulrich Meltinger bekleidete verschiedene Ämter in der Zunft der Tuchhändler. Neben Ulrich waren auch dessen Vater Ludman und seine Brüder Martin und Hans Mitglieder der Schlüsselzunft. Ludman war mehrfach im Auftrag der Stadt tätig und übernahm diplomatische Aufgaben gemeinsam mit Henman Offenburg.[19] 1460 starb Ludman, im selben Jahr erneuerten die drei Söhne die Zunftmitgliedschaft ihres Vaters, was mit einer deutlich reduzierten Gebühr verbunden war.[20] Die Nachfolge im Geschäft scheint Ludman seinem Sohn Martin vorbehalten zu haben, zumindest übernahm er den Liegenschaftsbesitz Ludmans.[21] Mit dem Jahr 1468 tritt dann Ulrich vermehrt in den Quellen der Stadt hervor, auch das zentrale Abrechnungsdokument setzt um diese Zeit ein.[22] Dies korrespondiert augenfällig mit der Eheschließung zwischen Verena und Ulrich, die Geschäftsübergabe fand erst danach statt.

Ulrich Meltinger erweiterte die Geschäftskontakte seines Vaters und trat besonders im Woll- und Tuchhandel hervor. Bei diesem nutzte er eine Vielzahl unterschiedlicher Geschäftstypen und konnte so eine Reihe von Tuch- und Wolllieferanten von sich abhängig machen.[23] Besonders mit Freiburg im Uechtland verband er ein ausgeprägtes Verlagssystem, das die Tuchproduktion der Saanestadt an den Basler Kauf-

15 STEINBRINK: Meltinger (wie Anm. 10), S. 36; Paul KOELNER: Die Zunft zum Schlüssel in Basel, Basel 1953, S. 44f., 130.

16 Zum Gerichtsprozess STEINBRINK: Meltinger (wie Anm. 10), S. 36f. Die Akten finden sich im Gerichtsarchiv der Stadt Basel unter der Signatur Staatsarchiv Basel Stadt (im Folgenden StABS), Gerichtsarchiv (im Folgenden GA) A29, fol. 122r-130v.

17 StABS, GA, A29, fol. 127r.

18 Dazu bei Hans Rudolf HAGEMANN: Basler Rechtsleben im Mittelalter, Bd. 2, Basel 1987, S. 142, S. 147.

19 Zu Ludman und den Anfängen der Meltinger-Familie siehe STEINBRINK: Meltinger (wie Anm. 10), S. 24-26; zu Henman Offenburg siehe Elsanne GILOMEN-SCHENKEL: Henman Offenburg (1379-1459). Ein Basler Diplomat im Dienste der Stadt, des Konzils und des Reichs (Quellen und Forschungen zur Basler Geschichte, 6), Basel 1975, S. 123; KOELNER: Zunft zum Schlüssel (wie Anm. 15), S. 201.

20 KOELNER: Zunft zum Schlüssel (wie Anm. 15), S. 19, S. 247; STEINBRINK: Meltinger (wie Anm. 10), S. 28.

21 STEINBRINK: Meltinger (wie Anm. 10), S. 28f.

22 StABS, Privatarchive (im Folgende PA), 62. Das sogenannte ‚Meltinger-Buch' liegt ediert vor, STEINBRINK: Meltinger (wie Anm. 10), S. 213-529.

23 Ebd., S. 105-137.

mann knüpfte.[24] Daneben war er im Eisen- und Stahlhandel zwischen Basel und Zürich aktiv.[25] Wichtig war Ulrich als Geld- und Kreditgeber für Handwerker und Geschäftspartner. Ihm gelang es dadurch, das Basler Umland an den städtischen Geldmarkt zu binden und sich zum Teil langfristige Abhängigkeiten aufzubauen.[26] In verschiedenen Handelsgemeinschaften und -gesellschaften engagierte er sich mit zum Teil beträchtlichen Summen.[27]

Seine hohe Reputation als „Rechnungsspezialist"[28] brachte ihn in eine Reihe von städtischen Ämtern,[29] die aber auch zu seinem Absturz führen sollten, da ihm 1493 die

24 Zum Freiburger Tuchstandort siehe Hektor AMMANN: Freiburg als Wirtschaftsplatz im Mittelalter, in: Fribourg–Freiburg, 1157-1481, Freiburg i. Ue. 1957, S. 184-229; Hans C. PEYER: Wollgewerbe, Viehzucht, Solddienst und Bevölkerungsentwicklung in Stadt und Landschaft Freiburg i. Ue. vom 14. bis 16. Jh., in: Freiburger Geschichtsblätter, 61 (1977), S. 17-41; STEINBRINK: Meltinger (wie Anm. 10), S. 117-125.

25 Eine ausführlichere Würdigung des Gesamtgeschäftes Meltingers bei STEINBRINK: Meltinger (wie Anm. 10). Auch bei Dorothee RIPPMANN: Bauern und Städter: Stadt-Land-Beziehungen im 15. Jahrhundert (Basler Beiträge zur Geschichtswissenschaft, 159), Basel 1990; Matthias STEINBRINK: Item ich han mit im gerechnet. Das Geschäftsbuch des Ulrich Meltinger. Ein Werkstattbericht, in: Markus A. DENZEL/Jean C. HOCQUET/Harald WITTHÖFT (Hrsg.): Kaufmannsbücher und Handelspraktiken vom Spätmittelalter bis zum 20. Jahrhundert. Merchant's books and mercantile ‚Pratiche' from the late middle ages to the beginning of the 20th century (Vierteljahrschrift für Sozial- und Wirtschaftsgeschichte, Beihefte, 163), Stuttgart 2002, S. 117-123; DERS.: Handeln am Oberrhein. Der Basler Kaufmann Ulrich Meltinger, in: HÄBERLEIN/JEGGLE: Praktiken des Handels (wie Anm. 6), S. 191-208.

26 Siehe dazu besonders RIPPMANN: Bauern und Städter (wie Anm. 25); STEINBRINK: Handeln (wie Anm. 25); zur Funktion des Kredits bei Meltinger siehe DERS.: Meltinger (wie Anm. 10), S. 91f. Allgemeiner dazu Rudolf HOLBACH: „im auff arbeit gelihen". Zur Rolle des Kredits in der gewerblichen Produktion vom Mittelalter bis ins 16. Jahrhundert, in: Michael NORTH (Hrsg.): Kredit im spätmittelalterlichen und frühneuzeitlichen Europa (Quellen und Darstellungen zur hansischen Geschichte, NF, 37), Köln/Weimar/Wien 1991, S. 133-158; Martin KÖRNER: Kreditformen und Zahlungsverkehr im spätmittelalterlichen und frühneuzeitlichen Luzern, in: Scripta Mercaturae 21 (1987), S. 116-157. Die soziale Praxis des Kredites ist unlängst wieder stärker in das Interesse der Historiker gerückt: Craig MULDREW: The Economy of Obligation. The Culture of Credit and Social Relations in Early Modern England (Early Modern History. Society and Culture), Basingstoke 1998; Gabriela B. CLEMENS (Hrsg.): Schuldenlast und Schuldenwert. Kreditnetzwerke in der europäischen Geschichte (Trierer historische Forschungen, 65), Trier 2008; Jürgen SCHLUMBOHM (Hrsg.): Soziale Praxis des Kredits. 16.-20. Jahrhundert (Veröffentlichungen der Historischen Kommission für Niedersachsen und Bremen, 238), Hannover 2007.

27 Matthias STEINBRINK: Netzwerkhandel am Oberrhein – Kaufmännische Organisationsformen und Buchhaltung, in: Gerhard FOUQUET/Hans-Jörg GILOMEN (Hrsg.): Netzwerke im europäischen Handel des Mittelalters (Vorträge und Forschungen, 72), Ostfildern 2010, S. 317-331.

28 Valentin GROEBNER: Grosszügigkeit als politische Kommunikation. Geschenke in Basler Rechnungsbüchern des späten Mittelalters, in: Simona SLANIČKA (Hrsg.): Begegnungen mit dem Mittelalter in Basel. Eine Vortragsreihe zur mediävistischen Forschung, Basel 2000, S. 165-184, hier S. 167.

29 Zu Meltinger als Buchführer siehe STEINBRINK: Netzwerkhandel (wie Anm. 27), S. 318-323; DERS.: Late medieval bookkeeping and accounting history: The merchant Ulrich Meltinger, in: Peter FRIEDRICH/Janusz KOSIŃSKI (Hrsg.): Economies in transition and integration processes. 7th International Conference of Doctoral Students (Diskussionspapier, 43), Neubiberg 2003, S. 100-107; DERS.: Meltinger (wie Anm. 10), S. 56-61.

Veruntreuung von Geldern in einem dieser Ämter zur Last gelegt wurde.[30] Im Zuge des Ratsprozesses wurden seine Bücher als Beweisstücke eingezogen. Nach einer Zahlung von 200 fl wurde Ulrich Meltinger zwar aus der Haft entlassen, musste aber in der Folgezeit auf seine Ämter und seinen Ratssitz verzichten.[31] Dies stellte eindeutig den Wendepunkt in Meltingers politischer, aber auch ökonomischer Laufbahn dar. Nach dem Prozess konnte er nicht mehr an die wirtschaftlichen Erfolge anknüpfen und musste erkennbare Einbußen hinnehmen.[32]

Den wirtschaftlichen und politischen Niedergang ihres Gatten musste Verena wohl nicht mehr mitansehen. Sie starb 1493, wohl vor dem Prozess im Dezember. Möglicherweise liegt in dieser Koinzidenz der Ereignisse ein weiterer Grund für die Anschuldigungen, könnte doch der Rückhalt der Familie Verenas nach ihrem Tod weggefallen sein und Meltinger an Ansehen verloren haben. Mangels genauerer Hinweise müssen diese Überlegungen jedoch Spekulation bleiben. Unzweifelhaft ist hingegen, dass die Eheleute mindestens ein Kind, Heinrich, hatten.[33] Auch Heinrich wandte sich nach dem Ratsprozess und dem Tod seiner Mutter gegen seinen Vater, mit dem er sich seit 1503 bis zu Ulrichs Tod ein Jahr später in mehrfachen Gerichtsprozessen traf, bei denen es um Erbstücke Verenas ging.[34]

Die Frau des Kaufmanns

Obwohl es kaum Informationen zu Verena Meltinger gibt, die über das hinausgehen, was sich in Ulrichs Rechnungsbuch findet, lässt sich ihre Rolle im Geschäft ihres Ehemannes rekonstruieren. Die wenigen Hinweise ermöglichen es, einen Blick auf die Frau im Schatten des Kaufmannes zu werfen.

Wenn Ulrich Basel verließ, um zu den Messen in Frankfurt, Straßburg oder Zurzach zu reisen, blieb Verena zurück. In dieser Zeit fungierte sie als Ansprechpartnerin für die Schuldner und Geschäftspartner ihres Mannes. So erhielt sie 1476 von Akazius von Abelsberger, einem Basler Lebkuchenbäcker, während Ulrichs Abwesenheit die Summe von 5 lb d.[35]

Ähnliche Vorgänge sind auch aus anderen Quellen bekannt.[36] In Basel war es der Ehefrau eines Kaufmanns nämlich möglich, im Namen ihrer Ehemänner relativ unab-

30 Zum Prozess siehe STEINBRINK: Meltinger (wie Anm. 10), S. 197-204.

31 Damit kam Ulrich Meltinger noch recht glimpflich davon, wie sich an ähnlichen Vorwürfen im Fall des Niklas Muffel aus Nürnberg sehen lässt, der 1469 hingerichtet wurde, Gerhard FOUQUET: Die Affäre Niklas Muffel. Die Hinrichtung eines Nürnberger Patriziers im Jahre 1469, in: Vierteljahrschrift für Sozial- und Wirtschaftsgeschichte 83 (1996), S. 459-500.

32 STEINBRINK: Meltinger (wie Anm. 10), S. 203f.

33 Zu Heinrich Meltinger siehe Peter G. BIETENHOLZ: Art. „Heinrich Meltinger“, in: Thomas B. DEUTSCHER/Peter G. BIETENHOLZ (Hrsg.): Contemporaries of Erasmus: A Biographical Register of the Renaissance and Reformation, Bd. 2, Toronto 1995, S. 430f.; STEINBRINK: Meltinger (wie Anm. 10), S. 39-42.

34 STEINBRINK: Meltinger (wie Anm. 10), S. 41.

35 Ebd., S. 355, Z. 40.

36 WUNDER: Er ist die Sonn’ (wie Anm. 7), S. 125.

hängig zu agieren.[37] Sie übernahm dadurch die Funktion einer *clearing*-Stelle für eingehende Kreditzahlungen.[38] Besonders interessant erscheinen die Fälle, in denen sie nicht nur Geld empfing, sondern es auch an Schuldner verlieh. So zahlte sie 1482 an den Verwalter des Siechenhauses St. Jakob an der Birs, dessen Pfleger Ulrich Meltinger war, 35 lb d, als ihr Mann auf einem längeren Messebesuch in Straßburg und Frankfurt weilte.[39] Sie hatte demnach ganz offensichtlich Zugang zu größeren Geldbeträgen und war berechtigt, diese auszugeben.

Aus Ulrichs Rechnungsbuch wird nicht immer deutlich, woher das Geld stammte. Teilweise notierte er, dass er vor seiner Abreise eine bestimmte Summe hinterließ, doch war dies nicht immer vorab geklärt. In dem bereits genannten Beispiel zur Messe nach Frankfurt schrieb er hingegen ausdrücklich, dass es sich um Bargeld handele und „somit wohl als eine Art Reserve für Verena anzusehen“ ist.[40] Aus dem Eintrag geht weiter hervor, dass die Eheleute sich gegenseitig mit Abrechnungsnotizen Rechenschaft legten: *Item ich laß Frenen hie in muntz, tut by 30 lb stebler, als daß eigenlich in dem zedlen stot; ist verrechet*[41]. Dadurch wird sehr deutlich, dass Verena über zumindest grundlegende Kenntnisse der Buchführung besaß, wahrscheinlich aber durchaus in der Lage war, kaufmännische Rechnungen zu führen.[42]

In anderen Fällen reichte die von Ulrich hinterlassene Summe nicht aus. Dann musste Verena weitere Gelder mobilisieren. Als Ulrich 1488 sich in Brabant und auf der Messe in Frankfurt aufhielt, um dort Tuche zu erstehen, ging Verena zu einem engen Geschäftspartner Ulrichs. Der Notar Johannes Salzmann lieh ihr zweimal 2 lb d, wobei nicht genannt wird, wofür Verena das Geld benötigte.[43] Nach seiner Rückkehr zahlte Ulrich das Geld an Salzmann zurück, was es wahrscheinlich macht, dass Verena die Summe in ihrer Eigenschaft als Stellvertreterin ihres abwesenden Mannes benötigt hatte.

Diese wenigen Beispiele zeigen bereits die große Bedeutung, die Verena für das Funktionieren des Handelsgeschäfts ihres Mannes hatte. Während er Messen und Märkte besuchte, übernahm sie die Aufgaben im Basler Geschäft. Erst die ständige Anwesenheit der Ehefrau ermöglichte es dem Kaufmann, seinen Geschäften nachzugehen. Zwar gab es neben Verena auch Kaufmannslehrlinge, die ähnliche Aufgaben erfüllten und Gelder während Ulrichs Abwesenheit entgegennahmen, doch war deren Entscheidungskompetenz deutlich beschränkter. Ein Geschäftsabschluss oder ein Verleihen von Geld ist im Rechnungsbuch für die Handlungsdiener, anders eben als für Verena, nicht belegt.[44]

Vergleicht man diese Struktur mit anderen mittelalterlichen Beispielen, fallen Gemeinsamkeiten deutlich ins Auge. Ein gut dokumentierter Fall ist Matthäus Runtingers Frau, die ebenfalls für ihren Mann Verträge beglaubigte und sogar den Wechsel ihres

37 HAGEMANN: Basler Rechtsleben (wie Anm. 18), S. 144.
38 STEINBRINK: Meltinger (wie Anm. 10), S. 95.
39 Ebd., S. 385, Z. 3f.
40 Ebd., S. 95.
41 Ebd., S. 396, Z. 10f.
42 Ebd., S. 95.
43 Ebd., S. 410, Z. 22-25.
44 Ebd., S. 94f.

Mannes übernahm.[45] Ebenfalls vergleichbar ist der Fall der Agnes Praun aus Nürnberg. Sie übernahm nach dem nun bereits bekannten Muster die Vertretung für den abwesenden Mann und war damit Repräsentantin des Geschäfts.[46]

Neben den ökonomischen Aktivitäten der Eheleute lassen sich freilich auch einige wenige affektive Elemente finden. Mehrere Male zahlte Ulrich für verschiedene Schmuckstücke und Silberwaren. Der Goldschmied Heinrich Schach, ein enger Vertrauter Meltingers, schuldete dem Kaufmann große Geldsumme. Zur Reduzierung seiner Verbindlichkeiten übergab er Silberringe, vergoldete Kästchen und Gürtel und weitere Schmuckstücke.[47] Die Gegenstände waren überwiegend für Verena und ihre Tochter Agnes bestimmt. Auch teure Stoffe erhielt Verena. Besonders der Kauf von 12 Ellen *swartz Mechels* Tuch, aus dem ein Festtagsgewand gemacht wurde, zeigt den repräsentativen Anspruch, dem Verena und Ulrich Meltinger Genüge leisteten.[48] Unterstrichen wurde dieser durch die Fahrten Verenas nach Baden im Aargau oder einer Pilgerfahrt nach Einsiedeln.[49]

Die Kauffrau

Neben dieser Stellvertretertätigkeit für ihren Mann stand Verena aber auch eigenes Geld zur Verfügung, wobei nicht erkennbar ist, wie groß die Summen waren, über die sie verfügen konnte. Bei dem Geld ist vor allem an die Mitgift zu denken,[50] die ihr, solange diese unverändert blieb, auch nach dem Tode des Ehemannes oder nach einer gerichtlichen Trennung zustand, und bei der sie somit bei Investition oder Anlage mindestens gefragt werden musste. In jedem Fall besaß Verena so viel Geld, dass sie Anteile am lukrativen Silberbergbau in Todtnauer Gruben hielt.[51] Ausdrücklich gemein-

45 Franz BASTIAN: Das Runtingerbuch 1383-1407 und verwandtes Material zum Regensburger-südostdeutschen Handel und Münzwesen, 3 Bde. (Deutsche Handelsakten des Mittelalters und der Neuzeit, 6-8), Regensburg 1935-1944; UITZ: Frau (wie Anm. 9), S. 40.

46 Horst POHL: Das Rechnungsbuch des Nürnberger Großkaufmanns Hans Praun von 1471 bis 1478, in: Mitteilungen des Vereins für Geschichte der Stadt Nürnberg 55 (1967/68), S. 77-136, hier S. 93.

47 STEINBRINK: Meltinger (wie Anm. 10), S. 230, Z. 25-38.

48 STEINBRINK: Meltinger (wie Anm. 10), S. 362, Z. 18. Zum Ellenbedarf von Festtagsgewändern siehe Ulf DIRLMEIER: Untersuchungen zu Einkommensverhältnissen und Lebenshaltungskosten in oberdeutschen Städten des Spätmittelalters (Mitte 14.-Anfang 16. Jh.) (Abhandlungen der Heidelberger Akademie der Wissenschaften, Philosophisch-Historische Klasse, Jg. 1978. Abh., 1), Heidelberg 1978, S. 265.

49 STEINBRINK: Meltinger (wie Anm. 10), S. 322, Z. 25 und S. 402, Z. 10.

50 Zu den Typen der Ehegaben in Basel siehe HAGEMANN: Basler Rechtsleben (wie Anm. 18), S. 166. Zum Ehegüterrecht siehe Hans R. HAGEMANN/Heide WUNDER: Heiraten und Erben: Das Basler Ehegüterrecht und Ehegattenrecht, in: WUNDER: Stadt (wie Anm. 5), S. 150-166.

51 Der umfassendste Überblick über den Silberbergbau im Schwarzwald bei BREYVOGEL: Silberbergbau und Silbermünzprägung (wie Anm. 12), freilich ohne Hinweis auf die Anteile Verenas; weiter auch bei STEINBRINK: Meltinger (wie Anm. 10), S. 146-149; RIPPMANN: Bauern und Städter (wie Anm. 25), S. 230-236; zur Situation in der Frühen Neuzeit siehe Angelika WESTERMANN: Die vorderösterreichischen Montanregionen in der Frühen Neuzeit (Vierteljahrschrift für Sozial- und Wirtschaftsgeschichte, Beiheft, 202), Stuttgart 2009.

sam mit Ulrich besaß sie 3 ¾ Anteile an der Grube ‚Im Gauch', was einem investierten Kapital von 65 fl entsprach. Nach der Abrechnung 1492 konnte ein Gewinn von annähernd 20 lb d erzielt werden. Verena erhielt gemäß ihren 1 ½ Teilen eine Summe von knapp 7 ½ lb d,[52] was genau der in Basel üblichen Drittelung des Besitzes von Eheleuten entsprach.[53] Die hohen Summen zeigen, dass eine Investition in den Silberbergbau nur mit Geld möglich war, das zur freien Verfügung stand, also Anlageobjekte suchte. In diesem Zusammenhang müssen demnach die hier eingelegten Gelder als langfristige Kapitalinvestitionen gesehen werden.[54]

Doch Verena besaß mehr Eigentum als die Anteile an den Bergwerken, die augenscheinlich durch das Vorbild der Investitionen der Familie Zscheckabürlin in den Blickpunkt der Meltingers geraten waren.[55] 1486 erhielt der Muttenzer Bauer Uli Stachel 22 Schafe zur Aufzucht in der Form der Viehverstellung.[56] Dabei vermerkte Ulrich ausdrücklich, dass es Verena war, die die Schafe bei Stachel einstellte:[57] *dem hett min husfrow gestelt 22 schoff*[58]. Beglaubigt wurde der Vertrag erneut durch Johannes Salzmann auf Verenas Seite, während der *altt vogt* von Muttenz auf Stachels Seite testierte und als Bürge auftrat. Doch bereits im nächsten Jahr verendeten alle Schafe, möglicherweise auf Grund einer Viehseuche. Stachel und sein Fürsprecher Hans Meyger mussten daraufhin 5 lb d an Ulrich Meltinger zahlen. An dieser Transaktion sind zwei Dinge bemerkenswert: Zunächst einmal handelte es sich ausdrücklich um Verenas Schafe. Weiter stand es ihr offensichtlich frei, über die Einstellung der Schafe beim Bauern im Sinne einer Teilpacht zu verfügen. Zum Vertragsabschluss bedurfte sie freilich des Notars Salzmann. Wäre alles gut gegangen, hätte der Vertrag wohl auch Bestand gehabt. Nun kam es aber zu einem Vertragsschaden und die Heilung dieses Schadens konnte Verena nicht mehr ohne ihren Geschlechtsvormund Ulrich Meltinger erreichen.[59] Dennoch bleibt festzuhalten, dass Verena, wie bereits bei den Bergwerksanteilen zu sehen war, ganz offensichtlich eigene Gelder zur Disposition standen, die sie versuchte, gewinnbringend einzusetzen.

Ihre Rolle als Kauffrau tritt noch deutlicher hervor, wenn man einen Fall aus dem Jahr 1472 betrachtet. Ulrichs Bruder Martin, der auch weiterhin in Gemeinschaft mit Ulrich Handel trieb,[60] lieferte 258 lb Rohgarn, von dem Verena ausdrücklich 146 lb

52 STEINBRINK: Meltinger (wie Anm. 10), S. 516, Z. 9.

53 HAGEMANN: Basler Rechtsleben (wie Anm. 18), S. 161.

54 STEINBRINK: Meltinger (wie Anm. 10), S. 149. Daneben hielt Ulrich weitere Bergwerksanteile, an denen seine Ehefrau freilich nicht beteiligt war.

55 BREYVOGEL: Silberbergbau und Silbermünzprägung (wie Anm. 12), S. 350f.; RIPPMANN: Bauern und Städter (wie Anm. 25), S. 232; STEINBRINK: Meltinger (wie Anm. 10), S. 146.

56 Zur Viehverstellung bei Meltinger siehe STEINBRINK: Meltinger (wie Anm. 10), S. 169-172; RIPPMANN: Bauern und Städter (wie Anm. 25), S. 204-230.

57 Der Vorgang ist ausführlicher vorgestellt bei STEINBRINK: Meltinger (wie Anm. 10), S. 95f.

58 Ebd., S. 416, Z. 6.

59 Zur rechtlichen Stellung der Frau vor den Basler Gerichten siehe Gabriela SIGNORI: Geschlechtsvormundschaft und Gesellschaft. Die Basler ‚Fertigungen' (1450 bis 1500), in: Zeitschrift der Savigny-Stiftung für Rechtsgeschichte. Germ. Abtg. 118 (1999), S. 119-151; HAGEMANN: Basler Rechtsleben (wie Anm. 18), S. 144.

60 Zur Familiengesellschaft Martin und Ulrich Meltinger siehe STEINBRINK: Meltinger (wie Anm. 10), S. 181-184.

erhielt.[61] Eine Eigenverwendung im Haushalt ist zwar denkbar, angesichts der großen Menge aber eher unwahrscheinlich. Daher ist wohl eher davon auszugehen, dass Verena das Garn zum Weiterverkauf benötigte.[62] Sie trat auch als eigenständige Teilhaberin des Geschäftes an anderer Stelle auf. Die Frau des Färbers Klaus Heidely hatte bei den Eheleuten Meltinger eine Schuld von 19 ß.[63] Als man 1493 zusammen kam, vermerkte Ulrich genau, dass *Fren und ich* gemeinsam mit der Frau abrechneten und dass diese ihnen zusammen (*unß*) das Geld schuldig blieb. Dagegen stand eine kleinere Summe, die sie ebenfalls zusammen der Färberin schuldig waren, die mit den Außenständen verrechnet werden sollte. In diesem Fall war Verena demnach nicht nur Stellvertreterin, sondern Geschäftspartnerin ihres Mannes.[64]

Dabei war Ulrich zum Teil auf die Gelder seiner Frau angewiesen, besonders immer dann, wenn er Bargeld benötigte. Die ständige und „strukturelle Bargeldknappheit“[65] förderte ein ausgewiesenes Kreditsystem, das enge Verflechtungen zur Folge hatte.[66] Doch im Jahre 1478 bemühte Ulrich keinen seiner Handelspartner, sondern wandte sich vor der Reise nach Frankfurt an seine Frau. Sie lieh ihm die erstaunlich hohe Summe von 27 fl.[67]

Verenas Rolle als Handelspartnerin und relativ selbständig agierende Kauffrau lässt sich in weiteren Basler Beispielen wiedererkennen.[68] So erinnern ihre Bergwerksbeteiligungen an Margarethe Zscheckabürlin. Diese stammte aus einer der reichsten Familien Basels und hatte Anteile an Schwarzwälder Gruben.[69] Obwohl der Höhepunkt ihrer Investitionen erst nach dem Tode ihres Ehemannes erreicht war, besaß sie auch schon zu seinen Lebzeiten eine beachtliche Anzahl von Anteilen. Ein anschauliches Beispiel[70] findet sich im direkten familiären Umfeld der Meltinger. Ulrichs Schwester Margred Hauenstein führte das Geschäft ihres Mannes Hans nach dessen Tod weiter.[71] Ein ehemaliger Geschäftspartner, der Straßburger Kaufmann Hans Ratgeb, klagte 1469 auf

61 STEINBRINK: Meltinger (wie Anm. 10), S. 496, Z. 34f.

62 Ebd., S. 96.

63 Ebd., S. 473, Z. 38-40.

64 Freilich muss eingewandt werden, dass es sich bei den hier beschriebenen Summen um eher kleine Beträge handelte.

65 STEINBRINK: Meltinger (wie Anm. 10), S. 91; vgl. Valentin GROEBNER: Ökonomie ohne Haus. Zum Wirtschaften armer Leute in Nürnberg am Ende des 15. Jahrhunderts (Veröffentlichungen des Max-Planck-Instituts für Geschichte, 108), Göttingen 1993.

66 STEINBRINK: Meltinger (wie Anm. 10), S. 72-92; DERS.: Handeln (wie Anm. 25), S. 207f.

67 STEINBRINK: Meltinger (wie Anm. 10), S. 375, Z. 33f.

68 Auch von Agnes Dürer, geb. Frey (1475-1539), ist bekannt, dass sie von ihrem Mann Albrecht auf die Frankfurter Herbstmesse geschickt wurde, um dort Produkte aus seiner Hand zu verkaufen, Ernst REBEL: Albrecht Dürer. Maler und Humanist, München 1996, S. 215.

69 BREYVOGEL: Silberbergbau und Silbermünzprägung (wie Anm. 12), S. 506.

70 Viele weitere lassen sich aus den Akten des Gerichtsarchivs erarbeiten; einzelne sind bei HAGEMANN: Basler Rechtsleben (wie Anm. 18), S. 160-179 aufgeführt.

71 Diese Form der Fortführung des Geschäftes fand oft statt; Ulrich SIMON: Der Tod des Mannes war ihre Chance. Die Kauffrau in Lübeck. Begleitpublikation zur Ausstellung im Burgkloster zu Lübeck vom 27. Juni bis zum 31. Okt. 1993, in: Gerhard GERKENS/Antjekathrin GRASSMANN (Hrsg.): Der Lübecker Kaufmann. Aspekte seiner Lebens- und Arbeitswelt vom Mittelalter bis zum 19. Jahrhundert, Lübeck 1993, S. 123.

Herausgabe einer Schuldsumme.[72] Da selbst nach dem Verkauf der mobilen Habe noch nicht alle Gelder beglichen waren, forderte er von Margred die ausstehende Summe. Die übliche Reduzierung zur Sicherung der Morgengabe der Frau[73] wollte Ratgeb jedoch nicht anerkennen, da sie eine *ladenfrow* und somit voll für die Schulden des verstorbenen Ehemannes verantwortlich sei.[74] Sie entgegnete, wenn *ein man bletschwerk treyb, damit ein frow nit ze thůn hab* und wollte sich so ihrer Verantwortung entledigen. Nicht nur hätte sie an dem Geschäft keinen Anteil, argumentierte sie, sondern sie sei selbst Opfer des *torlichen gewerb*[s] ihres Ehemannes geworden, der große Summen verloren habe. Darunter seien auch die ihr zustehenden Silberstücke gewesen: *als sy aber uber die trog und kisten kome und vermeinte etlich ir zubracht gut darinn ze finden, do werent sy ler*[75]. Auch wenn das Schultheißengericht im Sinne Margred Hauensteins entschied und somit ihrer Argumentation, keine *ladenfrow* zu sein, folgte, lässt sich doch sehr stark vermuten, dass Hans Ratgeb mit seiner Argumentation wohl im Kern Recht hatte und Margred weiter als Geschäftsfrau auftrat.[76]

Fazit

Die Möglichkeiten zur Teilhabe am kaufmännischen Geschäftsleben waren für die Frau gleichzeitig beschränkt und offen. Innerhalb des Geschäftsbereichs des Ehemannes war sie in der Lage, Transaktionen im Namen ihres Ehemannes auszuführen. Dabei war sie *clearing*-Stelle für die Schuldner und Gläubiger des Ehemannes. In dieser Eigenschaft benötigte sie mindestens grundlegende Buchführungskompetenzen. Ohne diese Vertreterstellung der Ehefrau wäre der Handel, zumal jener, der außerhalb Basels stattfand, schwieriger zu organisieren gewesen. Doch dabei beließ es Verena Meltinger, wie so viele andere Frauen ihrer Zeit, nicht. Sie trieb auf eigene Rechnung Handel, engagierte sich im Silberbergbau, investierte in andere Unternehmungen und trat als Geld- und Kreditgeberin für ihren Mann und andere Familienmitglieder auf. Freilich benötigte sie vor Gericht einen Geschlechtsvormund, doch die vielen Transaktionen, die erfolgreich zum Abschluss kamen, und nicht vor Gericht verhandelt und somit in den Quellen dokumentiert wurden, bleiben unbekannt. Es kann daher festgehalten werden, dass die Quellen, trotz ihrer Nähe zur Handelssphäre des Kaufmanns, in der Lage sind, den Anteil der Frauen am Handelsgeschäft des Spätmittelalters wenigstens durch Schlaglichter zu erhellen. Dies kann daher auch eine Möglichkeit sein, im Unterricht die Abhängigkeit der handelstreibenden Eheleute voneinander zu thematisieren. Dabei darf es nicht bei der, in Schulbüchern oft praktizierten, bloßen Nennung von Aufgaben der Frauen in den verschiedenen Gesellschaften der Geschichte bleiben, sondern es ist auf das Verhältnis der Geschlechter sowohl in rechtlicher, sozialer, aber

72 StABS, GA, O3, fol. 16r
73 HAGEMANN: Basler Rechtsleben (wie Anm. 18), S. 174f.
74 STEINBRINK: Meltinger (wie Anm. 10), S. 30.
75 StABS, GA, O3, fol. 17v.
76 STEINBRINK: Meltinger (wie Anm. 10), S. 30.

eben auch ökonomischer Hinsicht einzugehen. Geschlecht wird somit zur „relationalen Kategorie“[77].

Dies kann oft nicht durch einfache Bilder geschehen, weil eine genaue Quellenanalyse für eine Dekonstruktion vorhandener Denkstrukturen notwendig ist. Doch wenn schon ein Bild vorliegt, dass das gemeinsame ökonomische Handeln von Ehepartnern für Schüler so deutlich werden lässt wie das Gemälde Marinus von Roymerswaeles, so sollte dies wenigstens aufgenommen werden.

77 DEHNE: Genderforschung und Geschichtsdidaktik (wie Anm. 4), S. 11f.

Sabrina Stockhusen

Die Einwanderer Hermen und Thewes Trechouw. Zwei Mitglieder der Lübecker Krämerkompanie am Ende des 15. Jahrhunderts

Zwischen Lübeck und Mecklenburg gab es vom 13. bis zum 19. Jahrhundert einen stetigen, mal stärker, mal schwächer ausgeprägten Bevölkerungsaustausch. Im Mittelalter wird Lübeck als das Haupt der Hanse einen Anziehungspunkt für alle Zuwanderer vom Land geboten haben, die ihre wirtschaftliche oder soziale Lage verbessern wollten und auf größere Karrierechancen in der Stadt hofften. Die Einwanderung der mecklenburgischen Handwerker lässt sich besonders gut an den erhaltenen Leumunds- und Ehelichkeits-/Echtzeugnissen nachweisen, von denen ca. 100 Stück für das 15. Jahrhundert überliefert sind.[1] Solche Zeugnisse, die im mittelalterlichen Lübeck als *echte Briefe* oder *Legitimationes* bezeichnet wurden,[2] waren u. a. für Handwerker erforderlich, die in eine andere Stadt auswandern wollten, um dort in eine Zunft aufgenommen zu werden. Echtbriefe wurden vom Rat der Heimatstadt ausgestellt und sollten die eheliche Geburt des Handwerkers bestätigen, zusätzlich konnten sie auch als Empfehlungsschreiben zur Aufnahme in die Zunft dienen.[3]

Der Hanseforscher Horst Wernicke schreibt, dass „der Mensch […] Ausgangs- und Endpunkt der Betrachtung und Untersuchung der Geschichte sein“[4] sollte, auf diese Weise ließen sich biographische Skizzen der vergangenen Menschen als Handlungsträger ihrer Lebensgeschichte entwerfen.[5] Neben biographischen Forschungsansätzen sollten sich zukünftige Untersuchungen auch den verschiedenen Gruppen in den Städten zuwenden. Im Zusammenhang mit dem Phänomen der ‚Hanse‘ könnte beispielsweise eine nähere Beschäftigung mit den Zünften in den Hansestädten neue Erkenntnisse liefern.[6] Diesen Überlegungen folgend sollen hier zwei Echtbriefe den Ausgangspunkt für eine kurze personengeschichtliche Untersuchung über die Mitglieder

1 Antjekathrin GRASSMANN: Menschen zwischen Mecklenburg und Lübeck. Zur Demographie und Prosopographie eines jahrhundertelangen Austausches, in: Helge bei der WIEDEN/Tilmann SCHMIDT (Hrsg.): Mecklenburg und seine Nachbarn (Veröffentlichungen der Historischen Kommission für Mecklenburg, 10), Rostock 1997, S. 19-41, hier S. 25, 39.

2 Knut SCHULZ: Handwerk, Zünfte und Gewerbe. Mittelalter und Renaissance, Darmstadt 2010, S. 52.

3 GRASSMANN: Menschen (wie Anm. 1), S. 25.

4 Horst WERNICKE: Zur Prosopographie der Hansezeit. Über Wege zu den Trägern der Geschichte, in: Detlef KATTINGER/Horst WERNICKE (Hrsg.): Akteure und Gegner der Hanse – Zur Prosopographie der Hansezeit. Konrad-Fritze-Gedächtnisschrift (Abhandlungen zur Handels- und Sozialgeschichte, 30; Hansische Studien, 9), Weimar 1998, S. 13-23, hier S. 17.

5 Ebd., S. 15.

6 Werner PARAVICINI: Hansische Personenforschung. Ziele, Wege, Beispiele, in: KATTINGER/WERNICKE: Akteure (wie Anm. 4), S. 247-272, hier S. 248-251.

der Lübecker Krämerkompanie Hermen und Thewes Trechouw bilden.[7] Hier kann nur eine kurze personengeschichtliche Skizze der beiden Brüder Hermen und Thewes Trechouw entworfen werden, in der erste Fragen zu ihrer Einwanderung und ihrem Werdegang innerhalb der Lübecker Krämerkompanie beantwortet werden sollen.

Mit den Lübecker Krämern beschäftigte sich einzig Johannes Warncke in der ersten Hälfte des 20. Jahrhunderts. Er hatte zu dieser Zeit noch Zugriff auf alle Akten der Lübecker Krämerkompanie, bevor sie kriegsbedingt ausgelagert wurden. Neben einem sehr kurzen Aufsatz über die Lübecker Krämerkompanie verfasste er eine weitere Untersuchung über das Haus der Krämerkompanie in den Schüsselbuden vom ersten Viertel des 16. Jahrhunderts bis zum Beginn des 19. Jahrhunderts.[8] Ergänzt werden seine Ausführungen von den bei Carl Friedrich Wehrmann in den Lübecker Zunftrollen abgedruckten Rollen aus den Jahren 1353 (Bürger- und Gästerolle), mit Ergänzungen 1380 und 1573 sowie von einigen Einzelbestimmungen der Krämerkompanie.[9] Eine personengeschichtliche Beschäftigung mit einzelnen Mitgliedern der Krämerkompanie steht folglich noch aus.

Ausgehend von der Analyse der beiden Echtbriefe Hermen und Thewes Trechouws kann ihre Einwanderung, ihre Konsolidierung in Lübeck und ihr Werdegang innerhalb der Krämerkompanie nachgezeichnet werden. Neben den beiden Echtbriefen wird auch das bisher nur wenig untersuchte Älterleute Denkel – (Memorial)buch der Krämerkompanie von 1372-1585 herangezogen.[10] Dieses Hauptbuch der Älterleute, d. h. der Vorsteher der Krämerkompanie, enthält u. a. Urkundenabschriften sowie Rechnungsausgaben der Kompanie oder die Zahlungen der Bruderbeiträge neuer Mitglieder und bietet als zusammenhängenden Abfassungszeitraum die 60er Jahre des 15. Jahrhunderts mit kleinen Unterbrechungen bis zum Jahr 1507. Die Aufzeichnungen setzen dann erst wieder im Jahr 1566 ein. Weiterhin kommt dem sogenannten Lüttgendorffschen Zettelkatalog des Archivs der Hansestadt Lübeck eine besondere Bedeutung zu, da einige der Karteikarten auf ein nach dem Zweiten Weltkrieg verschollenes Brüderverzeichnis der Krämerkompanie verweisen. Johannes Warncke konnte auf dieses „älteste Brüderbuch A-B“ im Jahr 1940 noch zurückgreifen.[11] Diese Archivalie muss nun leider als verschollen angesehen werden.

7 Die Schreibweise des Nachnamens Trechouw wird hier vereinheitlicht wiedergegeben, andere Varianten in den Quellen sind Trechow, Trechowe oder Trechouwe, Trechouwen. Neben Hermen und Thewes Trechouw können für die zweite Hälfte des 15. Jahrhunderts noch die beiden Brüder Bernardus und Johannes Trechow ausgemacht werden. Eine verwandtschaftliche Verbindung dieser beiden Brüderpaare konnte bisher allerdings noch nicht festgestellt werden. Archiv der Hansestadt Lübeck (im Folgenden AHL), Lüttendorffsche Zettelkatalog, Kasten 335.

8 Johannes WARNCKE: Die Krämerkompanie zu Lübeck, in: Lübeckische Blätter 66 (1924), S. 1019-21; DERS.: Das Haus der ehemaligen Krämer-Kompanie in Lübeck, Sonderdruck aus der Zeitschrift Nordelbingen (Beiträge zur Heimatforschung in Schleswig-Holstein, Hamburg und Lübeck, 16), Heide i. H. 1940, S. 198-253.

9 Carl Friedrich WEHRMANN (Hrsg.): Die älteren Lübeckischen Zunftrollen, Lübeck 1864. S. 270-294.

10 AHL, Krämerkompanie Nr. 1: Älterleute Denkel – (Memorial)buch 1372-1585.

11 WARNCKE: Haus (wie Anm. 8), S. 199, Anm. 6. Weiterhin verweist eine Abschrift im AHL auf dieses Brüderbuch, das demnach um 1381 ansetzte. AHL, Handschrift Nr. 883: Auszüge aus

Einwanderung nach Lübeck und Eintritt in die Krämerkompanie

Hermen und Thewes Trechouw kamen vermutlich aus der nahe bei Rostock gelegenen Stadt Bützow. Der Echtbrief von Hermen Trechouw wurde am 11. Februar 1468 vom Rat der Stadt Bützow ausgestellt und richtet sich an den Stadtrat sowie an die Älterleute der Krämerkompanie in Lübeck.[12] Seit dem Spätmittelalter herrschte in den Städten Zunftzwang, d. h. dass bestimmte Berufe erst nach Eintritt in die entsprechende Zunft ausgeübt werden durften.[13] In Lübeck hießen die Zünfte Ämter und waren dem Lübecker Rat unterstellt. Die Krämer, Brauer, Schiffer und Gewandschneider wurden dort[14] wie auch in anderen Städten den Handwerkern gleichgestellt. So war die Krämerzunft häufig eine Sammelzunft, die neben den Detailhändlern auch Handwerker umfasste.[15] Die Basler Krämerzunft mit dem Namen Safranzunft nahm neben den ‚eigentlichen' Krämern noch 25 weitere Berufe, wie z. B. die Gürtler, Handschuhmacher, Paternosterer, Nadler oder Weißgerber auf.[16] Eine Bündelung verschiedener Berufe kann auch für die Lübecker Krämerkompanie bisher nicht ganz ausgeschlossen werden. Hermen Trechouw wird allerdings auch im Oberstadtbuch als *kremer* bezeichnet.[17]

Hermen Trechouws Echtbrief weist ihn als den ehelich geborenen Sohn von *Clawes Trechouwen* und dessen schon verstorbener Ehefrau *Metken* aus.[18] Der Nachweis einer ehelichen Geburt wurde von einigen Zünften im Hanseraum mit den Vorreitern in Braunschweig bereits vor der Mitte des 14. Jahrhunderts eingefordert. In einigen wenigen Lübecker Amtsrollen treten entsprechende Formulierungen seit der Mitte des 14. Jahrhunderts, deutlich häufiger erst um die Mitte des 15. Jahrhunderts auf.[19] Hermen

Akten vom Brüderbuch 1381 der Krämerkompanie. Das nun im AHL erhaltene älteste Brüderverzeichnis setzt erst 1569 ein.

12 AHL, Legitimationes Nr. 186, 1468 Februar 11, Trechowen, Hermen; AHL, Legitimationes Nr. 214: 1471 Januar 18, Trechowe, Thomaes; die Bezeichnung als Thomaes Trechowe resultiert aus einem Transkriptionsfehler, richtig ist Thewes.

13 Erich MASCHKE: Soziale Gruppen in der deutschen Stadt des späten Mittelalters, in: Josef FLECKENSTEIN/Karl STACKMANN (Hrsg.): Über Bürger, Stadt und städtische Literatur im Spätmittelalter. Bericht über Kolloquien der Kommission zur Erforschung der Kultur des Spätmittelalters 1975-1977 (Abhandlungen der Akademie der Wissenschaften in Göttingen. Philologisch Historische Klasse Dritte Folge, 121), Göttingen 1980, S. 127-145, hier S. 131.

14 Wilhelm EBEL: Lübisches Recht, Bd. 1, Lübeck 1971, S. 230.

15 Heung-Sik PARK: Krämer- und Hökergenossenschaften im Mittelalter. Handelsbedingungen und Lebensformen in Lüneburg, Goslar und Hildesheim (Göttinger Forschungen zur Landesgeschichte, 8), Bielefeld 2008, S. 102.

16 SCHULZ: Handwerk (wie Anm. 2), S. 76.

17 SCHRÖDER: Grundstücke in Lübeck bis 1600. Aus den Inscriptionen der Oberen Stadtbücher nach den jetzigen Hausnummern geordnet. Abteilung Johannisquartier. Archiv der Hansestadt Lübeck, HS 900 (o. J.), S. 694.

18 AHL, Legitimationes Nr. 186: 1468 Februar 11, Trechowen, Hermen.

19 Knut SCHULZ: Die Norm der Ehelichkeit im Zunft- und Bürgerrecht spätmittelalterlicher Städte, in: Ludwig SCHMUGGE (Hrsg.): Illegitimität im Spätmittelalter (Schriften des Historischen Kollegs, Kolloquien, 29), München 1994, S. 67-83, hier S. 76-78.

Trechouws eheliche Herkunft wird von drei Bürgern bezeugt,[20] bei denen es sich vermutlich um die entsprechenden Meister oder Älterleute der Krämerzunft in Bützow handelte.[21]

Thewes Trechouws Echtbrief wurde am 18. Januar 1471 ausgestellt. Beide Briefe sind wie ein Formular mit sehr ähnlichem Wortlaut aufgebaut. Auch bei Thewes Trechouw werden als Eltern *Claus Trechowen* und *Metken* genannt, woraus die Schlussfolgerung gezogen werden kann, dass es sich bei Hermen und Thewes um Brüder handeln dürfte.[22] In beiden Echtbriefen wird ihre ehrliche und rechtmäßige Geburt in Bützow durch die Formel *is echte und rechte* bestätigt.[23] Einige Berufe wie der Bader oder Schäfer wurden als unehrenhaft angesehen, d. h. Kinder aus solchen Familien erfüllten nicht die Aufnahmekriterien.[24] Knut Schulz sieht in der Forderung einiger Zünfte nach einer ehelichen, ehrlichen und rechten Geburt eine „Norm der Ehelichkeit“[25]. Diese bildete die Grundlage für die weit verbreitete Zunft- und Handwerkerehre, und sorgte für eine gute Reputation innerhalb der städtischen Gesellschaft. Viele Zünfte forderten ein besonderes Ehrverhalten von ihren Mitgliedern. So sollten in die Lübecker Krämerkompanie nach der Rolle von 1380 nur unbescholtene (*bederve*) Leute aufgenommen werden, die des Krämeramtes würdig seien.[26] Eine solche Ehre verdiente man sich mit Aufrichtigkeit, Gewaltlosigkeit, Maßhalten und durch die Achtung der Ehre seiner Mitmenschen.[27] In beiden Echtbriefen erscheint als zusätzliche Verstärkung ihrer guten Reputation, hier am Beispiel von Hermen Trechouw, dass er *werdich is ampte und ghilde to besittende*[28].

Im norddeutschen Raum forderten einige Zünfte eine freie Geburt, d. h. frei von einer grundherrschaftlichen Einbindung, und eine deutsche Abstammung. Auch in den lübeckischen Amtsrollen wurden diese Forderungen teilweise als Aufnahmevoraussetzungen formuliert. Dieser deutsche Geburtsnachweis diente in den Hansestädten, die an der östlichen Ostseeküste auf ehemals wendischem Gebiet gegründet worden waren, zur Abgrenzung von der slawischen Bevölkerung.[29] Diese Nachweispflicht stand im Zusammenhang mit den anderen von den Zünften geforderten Ehrbarkeitsmerkmalen und kam mit dem um die zweite Hälfte des 14. Jahrhunderts vermehrten Zuzug der slawischen Landbevölkerung in die Städte auf. Das Ziel dieser Forderung, die verstärkt seit dem 15. Jahrhundert durchgesetzt wurde, bestand nach Winfried Schich in

20 Als Zeugen werden die Bürger Hinrik Bronit, Albrecht Godke und Dinniges Tzule genannt. AHL, Legitimationes Nr. 186: 1468 Februar 11, Trechowen, Hermen.

21 SCHULZ: Handwerk (wie Anm. 2), S. 52.

22 Als Zeugen treten Clawes Smid und wieder Dinniges Tzule auf. AHL, Legitimationes Nr. 214: 1471 Januar 18, Trechowe, Thomaes.

23 AHL, Legitimationes Nr. 186: 1468 Februar 11, Trechowen, Hermen; AHL, Legitimationes Nr. 214: 1471 Januar 18, Trechowe, Thomaes.

24 MASCHKE: Gruppen (wie Anm. 13), S. 133f.

25 SCHULZ: Norm (wie Anm. 19), S. 80.

26 MASCHKE: Gruppen (wie Anm. 13), S. 133f.; WEHRMANN, Zunftrollen (wie Anm. 9), S. 275.

27 Arnd KLUGE: Die Zünfte, Stuttgart 2007, S. 109.

28 AHL, Legitimationes Nr. 186: 1468 Februar 11, Trechowen, Hermen; AHL, Legitimationes Nr. 214: 1471 Januar 18, Trechowe, Thomaes.

29 Ferdinand FRENSDORFF: Das Zunftrecht insbesondere Norddeutschlands und die Handwerkerehre, in: Hansische Geschichtsblätter 13 (1907), S. 1- 89, hier S. 19f.

einer weiteren Verschärfung der Aufnahmebedingungen, um dadurch die Konkurrenz im städtischen Handwerk niedrig zu halten.[30] Die Echtbriefe von Hermen und Thewes Trechouw enthielten die entsprechende geforderte Formel, dass sie *vryg* und *dudesch*[31] geboren seien.

Knapp einen Monat nach der Ausstellung des Echtbriefes am 16. März 1468 zahlte Hermen Trechouw laut Denkelbuch die üblichen vier Mark Eintrittsgebühr und wurde in die Krämerkompanie und damit gleichzeitig in die St. Annenbruderschaft der Krämer in der St. Petri-Kirche aufgenommen.[32] Innerhalb dieses Zeitraumes war Hermen Trechouw vermutlich mit seinem Echtbrief vor den Lübecker Rat sowie den Älterleuten der Krämerkompanie getreten und hatte sein Anliegen auf Mitgliedschaft in die Krämerkompanie und damit zugleich die Bitte um die Erlaubnis zum Kramhandel erfolgreich vorgetragen, so wie es eine Bestimmung der Krämerkompanie vom 2. Januar 1389 vorsah.[33] Von zwei anderen Mitgliedern der Lübecker Krämerkompanie, Hans Elbing und Peter Kuel, sind die entsprechenden Einträge im Lübecker Niederstadtbuch überliefert. Demnach erschien Hans Elbing im Jahr 1480 mit seinem Echtbrief aus Soltau vor dem Rat und den Älterleuten der Krämerkompanie in Lübeck und bat um Aufnahme,[34] die ihm noch im selben Jahr gewährt wurde.[35] Der Oldenburger Peter Kuel trat 1481 vor den Rat und die Älterleute[36] und wurde ab demselben Jahr als neues Mitglied im Denkelbuch vermerkt.[37] Diese Reihenfolge wurde von Thewes Trechouw wohl nicht eingehalten. Er folgte seinem Bruder Hermen im Jahr 1470 in die Lübecker Krämerkompanie und konnte seinen Echtbrief erst nachträglich vorlegen, da dieser erst im Januar 1471 ausgestellt wurde.[38] Möglicherweise profitierte Thewes Trechouw davon, dass Hermen Trechouw bereits in Lübeck ansässig und Mitglied der Kompanie war und für ihn bürgte.

30 Winfried SCHICH: Zum Ausschluß der Wenden aus den Zünften nord- und ostdeutscher Städte im späten Mittelalter, in: Alexander DEMANDT (Hrsg.): Mit Fremden leben. Eine Kulturgeschichte von der Antike bis zur Gegenwart, München 1995, S. 122-136, hier S. 122, 131, 136.

31 AHL, Legitimationes Nr. 186: 1468 Februar 11, Trechowen, Hermen; AHL, Legitimationes Nr. 214: 1471 Januar 18, Trechowe, Thomaes.

32 AHL, Krämerkompanie Nr. 1: Älterleute Denkel – (Memorial)buch, fol. 36v. Laut dem Lüttendorffschen Zettelkatalog wurde Hermen Trechouw 1467 Mitglied der Kompanie, Zettelkatalog, Kasten 335. Zur St. Annenkapelle der Krämerkompanie siehe Fritz HIRSCH/Gustav SCHAUMANN/Friedrich BRUNS (Bearb.): Die Bau- und Kunstdenkmäler der Freien und Hansestadt Lübeck, Bd. 2, Lübeck 2001 (= 1906), S. 23.

33 WEHRMANN: Zunftrollen (wie Anm. 9), Einzelbestimmung 1389 Januar 2, S. 276.

34 AHL, Kanzlei: Niederstadtbuch Urschrift 1478 Crp. Chr. – 1481, fol. 137v.

35 AHL, Krämerkompanie Nr. 1: Älterleute Denkel – (Memorial)buch, fol. 62r.

36 AHL, Kanzlei: Niederstadtbuch Urschrift 1478 Crp. Chr. – 1481, fol. 232v.

37 AHL, Krämerkompanie Nr. 1: Älterleute Denkel – (Memorial)buch, fol. 65r.

38 Sein Eintritt im Jahre 1470 wird im Zettelkatalog mit dem entsprechenden Hinweis auf das verschollene Brüderbuch aufgeführt. AHL, Lüttendorffsche Zettelkatalog, Kasten 335. Im Denkelbuch wird sein Eintritt ohne Nennung einer Jahreszahl eingetragen, allerdings ergibt sich aus der chronologischen Abfolge größerer Abschnitte im Denkelbuch auch hier das Jahr 1470. AHL, Krämerkompanie Nr. 1: Älterleute Denkel – (Memorial)buch, fol. 41v.

Der Eintritt in die Lübecker Krämerkompanie setzte vermutlich das Lübeckische Bürgerrecht voraus,[39] so dass der Stadtrat durch Erteilung oder Verweigerung des Bürgerrechtes Einfluss auf die ihm untergeordneten Zünfte ausüben konnte.[40] Am Beispiel des Lübecker Krämers Hinrich Dunkelgud und seinem überlieferten Memorialbuch aus den Jahren 1479 bis 1517 lassen sich die Schritte auf dem Weg zu seiner Niederlassung in Lübeck sehr gut nachvollziehen. Hinrich Dunkelgud lebte allerdings schon vor dem Erwerb des Bürgerrechts als *Gast* bei seinem Hauswirt Clawes van Calven in Lübeck.[41] Am 24. Oktober 1479 heiratete er die Tochter des Krämers Hans Meyer, seines vermutlichen Lehrherrens.[42] Im selben Jahr trat Hinrich Dunkelgud mit der Zahlung von 6 Mark Brudergeld in die Lübecker Krämerkompanie ein;[43] dies wird durch einen entsprechenden Eintrag im Denkelbuch bestätigt.[44] Weiterhin zahlte er im Jahr 1479 das geforderte Bürgergeld von 2 Mark 4 Schilling und wurde dadurch Lübecker Bürger.[45] Die Bedingungen für die Einwanderung und den Erwerb des Bürgerrechts konnten von Stadt zu Stadt variieren. Allerdings setzte der Erwerb des Bürgerrechts ein aktives Bemühen seitens der Einwanderer voraus.[46] Häufig bildete Grundbesitz innerhalb der Stadt eine Voraussetzung, diese Forderung wurde aber bis zum Spätmittelalter zugunsten der Neubürger gelockert.[47] In Lübeck blieb die Forderung nach einem bebauten Grundstück zu vollem Eigentum für Vollbürger, d. h. rats-

39 Frensdorff geht für den norddeutschen Raum davon aus, dass eine Aufnahme in die Zunft erst nach dem Erwerb des Bürgerrechts möglich wurde. Er führt allerdings nur ein konkretes Beispiel aus dem Stadtrecht für Braunschweig auf. FRENSDORFF: Zunftrecht (wie Anm. 29), S. 16f. Kluge schreibt, dass der Zugang zur Zunft und der Erwerb des Bürgerrechts einander „bedingten". Später allerdings räumt er Ausnahmen ein und relativiert seine vorherige Aussage, indem er schreibt: „Bürgerrecht und Zunftrecht wurden regelmäßig miteinander verbunden." KLUGE: Zünfte (wie Anm. 27), S. 109, 129.

40 FRENSDORFF: Zunftrecht (wie Anm. 29), S. 17.

41 Wilhelm MANTELS: Aus dem Memorial oder Geheim-Buche des Lübecker Krämers Hinrich Dunkelgud, in: Beiträge zur Lübisch-Hansischen Geschichte. Ausgewählte historische Arbeiten, [nach einem Vortrag aus dem Jahre 1866], Jena 1881, S. 341-369, hier S. 348f., 355; Stadtbibliothek Lübeck HS Lub. 2° 732 Memorialbuch des Lübecker Krämers Hinrich Dunkelgud, fol. 11v. Eine erneute Beschäftigung mit Hinrich Dunkelgud und seinem Memorial erfolgte im Zusammenhang mit dessen Pilgerfahrt nach Santiago de Compostela, siehe dazu Heinrich DORMEIER: Jakobuskult und Santiago-Pilgerfahrten in Lübeck im späten Mittelalter, in: Javier GÓMEZ-MONTERO (Hrsg.): Der Jakobsweg und Santiago de Compostela in den Hansestädten und im Ostseeraum. Akten des Symposiums an der Universität Kiel (23. bis 25. April 2007), Kiel 2011, S. 19-34.

42 MANTELS: Memorial (wie Anm. 41), S. 358; Stadtbibliothek Lübeck HS Lub. 2° 732 Memorialbuch des Lübecker Krämers Hinrich Dunkelgud, fol. 47r.

43 MANTELS: Memorial (wie Anm. 41), S. 349, 359; Stadtbibliothek Lübeck HS Lub. 2° 732 Memorialbuch des Lübecker Krämers Hinrich Dunkelgud, fol. 1r.

44 AHL, Krämerkompanie Nr. 1: Älterleute Denkel – (Memorial)buch 1372-1585, fol. 61v.

45 MANTELS: Memorial (wie Anm. 41), S. 349, 359; Stadtbibliothek Lübeck HS Lub. 2° 732 Memorialbuch des Lübecker Krämers Hinrich Dunkgelgud, fol. 1r.

46 Rainer C. SCHWINGES: Neubürger und Bürgerbücher im Reich des späten Mittelalters: Eine Einführung in die Quellen, in: DERS. (Hrsg.): Neubürger im späten Mittelalter. Migration und Austausch in der Städtelandschaft des alten Reiches (1250-1550) (Zeitschrift für historische Forschung, Beiheft, 30), Berlin 2002, S. 17-50, hier S. 18.

47 KLUGE: Zünfte (wie Anm. 27), S. 129.

fähige Bürger, bis ins Revidierte Stadtrecht von 1586 allerdings erhalten. Bürger konnten bis zum Spätmittelalter aber auch Personen werden, die ein Grundstück innerhalb der Stadtmauern nur *zu Leihe* besaßen,[48] d. h. nur das Besitzrecht an einem Haus oder Keller hatten.

Legt man die Reihenfolge von Hinrich Dunkelguds Aufzählungen in seinem Memorial zugrunde, trat er im Jahr 1479 in die Krämerkompanie ein und entrichtete erst dann das Bürgergeld, so dass es demzufolge möglich war, ohne das Bürgerrecht in die Lübecker Krämerkompanie einzutreten. Weiterhin war es wohl auch möglich, Lübecker Bürger zu werden, ohne den Nachweis für ein eigenes Grundstück oder für das Besitzrecht an einem Haus innerhalb der Stadtmauern vorzulegen, denn laut einem Eintrag im Lübecker Niederstadtbuch überschrieb der Krämer Hans Meyer seinem Schwiegersohn Hinrich Dunkelgud erst im Jahr 1480 sein Wohnhaus und eine seiner beiden Krambuden direkt am Markt,[49] d. h. Hinrich Dunkelgud besaß bei seiner Einbürgerung keinen, bisher nachgewiesenen Eigenbesitz innerhalb Lübecks.

Für Hermen und Thewes Trechouw kann des Weiteren nur vermutet werden, dass sie sich zeitnah mit dem Eintritt in die Krämerkompanie um die Bürgerschaft bemühten, da die Kaufleute, die als Gäste Handelsgeschäfte tätigen wollten, aufgrund einiger rechtlicher Bestimmungen und Handelsbeschränkungen gegenüber den bürgerlichen Kaufleuten schlechter gestellt waren. Dies bezog sich insbesondere auf die Kleinkaufleute,[50] die sich den Vorschriften der Gästerolle der Krämerkompanie unterzuordnen hatten. In der einzig überlieferten Lübecker Gästerolle aus dem Jahre 1353 wurde unter anderem vorgeschrieben, dass *kremer, de gheste sin, de moghen dre daghe in dem jare und nicht dicker mit erer kremerie stan*[51]. Hermen und Thewes hätten wohl kaum nur von drei Handelstagen im Jahr finanziell überleben können, auch wenn sich diese Regelung bis zur Mitte des nächsten Jahrhunderts teilweise gelockert haben könnte. Weiterhin war es im Lübeckischen Recht verankert, dass alle Personen, die länger als drei Monate in Lübeck lebten und dort ihren Lebensunterhalt im Handel, Handwerk oder einer anderen Tätigkeit erwarben, sich um das Bürgerrecht bemühen sollten.[52]

Der erste Häuserbesitz lässt sich bei den Trechouws erst Jahre nach ihrer Einwanderung nachweisen. Hermen Trechouw kaufte acht Jahre später, also 1476, von Kersten Storning das Haus Mühlenstraße 826.[53] Im Falle von Thewes Trechouw lagen sogar zwölf Jahre zwischen seiner Einwanderung und dem ersten nachweisbaren Kauf einer Bude (Nr. 247) in den Weiten Krambuden im Jahr 1482 von Giese Hintzen.[54] Im

48 EBEL: Recht (wie Anm. 14), S. 270f.

49 MANTELS: Memorial (wie Anm. 41), S. 349, 360f.; Stadtbibliothek Lübeck HS Lub. 2° 732 Memorialbuch des Lübecker Krämers Hinrich Dunkelgud, fol. 25b.

50 Erich HOFFMANN: Lübeck im Hoch- und Spätmittelalter: Die große Zeit Lübecks, in: Antjekathrin GRASSMANN (Hrsg.): Lübeckische Geschichte, Lübeck, 4. verb. u. erg. Aufl. 2008, Teil 2, S. 81-328, hier S. 232.

51 WEHRMANN: Zunftrollen (wie Anm. 9), S. 270f.

52 EBEL: Recht (wie Anm. 14), S. 272. Siehe auch § 187 „van der borgherschap“, in: Gustav KORLÉN: Norddeutsche Stadtrechte, Bd. 2, Das Mittelniederdeutsche Stadtrecht von Lübeck nach seinen Ältesten Formen, Lund 1951, S. 138.

53 Schrödersche Regesten, Johannisquartier (wie Anm. 17), S. 692.

54 Schrödersche Regesten, Marienquartier (wie Anm. 17), S. 310.

Jahr 1498 erwarb er zusammen mit seiner Frau Geske ein Wohnhaus in der Schwönekenquerstraße 394 von Heyleke, der Witwe von Jacob van der Heyde.[55] Eine weitere Bude (Nr. 255 D) in den Engen Krambuden kaufte Thewes 1499 von Peter Rambouwen.[56] Thewes Trechouws beide Krambuden befanden sich im wirtschaftlichen Mittelpunkt der Stadt auf der Westseite des Marktplatzes in den etablierten Straßen der Krämer, in den Weiten und Engen Krambuden. Viele Krämer hatten ihre Buden allerdings bereits seit dem 14. Jahrhundert aufgrund des Platzmangels auf dem Marktplatz in andere Teile der Stadt verlegt.[57]

Die langen Zeiträume ohne ein eigenes Wohnhaus oder einen Kram könnten daraus resultieren, dass beide Brüder anfangs wie Hinrich Dunkelgud Mietraum nutzten, was allerdings dem Lübecker Stadtrecht widersprechen würde. Möglicherweise kamen Hermen und Thewes als Handlungsdiener nach Lübeck, nachdem sie in Bützow eine Lehrzeit absolviert hatten. Handlungsdiener durften nicht selbständig einen Kram betreiben und wohnten bis zu ihrer Selbständigkeit bei einem Meister ihrer Zunft und arbeiteten mit ihm in seinem Kram. Die Quellenlage über die Ausbildung zum Krämer und über die Zeit als Handlungsdiener ist eher dürftig. Zum Ende des 13. Jahrhunderts begann in Goslar die Ausbildung für den angehenden Krämer mit zwölf Jahren.[58] Allgemein lässt sich für die Handwerksberufe, beispielsweise für die oberrheinischen und süddeutschen Städte, vor dem 15. Jahrhundert eine durchschnittliche Ausbildungsdauer von zwei bis drei Jahren feststellen, die sich bis zum 16. Jahrhundert tendenziell immer mehr verlängerte.[59] Für die Krämer in Lübeck ist – allerdings erst aus dem Jahr 1669 – eine Lehrzeit von acht Jahren überliefert, an die sich mindestens vier Jahre als Handlungsdiener anschlossen, falls ein selbständiger Kramhandel als Meister angestrebt wurde.[60] Die Arbeit als Handlungsdiener in Lübeck würde die Wohn- und Arbeitssituation in diesen Jahren erklären. Aber auch diese Vermutung ist nicht schlüssig, da beide Einwanderer mit den entsprechenden Formalia als ‚selbständige' Brüder, d. h. Meister, in die Krämerkompanie aufgenommen wurden und laut Denkelbuch das Brudergeld und den Älterleuten die geforderten zwei Stübchen Wein entrichteten.[61] Die Krämerrolle von 1380 benennt als Voraussetzung: die zweimalige Anrufung der versammelten Kompaniemitglieder auf zwei Morgensprachen, die ein Jahr auseinander liegen mussten, um die persönliche Eignung herauszustellen, ferner den Nachweis von einem Mindestvermögen von 20 Mark sowie die Spende von zwei Pfund

55 Schrödersche Regesten, Maria-Magdalenaquartier (wie Anm. 17), S. 356.

56 Schrödersche Regesten, Marienquartier (wie Anm. 17), S. 325.

57 WARNCKE: Krämerkompanie (wie Anm. 8), S. 5.

58 Hier werden die ausgebildeten Krämer als Handlungsdiener bezeichnet. In der Literatur wird als Synonym häufig die Bezeichnung als Gesellen bevorzugt. PARK: Krämer- und Hökergenossenschaften (wie Anm. 15), S. 131.

59 Knut SCHULZ: Handwerksgesellen und Lohnarbeiter. Untersuchungen zur oberrheinischen und oberdeutschen Stadtgeschichte des 14. bis 17. Jahrhunderts, Sigmaringen 1985, S. 248.

60 WARNCKE: Krämerkompanie (wie Anm. 8), S. 4.

61 AHL, Krämerkompanie: Älterleute Denkel – (Memorial)buch, Eintritt Hermen Trechouw (mit Doppeleintrag), fol. 36v und Thewes Trechouw, fol. 41v. Ein Stübchen entspricht 3,64 Liter.

Wachs für die Kirchenleuchter der Kompanie.[62] Friedrich Wehrmann reiht an diesen Anforderungskatalog wiederum die Notwendigkeit des Bürgerrechtes, das für einen Meister „selbstverständlich" gewesen sei.[63] Möglicherweise war es infolge ihrer Echtbriefe nicht notwendig die geforderten Anrufungen auf den Morgensprachen abzuwarten. Auch wenn hier aufgrund der Quellenlage nicht alle Voraussetzungen ihrer Einwanderung überprüft werden können: Ergebnis war die Aufnahme von Hermen und Thewes Trechouw als Brüder in die Kompanie, die durch einen Eintrag in das Bruderbuch mit ihrem Namen, dem Eintrittsjahr und ihrer Marke bestätigt wurde.[64]

Hermen und Thewes Trechouws Wirken in der Krämerkompanie

Beide Brüder konnten sich langfristig als Mitglieder in der Krämerkompanie etablieren. Hermen heiratete eine Frau namens Gretke[65] und hatte spätestens seit 1478/79, ca. elf Jahre nach seinem Eintritt, zeitweise die Position als einer der beiden *hues schaffer* der Kompanie inne;[66] zu dieser Zeit befand sich der Sitz der Krämerkompanie noch in der Braunstraße 6.[67] Nach seiner Schaffertätigkeit erscheint Hermen dann von 1495 bis 1507[68] fast durchgehend als einer der Älterleute der Krämerkompanie, d. h. einer der Vorsteher.

Johannes Warncke spricht von sechs Älterleuten, wobei deren Anzahl „später" auf zwölf erhöht worden sei.[69] Für die verschiedenen Lübecker Ämter gibt Carl Friedrich Wehrmann die Zahl von zwei bis vier Älterleuten pro Amt an.[70] In den Quellen werden teilweise nur vier Älterleute benannt, teilweise sechs.[71] Über ihre Wahl, Ernen-

62 WARNCKE: Krämerkompanie (wie Anm. 8), S. 4; WEHRMANN: Zunftrollen (wie Anm. 9), Einzelne Bestimmungen 1380, Juni 24, S. 275f.

63 WEHRMANN: Zunftrollen (wie Anm. 9), S. 125.

64 WARNCKE: Krämerkompanie (wie Anm. 8), S. 4f.; AHL, Lüttendorffsche Zettelkatalog, Kasten 335.

65 AHL, Lüttendorffsche Zettelkatalog, Kasten 335.

66 Ein weiterer Eintrag aus dem Jahr 1471 könnte ebenfalls schon eine verwalterische Tätigkeit innerhalb der Krämerkompanie andeuten. AHL, Krämerkompanie: Älterleute Denkel – (Memorial)buch. fol. 42v. Nennung als Hausschaffer in den Jahren 1478/79, fol. 61v und als Schaffer 1485, fol. 72v, (75r).

67 WARNCKE: Haus (wie Anm. 8), S. 199.

68 AHL, Krämerkompanie: Älterleute Denkel – (Memorial)buch, für die Jahre 1495, fol. 4r; (1495), fol. 92r; 1496, fol. 92v; 1497, fol. 93r; 1498, fol. 99r; 1499, fol. 96v und 1500 fol. 97r; 1501 Nennung als Schenk und als einer der sechs Älterleute; WEHRMANN, Zunftrollen (wie Anm. 9), S. 284. Für die Jahre 1504, fol. 6v, (1506?) und 1507, fol. 9v.

69 WARNCKE: Krämerkompanie (wie Anm. 8), S. 5.

70 WEHRMANN: Zunftrollen (wie Anm. 9), S. 133.

71 Beispielsweise werden im Jahr 1468 im Zusammenhang mit eine Beschwerde über die Nürnberger Händler nur vier Älterleute aufgezählt. Codex diplomaticus Lubecensis = Lübeckisches Urkundenbuch, hrsg. von dem Vereine für Lübeckische Geschichte und Alterthumskunde, Lübeck 1843-1932, Bd. 11, Lübeck 1905, Nr. 397, S. 429; AHL, Krämerkompanie: Älterleute Denkel – (Memorial)buch, Nennung von vier Älterleuten z. B. 1454, fol 2r; 1507, fol. 7r. Nennung von sechs Älterleuten im Jahr 1458: [...] *de olderlude old et junk also Clawes Remensnyder, Harych Vos, Hinrik Medink, Gunter Vygenbuk, Vycke van de Velde, Pawel Louwen* [...] (ebd.,

nung, Amtszeit und Umfang ihrer Tätigkeiten kann nicht viel ausgesagt werden. Sie mussten vor dem Rat einen Eid ablegen, der sie verpflichtete, die in den Amtsrollen festgelegten Bestimmungen zu befolgen und ihre Amtsmitglieder wie auch Dritte ebenfalls dazu anzuhalten. Weiterhin übernahmen die Älterleute den Vorsitz bei den Morgensprachen und durften darüber hinaus auch außerplanmäßige Versammlungen der Amtskollegen einberufen. Vermutlich wurde ein- bis zweimal im Jahr eine Neuwahl der Älterleute durchgeführt. Häufig erfolgte eine Wiederwahl der Amtsinhaber, die mit dem Wunsch einer möglichst beständigen Amtsführung oder einem Mangel an geeigneten Personen begründet werden könnte, so dass sich vermutlich allmählich eine Amtsführung auf Lebenszeit einstellte.[72] Für Hermen Trechouw kann nicht überprüft werden, ob er sein Amt bis zu seinem Lebensende bekleidete, da die Aufzeichnungen nur bis 1507 reichen und dann keine Quellen bis zu seinem vermutlichen Tod 1526/27 vorliegen.[73] Das Amt der Älterleute war vermutlich ein Ehrenamt. Als Aufwandsentschädigung wurden die Älterleute aber häufig mit einem Anteil an der in der Stadt eingegangenen Strafgebühren beteiligt oder sie selbst erhoben amtsinterne Gelder beispielsweise für zu spätes Erscheinen bei Zusammenkünften oder bei einer Erhebung zum Meister bzw. bei Aufnahme eines Bruders in die Kompanie.[74] Trotzdem wurde die sehr arbeitsintensive Position eines Ältermannes nicht immer gerne und freiwillig übernommen, so dass einige Ämter die Mitglieder zur Annahme eines Amtes verpflichten konnten. Arnd Kluge spricht für das Spätmittelalter „von einem Trend zur Oligarchisierung“ in den Zünften oder Ämtern, da die langjährigen, freiwilligen Zunftvorsteher häufig zu den Gebildeteren sowie wirtschaftlich und finanziell besser gestellten Mitgliedern gehörten. Diese Mitglieder konnten sich ihre Amtsausübung „leisten“,[75] dies schloss neben der guten finanziellen Vermögenslage auch die angeführten nötigen zeitlichen Kapazitäten für diese Amtsführung mit ein. Sie mussten abkömmlich von ihren Geschäften sein, d. h. sie konnten sich nicht durchgehend persönlich um die Sicherstellung ihrer eingehenden Einkünfte kümmern. Ein Kaufmann, der selbst noch aktiv seine Handelsgeschäfte betreuen musste, war also nicht abkömmlich. Die freiwillige Übernahme eines Amts könnte vielmehr auf Einkünfte aus Renten hindeuten,[76] so dass dies möglicherweise auch die lange Amtszeit Hermen Trechouws als Vorsteher der Kompanie und seinen bisher nicht nachweisbaren Kramhandel in einer Bude vor Ort in einen Zusammenhang bringen könnte. Die Zunftvorsteher profitierten in Folge ihrer Tätigkeit von einem erhöhten Prestige, einem Informationsvorsprung sowie der Aussicht die „Zunftpolitik“ zu ihren Gunsten zu beeinflussen.[77]

Über die Stellung und den Aufgabenbereich der Schaffer in der Krämerkompanie kann nicht viel ausgesagt werden. In einer Amtsbeliebung aus dem Jahr 1501 werden

fol. 1r). Diese Aufzählung bezieht sich allerdings auch auf die *old* Älterleute, d. h. die bereits abgetretenen Älterleute und die *junk*, d. h. im Amt befindlichen Älterleute.

72 WEHRMANN: Zunftrollen (wie Anm. 9), S. 131-133.

73 AHL, Schrödersche Regesten, Johannisquartier (wie Anm. 17), S. 692.

74 WEHRMANN: Zunftrollen (wie Anm. 9), S. 133.

75 KLUGE: Zünfte (wie Anm. 27), S. 352f.

76 Max WEBER: Politik als Beruf 1919, in: Max Weber Gesamtausgabe, Bd. 17, hrsg. von Wolfgang J. Mommsen und Wolfgang Schluchter, Tübingen 1992, S. 113-252, hier S. 170f.

77 KLUGE: Zünfte (wie Anm. 27), S. 352.

zwei *huschaffer* erwähnt, die synonym auch als *schaffer* bezeichnet werden. Diese hatten die Schlüsselgewalt über die Amtslade der Krämerkompanie mit den Bargeldbeständen inne.[78] Im Denkelbuch werden in einem Eintrag explizit die Posten von zwei Schaffern, vier Älterleuten und zwei St. Annenschaffern aufgezählt. Auch in einem weiteren Eintrag werden zwei Schaffer und vier Älterleute erwähnt.[79] Für Lüneburg konnte Heung-Sik Park eine Trennung zwischen den Älterleuten oder Werkmeistern und den Gildemeistern in ihren Aufgabenbereichen und ihrer Amtsgewalt feststellen. Die Älterleute oder Werkmeister waren demnach die vom Rat bestätigten Vorsteher des Krämeramtes und die Gildemeister kümmerten sich nur um die geselligen und religiösen Aufgaben.[80] Eine ähnliche Trennung kann auch für die Lübecker Älterleute und Schaffer innerhalb der Krämerkompanie vermutet werden.

Thewes Trechouw war laut einem Eintrag im Denkelbuch in der Zeit vom 29. September 1484 bis zum 29. September 1485 einer der beiden *huesschaffer*,[81] d. h. er erscheint erst 14 Jahre nach Eintritt als einer der Verwalter von Kompanieangelegenheiten. Bei der Abhaltung der *winterkost* zu Beginn des Jahres 1486 war er einer der beiden *schaffer*. Bei der Abrechnung der Aufwendungen für die *somerkost* Anfang August 1487 wird er als einer der St. Annen Schaffer benannt.[82] Im Jahr 1497 zahlte er für seine erste Frau Geske die Aufnahmegebühr für die Krämerkompanie und die St. Annenbruderschaft.[83] Die Mitgliedschaft seiner zweiten Frau Katharine bleibt bis zum Abbruch der Aufzeichnungen im Denkelbuch im Jahr 1507 unerwähnt.[84]

Hermen und Thewes Trechouw haben nach einer längeren Zeitspanne unter den *ghemeynen broderen* jeweils Verwaltungsaufgaben übernommen. Die zeitliche Verzögerung bei Hermen von ca. elf Jahren und bei Thewes von sogar ca. 14 Jahren lässt sich, ähnlich wie die Frage nach ihrem Haus und Krambesitz in den ersten Jahren nach ihrer Ankunft in Lübeck, nicht aufklären. Es fällt allerdings auf, dass diese Zeiträume beinahe korrespondieren.

Bereits Erich Maschke sprach für das Spätmittelalter von beträchtlichen finanziellen und sozialen Unterschieden der Mitglieder innerhalb ihrer Zünfte mit einer breiten Mittel- und Unterschicht: „An ihrer Spitze fand sich eine Untergruppe wohlhabender Männer, die nur dem Namen nach Handwerker, in Wirklichkeit aber Kaufleute waren, die ihr Vermögen aus Handelsgewinnen akkumulierten“[85]. So hätten die Mitglieder innerhalb einer Zunft gleichzeitig auch zu den unterschiedlichen Schichten innerhalb der mittelalterlichen Stadtbevölkerung gehört.[86] Diese Aussage trifft vermutlich auch

78 WEHRMANN: Zunftrollen (wie Anm. 9), S. 282f.

79 AHL, Krämerkompanie: Älterleute Denkel – (Memorial)buch, fol. 2r-2v.

80 PARK: Krämer- und Hökergenossenschaften (wie Anm. 15), S. 137.

81 *Anno domino 1485 up scan mychele do entfinge wy van den schafferen de do afgingen also Tewes Trechouwe unde Toneges van Konren 125 Mark lub. Item se weren husschaffer weset 1 jar*, AHL, Krämerkompanie: Älterleute Denkel – (Memorial)buch, fol. 75r.

82 AHL, Krämerkompanie: Älterleute Denkel – (Memorial)buch, fol. 76r, fol. 78v.

83 Ebd., fol. 93r.

84 Laut Zettelkatalog war Hermen Trechouw in erster Ehe mit Geseke und in zweiter Ehe mit Katharine verheiratet. AHL, Lüttendorffscher Zettelkatalog, Kasten 335.

85 MASCHKE: Gruppen (wie Anm. 13), S. 131.

86 Ebd.

auf die Krämer in Lübeck zu, bei denen es sich ja auch nicht um Handwerker, sondern um Kleinkaufleute handelte, die das Vorrecht genossen, Waren *en détail* verkaufen zu dürfen; im Gegensatz dazu stand der Groß- und Fernhandel grundsätzlich allen frei.[87] So wies bereits Carl Friedrich Wehrmann darauf hin, dass die Lübecker Krämer im Spätmittelalter auch selbst Fernhandelsgeschäfte betrieben haben, wodurch es zu Streitigkeiten mit den Großhandelskaufleuten kam.[88] Eine Möglichkeit, um wenigstens einen kleinen Teil dieser Fernhandelsgeschäfte nachzuweisen, bieten die Lübecker Pfundzollbücher aus den Jahren 1492-96.[89] Der Pfundzoll war eine von der Stadt Lübeck erhobene ‚Sondersteuer' zur Ausstattung und Finanzierung von Kriegsschiffen, die zum Schutz des Schiffverkehrs gegen die anhaltenden Kapereibewegungen in der Ostsee eingesetzt wurden. Die Kaufleute und Schiffsbefrachter mussten den Pfundzoll in der Zeit vom 15. April 1492 bis zum 1. Juli 1496 für ihre importierten und exportierten Waren entrichten und zwar einen Pfennig je eine Mark Warenwert. Die Grundnahrungsmittel Getreide, Mehl und Hirse waren allerdings vom Pfundzoll befreit, so dass diese nach dem Jahr 1492 im Importregister nicht mehr erfasst wurden.[90] Durch Hans-Jürgen Vogtherr wurden die Pfundzollbücher als Regesten aufbereitet und alphabetisch nach den Befrachternamen geordnet. Die Einträge zeigen je nach Überlieferung den Namen des Befrachters, d. h. des Kaufmannes, das Datum, den Namen der Schiffer, die Angabe, ob es sich um einen Import oder einen Export handelt, und den erhobenen Zoll in Pfennigen, der umgerechnet in Mark lübsch dem Warenwert gleichkommt.

87 Erich KÖHLER: Einzelhandel im Mittelalter. Beiträge zur betriebs- und sozialwirtschaftlichen Struktur der mittelalterlichen Krämerei (Vierteljahrhefte für Wirtschafts- und Sozialgeschichte, Beiheft 36), Stuttgart/Berlin 1938, S. 21.

88 WEHRMANN: Zunftrollen (wie Anm. 9), S. 30.

89 Hans-Jürgen VOGTHERR (Hrsg.): Die Lübecker Pfundzollbücher 1492-1496, 4 Bde. (Quellen und Darstellungen zur hansischen Geschichte, N. F. 41, 1-4), Köln/Weimar/Wien 1996, Bd. 1, S. 12, 17. Die Nutzung der Lübecker Pfundzollbücher ist mit einigen quellenkritischen Fragestellungen verbunden, auf die allerdings nicht weiter eingegangen werden soll, da es sich hier nicht um eine tiefer gehende Analyse der Warenbewegung der beiden Brüder handelt. Zur Quellenkritik siehe ebd., S. 17-23; Harm von SEGGERN: Die führenden Kaufleute in Lübeck gegen Ende des 15. Jahrhunderts, in: Gerhard FOUQUET/Hans-Jörg GILOMEN (Hrsg.): Netzwerke im Europäischen Handel des Mittelalters (Vorträge und Forschungen, 72), Ostfildern 2010, S. 283-316, bes. S. 285, 290-292; und allgemein zur Quellenkritik zu den Pfundzollrechnungen im Ostseeraum Carsten JAHNKE: Pfundzollrechnungen im Ostseeraum – Bestand und Fragen der Auswertung, in: Zenon H. NOWAK/Janusz TANDECKI (Hrsg.): Die preußischen Hansestädte und ihre Stellung im Nord- und Ostseeraum des Mittelalters, Toruń 1998, S. 153-170, bes. S. 158-163; weiterführende Literatur zu den Lübecker Pfundzollbüchern siehe auch Friedrich BRUNS: Die lübeckischen Pfundzollbücher von 1492 – 1496, in: Hansische Geschichtsblätter 1904/05, S. 108-131; 1907, S. 457-499; 1908, S. 357-407; Walter STARK: Der Lübecker Preußenhandel – seine Struktur und Stellung im System des Lübecker Ostseehandels am Ende des 15. Jahrhunderts, in: Neue Hansische Studien, hrsg. von Konrad FRITZE/Eckhard MÜLLER-MERTENS/Johannes SCHILDHAUER u. a. (Forschungen zur mittelalterlichen Geschichte, 17), Berlin 1970, S. 234-262; DERS.: Lübeck und Danzig in der zweiten Hälfte des 15. Jahrhunderts. Untersuchungen zum Verhältnis der wendischen und preußischen Hansestädte in der Zeit des Niedergangs der Hanse (Abhandlungen zur Handels- und Sozialgeschichte, 11), Weimar 1973.

90 VOGTHERR: Pfundzollbücher (wie Anm. 89), Bd. 1, S. 12, 17, 35.

Hermen Trechouw ist mit fünf Einträgen und Thewes Trechouw mit zehn Einträgen vertreten;[91] zum Vergleich: Der Kaufmann Arnd Jagehorne war mit 148 Einträgen der am häufigsten genannte Befrachter.[92]

Leider fehlen bei den Importen und den Exporten der Brüder häufig die Angaben der Warenbezeichnung, dies wird im Folgenden mit der Bemerkung ‚u. a.' kenntlich gemacht. Hermen Trechouw importierte 1492 und 1493 u. a. *kram*, Kuchen und Wolldecken (*sallunne*) im Wert von insgesamt 50 Mark lübsch von Fehmarn, Wismar, Rostock und Stralsund. Seine Exporte betrafen 1492, 1494 und 1495 u. a. Rosinen für den Warenwert von 100 Mark nach Fehmarn. Thewes Trechouw importierte 1492 und 1493 im Wert von 336 Mark lübsch u. a. Flachs und Trockenware, d. h. vermutlich Spezereien, Gewürz, Apotheker- oder Farbware aus Wismar, Rostock und Stralsund. Er exportierte 1492, 1493 und 1496 Rosinen, Seife, Alaun, Lorbeeren, Blech, Papier und Hirse für einen Warenwert von 285 Mark lübsch nach Rostock, Wismar, Stralsund, Stettin und Pommern.[93]

Aus diesen Angaben lässt sich erkennen, dass sowohl Hermens als auch Thewes' Handelsgeschäfte im Import und Export mit ihrer ‚Heimatregion' trieben, vermutlich mit Verwandten oder alten Geschäftspartnern vor ihrer Auswanderung. Das genannte Warenspektrum war für zwei Mitglieder der Krämerkompanie nicht ungewöhnlich und deutet auf ihren Kramhandel hin.[94] Bei Thewes Trechouws Exporten (Rosinen, Trockenware, Seife, Alaun, Lorbeeren) ist bemerkenswert, dass es sich um Südwaren handelt, die wahrscheinlich über Nürnberger Kaufleute in Lübeck oder über Brügge aus Venedig kamen und dann über Lübeck weiter in den Osten verteilt wurden.

Diese Analyseansätze sind wichtig für die Einschätzung der Fernhandelsgeschäfte der Brüder. Eine detaillierte Untersuchung dieser Fernhandelsgeschäfte kann nur im weiteren quellenkritischen Vergleich mit anderen Klein- und Großkaufleuten in den Pfundzollbüchern stattfinden, der einer größeren Arbeit vorbehalten bleiben muss.

Soziale Einbindung innerhalb der Krämerkompanie

Die führenden Kaufleute innerhalb Lübecks schlossen sich seit dem Ende des 14. Jahrhunderts auf freiwilliger Basis in der Zirkelgesellschaft (seit 1379), der Kaufleutekompanie (seit 1450) sowie der Greveradenkompanie (1489 ante quem) zusammen. In der zweiten Hälfte des 15. Jahrhunderts und zum Beginn des 16. Jahrhunderts zeichneten sich diese drei Kaufleutevereinigungen durch Mitglieder aus, die ihren Reichtum durch Fernhandelsgeschäfte erwirtschaftet hatten.[95] Hermen und Thewes Trechouw

91 Ebd., Bd. 4, S. 1576-1578.

92 Von SEGGERN: Kaufleute (wie Anm. 89), S. 309.

93 VOGTHERR: Pfundzollbücher (wie Anm. 89), Bd. 4, S. 1576-1578.

94 Erich Köhler bietet eine Zusammenfassung der in der Literatur und in den Quellen erwähnten Kramwaren. KÖHLER: Einzelhandel (wie Anm. 87), S. 4-21.

95 Antjekathrin GRASSMANN: Die Greveradenkompanie. Zu den führenden Kaufleutegesellschaften in Lübeck um die Wende zum 16. Jahrhundert, in: Stuart JENKS/Michael NORTH (Hrsg.): Der hansische Sonderweg? Beiträge zur Sozial- und Wirtschaftsgeschichte der Hanse (Quellen und Darstellungen zur hansischen Geschichte N. F., 39), Köln/Weimar/Wien 1993, S. 110-134, hier S. 114f.

blieben diese Vereinigungen als zünftige Krämer wohl verschlossen. Dies kann hier durch das Ausschlussverfahren mit Hilfe der vorliegenden abgedruckten Mitgliederverzeichnisse der Zirkelgesellschaft und der Greveradenkompanie überprüft und für die Kaufleutekompanie nur vermutet werden, da für diese Vereinigung kein gedrucktes Mitgliederverzeichnis vorliegt.[96] Die Gemeinschaft der Greveradenkompanie war sehr durchmischt und wies neben vier Bergenfahrer, vier Schonenfahrer, fünf Stockholmfahrern, zwei Rigafahrern auch sieben Gewandschneider und einen Angehörigen der Krämerkompanie, Tönnies van Konern, auf.[97]

Hermen Trechouw erscheint in weiteren Quellen zusammen mit den anderen Mitgliedern der Kompanie. So war Hans Bulow, der Ehemann seiner Tochter Katrine, ebenfalls ein Mitglied der Krämerkompanie.[98] Im Jahr 1512 trat Hermen Trechouw mit Hinrick Nurenberch, einem weiteren Mitglied der Krämerkompanie,[99] im Zusammenhang mit Jochim Trechouwen und den Erbschaftsangelegenheiten von dessen Frau Elsebe als Zeuge vor dem Lübecker Rat auf.[100] Jochim Trechouwen wurde 1504 ebenfalls ein Mitglied der Krämerkompanie und ist für das Jahr 1531 wiederum als einer der Älterleute überliefert.[101] Ein Verwandtschaftsverhältnis zwischen Hermen und Thewes Trechouw mit Jochim Trechouw kann bis nur vermutet werden, bedarf aber noch einer weiteren gründlichen Prüfung. Im Jahre 1515 wurde Hermen Trechouw zusammen mit Clawse Oldewech, einem Mitglied der Krämerkompanie seit 1478,[102] als Testamentsvollstrecker des Karsten Spirincks genannt.[103]

Thewes Trechouw kaufte das Haus in der Schwönekenquerstraße 394 von Heileke, der Witwe von Jacob van der Heide,[104] wiederum ein Mitglied der Krämerkompanie.[105] Als Thewes 1504/1505 starb, fungierten neben Hermen Trechouw noch zwei weitere

96 Sonja DÜNNEBEIL: Die Lübecker Zirkel-Gesellschaft. Formen der Selbstdarstellung einer städtischen Oberschicht (Veröffentlichungen zur Geschichte der Hansestadt Lübeck, Reihe B, 27), Lübeck 1996, S. 210-212; GRASSMANN: Greveradenkompanie (wie Anm. 95), S. 132-134; DIES.: Sozialer Aufstieg um 1500 in Lübeck, in: Günther SCHULZ (Hrsg.): Sozialer Aufstieg. Funktionseliten im Spätmittelalter und in der frühen Neuzeit. Bündinger Forschungen zur Sozialgeschichte 2000 und 2001 (Deutsche Führungsschichten in der Neuzeit, 25), München 2002, S. 97-111, hier S. 99.

97 GRASSMANN: Greveradenkompanie (wie Anm. 95), S. 118.

98 AHL, Lüttendorffsche Zettelkatalog, Kasten 47; Übernahme des Eintrages aus dem verschollenen Bruderbuch, S. 39. Nach diesem wurde Hans Bülowe 1486 Mitglied der Krämerkompanie und war verheiratet mit Katrine.

99 AHL, Krämerkompanie: Älterleute Denkel – (Memorial)buch 1372-1585, fol. 6v.

100 AHL, Kanzlei: Niederstadtbuch Reinschrift 1512-1514, fol. 97v.

101 AHL, Krämerkompanie: Älterleute Denkel – (Memorial)buch 1372-1585, fol. 102v. Verweis auf den Bruder-bucheintrag mit Eintritt in die Krämerkompanie 1504; AHL, Lüttendorffscher Zettelkatalog, Kasten 335. Erwähnung als Ältermann bei WARNCKE: Haus (wie Anm. 8), S. 201.

102 AHL, Krämerkompanie: Älterleute Denkel – (Memorial)buch 1372-1585, fol. 79v; hier als Clawes Oldewich benannt.

103 AHL, Schrödersche Regesten, Marienquartier, S. 214.

104 AHL, Schrödersche Regesten, Maria-Magdalenaquartier (wie Anm. 17), S. 356.

105 Jacob von der Heide war Mitglied und im Jahr 1469 auch Schaffer in der Lübecker Krämerkompanie. AHL, Krämerkompanie: Älterleute Denkel – (Memorial)buch 1372-1585, fol. 40v.

Mitglieder der Krämerkompanie, Peter Kulen und Clawes Lange, als Nachlasspfleger und verkauften das Haus Schönekenquerstraße 394 an Matthias Sandouw.[106]

Hermen Trechouw und Clawes Lange übernahmen darüber hinaus auch die Vormundschaft für Thewes Sohn Hans. Dieser hatte die Bude Enge Krambuden 255 D geerbt und ließ diese 1505 durch seine Vormünder verkaufen.[107] 1520 trat Hans die Erbschaft für die Bude in der Straße Weite Krambuden 247 an.[108] 1521 wurde das Haus Schönckenquerstraße 394 endgültig von ihm aufgelassen.[109] Im Jahr 1526 ging die Bude Weite Krambuden 247 aufgrund einer Ratsentscheidung an Hinrick Hillen.[110]

Hermen Trechouw starb vor 1527, da in diesem Jahr sein Schwiegersohn Hans Bülowe das Haus in der Mühlenstraße 826 erbte und aufließ.[111] Hans Bülowe kaufte 1526 die Bude Weite Krambuden 247 von Hinrick Hillen. 1551 erbten Tochter Katerinen zusammen mit ihrer Tochter Margarete Weite Krambuden 247 und ließen es durch ihre Vormünder an Jochim Moller verkaufen.[112]

Ergebnisse

Die beiden Brüder Hermen und Thewes Trechouw kamen vermutlich als ausgebildete Krämer nach Lübeck. Mit Hilfe ihrer Echtbriefe konnten sie nicht nur erfolgreich einwandern, sondern sich auch zeitnah den Eintritt als ‚Brüder' in die Lübecker Krämerkompanie verschaffen. Erst nach einigen Jahren Verzögerung erwarben sie Hausbesitz in Lübeck, wobei für Hermen Trechouw bisher nur ein Wohnhaus und für Thewes Trechouw ein Wohnhaus und zwei Krambuden auf dem Markt nachweisbar sind. In der Krämerkompanie übernahmen beide Brüder ebenfalls mit einer ähnlichen zeitlichen Verzögerung verschiedene Führungsaufgaben innerhalb der Kompanieverwaltung. Hermen Trechouw bekleidete sogar jahrelang die Position eines Vorstehers der Krämerkompanie, was auf eine gute wirtschaftliche und finanzielle Situation sowie eine feste Einbindung in die Lübecker Gesellschaft schließen lässt. Da für beide Brüder in den Lübecker Pfundzollbüchern ebenfalls einige Fernhandelsgeschäfte nach Fehmarn sowie nach Mecklenburg und Pommern überliefert sind, deutet dies auf eine ‚bessere' soziale Stellung innerhalb der Krämerkompanie. Möglicherweise resultiert die dürftige Überlieferung der ersten Jahre nach ihrer Einwanderung in Lübeck aus bisher nicht nachweisbaren Handelsgeschäften außerhalb des Kramhandels. Ihre prestigefördernden Positionen als Schaffer und Vorsteher der Kompanie ermöglichten den Brüdern einige nachweisbare Verbindungen zu den anderen Mitgliedern der Krämerkompanie, die noch weiteren Nachforschungen bedürfen.

106 AHL, Krämerkompanie: Älterleute Denkel – (Memorial)buch 1372-1585, Peter Kule Ältermann 1497, fol. 94v; Clawes Langhe Ältermann 1504, fol. 6v; Schrödersche Regesten, Maria-Magdalenaquartier (wie Anm. 17), S. 356.

107 AHL, Schrödersche Regesten, Marienquartier (wie Anm. 17), S. 325.

108 Ebd., S. 310.

109 AHL, Schrödersche Regesten, Maria-Magdalenaquartier (wie Anm. 17), S. 356.

110 AHL, Schrödersche Regesten, Marienquartier (wie Anm. 17), S. 310.

111 AHL, Schrödersche Regesten, Johannisquartier (wie Anm. 17), S. 692. Zu Hans Bülowe siehe auch Lüttendorffscher Zettelkatalog, Kasten 47.

112 AHL, Schrödersche Regesten, Marienquartier (wie Anm. 17), S. 310.

Tanja Storn-Jaschkowitz

Zur Bedeutung von Geschwisterpositionen. Historische Charaktere aus individualpsychologischer Sicht

Es geht um Menschen. Sie ‚machen' Geschichte, und sind dennoch für uns umso schwerer als Individuen zu greifen, je länger ihre Lebenszeit zurückliegt. Hermann Weinsberg (1518-1597) und Hildebrand Veckinchusen (um 1365-1426) sind nur zwei der Menschen, die für uns im städtischen Bereich des späten Mittelalters dank der überlieferten Schriftquellen, Briefe, Handels- und Gedenkbücher, zu greifbaren Persönlichkeiten werden. Können die nur wenigen persönlichen Informationen ausreichen, die dem Historiker zur Verfügung stehen, um mittels der individualpsychologischen Methodik die Charaktere historischer Figuren ein wenig spürbarer zu machen?

Um die Entwicklung der Persönlichkeit eines Menschen zu verstehen, muss man nicht nur seinen Lebensstil kennen, sondern auch die Art, wie er dazu kommt, seine Charakterzüge zu entwickeln. Dies geschieht im Zusammenspiel von ihm und allen Familienmitgliedern und Erziehern in seiner Kindheit in den ersten sechs Lebensjahren, die meist nicht Gegenstand der schriftlichen Überlieferung sind. Die Stellung eines jeden Kindes in der Familie war und ist einzigartig, dennoch wird die Wirkung der Geschwisterposition auf die Entwicklung eines Menschen sehr unterschätzt. Natürlich wird die Charakterbildung ebenso von Gegebenheiten wie dem Geschlecht des Kindes, dem Altersunterschied zwischen den Geschwisterkindern und ihrer Behandlung durch die Eltern beziehungsweise Erzieher beeinflusst. Im späten Mittelalter wurde vermutlich ein größerer Unterschied zwischen der Erziehung von Mädchen und Jungen gemacht als es heute der Fall ist. Nicht zuletzt deshalb, weil die männlichen Nachkommen einer Familie später für wichtige Aufgaben beispielsweise im Kaufhandel oder im Handwerk vorgesehen, während die Töchter gut zu verheiraten waren. Mädchen konnten zwar in bürgerlichen Oberschichten nicht selten schreiben, lesen und rechnen, doch gingen diese nicht in eine Lehre oder gar ins Ausland, um dort eine Ausbildung zu vervollkommnen. Was die Recherche zusätzlich erschwert, sind die großen Kinderzahlen. Nicht selten kamen acht, zehn oder mehr Geschwister in einer Familie vor. Außerdem war es üblich, seine Kinder recht früh zu *frunden*, zu Verwandten oder Geschäftspartnern, zu schicken, um sie dort erziehen und ausbilden zu lassen, so dass Geschwister nicht immer gemeinsam aufwachsen konnten. Schließlich ist es durch eine hohe Sterblichkeitsrate diffizil, Kinder den verschiedenen Geschwisterpositionen zuzuordnen, wie sie Alfred Adler, der Vater der Individualpsychologie, und später maßgeblich Rudolf Dreikurs, sein Schüler, definierten: das älteste, das zweite, das mittlere, das jüngste und das Einzelkind.

Das älteste Kind

Im Allgemeinen sind Eltern heute bei ihrem ersten Kind ängstlicher, besorgter und nachsichtiger als bei späteren Kindern, was in der Regel an der mangelnden erzieherischen Erfahrung der Eltern liegt. War das im späten Mittelalter ebenso? Bedenkt man die oftmals größere Kinderzahl einer Familie, fällt es schwer, zu glauben, dass Kindern damals eine ähnliche Aufmerksamkeit wie heute zukam. Nichtsdestotrotz musste das älteste Kind die ungeteilte Aufmerksamkeit der Eltern oder doch zumindest der Mutter aufgeben, wenn ein Geschwister dazukam. Das Erstgeborene wurde entthront und musste fortan Rücksicht auf die jüngeren Geschwister nehmen. Älteste Kinder neigen dazu, konservativer zu sein, Autoritäten anzuerkennen und Änderungen zu scheuen. Wohl weil die Eltern geneigt sind, das älteste Kind bereits früh mit mehr Verantwortung auszustatten. Es lernt schon in den ersten Lebensjahren, Verantwortung für das oder die jüngeren Geschwister zu übernehmen. Helfen ist für das älteste Kind daher selbstverständlich. Das Erstgeborene ist zuverlässig, eher pessimistisch, aufgabenorientiert und angepasst. Regeln sind ihm wichtig und unverrückbar. Natürlich kann auch alles ganz anders sein. Die psychologische Forschung hat einfach nachgewiesen, dass die genannten Eigenschaften häufig bei ältesten Kindern anzutreffen sind, ja sogar, dass sich oft zwei Erstgeborene aus verschiedenen Familien ähnlicher in ihrer Art sind als zwei Kinder, die aus derselben Familie stammen. Gleiches gilt ebenso für die anderen Geschwisterpositionen.

Aus Sicht der Individualpsychologen lassen sich die Haupteigenschaften erstgeborener Kinder dem Sinn nach in einem Satz zusammenfassen, der sozusagen das Hauptgefühl im Leben dieser Menschen wiedergibt, bei all ihrem Denken, Fühlen und Handeln (wenn sie sich dessen auch nicht immer bewusst sind): ‚Die ganze Last der Welt liegt auf meinen Schultern'. Diese Empfindung ältester Kinder kann sich auf einer Skala von sehr stark bis kaum vorhanden bewegen, sie tritt bei Erstgeborenen einfach häufig auf. Ermutigte, erfolgreiche Älteste werden vermutlich bestätigen, dass sie sich weniger belastet fühlen, und weniger mutige, weniger erfolgreiche Älteste werden vielleicht dasselbe sagen. Ich will damit zum Ausdruck bringen, dass keine Wertung der Charakterzüge oder einzelnen Mottos vorgenommen werden soll, alles hat immer Positives und auch Problematisches in sich. Auch eine positive Eigenschaft kann ins Extreme gehend sehr belastend sein: Umsichtig und überlegt zu handeln, mag einer Person Vorteile bringen, sich nicht entscheiden zu können, kann alle Entwicklung hemmen.

Hermann von Weinsberg (1518-1597), der älteste Sohn Christian Weinsbergs, sollte nach dem Willen des Vaters eine Karriere als Gelehrter und Politiker anstreben und so dem Geschlecht der Weinsberg den sozialen Aufstieg sichern. So lastete ein ungeheurer Erwartungsdruck des Vaters auf dem Sohn. Der Autorität seines Vaters ergeben, versuchte Hermann dessen Wünschen nachzukommen, fühlte sich aber aufgrund seines Stotterns und seiner Schüchternheit einer solchen Karriere nicht gewachsen. Lag die ganze (gefühlte) Last der Welt auf seinen Schultern? Kann Hermann Weinsberg als Ältester im klassischen Sinn gesehen werden?

Das Einzelkind

Eine seltene Geschwisterposition angesichts der eher kinderreichen Familien im späten Mittelalter? Wie das jüngste Kind wird das einzige Kind nie verdrängt. Es richtet sich nicht nach seinen Geschwistern aus, sondern nach den Eltern. Das Einzelkind misst sich am Können der Erwachsenen und ist damit oft überfordert. Es ist ichbezogen und eher ängstlich, es verhält sich den Autoritäten gegenüber artig und empfindet sich als etwas Besonderes – eben als das einzige Kind in der Familie. Das Einzelkind fällt oft durch eine Eigenschaft auf, zum Beispiel das ganz Laute oder das ganz Leise. Es ist begabt und interessiert, charmant, vielseitig, aber dennoch mit Sorgen beladen. Ein ermutigtes Einzelkind wäre ein guter Anführer, denn meist ist es weniger konkurrenzwütig als Geschwisterkinder. Das Hauptgefühl, das Kinder, die ohne Geschwister aufwachsen, häufig begleitet, lautet: ‚Nur wollen heißt schon bekommen' und/oder ‚Ich bin einzigartig'.

Hermann Weinsberg war zwar ältester Sohn seines Vaters, doch war der zweite Sohn Christian mindestens 14 Jahre jünger als Hermann. Liegen die Geburtsjahre zweier Geschwisterkinder weiter als fünf oder sechs Jahre auseinander, spricht der Individualpsychologe von Einzelkindern, denn in den maßgeblichen charakterbildenden Kindheitsjahren wächst der Erstgeborene ohne Geschwister auf, der Zweitgeborene mitunter ebenfalls, hat das ältere Geschwister den Haushalt bereits verlassen. So erleben wir aus individualpsychologischer Sicht Hermann Weinsberg als klassisches Einzelkind beziehungsweise als Ältesten mit Einzelkind-Tendenz. Ferner fiel Hermann dadurch auf, dass er stotterte. Auch hielt er sich für etwas Besonderes, wie er selbst sagte: *Heimlich war ich gloriois, und ehrgirich in einem gutten namen und gedechtnis mich zu laissen, het minen stam und geslecht alle zit gern erhoget gesehen,* [...] (Die Autobiographie des Hermann von Weinsberg, Bd. V, S. 7f.). Ob Hermann sich selbst als Einzelkind fühlte, könnte nur er uns bestätigen. Faktisch wuchs er in seinen ersten sechs Lebensjahren ohne jüngeres Geschwister auf.

War ein Mensch des Spätmittelalters, der traditionsbewusst und verlässlich war, daran interessiert, ein Hausbuch zu verfassen? Sah er es vielleicht sogar als seine Pflicht an, die Familiengeschichte und -tradition zu bewahren? Waren es älteste Kinder, die wir als Verfasser der sogenannten Hausväterliteratur kennen? Auf Hermann Weinsberg trifft dies zu, obwohl er aus psychologischer Sicht als Einzelkind gelten kann.

Andere: Ludwig von Diesbach (1452-1527) hinterließ ebenfalls eine Gedenkschrift. Er war das dritte Kind und der zweite Sohn seiner Eltern. Er wuchs allein ohne die älteren Geschwister bei einer Amme auf. Erst in seinem achten Lebensjahr traf er den älteren Bruder und die ältere Schwester. Fühlte Ludwig sich als Einzelkind? Oder lebte er stets im Bewusstsein der Jüngere unter seinen Geschwistern zu sein? Niklas Muffel (1409/10?-1469) entstammte einer Nürnberger Patrizierfamilie. Als einziger männlicher Erbe übernahm er 1436 den Familienbesitz und verfasste später ein Gedenkbuch. Dagegen war Ulman Stromer (1329-1407), ein Nürnberger Großhändler, das zwölfte von 18 Kindern. Seine ‚Familiengeschichte' ist uns ebenfalls erhalten. Diese kurzen Stichproben vermitteln den Anschein, dass das Verfassen von Haushaltsbüchern und Familiengedenkbüchern in keinerlei Zusammenhang zur jeweiligen Geschwisterposition der Autoren steht. Diese scheinen aber zum Zeitpunkt der Niederschrift die jeweiligen Haushaltsvorstände ihrer Familien gewesen zu sein, also sozusagen ‚Familien-Älteste'.

Ist ein Erstgeborener aufgrund seiner Charaktereigenschaften prädestinierter als andere Geschwister, ein Familienerbe anzutreten – traditionsbewusst, verlässlich, verantwortungsbewusst und eher konservativ? Wie wurden im späten Mittelalter überhaupt Geschwisterpositionen wahrgenommen? Im Sachsenspiegel werden die männlichen Nachkommen den weiblichen vorangestellt, aber keineswegs steht der Älteste vor den übrigen Geschwistern. In spätmittelalterlichen Stadtrechten wie beispielsweise dem Goslarer sind die Töchter den Söhnen gleichgestellt. Allein im Lehnsrecht, in dem an der Unteilbarkeit des Lehns festgehalten wird, kommt dem ältesten Sohn ein Vorrecht zu.

Das zweite Kind

Gegensätze der Persönlichkeit und der Entwicklung zwischen dem ersten und dem zweiten Kind sind meist unschwer zu erkennen. Die wichtigste Tatsache für das zweite Kind ist, dass es gewöhnlich einen Älteren, Größeren und Fähigeren vor sich hat, eine Ausnahme wäre es, wenn das älteste Kind durch Krankheit benachteiligt wäre. Liegen nun beide Kinder im Alter sehr nahe beieinander, etwa ein bis zwei Jahre, kann das zweite das erste überholen. Das Zweite misst sich schon sehr früh am Ersten, es macht es dem Ältesten nach, gleich. Wenn dann das zweitgeborene Kind sein älteres Geschwister in einem Bereich als schwach erlebt, setzt es zum Überholen an und ist nicht mehr aufzuhalten. Die zweiten Kinder sind daher häufig in Hast und Eile und verzichten auf innere Ruhe und Zufriedenheit. Sie haben hochgesteckte Ziele und sind sehr ehrgeizig. Zielorientiert bringen sie oft hervorragende Leistungen, stehen aber dafür im lebenslangen Wettkampf. Das häufig anzutreffende Lebensgefühl von Zweitgeborenen kann in etwa so wiedergegeben werden: ‚Immer auf der Überholspur' und/oder: ‚Keine Macht der Welt kann nicht gestürzt werden'.

Hildebrand Veckinchusen (um 1365-1426) entstammte einer Familie mit elf Kindern. Ist er ein Zweiter? Vertraut man den überlieferten Quellen, hatte Hildebrand sechs Brüder und vier Schwestern (Series, Gottschalk, Sivert, Hildebrand, Ludwig, Hans [Johann], Caesar, Gertrud, Swineke und zwei weitere Schwestern). Sicher wissen wir heute von dem älteren Bruder Sivert (vor 1365-1431), der Hildebrands engster Handelspartner war. An welcher Geschwisterposition Hildebrand genau stand, geben die Quellen nicht Preis. Betrachtet man sein Handeln, scheint er der beweglichere und risikobereitere der beiden Brüder gewesen zu sein. Hildebrand wagte verschiedene riskante Geschäfte. Zum einen mit seiner Teilnahme an der venedischen Gesellschaft, zu der auch Sivert noch gehörte. Hier verließen die Brüder ihre bisher übliche Handelsart über Zwischenhändler im Ostseeraum; sie hofften auf größere Gewinne durch den direkten Handel mit Venedig. Zum anderen entschied sich Hildebrand im Venedighandel für ein größeres Barchentgeschäft, verspekulierte sich aber. Sivert, der daran nicht mehr beteiligt war, hatte den Bruder frühzeitig gewarnt. Hildebrand Veckinchusen hatte das riskante Geschäft jedoch weiter verfolgt. Auch später, zur Zeit seiner Inhaftierung im Brügger Schuldturm, welche seine Gläubiger bewirkt hatten, hoffte er, das Blatt noch wenden zu können. Seine Ehefrau, die in Lübeck zu dieser Zeit kaum noch den Unterhalt für sich und die Kinder bestreiten konnte, wurde verschiedentlich von Hildebrands Geschwistern bedrängt, zur eigenen Entlastung die Kinder endlich zu Verwandten zu geben. Doch Hildebrand stellte sich erneut gegen die Verwandtschaft und lehnte alle Vermittlungen ab. Erkennen wir in Hildebrands Verhalten den rebellischen, risikobereiten Zweiten wieder? Oder hatte er die Position eines jüngeren beziehungsweise mittleren Kindes?

Das jüngste Kind

Das jüngste Kind erfreut sich eines einzigartigen Vorteils vor seinen älteren Geschwistern, denn es kann nie von seiner Position verdrängt werden. Obwohl jüngste Kinder vom Rest der Familie häufiger verwöhnt werden als die anderen Geschwister, scheinen sie am wenigsten ungünstig darauf zu reagieren. Interessant ist auch, dass immer dann, wenn mit einer Familientradition gebrochen wird, es höchstwahrscheinlich der Jüngste ist, der eine Beschäftigung wählt, in der sich seine Persönlichkeitsmerkmale oder Tätigkeiten der vorherrschenden Tradition entgegenstellen. Das jüngste Kind verkörpert häufig das Gegenteil vom Ältesten. Es ist menschenorientiert, hat eine positive Einstellung zum Leben und ist aufgeschlossen für Veränderungen, die ihm keine Angst machen. Ihm wurde als Kind meist alles nachgetragen, mitunter hat er deshalb nicht gelernt, eigenverantwortlich zu handeln, Aufgaben zu übernehmen und Dinge anzugehen. Sein Beitrag war nicht gefragt, weil er ‚noch zu klein‘ war. Eigenschaften wie chaotisch, geistesabwesend, kreativ und verträumt können dem jüngsten Geschwister zugeschrieben werden. So lautet das Hauptgefühl, welches jüngste Kinder begleitet: ‚Verantwortung mag ich nicht‘ oder ‚Ich mag mich nicht festlegen‘.

Jakob Fugger (1459-1525) war das zehnte von elf Kindern und zugleich der jüngste Sohn in seiner Familie. Als Kaufmann ging er gänzlich neue Wege, war Veränderungen gegenüber sehr aufgeschlossen, sei es durch die Einführung der doppelten Buchführung oder durch den Erwerb von Produktionsstätten im Bergbau für die Handelsfirma Fugger. Dennoch wirkt die Charakterisierung eines Jüngsten zu schmal für ihn, vielmehr scheint er sehr ehrgeizig und innerlich angetrieben gewesen zu sein. Er überflügelte seine Vorgänger und Brüder innerhalb der Firma mit Leichtigkeit. Die Handelsfirma wurde unter seinem Einfluss zur Bank und die Fugger wurden zu Financiers von Papst und Kaiser. 1514 ist Jakob Fugger in den Reichsgrafenstand erhoben worden. Bis zu seinem Tod häufte der Kaufmann ein immenses Vermögen an. Ein Leben auf der ‚Überholspur‘? Ein Leben, dass uns nicht das Verhalten eines jüngsten Bruders, sondern die Geschwisterposition eines Zweiten spiegelt? Oder haben wir es mit einer Person mit sehr großen Minderwertigkeitsgefühlen zu tun? Diese Menschen finden sich aus individualpsychologischer Sicht oft als in ihrer Aufgabe sehr erfolgreiche Personen wieder, wenn sie sich entscheiden, den Weg der Kompensation zu beschreiten, was fast immer der Fall ist. Es sind eben diese herausragenden Persönlichkeiten, die uns heute bekannt sind, entweder aufgrund ihrer eigenen Schriftlichkeit oder ihrer Hinterlassenschaft, die bis heute andauert. Auch im Fall Jakob Fugger bleibt eine Zuordnung zu einer Geschwisterposition daher sehr schwierig.

Das mittlere Kind

Wenn ein drittes Kind in eine Familie geboren wird, kommt zu den Problemen, die dem Zweitgeborenen begegnen, noch das der Verdrängung. Im Allgemeinen sieht sich das mittlere Kind gezwungen, nicht nur mit einem Kind zu wetteifern, das größer, stärker und fähiger ist als es selbst, sondern auch Beachtung und Zuneigung mit dem Neuankömmling zu teilen. Der Mittlere fühlt sich daher oft wie ein fünftes Rad am Wagen, nicht dazugehörend, unverstanden, überflüssig. Wieso ist das so? Der Mittlere genießt weder die Privilegien des Ältesten noch die des Jüngsten. Mittlere Kinder können orientierungslos, entmutigt und unsicher sein. Sie haben zwar viel Energie und Ausdauer, bewegen sich aber im ‚Vorgarten der anderen' und überschreiten nicht selten Grenzen und Regeln, denn so erlangen sie Aufmerksamkeit. Das mittlere Kind versucht beständig, dazuzugehören, und erreicht durch sein Hin- und Hergerissen sein das genaue Gegenteil. Mitunter fällt ein entmutigter Mittlerer durch wildes Stören auf, er ist kompliziert und anders, er tut das Gegenteil von dem, was man von ihm erwartet. Handelt es sich aber um einen ermutigten Mittleren, kann dieser den Menschen zugewandter sein und findet sich vielleicht in der Rolle eines Vermittlers zwischen zwei Streitenden oder in der Rolle eines Gesandten mit diplomatischen Aufgaben wieder. Das häufig anzutreffende Grundgefühl eines mittleren Kindes lautet: ‚Irgendwie gehöre ich nicht dazu'.

Jost Veckinchusen (geb. nach 1404), der älteste Sohn und zweites Kind von Hildebrand, entwickelte sich zum Sorgenkind seiner Eltern, weil er es nicht schaffte, lesen zu lernen. Franz Irsigler berichtet uns von Josts Leben. 1421/22 wurde dieser von der Mutter zu Verwandten nach Livland geschickt, weil sie mit seiner Erziehung überfordert war. Spätestens seit 1423 war er bei Hildebrand in Brügge, der ihn 1424 zur Ausbildung einem Goldschmiedemeister anvertraut hatte. Gemeinsam mit dem Prior von Aachen versuchte dieser, Jost zum Besuch einer Schreibschule zu bewegen. Doch Jost erschien mehrfach nicht zur Arbeit und weigerte sich, die Schreibschule zu besuchen. 1426 meldete Siverts Sohn Kornelius Veckinchusen an Hildebrand, dass er nicht mehr wisse, wie man mit Jost verfahren solle, da er immer noch nicht lesen könne und inzwischen den Goldschmiedemeister verlassen habe, um bei einem Maler zu lernen.

Vielleicht haben wir in Jost Veckinchusen ein mittleres Geschwister vor uns, das auch erwachsen noch auf der Suche nach seinem Platz im Leben ist. Möglich wäre auch, dass es sich bei Jost um ein Kind handelt, das von der älteren Schwester und/oder den nachfolgenden Geschwistern im Lesen übertroffen wurde und daher beschlossen hatte, sich diesem Gebiet zu verweigern. Im Lesen hätte er sich nicht mehr hervortun können. Hätte Jost sich zu seiner Familie zugehörig gefühlt, hätte er wohl ihren Wünschen entsprochen. Doch wir wissen zu wenig über seine Person, als dass dies mit Gewissheit festgestellt werden könnte.

Wer fühlt sich und handelt dementsprechend als Jüngster, Zweiter oder Mittlerer in einer großen Kinderschar von acht, zehn oder mehr Kindern? Allgemein kann man sagen, dass in großen Familien mittlere Kinder, die sich zwischen den ältesten und jüngsten befinden, nicht unbedingt feststehenden Verhaltensrichtungen in ihrer Entwicklung folgen. Faktoren wie Altersunterschied, Geschlecht, Elternverhalten und Familienumstände beeinflussen mittlere Kinder. Es finden sich also unter einer großen Geschwisterschar alle möglichen Verteilungen an Eigenschaften, häufig gleichen sich aber doch das erste, dritte, fünfte, siebte Kind etc., im Gegensatz zum zweiten, vierten und sechsten etc. Für die neuere Zeit, das heißt im 20. und 21. Jahrhundert, hat die Forschung nachgewiesen, dass die erste Reihe meist den einen Elternteil nachahmt und die zweite den anderen. Natürlich gibt es da keine feste Regel, diese Verteilung ist nur häufig anzutreffen.

Als ein fürstliches Beispiel sei hier Albrecht Achilles (1414-1486), Kurfürst von Brandenburg, herangezogen. Er wuchs als siebentes von zehn Geschwistern auf. Die Mutter hatte noch drei weiteren Kindern das Leben geschenkt. Diese verstarben allerdings früh. Gleichwohl konnten auch tote Kinder eine erhebliche Bedeutung in der Geschwisterreihe haben. Der Altersunterschied zwischen manchen lebenden Geschwistern war teilweise so groß, dass diese relativ unabhängig voneinander aufgewachsen sein müssen (Elisabeth 1403, Cäcilie 1405, Johann 1406, Margarethe 1410, Magdalena 1412, Friedrich II. 1413, Albrecht 1414, Sophie 1416, Dorothea 1420, Friedrich III. 1424). Zudem gab es noch sechs ältere Kinder aus der ersten Ehe des Vaters. Insgesamt handelt es sich also um 19 Kinder. Wer hat hier wen beeinflusst? Wer stand wem am nächsten? Wurden Jungen und Mädchen in den ersten sechs Jahren gemeinsam erzogen?

Die Konstellation der Geschwister zeigt Albrecht auf den ersten Blick als mittleres Kind. Es ließe sich vermuten, dass Albrecht ein mittleres Kind mit sogenannter Zweiten- oder Jüngsten-Tendenz war. Betrachtet man nur die vier lebenden Brüder aus der zweiten Ehe des Vaters, fällt auf, dass die Geburten von Friedrich II. und Albrecht Achilles nur ein knappes Jahr trennte. Losgelöst von den gemeinsamen älteren beziehungsweise jüngeren Brüdern Johann und Friedrich III. standen Friedrich II. und Albrecht sehr viel näher zueinander. Sie haben sich demnach auch stärker beeinflusst. Wie oben bereits erläutert, kann sich ein jüngeres Kind zum sogenannten Zweiten entwickeln und versuchen, den Älteren einzuholen, wenn zwei Geschwister so eng nacheinander geboren werden, nämlich Friedrich am 19. November 1413 und Albrecht am 9. November 1414. Doch scheint es in diesem Fall von großer Bedeutung gewesen zu sein, dass jedem Bruder später eine bestimmte Aufgabe in der Herrschaft zukam. Jeder hatte seine Aufgabe und seinen Platz in der herrschaftlichen Familie, beziehungsweise alle Brüder wurden gleichsam auf die Rolle als Herrschaftsausübender vorbereitet, was einem starken Konkurrenzgefühl zwischen den Geschwistern vorgebeugt haben könnte. Ob und wenn ja, welche Form des Wetteiferns in den ersten sechs Lebensjahren der Brüder zu Tage trat, können wir heute kaum beurteilen.

Ein traditionelles Bewusstsein ‚des Ältesten' als Erben und Hauptträger der Familientradition scheint es im späten Mittelalter nur bedingt gegeben zu haben, wichtiger war augenscheinlich anderes, nämlich die Gleichwertigkeit und Wichtigkeit zumindest der männlichen Familienmitglieder. Häufig waren Mitglieder von Kaufmannsfamilien in verschiedenen Städten entlang der Handelsrouten ansässig. So sicherten sie das Handelssystem und das Einkommen der Familie. Jedem Sohn, manchmal auch jeder Tochter kam so eine wichtige Aufgabe zu. Unter den Handelspartnern einer Familie scheint es eher gleichberechtigt zugegangen zu sein, als dass der älteste Bruder Bestimmungsrechte aufgrund seiner Geburtsposition inne gehabt hätte. Jeder hatte seine Aufgabe, seinen Bereich und seine Stimme im Unternehmen.

Eine relative Ausgewogenheit gab es auch unter den Söhnen der fürstlichen Familie des Albrecht Achilles. Die Herrschaftsbereiche Ansbach, Kulmbach und Brandenburg waren unter den drei älteren Brüdern vergeben. So waren die Söhne gemeinschaftlich für die Herrschaftsausübung zuständig. Später führte Albrecht diese zusammen, allerdings nicht etwa durch Eroberung oder Kampf, sondern durch Beerbung seiner älteren Brüder Johann und Friedrich II.

Quellen- und Literaturhinweise

Alfred ADLER: Lebenskenntnis, Frankfurt a. M. 1978.

Das Buch Weinsberg. Kölner Denkwürdigkeiten aus dem 16. Jahrhundert, bearb. von Konstantin HÖHLBAUM, Friedrich LAU und Josef STEIN (Publikationen der Gesellschaft für Rheinische Geschichtskunde, 16), 5 Bde., Bonn 1886-1926.

Rudolf DREIKURS: Grundbegriffe der Individualpsychologie, 10. Aufl., Stuttgart 2002.

Franz IRSIGLER: Der Alltag einer hansischen Kaufmannsfamilie im Spiegel der Veckinchusen-Briefe, in: Hansische Geschichtsblätter 103 (1985), S. 75-99.

Birgit NOODT: Hildebrand Veckinchusen – ein Kaufmann an der Zeitwende, in: Gisela GRAICHEN/Rolf HAMMEL-KIESOW (Hrsg.): Die deutsche Hanse – eine heimliche Supermacht, Reinbek 2011, S. 219-243.

Stephan PASTENACI: Erzählform und Persönlichkeitsdarstellung in deutschsprachigen Autobiographien des 16. Jahrhunderts. Ein Beitrag zur historischen Psychologie, Trier 1993.

Claudia und Holger PRZYBYLA: Kinderkram. Kindererziehung fängt mit Selbsterziehung an, Taunusstein 2007.

Georg STEINHAUSEN (Bearb.): Deutsche Privatbriefe des Mittelalters, Bd. 1: Fürsten und Magnaten, Edle und Ritter, Berlin 1899.

Peter WEIMAR: Erbrecht, Erbe, Erbschaft, in: Lexikon des Mittelalters, Bd. 3, Sp. 2102-2105, München 2003.

Horst WENZEL: Die Autobiographie des späten Mittelalters und der frühen Neuzeit, 2 Bde. (Spätmittelalterliche Texte, 4), München 1980.

Angelika Westermann

‚Arbeitsmarkt Montanwirtschaft' – Konstrukt und Rekonstruktion. Überlegungen zu einem Forschungsproblem

I.

In dem 2005 erschienenen ersten Band der Enzyklopädie der Neuzeit[1] ist der Begriff ‚Arbeitsmarkt' nicht aufgenommen worden. Dies unterstreicht die bisher zwar nicht explizit diskutierte, aber stillschweigend vorausgesetzte Prämisse, dass Arbeitsmärkten in den Epochen vor der Industrialisierung keine große Forschungsrelevanz zukommt. Während nämlich Untersuchungen von Warenmärkten über epochale Grenzen hinweg selbstverständlich sind, wird das Forschungsfeld ‚Arbeitsmarkt' als ein Markt *sui generis* in der Wirtschaftsgeschichte der vorindustriellen Zeit weitgehend vernachlässigt. Der Grund liegt auf der Hand. Der Arbeitsmarkt wird aus traditioneller neoklassischer Sicht entsprechend der Gütermärkte als der Ort angesehen, an dem Angebot und Nachfrage nach Arbeit zusammentreffen. Dabei kommt dem Reallohn bei Flexibilität der Lohnhöhe als Indikator zum Nachweis von Marktschwankungen eine zentrale Bedeutung zu, ein Indikator, der für das ausgehende Mittelalter bis zum Beginn der Industrialisierungsprozesse schwer fassbar ist.[2] Ein weiterer zentraler Aspekt ist u. a. die vollständige Mobilitätsmöglichkeit und -bereitschaft aller Arbeitskräfte, ein Faktum, das ebenfalls nur sehr begrenzt erfüllt wird.

Die feudale Herrschaftsordnung, geprägt von einem vielschichtigen Netz von Diensten und Arbeitsverpflichtungen, schuf für den überwiegenden Teil der Bevölkerung Grundvoraussetzungen, die charakteristische marktübliche Mechanismen, wie lohnregulierende Faktoren durch Angebot und Nachfrage oder Flexibilität hinsichtlich der Zusammenführung von Mensch und Arbeitsplatz, gar nicht erst oder nur mit erheblichen Einschränkungen entstehen lassen konnten. Wenn auch starke Auflösungstendenzen feudaler Strukturen die zweite Hälfte des 18. Jahrhunderts kennzeichnen und insofern die bewusst herbeigeführten Prozesse von Änderungen der Wirtschafts- und Gesellschaftsformen im Zeitalter von Revolution und Reform an der Wende zum 19. Jahrhundert den industriell bestimmten Arbeitsmärkten näher stehen als den Erscheinungen des Mittelalters und den Kommerzialisierungsprozessen seiner Agrargesellschaften in den folgenden Jahrhunderten, so zeigt die folgende Betrachtung Mösers am Beginn der von Reinhart Koselleck so bezeichneten Sattelzeit, dass eine Untersuchung des Phänomens Arbeitsmarkt durchaus in einigen Segmenten der vorindustriellen Wirtschaft sinnvoll und möglich ist.

> *Es gehen jährlich über zwanzigtausend Franzosen nach Spanien, um den Spaniern in der Ernte zu helfen. Ebenso viel Brabänder gehen in gleicher Absicht nach Frankreich. Eine*

1 Friedrich JAEGER (Hrsg.): Enzyklopädie der Neuzeit, Bd. 1: Abendland – Beleuchtung, Stuttgart 2005.

2 Reinhold REITH: Lohn und Leistung. Lohnformen im Gewerbe 1450-1900 (Vierteljahrschrift für Sozial- und Wirtschaftsgeschichte, Beihefte, 151), Stuttgart 1999, S. 61-68.

nicht geringere Menge Westfälinger geht den Holländern und Brabändern zu Hülfe; und mittlerweile kommen die Schwaben, Thüringer und Baiern nach Westfalen, um unsere Mauren zu verfertigen; die Italiener weißen unsre Kirchen und versorgen uns mit Mausefallen; die Tiroler reinigen unsere Teiche; die Schweizer gehen nach Paris, um den Franzosen die Tür zu hüten oder die Schuh zu putzen; und so wandert eine Nation zur andern, um bei ihr des Sommers ein Stück Brot zu verdienen, was sie des Winters zu Hause verzehren kann[3].

Damit beschreibt Justus Möser 1767 für die Arbeitsmarkt-Sektoren Dienstleistung und Gewerbe Voraussetzungen bzw. Folgeerscheinungen beim Einsatz des an den Menschen gekoppelten Tauschprodukts Arbeit gegen Geld zwecks Befriedigung einer Nachfrage, nämlich Mobilität. Möser beschreibt einen über epochale Grenzen stets vorhandenen saisonalen Arbeitsmarkt, das heißt eine temporäre Erscheinung, die nicht zwangsläufig zur Aufhebung bestehender feudaler Abhängigkeiten führen musste. Neuansiedlungen, resultierend aus dieser Wanderbewegung, waren eher selten der Fall. Mündete diese Wanderungsbewegung in Migrationsbereitschaft, dann zeigt sich damit ein weiteres wichtiges Strukturelement des Arbeitsmarktes. Die Möglichkeiten hierzu waren jedoch vor allem in den feudal geprägten Agrargesellschaften stark eingeschränkt.

Beschreibt man nun den Arbeitsmarkt als einen raum-, zeit- und produktgebundenen Ort, ist diese Perspektive durchaus geeignet, der Erforschung frühneuzeitlicher Arbeitsmärkte einen theoretischen Rahmen zu bieten. Arbeiten zur Gewerbegeschichte[4] sind z. B. letztendlich stets zugleich Untersuchungen produktspezifischer Arbeitsmärkte. Dabei kommt den Schlüsselindustrien der Moderne, dem Textil- wie dem Montangewerbe, eine zentrale Rolle zu. Aber nur in der Montanwirtschaft, das heißt dem Bergbau und Hüttenwesen, das seine Rolle als Schlüsselindustrie bis in die Gegenwart nicht verloren hat, werden, bedingt durch die besonderen Erfordernisse, Strukturen, Merkmale und Forschungsbereiche[5] 300 Jahre früher sichtbar, als sie sonst erst vom Industriezeitalter an in ihrer Massenhaftigkeit Arbeitsmärkte konstituieren und kennzeichnen. Nur der ‚Arbeitsmarkt Montanwirtschaft' ist charakteristisch für das historische Phänomen der Gleichzeitigkeit des Ungleichzeitigen. Nur der ‚Arbeitsmarkt Montanwirtschaft' unterstreicht die zentrale Bedeutung von freier, unbehinderter Mobilität und Migration und, wenn auch eingeschränkt, die Rolle der Reallöhne als Indizes für Wachstum, Stagnation und Rückgang eines Arbeitsmarktes, und zwar bereits bevor diese durch die Theorie der neoklassischen Nationalökonomie bedeutsam wurden. Nur der ‚Arbeitsmarkt Montanwirtschaft' ermöglicht somit eine modellhafte Darstellung, die geeignet ist, Arbeitsmärkte über epochale Grenzen hinweg zu vergleichen.

3 Justus MÖSER: Sämtliche Werke, Bd. 4, Oldenburg 1943, S. 85.

4 REITH: Lohn (wie Anm. 2), insbesondere S. 55-60.

5 Toni PIERENKEMPER: Historische Arbeitsmarktforschungen: Vorüberlegungen zu einem Forschungsprogramm, in: Toni PIERENKEMPER/Richard H. TILLY (Hrsg.): Historische Arbeitsmarktforschung. Entstehung, Entwicklung und Probleme der Vermarktung von Arbeitskraft (Kritische Studien zur Geschichtswissenschaft, 49). Göttingen 1982, S. 9-36, hier S. 20.

II.

Der sich seit den 90er Jahren des 20. Jahrhunderts dank der Arbeiten des Geographen Benno Werlen[6] durchsetzende analytische Begriff ‚Konstrukt' für die Erforschung eines Raumes wurde 1999 von dem Historiker Bernd Schönemann[7] und 2009 auf einer internationalen Montanhistoriker-Tagung in Steinhaus/Südtirol[8] aufgegriffen. Dabei werden mit Hilfe eines theoretischen Konstrukts die Grenzen eines Raums oder einer Region definiert. Dieses theoretische Konstrukt entsteht, indem unterschiedliche Sachverhalte gedanklich aufeinander bezogen werden und ein sinnvolles Ganzes ergeben. Ein derartiges Konstrukt ermöglicht nicht nur vergleichende Analysen, sondern erlaubt, wenn es nicht als geschlossenes Modell verstanden wird, weitere unterschiedliche, sachbezogene Variablen einzubringen, um die Rekonstruktion historischer, auf Vergleich angelegter Sektoren zu ermöglichen. Epochenspezifische wie epochenübergreifende Phänomene können so sichtbar gemacht werden. Der Arbeitsmarkt ist als Raum im doppelten Sinn zu sehen. Zum einen ist er an geographische bzw. regionale Räume gebunden, zum anderen kann man den Arbeitsmarkt an sich als ein eigenes Raumkonstrukt charakterisieren. Die Grenzen dieses Konstrukts müssen je nach nachgefragter Arbeit unterschiedlich definiert werden. Neben den Fragen nach Zeit, geographischem Raum und Produkt ist die Frage zu beantworten, welche Sachverhalte geeignet sind, als den Arbeitsmarkt kennzeichnende Faktoren in einem Konstrukt zusammengeführt zu werden und damit einen Beitrag zur Rekonstruktion von Geschichte zu leisten. Das im Folgenden vorgestellte Modell ‚Arbeitsmarkt Montanwirtschaft' ist als Aufforderung zu weiteren vergleichenden Forschungen zur Geschichte der Arbeitsmärkte zu verstehen. Generell stellt die Erforschung des Arbeitsmarktes in der Montanwirtschaft trotz singulärer Versuche,[9] diese Forschungslücke zu schließen, nach wie vor ein Desideratum in der Geschichtswissenschaft dar.[10] Vor allem mangelt es bei den bisherigen Untersuchungen an einheitlichen Kriterien, die den so dringend gebotenen Vergleich ermöglichen.

6 Benno WERLEN: Sozialgeographie alltäglicher Regionalisierungen. Zur Ontologie von Gesellschaft und Raum, Bd. 1, Stuttgart 1995; DERS.: Sozialgeographie, 2. überarb. Aufl., Bern 2004, mit weiterführender Literatur.

7 Bernd SCHÖNEMANN: Die Region als Konstrukt. Historiographiegeschichtliche Befunde und geschichtsdidaktische Reflexion, in: Blätter für deutsche Landesgeschichte 135 (1999), S. 153-187.

8 Angelika WESTERMANN (Hrsg.): Montanregion als Sozialregion, im Druck.

9 Karl H. LUDWIG/Peter SIKA (Hrsg.): Bergbau und Arbeitsrecht. Die Arbeitsverfassung im europäischen Bergbau des Mittelalters und der Frühen Neuzeit, Wien 1989; Karl H. LUDWIG: Mobilität und Migrationen der Bergleute vom 13.-17. Jahrhundert, in: Simonetta CAVACIOCCHI (Hrsg.): Le migrazioni in Europa secc. XIII.-XVIII. Atti della „Venticinquesima Settimana di Studi". 3-8 maggio 1993, Florenz 1994, S. 593-613; Angelika WESTERMANN: Die vorderösterreichischen Montanregionen in der Frühen Neuzeit (Vierteljahrschrift für Sozial- und Wirtschaftsgeschichte, Beihefte, 202), Stuttgart 2009; Georg STÖGER: Die Migration europäischer Bergleute während der Frühen Neuzeit, in: Der Anschnitt 58 (2006), H. 4/5, S. 170-186.

10 Rolf WALTER (Hrsg.): Geschichte des Arbeitsmarktes (Vierteljahrschrift für Sozial- und Wirtschaftsgeschichte, Beihefte, 199), Stuttgart 2009. Dass im Rahmen der 22. Arbeitstagung der Gesellschaft für Sozial- und Wirtschaftsgeschichte 2007 in Wien ein Beitrag zur Montangeschichte fehlt, hat nicht der Herausgeber zu verantworten.

III.

Da die Gewinnung bergmännisch abgebauter Produkte wie Steine und Erden, aber insbesondere auch Eisenerz und andere Bodenschätze in der Regel im Nebenerwerb betrieben werden konnte, fielen sie nicht unter das zunehmend nach 1356 von den Landesherren beanspruchte Bergregal. Auch wenn hier gleichfalls die Regeln von Angebot und Nachfrage nach Arbeitskräften galten, erscheint es nicht angebracht, von einem Arbeitsmarktkonstrukt im modernen Sinn zu sprechen. Dazu war es viel zu stark an feudal-herrschaftlichen Strukturen orientiert bzw. von ihnen abhängig. Diesem auf Rekonstruktion basierendem Konstrukt Arbeitsmarkt vom *type ancien* fehlt ein wesentliches Element: das, trotz zahlreicher Regelungen, freie Spiel der Kräfte von Angebot und Nachfrage!

Demgegenüber war der auf Freiheitsrechten basierende Arbeitsmarkt in der Montanwirtschaft auf Salz und den Edelmetallen Gold und Silber samt ihren Kuppelprodukten Blei und Kupfer über das Bergrecht in den Bergordnungen geregelt. In dem genannten Rechtskörper werden nicht nur allen Berg- und Hüttenarbeitern wie auch den Bergverwandten (das heißt indirekt am Montanwesen beteiligte Personengruppen wie zum Beispiel Köhler, Holzarbeiter u. a.) Freizügigkeit im Sinne von Mobilität- und Migrationsmöglichkeit zugesichert, sondern häufig auch die Höhe des Lohnes nach Arbeitsgruppen differenziert aufgeführt.

IV.

Es sollen daher nach Anmerkungen zur Quellenproblematik und zu Quellengattungen die Akteure des Arbeitsmarktes Montanwirtschaft vorgestellt und ein Arbeitsmarktschema für die unterschiedlichen Perioden der Nachfrage nach menschlicher Arbeitskraft in der auf der Bergregalhoheit basierenden Montanwirtschaft in Kontinentaleuropa vorgestellt werden, da nur für diesen Wirtschaftszweig in den großen Bergbauregionen Slowakei, Sachsen, Böhmen, Mansfeld, Harz, Tirol, Salzburg und Vorderösterreich a priori die einen modernen Arbeitsmarkt bildenden Entstehungs- und Rahmenbedingungen gegeben waren. Erst dann kann man in künftigen Forschungsvorhaben die arbeitsmarktspezifischen Mechanismen und Strukturen untersuchen, und erst dann kann das Konstrukt ‚Arbeitsmarkt Montanwirtschaft', das regional und produktbedingt unterschiedlich ausgebildet ist, rekonstruiert und mit städtischen und ländlichen Arbeitsmärkten verglichen werden.

Probleme der Lückenhaftigkeit der Überlieferung kann der Montanhistoriker eingrenzen, indem er den Arbeitsmarkt zum einen in Anlehnung an Bernd Schönemann als Konstrukt im doppelten Sinne annimmt und zum anderen bisher bekannte Quellen und Quellengattungen aus dem Blickwinkel der Arbeitsmarktgeschichtsforschung erneut betrachtet. Demnach ist aus der Perspektive der Geschichtswissenschaft der Arbeitsmarkt ein Konstrukt im Sinne von Rekonstruktion. Ferner ist der Arbeitsmarkt selber ein Konstrukt, das heißt ein abstraktes Gebilde, dessen einzelne Elemente erst konkretisiert werden müssen und dessen Entwicklung und Veränderung abhängig vom abzubauenden Erz eine Vielzahl in sich differenzierter Facharbeitergruppen und Hilfskräfte zu unterschiedlichen Zeiten benötigte, die zusammen mit ihren Familien den Schmelztiegel Berggemeinde und damit einen spezifischen Arbeitsmarkt innerhalb der Montanwirtschaft begründeten. Im doppelten Verständnis von Konstrukt lassen sich bisher vorliegende Erkenntnisse so vereinen, dass sie erste, nachvollziehbare Annäherungen an den ‚Arbeitsmarkt Montanwirtschaft' gestatten.

Wenn auch die Quellenlage im Untersuchungszeitraum rudimentär bzw. bruchstückhaft ist, so dass man den Umfang der Migrationsbewegungen, die Zusammensetzung der Personengruppen, ihre Herkunft und ihre Beweggründe nicht immer präzise fassen kann, ist durchaus von einem dicht gewobenen Informations- und Migrationsnetz zur Befriedigung der Nachfrage nach Arbeitskräften in den Montanregionen auszugehen.[11] In Anlehnung an das eingangs erwähnte Zitat könnte man wie folgt formulieren: So wanderte der Sachse in den Harz[12], in die Vogesen[13], nach Russland[14], Kuba[15] und Venezuela[16], wie auch der Harzer Bergmann nach Norwegen[17], der Lothringer nach Hessen[18], der Schweizer nach Lothringen[19], um nur einige Beispiele zu nennen.

Das Fehlen statistisch verwertbarer serieller Quellen kann durch Analyse von Quellen unterschiedlichster Provenienz aufgefangen werden: Mannschaftslisten der Gruben, sogenannte Kostzettel, das heißt Lohnabrechnungen, Berggerichtsbücher, Bruderkassenabrechnungen aber auch Nachweise über Siedlungs- bzw. Teilsiedlungsgründungen, neu erbaute Söllhäuser[20], der Hinweis auf das Entstehen innerörtlicher Viertel mit Bergmannshäusern, Kirchenbauten, Friedhöfen und seit Ende des 16. Jahrhunderts Kirchenbücher[21], landesherrliche Maßnahmen zum Aufbau einer Infrastruk-

11 Eberhard WÄCHTLER/Otfried WAGENBRETH: Bergbau im Erzgebirge. Technische Denkmale und Geschichte, Leipzig 1990, S. 92f, 108-110, 121.

12 Hans-Werner NIEMANN/Dagmar NIEMANN-WITTER: Die Geschichte des Andreasberger Bergbaus – Ein Überblick, in: Karl H. KAUFHOLD (Hrsg.): Bergbau und Hüttenwesen im und am Harz (Veröffentlichungen der Historischen Kommission für Niedersachsen und Bremen, 34; Quellen und Untersuchungen zur Wirtschafts- und Sozialgeschichte Niedersachsens in der Neuzeit, 14), Hannover 1992, S. 15-173, hier S. 153; Georg STÖGER: Migration (wie Anm. 9), S. 173.

13 Angelika WESTERMANN: Montanregionen (wie Anm. 9), S. 98.

14 Gerhard HEILFURTH: Bergbaukultur in Südtirol, Bozen 1984, S. 293.

15 Theodor G. WERNER: Zur Geschichte Tetzelscher Hammerwerke bei Nürnberg und des Kupferhüttenwerks Hans Tetzels auf Kuba, in: Mitteilungen des Vereins der Geschichte der Stadt Nürnberg 55 (1967/68), S. 214-225.

16 Helmut WILSDORF: Kulturelle Entwicklungen im Montanbereich während der frühbürgerlichen Revolution, in: Hermann STROBACH (Hrsg.): Der arm man 1525, Berlin 1975, S. 103-174, hier S. 122.

17 Hans-Heinrich HILLEGEIST: Auswanderung Oberharzer Bergleute nach Kongsberg/Norwgen im 17. und 18. Jahrhundert, in: DERS./Wilfried LIESSMANN (Hrsg.): Technologietransfer und Auswanderungen im Umfeld des Harzer Montanwesens (Harz-Forschungen, 13), Berlin 2001, S. 9-48.

18 Angelika WESTERMANN: Montanregionen (wie Anm. 9), S. 84.

19 Angelika WESTERMANN: Entwicklungsprobleme der vorderösterreichischen Montanwirtschaft im 16. Jh. Eine verwaltungs-, rechts-, wirtschafts- und sozialgeschichtliche Studie als Vorbereitung für einen multiperspektivischen Geschichtsunterricht, Idstein 1993, S. 43.

20 Söllhäuser sind vom Landesherrn oder Gewerken gebaute Wohnhäuser, meist mit einem kleinen Garten, die den Bergarbeitern gegen einen geringen Mietzins zur Verfügung gestellt werden.

21 Hans-Eugen BÜHLER/Hans P. BRANDT: Wanderzüge von Berg- und Hüttenleuten – Fischbach/Nahe und Markirch/Elsass als Drehscheibe der Migration, in: Zeitschrift zur Geschichte des Berg- und Hüttenwesens, 8 (2002), H. 1, S. 36-66 und 8 (2002), H. 2, S. 37-55; Paul W. ROTH,

tur, Marktgenehmigungen, Zollfreiheits- und Passbriefe, Gerichtsbücher sowie die Korrespondenz bergbautreibender Fürsten. Oftmals sind es zufällige singuläre Quellenfunde, die dem so schwierigen Feld der frühneuzeitlichen Arbeitsmarkt- und Migrationsforschung neue Einsichten ermöglichen.

Auswirkungen der Protoglobalisierung nach der Entdeckung und Erschließung neuer Welten für den Arbeitsmarkt werden eher selten fassbar; das folgende Beispiel ist die Ausnahme und nicht die Regel. Die speziellen Erwartungen auf eine ertrag- und gewinnbringende Montanwirtschaft in den südamerikanischen Bergbauregionen erforderten den Einsatz von Fachkräften. Die transatlantische Nachfrage befriedigten die Welser für ihre Berg- und Hüttenbetriebe in Venezuela mit der Anwerbung sächsischer Fachkräfte, junger Arbeiter und sogar Kinder. Es ist der Rückkehr dieser Arbeiter und ihre Befragung durch den Leipziger Rat sowie dem Erhalt der Ratsprotokolle von 1533/34[22] zu verdanken, dass erste Einblicke in das komplexe Zusammenwirken von Angebot und Nachfragebefriedigung und somit Hinweise auf die Anfänge der Entstehung weiträumiger Arbeitsmarktverflechtungen möglich sind.

Zeitgenössische Darstellungen aus der langen Phase der zweiten erfolgreichen Montankonjunktur wie z. B. das Schwazer Bergbuch aus Tirol[23], der Bilderzyklus des Malers Heinrich Gross[24] aus den Vogesen, der Annaberger Bergaltar[25] aus dem Erzgebirge oder das Kuttenberger Canzionale[26] aus Böhmen erlauben zwar einige Aussagen hinsichtlich der Zusammensetzung der den Arbeitsmarkt bildenden Erwerbsbevölkerung, lassen jedoch in der Regel keine landsmannschaftlichen Strukturen erkennen, es sei denn, Amtspersonen tragen eine in der Region nicht übliche, in diesem Fall sächsische Amtstracht, wie dies einem Bild des Bergrichters vom Lebertal auf der Lothringer Seite des Malers Heinrich Gross entnommen werden kann. Offensichtlich war das Tragen einer Amtsrobe noch nicht als Ausdruck der *corporate identity* zu verstehen, vielmehr war das Kleidungsstück viel zu kostbar, um beim Wechsel zu einem anderen Landesherrn untragbar zu werden.[27] Es ist daher zu vermuten, dass dieser im Laufe seines Lebens in sächsischen Diensten ebenfalls als Bergrichter tätig gewesen war. Ein quellenmäßig gut fassbares Beispiel der Mobilität ist das ‚Itinerar' des Montanfachmanns Mathäus Zellmair.[28]

Zur Mobilität im Bereich des Montanwesens im Herzogtum Steiermark – Integration und Assimilation, in: Internationales kulturhistorisches Symposion Mogersdorf 1998, S. 125-132.

22 WILSDORF: Entwicklungen (wie Anm. 16), S. 122.

23 Christoph BARTELS/Andreas BINGENER/Rainer SLOTTA (Hrsg.): Das Schwazer Bergbuch, 3 Bde. (Veröffentlichungen aus dem Deutschen Bergbau-Museum Bochum, 142) Bochum 2006.

24 Heinrich WINKELMANN: Bergbuch des Lebertals, Wethmar 1962.

25 Rainer SLOTTA/Christoph BARTELS: Meisterwerke bergbaulicher Kunst vom 13.-19. Jahrhundert (Veröffentlichungen aus dem Deutschen Bergbau-Museum Bochum, 48), Bochum 1990, S. 212-215.

26 SLOTTA/BARTELS: Meisterwerke (wie Anm. 25), S. 180.

27 WINKELMANN: Bergbuch (wie Anm. 24).

28 WESTERMANN: Montanregion (wie Anm. 9), S. 85-87.

V.

Ein weiterer methodischer Ansatz, Größe und Zusammensetzung des montanistischen Arbeitsmarktes zu erkennen, kann gelingen, wenn man die Kulturbegriffe von Ernst Cassirer hinsichtlich ihrer bergstädtischen Bedeutung untersucht.[29] Geht man davon aus, dass wandernde Bergleute ihre regionenspezifischen kulturellen Prägungen durch Sprache, Kunst, Wissenschaft, Religion, Mythos und Geschichte[30] an einem neuen Ansiedlungsort zu bewahren suchten und dies immer dann gelang, wenn der Arbeitsmarkt das Kriterium der Massenhaftigkeit an Nachfrage nach Arbeitskräften erfüllte, können diese sechs Kultursegmente wesentliche Aufschlüsse sowohl über die Herkunft als auch über eine annähernde Größenordnung eines inter- wie intraregionalen Austauschs von Angebots und Nachfrage von Arbeitskräften auf dem Arbeitsmarkt ermöglichen. Sie sind durchaus geeignet, im Fall des Fehlens von Reallohnerhebungen die angebot- und nachfragebedingte Schwankungsbreite auf dem Arbeitsmarkt, wenn auch in der Regel nicht zeitgleich, zu rekonstruieren. Wurde z. B. in Schneeberg die erste kleine Holzkirche für die Bergleute von 1477/78 von einem großen, steinernen Bau ab 1516 (St. Wolfgangskirche) ersetzt,[31] ist dies eben auch die Antwort auf einen in ehemals kaum besiedelter Gegend expandierenden ‚Arbeitsmarkt Montanwirtschaft‘.

Die Untersuchung der montankulturellen Leistungen einer Bergstadt ermöglicht eine kategoriale Sichtweise auf jene Faktoren, an denen die Folgen von Expansion und Schrumpfung des Arbeitsmarktes sowie deren wirtschaftliche wie gesellschaftliche Herausforderungen an Anbieter wie Nachfrager hinsichtlich der Lösung einer Vielzahl von Problemen sichtbar gemacht werden können. Integration oder Segregation, Konfessionsfreiheit oder Konfessionszwang waren z. B. Fragen, die es zu beantworten galt. Rechtssicherheit galt es ebenso herzustellen wie den sozialen Frieden zu bewahren und die Arbeitsbedingungen allgemein verbindlich zu gestalten. Hier kam den Bergordnungen und damit dem Landesherrn und seiner Bergverwaltung eine zentrale Rolle zu. Sie bildeten eine tragende Säule des Arbeitsmarktes, indem sie die Rahmenbedingungen setzten. Eine andere Säule waren die Berg- und Hüttenarbeiter.

Zu den allgemeinen charakteristischen Elementen der Montanwirtschaft des Mittelalters wie der Frühen Neuzeit gehören die intra- wie interregionalen Wanderungen von Berg- und Hüttenleuten und die damit verbundene geographische Weiträumigkeit.[32] Saisonale und temporäre Abhängigkeit der Nachfrage nach Arbeitskräften, außerhäusige Arbeit für fast alle in der Montanwirtschaft tätigen Personen und seit Ende des 15. Jahrhunderts zahlenmäßig wachsende Belegschaften mit Großbetrieben, wie sie sich seit dem ersten Viertel des 16. Jahrhunderts in Schwaz, Neusohl, Mansfeld

29 Angelika WESTERMANN: Bergstadt und Montankultur, in: Wolfhard WEBER (Hrsg.): Handbuch der deutschen Bergbaugeschichte, Bd. 2, im Druck.

30 Ernst CASSIRER: Versuch über den Menschen. Einführung in eine Philosophie der Kultur, 2. verb. Aufl., Hamburg 2007, S. 103-335.

31 WESTERMANN: Bergstadt (wie Anm. 29).

32 Vgl. Anm. 9; Momcilo SPREMIC: Sächsische Bergleute in Serbien im 13.-15. Jahrhundert, in: Wolfgang INGENHAEFF/Roland STAUDINGER/Kurt EBERT (Hrsg.): Festschrift Rudolf Palme, Innsbruck 2002, S. 521-535.

und im Salzburgischen nachweisen lassen, vereinen große Mengen an Bergleuten und Hilfskräften und kreieren damit einen spezifischen Arbeitsmarkt.

‚Berggeschrei'
Kennzeichen 1: plötzlich entstehende Nachfrage nach lohnabhängigen Facharbeitern, Verwaltungspersonal und Bergbeamten kann nicht aus der Region befriedigt werden.
Folge: hoher Grad an Mobilitätsbereitschaft mit auf Dauer angelegter Umsiedlungsbereitschaft.
Kennzeichen 2: plötzlich entstehende Nachfrage nach Hilfskräften.
Folge: temporäre Nebenerwerbsmöglichkeiten für ortsansässige Männer, Frauen und Kinder. Konkurrenz zu bestehenden regionalen Arbeitsmärkten.

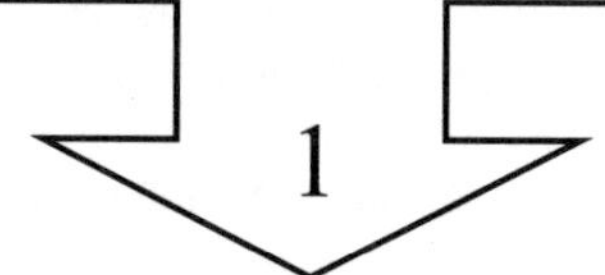

3-Phasenmodell
Arbeitsmarkt und Konjunktur
in der frühneuzeitlichen Montanwirtschaft

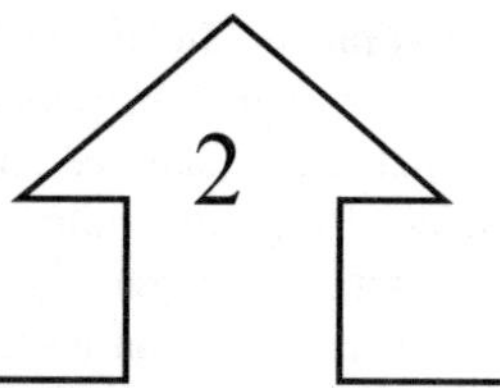

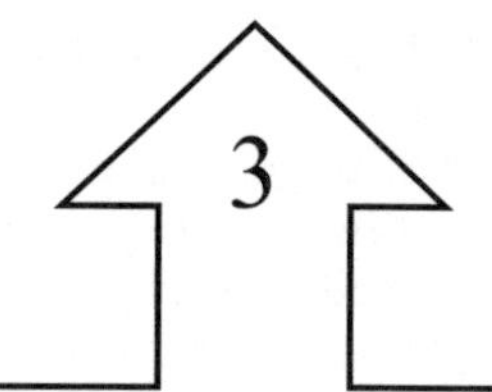

Konsolidierung und Stagnation
Kennzeichen 1: Arbeitsmarkt stabil.
Folge: Angebot und Nachfrage stagnieren.
Kennzeichen 2: Nachfrage nach Spezialisten aufgrund des Abbaus in größerer Teufe (Wasserlösung) und Streben nach verbesserter Schmelztechnik (Hüttentechnik).
Folge: temporäre Bedarfsbefriedigung ohne Erfordernis der dauerhaften Ansiedlung überregionaler Spezialisten.

Stagnation und Rückgang
Kennzeichen: Nachfragerückgang aufgrund mangelnder Erzfunde bzw. Erzergiebigkeit, Abbaustillstand durch Krieg, Pest u. ä.
Folge: Abwanderung oder Integration bzw. Reintegration in bestehende regionale Arbeitsmärkte und Gesellschaftsordnungen.

Die seit dem ersten Drittel des 17. Jahrhunderts in der Slowakei, im Harz und in Norwegen zunehmend eingesetzte Sprengtechnik veränderte die Stellung des Bergmanns als erzkundigem Arbeiter vor Ort radikal. Er wurde zum Bohrhauer, der Massenerze zu gewinnen hatte; zudem waren für den Erztransport und die Förderung keine speziellen Fertigkeiten mehr von Nöten. Da alle diese Arbeiter zugleich in Großbetrieben arbeiteten, waren sie weit abhängiger von Steigern und anderen Bergbeamten als vorher. Der sich dabei im 17. und 18. Jahrhundert entwickelnde Arbeitsmarkt unterschied sich zwar von dem des 15. und 16. Jahrhunderts hinsichtlich der Zusammensetzung der Arbeitskräfte; die im vorstehenden Modell vorgestellte Phaseneinteilung verlor jedoch nicht ihre Bedeutung.

VI.

Analog zur modernen Arbeitsmarkttypisierung gliedern sich die montanistischen Arbeitsmärkte in der Frühen Neuzeit in Teil- sowie saisonalbedingte bzw. temporäre Arbeitsmärkte. Im Zentrum dieser nachgefragten Arbeiten stehen die Facharbeiter im Berg- und Hüttenwesen. Für beide Branchen lässt sich eine starke hierarchische Differenzierung beobachten. Hinzu kommt eine Vielzahl von Hilfsarbeiten, die von berufsunkundigen Kräften wie auch von Frauen und Kindern geleistet werden konnten. Neben den für einen begrenzten Zeitraum erforderlichen Fachkräften für Prospektion, Vermessung, Wasser- und Wetterlösung sowie Schmelzofenbau und -technik wurden saisonale Arbeiten im Hütten-, Transport- und Holzwesen nachgefragt. Neben diesen Berufen ‚vom Leder‘ unterlagen Berufe ‚von der Feder‘ in der Verwaltung der Gewerken sowie in der Bergamtsverwaltung der Landesherren ähnlichen Kriterien. Zu Letzteren zählten der Bergrichter, der Berggerichtsschreiber und Gegenschreiber, der Bergwaibel (Polizist) und je nach Reviergröße der Berggerichtsanwalt, der in einem Teilrevier den Bergrichter vertrat. Der Kreis der ständig im Bergamt anwesenden Beamtenschaft wurde durch die bei Gerichtsverhandlungen eingesetzten Geschworenen aus dem Kreis der Berg- und Hüttenleute wie aus dem der Bergbeamten bei Bedarf ergänzt. Wurde eine landesherrliche Hütte betrieben, erforderte diese die Anstellung von Hüttenmeister, Hüttenschreiber und Gegenschreiber, Erzkäufer, Schmelzer, Probierer und Wechsler bzw. Überwechsler als landesherrliche Beamte. Gewerkeneigenes Hüttenpersonal wies eine ähnliche Zusammensetzung aus. Schichtmeister und Schiner bzw. Markscheider konnten ebenfalls entweder landesherrliche Beamte oder von Gewerken eingestelltes Personal sein. Das breite Feld der Arbeitskräfte – ihr Kennzeichen war unter Tage das Arschleder – nahmen die unter- und übertage tätigen Arbeiter ein. Während unter Tage nur männliche Arbeitskräfte (Hauer, Haspler, Karren- bzw. Hundläufer) eingesetzt wurden, finden sich in den weiterverarbeitenden Prozessen über Tage auch Frauen und Mädchen. Diesem Personenkreis, meist aus der Agrargesellschaft oder Knappenfamilien kommend und temporär im Berg- und Hüttenwesen tätig, oblag das Erzsortieren, Pochen, Waschen usw. Sporadisch anwesende Fachleute zum Beispiel für die Wasserkunst und das Schmelzwesen komplettieren den ‚Arbeitsmarkt Montanwirtschaft‘. Mit Gewerken und Landesherren auf der einen Seite und der Gruppe der Berg-, Hütten-, Wald-, Holzkohle- und Transportarbeitern auf der anderen standen sich die beiden Parteien gegenüber, deren unterschiedliche Interessen und

Rechtsstellungen auf dem Arbeitsmarkt zusammentrafen. Landesherrliche Bergordnungen, zum Teil mit genauen Angaben zu Lohnhöhe und Arbeitszeit, bildeten ein wesentliches Instrument des Ausgleichs dieser Interessen auf friedlichem Wege.[33]

Ein charakteristisches Merkmal der Montanwirtschaft war die in der Regel klar erkennbare Dreiphasigkeit, die in ihren Kennzeichen wie Folgen den Arbeitsmarkt unterschiedlich beeinflusste. Zeit, Dauer und Umfang dieser Phasen sind abhängig von der Beschaffenheit der Lagerstätten sowie exogenen Faktoren wie zum Beispiel Kriegsläufen, Pestdurchzügen und klimatischen Bedingungen je nach Höhenlage bis hin zu Erdbeben.

Da Silber in den Erzvorkommen sehr oft mit Blei und Kupfer vergesellschaftet war, gilt das hier vorgelegte Drei-Phasen-Schema auch für die Gewinnung der beiden wichtigsten Buntmetalle. Für alle Arbeitnehmenden in werdenden bzw. bestehenden Revieren galten die in diesem Modell angegebenen Umstände, die sich allerdings je nach Aufnahme des Bergbaus von Region zu Region zeitlich verschieben konnten und damit erst die Voraussetzungen für Abwanderungen in ein anderes Revier begründeten.[34]

Darüber, wie die Kontakte zwischen Gewerken und Hüttenbetreibern einerseits und Arbeit suchenden Berg- und Hüttenleuten andererseits zustande kamen, wissen wir in der Regel kaum etwas. Man könnte an die Bruderschaft bzw. das Bruderhaus denken, dem eine ähnliche Funktion zukam wie für die wandernden Gesellen die Gesellenherberge bzw. -trinkstube. Neben dem schriftlichen und mündlichen Aufruf mit der Verkündung der Bergfreiheit[35] suchten die Landesherren untereinander um entsprechende Lohnarbeiter, Beamte oder Fachleute nach. Da wesentliche Elemente der Arbeitsverträge wie Lohn und Zeit durch die Bergordnungen vorgegeben waren, können weithin nur diese Beschäftigungssysteme und ihre Arbeitsverhältnisse in ihren arbeitsteiligen Differenzierungen beschrieben und analysiert werden. Protestnoten, Streiks und Arbeitsniederlegungen,[36] aber auch Bergmannslieder und -gedichte mit ihren darin geschilderten Gegebenheiten geben Auskunft über die Gründe.

VII.

Für die vorliegenden Überlegungen zur Untersuchung von der Messbarkeit der Schwankungen auf dem Arbeitsmarkt über den Indikator ‚Reallohn' in Anlehnung an die Neoklassische Theorie ist vor allem von Bedeutung, dass der Lohn in der Regel in

33 Wie Anm. 9. Die vorgestellten Gruppen aller am Berg- und Hüttenwesen beteiligten Akteure der vorderösterreichischen Montanregionen können je nach landesherrlicher Zugehörigkeit variieren, die grundsätzliche Unterscheidung in Berufe ‚von der Feder' und ‚vom Leder' findet sich in allen Montanregionen, Karl Heinz LUDWIG: Einkommen und Löhne von Knappen und Arbeitern in der europäischen Montankultur des 15./16. Jahrhunderts, in: Zeitschrift für Historische Forschung 14 (1987), S. 385-406.

34 Einen zentralen Markt für Arbeit wie Ravensburg für die Tiroler Schwabenkinder oder Wyk auf Föhr für die Jungmannschaft der Inseln und Halligen zur Anwerbung als Matrose gibt es im Revier nicht. Dies gilt auch für die Gesindearbeitsmärkte und ihren saisonalen Bezug.

35 STÖGER: Migration (wie Anm. 9), S. 176.

36 Ekkehard WESTERMANN/Angelika WESTERMANN (Hrsg.): Streik im Revier, St. Katharinen 2007.

Geld ausgezahlt wurde. Gegen die Bezahlung in Pfennwerten haben sich die Berg- und Hüttenarbeiter stets gewehrt. Nimmt man nun den – oftmals in den Bergordnungen genannten – Lohn, dann bietet dieser noch am ehesten die Möglichkeit, die Kaufkraft zu ermitteln.

Da die Kosten für die Lebenshaltung für den überschaubaren Raum ‚Montanregion' durch Preistaxen fixiert waren, sind diese aus den Quellen ermittelbar. Hilfreich sind in diesem Fall insbesondere die Streikberichte. Sie enthalten häufig als Streikgrund mindere Qualität der Lebensmittel, zu geringes Gewicht oder einen zu hohen Preis.[37] Nicht fassbar wird hingegen der Grad der Eigenversorgung durch Viehhaltung (meist Geißen, auch die Kuh des Bergmanns genannt) und Gartenwirtschaft, freies Fischen und Jagen von Kleintieren sowie dem Vogelfang. Die häufig beklagte Bezahlung in ‚schlechtem Geld' schränkte die Kaufkraft auf dem Markt erheblich ein. Hinzu kam, dass zwischen 1560 und 1630 die Agrarkonjunktur in immer schärfer werdenden Gegensatz zur Montankonjunktur geriet.[38] Ein ähnliches Phänomen lässt sich zwischen 1765 und 1820 beobachten.[39] In beiden Fällen balancierte die Versorgung der Bergbaureviere mit Lebensmitteln über den Markt auf einem schmalen Grat. Dadurch verliert der Reallohn als Bemessungsgröße für Schwankungen auf dem Arbeitsmarkt nicht unerheblich an Bedeutung. Verstärkt wurde dies in Zeiten von Missernten und Hungerkrisen. Erst mit den letzten von Labrousse als vom *type ancien* bezeichneten Krisen im 18. Jahrhundert und der dann massenhaft einsetzenden Möglichkeit der interregionalen Versorgung von Krisengebieten mit lebensnotwendigen Nahrungsmitteln gewinnt der Reallohn als Indikator für Arbeitsmarktschwankungen wie in der neoklassischen Nationalökonomie zunehmend an Bedeutung.

37 WESTERMANN/WESTERMANN, Streik im Revier (wie Anm. 36).

38 Erich LANDSTEINER: Die Krise der Innerberger Eisenproduktion an der Wende vom 16. zum 17. Jahrhundert, in: Michael PAMMER/Herta NEISS/Michael JOHN (Hrsg.): Erfahrung der Moderne, Stuttgart 2007, S. 79-110, hier S. 96-99; Carolin SPRANGER: Der Metall- und Versorgungshandel der Fugger in Schwaz in Tirol 1560-1575 zwischen Krisen und Konflikten, Augsburg 2006, S. 298-305.

39 Udo OBAL: Zwischen Montanrevier, Agrarlandschaft und Metropole – Die Versorgungsfunktion der Harzrandstädte für den Westharzer Bergbau im 18. und frühen 19. Jahrhundert, in: Hans-Jürgen GERHARD/Karl H. KAUFHOLD/Ekkehard WESTERMANN (Hrsg.): Europäische Montanregion Harz, Bochum 2001, S. 235-250, hier S. 243-245; Akos PAULINYI: Arbeitsverweigerung und Aufruhr in Mittelslowakischen Berg- und Hüttenwerken 1790-1815, in: WESTERMANN/ WESTERMANN (Hrsg.): Streik im Revier (wie Anm. 36), S. 280-284.

VIII.

Die folgenden charakteristischen Strukturmerkmale lassen die Anfänge eines ‚Arbeitsmarktes Montanwirtschaft' in der Frühen Neuzeit als ein durch Rekonstruktion entstandenes, der weiteren Forschung dienliches Konstrukt erkennen. Dabei werden Boomphase, Stagnation und Abschwung als konstant angesehen:

- Die seit dem Mittelalter bergrechtlich garantierte persönliche Freiheit des Bergmanns ermöglichte erst seine Mobilität in einer Epoche persönlich-dinglicher Abhängigkeiten.
- In einer ansonsten von einem geringeren Organisationsgrad geprägten Gesellschaft stellte sich die seit dem 15. Jahrhundert nachweisbare Bruderschaft bzw. Knappschaft zunächst als eine Organisation zur Selbsthilfe im Falle von Invalidität, Krankheit, vorzeitigem Tod und Alter dar. Sie entwickelte sich rasch zum entscheidenden organisatorischen Kristallisationspunkt bei Arbeitskämpfen im Revier und beeinflusste in ihren Auswirkungen die Entwicklung des Arbeitsmarktes.
- Die Preissteigerungen im Lebensmittelbereich schlugen auf den Reallohn durch und rückten diesen in den Mittelpunkt des Konflikts, der dann je länger desto mehr nicht allein durch Regelungen der Bergordnungen beizulegen war. Für Teile der Bergleute führte dies samt den sonstigen, als unzumutbar wahrgenommenen Arbeitsverhältnissen in die Armut und/oder zur Abwanderung.
- Seit dem letzten Drittel des 16. Jahrhunderts gewannen der ‚Arbeitsmarkt Montanwirtschaft' und seine Ausbildung durch den Prozess der Protoglobalisierung an Bedeutung, da nun die Migrationsmöglichkeiten räumlich ausgedehnt werden. Regional ist er seit dem massenhaften Einsatz der Sprengtechnik zudem häufig mit den Anfängen und der Entfaltung der Protoindustrialisierung verknüpft und weist damit Wege in die Moderne.

Sina Westphal

Degenhardt Pfeffinger. Spätmittelalterliches Weltverständnis im Spiegel einer Münzsammlung

Degenhardt Pfeffinger (1471-1519), der langjährige Rat und Kämmerer Kurfürst Friedrichs des Weisen von Sachsen,[1] ist seit Langem als Sammler antiker Münzen und Medaillen bekannt. Er ist einer der frühesten nördlich der Alpen nachweisbaren Münzsammler und wird als solcher in der Literatur neben so illustren Persönlichkeiten wie Francesco Petrarca (1304-1374), Alfons I. von Neapel (1396-1458) oder Maximilian I. (1459-1519) genannt.[2] Im Gegensatz zu diesen sammelte Pfeffinger jedoch nicht hauptsächlich antike Münzen, sondern er besaß auch zahlreiche mittelalterliche und zeitgenössische Stücke. Von etwa 1.400 in seinem Sammlungskatalog nachgewiesenen Münzen sind nicht viel mehr als 200 eindeutig der Antike zuzuordnen (siehe Anhang). Dies ist mehr als ungewöhnlich – Eberhart im Bart von Württemberg (1445-1496), einer der ganz frühen Sammler mittelalterlicher Münzen, besaß noch überwiegend Gepräge antiker Caesaren. Vor Pfeffinger hat zudem Stephan von Neidenburg (1412-1495), den Hendrik Mäkeler als ersten heute bekannten Sammler mittelalterlicher Münzen bezeichnet, sowohl mittelalterliche als auch zeitgenössische Stücke gesammelt.[3]

Die Münzsammlung Degenhardt Pfeffingers wird seit dem 18. Jahrhundert sporadisch in wissenschaftlichen Veröffentlichungen erwähnt.[4] Zuletzt hat Enno Bünz auf den 1514 im Auftrag Pfeffingers angelegten Sammlungskatalog verwiesen und zu

1 Siehe Enno BÜNZ: Die Heiltumssammlung des Degenhart Pfeffinger, in: Andreas TACKE (Hrsg.): „Ich armer sundiger mensch". Heiligen- und Reliquienkult am Übergang zum konfessionellen Zeitalter (Schriftenreihe der Stiftung Moritzburg, Kunstmuseum des Landes Sachsen-Anhalt, 2), Göttingen 2006, S. 125-169 mit ausführlichen Literaturangaben; sowie Uwe SCHIRMER: Untersuchungen zur Herrschaftspraxis der Kurfürsten und Herzöge von Sachsen. Institutionen und Funktionseliten (1485-1513), in: DERS./Jörg ROGGE (Hrsg.): Hochadelige Herrschaft im mitteldeutschen Raum (1200 bis 1600) (Quellen und Forschungen zur sächsischen Geschichte, 23), Stuttgart 2003, S. 305-378, hier S. 366f.

2 Friedrich von SCHRÖTTER (Hrsg.): Wörterbuch der Münzkunde, Berlin 1930 [ND Berlin 1970], S. 436; Paul GROTEMEYER: „Da ich het die Gestalt". Deutsche Bildnismedaillen des 16. Jahrhunderts (Bibliothek des Germanischen Nationalmuseums Nürnberg zur deutschen Kunst- und Kulturgeschichte, 7), München 1957, S. 24.

3 Ulrich KLEIN: Graf Eberhard im Bart als Münzsammler, in: Hans-Martin MAURER (Hrsg.): Eberhard und Mechthild. Untersuchungen zu Politik und Kultur im ausgehenden Mittelalter (Lebendige Vergangenheit. Zeugnisse und Erinnerungen, Schriftenreihe des Württembergischen Geschichts- und Altertumsvereins, 17), Stuttgart 1994, S. 83-94; Hendrik MÄKELER: Francesco Petrarca und Stephan von Neidenburg. Zwei Münzsammler im Mittelalter, in: Minda Numismatica 2005. Festschrift der Münzfreunde Minden und Umgebung e. V. zum 2. Deutschen und 50. Norddeutschen Münzsammlertreffen (Schriftenreihe der Münzfreunde Minden und Umgebung, 23), S. 257-269, hier S. 268.

4 Ernst S. CYPRIAN: Catalogus codicum manuscriptorum bibliothecae Gothanae, Leipzig 1714, S. 120f.

Recht bemerkt, dass es sich lohnen würde, „dieser Sammlung weiter nachzugehen“[5]. Aber auch Pfeffinger selbst äußerte sich schriftlich zu seiner Sammlung. In seinem im Hauptstaatsarchiv Weimar überlieferten Testament geht der Kämmerer auf deren Genese ein, indem er die Förderung Kurfürst Friedrichs als maßgebliches Moment für den Aufbau der Sammlung benennt. Zum Dank hinterließ er dem Kurfürsten testamentarisch einen Großteil der wertvollen Münzen und Medaillen:

> *Die seltzsame muntz an gol[d]s und silber hat mein liebe hausfrau bei ir zu Salbernkirchen, und wu sye die selbige meinem gnedigsten hern, dem churfursten zu Sachsen, welt uberantwertten und zukummen lassen, were mir vast lieb, in betrachtung, das ich die selbige von seinen churfurstlichen gnaden und durch der selbigen forderung an manchem ende gesammelt und zu wegen pracht habe*[6].

Der Sammlungskatalog gibt Auskunft über den Inhalt der Münzsammlung. Das dreiteilige Verzeichnis, das jeweils einen Band zu Gold-, Silber- und Bleiobjekten umfasst, ist nicht mehr vollständig überliefert. Der dritte Band (*Tertius Liber Numismatum*), der im 19. Jahrhundert als verschollen galt,[7] konnte nun in der Forschungsbibliothek Gotha wieder aufgefunden werden und dient maßgeblich als Grundlage der folgenden Ausführungen.[8] Er zählt mehr als 200 Blatt, von denen inklusive Index und Überschriften 189 Seiten beschrieben sind. Die Schrift ist sehr sorgfältig ausgeführt und durch liniierte Zeilen und Spalten strukturiert. Die Münzeinträge führen die Umschrift der jeweiligen Stücke auf und machen häufig Angaben zur Qualität der Münzen (z. B. *pulcher*). In der Regel sind die Seiten nicht völlig beschrieben, um Raum für weitere Einträge zur Verfügung zu haben. Zu diesem Zweck sind auch leere Blätter zwischen den Einträgen gelassen worden. Dem übergreifenden Index ist zu entnehmen, dass der erste Band (Goldmünzen) mindestens 361 Blatt stark gewesen sein muss, der zweite (Silbermünzen) mindestens 409 Blatt.[9]

Dieser Katalog ist jedoch nicht die einzige Quelle zur Münz- und Medaillensammlung Degenhardt Pfeffingers: Das Hauptstaatsarchiv Weimar verfügt über zwei notizartige Handschriften, die komplementär zum zweiten und dritten Band des Münzkatalogs entstanden sind. Diese Register sind ebenfalls auf das Jahr 1514 zu datieren und führen den Titel *Summa Degenhart Pfeffingers, erbmarschalh in Nydern Bayrn und churfurstlichen cammrers zu Sachssen sylbern muntz, in dem sylbern muntz buch begriffen* beziehungsweise *Summa Degenhart Pfeffingers, erbmarschalg etc., kupffern muntz, in dem kupffern munzbuch begriffen*[10]. Im Gegensatz zu den ausführlicheren Katalogbänden sind die in Weimar überlieferten Handschriften nicht sehr umfangreich. Das Verzeichnis der Silbermünzen umfasst neun Blatt, dasjenige der Kupfermünzen sechs Blatt. Den Einträgen sind keine Angaben zu Münzumschriften oder Er-

5 BÜNZ: Heiltumssammlung (wie Anm. 1), S. 151, Anm. 108.

6 Thüringisches Hauptstadtarchiv Weimar (im Folgenden ThHStA Weimar), Ernestinisches Gesamtarchiv Reg. Gg 2215.

7 Karl KOETSCHAU: Die Medaille auf Degenhard Pfeffinger, in: Zeitschrift für Numismatik 20 (1897), S. 310-324, hier S. 312f.

8 Forschungsbibliothek Gotha (im Folgenden FB Gotha), Chart. B Nr. 1706.

9 FB Gotha, Chart. B Nr. 1706, fol. 195r-206r (Index zum ersten Band [=Goldmünzen]), fol. 207r-219r (Index zum zweiten Band [=Silbergepräge]).

10 ThHStA Weimar, Ernestinisches Gesamtarchiv Reg. O 150 und Reg. O 151.

haltungszustand zu entnehmen. Sie enthalten Absätze und Streichungen, letztere beziehen sich in der Regel auf die Zahlenangaben. Es ist daher zu vermuten, dass die Hefte angelegt wurden, um die Sammlungsstücke auf Reisen, direkt nach dem Erwerb, registrieren zu können. Sie wurden später in den Katalog eintragen.

Diese Arbeit übernahm nicht Degenhardt Pfeffinger selbst, sondern der kursächsische Kaplan und Geheimsekretär Georg Spalatin,[11] dem der Kämmerer als letzten Dank für die Mühe testamentarisch einen kleinen Teil seiner Sammlung hinterließ:

> *Aber die kupfere montz, wel*[c]*he noch zu Thorgau in meinem hauss ist, zusambt etlichen guldenen und silbern stucken, der doch wenig dabei, ist mein wille, das die selbigen magister Spalatin geantwort werden, sol*[c]*he von mein wegen zur danckbarkeit umb sein muh, die selbigen montz in vorzeichnus, zubringen zubehalten*[12].

Ein Handschriftenvergleich legt nahe, dass die in Weimar überlieferten Register ebenfalls von der Hand Georg Spalatins stammen.[13] Die Stückzahleinträge mag Pfeffinger selbst vorgenommen haben.

Der Schwerpunkt der Münzsammlung Degenhardt Pfeffingers lag um 1514 im Bereich der Silbermünzen, die mit 1.169 Exemplaren vertreten waren. Es sind lediglich 176 Kupfermünzen sowie 29 Bleiobjekte aufgeführt, darunter elf Abgüsse italienischer Renaissancemedaillen aus der Werkstatt des italienischen Malers und Medailleurs Antonio Pisanello (1395-1455). Auch die von Adriano Fiorentino (1450/60-1499) 1498 geschaffene Medaille von Degenhardt Pfeffinger selbst befand sich in der Sammlung.[14] Außergewöhnlich ist ein Eintrag in der Kategorie *Argentea Numismata in quibus nulla est scriptura.* Neben zehn mittelalterlichen Münzen, auf denen noch Bischofsinsignien (*effigie episcopali, episcopali habitu modo sedentis*) oder Herrschaftszeichen (*statua regali, imagine regii cultus*) zu erkennen waren, führt der Münzkatalog 32 alte Münzen auf, die 1512 in Thüringen gefunden und Kurfürst Friedrich dem Weisen überantwortet worden waren.[15] Dieser hatte den Münzschatz offenbar kurz darauf seinem Kämmerer Pfeffinger geschenkt.

Die Anzahl der Goldmünzen Degenhardt Pfeffingers lässt sich nicht mehr bestimmen, da das entsprechende Verzeichnis weder in Weimar noch in Gotha überliefert ist. Dem übergreifenden Index des Münzkatalogs ist jedoch zu entnehmen, dass Pfeffinger Goldmünzen von 63 Münzständen besaß; es müssen demgemäß mindestens 63 Stücke vorhanden gewesen sein.

Die Struktur der Sammlungskataloge kann als typisch bezeichnet werden: Untergliedert wird auf Grundlage des Materials (Gold, Silber, Kupfer, Blei) sowie, dem

11 Zur Biographie Spalatins vgl. Irmgard HÖSS: Georg Spalatin. Ein Leben in der Zeit des Humanismus und der Reformation, Weimar 1956.

12 ThHStA Weimar, Ernestinisches Gesamtarchiv Reg. Gg 2215.

13 Stadtarchiv Nürnberg (im Folgenden StdA Nürnberg), E 29 IV, Fasz. IV 13 enthält Briefe Georg Spalatins an den Nürnberger Ratsherr Anton Tucher (vor allem aus dem Jahr 1520).

14 Eigentlich Adriano di Giovanni de Maestri, vgl. zu diesem Cornelius von FABRICZY: Adriano Fiorentino, in: Jahrbuch der Preußischen Kunstsammlungen 24 (1903), S. 71-98.

15 FB Gotha, Chart. B Nr. 1706, fol. 172v: *XXXII Numi tam tenues quam veteres: apud Isaburgum Turingiae oppidum duconis Saxonicae MDXII inventi: et D. Fridrico Sacr. Ro. Imp. Electori Duci Saxoniae L. Dur. Et March. Misn. missi.*

spätmittelalterlichen Rangdenken entsprechend, anhand des Standes (Päpste, Kaiser, Könige, Herzöge, Grafen, Herren, Städte).

Dem Historiker erschließen die Sammlungsverzeichnisse jedoch eine weitere Verständnisebene, indem sie eine Antwort auf die Frage zulassen, wie Degenhardt Pfeffinger sein historisches, politisches und wirtschaftliches Umfeld wahrnahm und es anhand der Sammlung materialisierte. Die Anzahl der in der Sammlung vorhandenen Stücke und deren Material lassen dies ebenso erkennen wie das bewusste Fehlen von Stücken einzelner Prägestände.

In der Pfeffinger'schen Sammlung zahlenmäßig an erster Stelle stehen mit 515 Stück die unbestimmten Münzen, die damit mehr als ein Drittel der bekannten Objekte ausmachen. Darunter fallen an erster Stelle die Kleinsilbergepräge ‚ohne Buchstaben' (268 Münzen), an zweiter Stelle die Kleinsilbergepräge ‚mit Buchstaben' (171 Münzen), an dritter Stelle Gold- und Silbermünzen mit ‚wenig Schrift' (65 Silbermünzen und eine unbestimmte Anzahl an Goldgeprägen) und schließlich an vierter Stelle Gold- und Silbermünzen ‚ohne Schrift' (11 Silbermünzen und eine unbestimmte Anzahl an Goldgeprägen). Bei den am zahlreichsten vertretenen Kleinsilbergeprägen handelt es sich um Pfennige und Heller, also Münzen geringen Wertes, die offenbar weder Georg Spalatin noch Degenhardt Pfeffinger zuzuordnen vermochte.

Dies wirft die Frage nach den numismatischen Kenntnissen Georg Spalatins auf, der mutmaßlich aufgrund seines Fachwissens von Pfeffinger zur Abfassung des Münzkatalogs herangezogen worden war. Als Hofhistoriograph Kurfürst Friedrichs war der Humanist zumindest historisch versiert und erfüllte damit eine wesentliche Voraussetzung für das Bestimmen von Münzen.[16] Es ist darüber hinaus belegt, dass Spalatin im September 1522 eine numismatische Schrift von Philipp Melanchthon (1497-1560) erhielt.[17] Das numismatische Interesse Spalatins war also zu dieser Zeit bereits ausgeprägt und im Freundeskreis bekannt. Ebenfalls 1522 soll Martin Luther ihn im Rahmen seiner Übersetzung des Neuen Testaments – „zu besserem Verständnis der Texte" – um alte Münzen gebeten haben.[18] Zum Zeitpunkt seines Todes scheint Georg Spalatin eine kleine Münzsammlung besessen zu haben – vielleicht handelte es sich dabei um die Stücke, die ihm Pfeffinger sechsundzwanzig Jahre zuvor hinterlassen hatte.[19]

16 Ingetraut LUDOLPHY: Friedrich der Weise. Kurfürst von Sachsen 1463-1525, Göttingen 1984 [ND 2008], S. 117f.

17 Melanchthons Briefwechsel, Bd. 1: Regesten 1-1109, bearb. von Heinz SCHEIBLE, Stuttgart 1977, Nr. 237, S. 132: „[Wittenberg, ca. Ende September 1522] M. an Georg Spalatin [in Lochau] […] [1] M. gratuliert zur Heimkehr Sp.s und des kurfürstlichen Hofes [aus Nürnberg] nach Lochau und preist den Kf. [Friedrich]. [2] M. dankt für ein Geschenk Sp.s an seine Frau. Er schickt seine Münztabelle [Vorform von CR 20, 413-424], erörtert numismatische Probleme (ein Schüler M.s [N.N] bearbeitet in seinem Auftrag Budé [De asse. Paris 1514 u.ö.]) und berichtet von seiner Münzsammlung […]"; vgl. ebd. ferner Nr. 184 und Nr. 228.

18 Hartmann GRISAR: Luther, Bd. 3, Freiburg i. Br. 1912, S. 419.

19 Julius WAGNER: Georg Spalatin und die Reformation der Kirchen und Schulen zu Altenburg. Als Beitrag zur Feier des doppelten Jubelfestes der Uebergabe der Augsburgischen Confession und der Begründung der hiesigen Gelehrtenschule, Altenburg 1830, S. 105: „Spalatin zeigte übrigens einen sehr regen Sinn für Wissenschaftlichkeit jeder Art, und war namentlich wie in der Geschichte, so in dem Münzwesen und in der Kunde der Alterthümer heimisch." Julius LÖBE: Einige Nachträge zu Spalatin's Lebensgeschichte, in: Mittheilungen der Geschichts- und Alter-

In jedem Fall war Spalatin offenbar bereits in jungen Jahren gegenüber numismatischen Fragen aufgeschlossen. Die hohe Anzahl unbestimmter Münzen im Sammlungskatalog Pfeffingers legt allerdings nahe, dass der Humanist sich 1514 erstmals intensiv mit antiken und vor allem mittelalterlichen Münzen beschäftigte.

Zu den unbestimmbaren Münzen zählten auch die bereits erwähnten Gepräge aus einem thüringischen Schatzfund, die Pfeffinger offenbar nicht lange nach deren Entdeckung im Jahr 1512 von Kurfürst Friedrich erhielt. Dieser Umstand belegt die intensive Sammeltätigkeit Pfeffingers bereits vor der Niederschrift seines Sammlungskatalogs im Jahr 1514, die dem Kurfürsten bekannt war. Vermutlich reicht der Beginn dieser Tätigkeit in das Jahr 1492/93 zurück, als er als junger Mann mit Kurfürst Friedrich und anderen Adligen eine Pilgerfahrt in das Heilige Land unternahm.[20] Während dieser Fahrt fand sich sicher Gelegenheit zum Erwerb kleinerer Artefakte. In der Tat sind Münzen des Königreichs Jerusalem und Venedigs in seinem Katalog verzeichnet.

Darüber hinaus sammelte Pfeffinger Münzen offenbar nicht nur aufgrund ihrer Schönheit – quasi als Kleinkunstwerke –, sondern aufgrund seiner Verbundenheit mit der Vergangenheit, die er als Teil seiner Gegenwart begriff und anhand der Münzsammlung zu dokumentieren suchte. Aus diesem Grund nahm er die offenbar schlecht erhaltenen mittelalterlichen Fundmünzen in seine Sammlung auf.

Aufgrund seines dokumentarischen Leitgedankens sammelte Pfeffinger Münzen auf systematische Weise, ähnlich wie Eberhard im Bart von Württemberg, dem die Rolevinckschc Weltchronik als Vorlage für seine Sammlung diente.[21] Sowohl der württembergische Fürst als auch der bayerische Niederadlige trugen aus diesem Grund neben mittelalterlichen und zeitgenössischen Geprägen auch antike Münzen zusammen. Anders als etwa Bonifacius Amerbach (1495-1562) und andere Humanisten stand allerdings hinter der Sammlung antiker Münzen keine gelehrte Beschäftigung mit der Geschichte, Kultur und Sprache der Antike.[22] Dazu hätte Degenhardt Pfeffinger 1513 oder 1514 auch keine Zeit gehabt, wie seine Briefe an den Nürnberger Ratsherrn Anton Tucher aus dieser Zeit belegen.[23] So wandte er sich etwa am 7. Februar 1514 von München aus schriftlich an Tucher und teilte diesem mit, er werde sich im Auftrag des Kurfürsten erneut zu Maximilian I. begeben. Diese Reise sei ihm aller-

thumsforschenden Gesellschaft des Osterlandes zu Altenburg 2 (1845-1848), S. 202-210, hier S. 208: „Er [Spalatin] hinterließ auch eine für jene Zeiten reiche und kostbare Bibliothek, die nicht blos theologische […] Bücher enthielt, sondern auch aus andern Wissenschaften […]. Für seine Beschäftigung mit der Numismatik (Wagner S. 105) spricht auch die kleine Sammlung von alten goldenen und silbernen Münzen, welche sich unter neuern Münzen in der ‚Lade' fanden."

20 Reinhold RÖHRICHT/Heinrich MEISNER: Hans Hundts Rechnungsbuch (1493-1494), in: Neues Archiv für Sächsische Geschichte 4 (1883), S. 37-100.

21 KLEIN: Graf (wie Anm. 3), S. 85.

22 Vgl. zu Amerbach Susanne von HOERSCHELMANN: Basilius Amerbach als Sammler und Kenner von antiken Münzen, in: Elisabeth LANDOLT u. a. (Hrsg.): Das Amerbach-Kabinett. Beiträge zu Basilius Amerbach, Basel 1991, S. 29-50; Susanne von HOERSCHELMANN: Münzverzeichnis des Bonifacius Amerbach aus dem Jahre 1552, in: ebd., S. 109-122.

23 Sina WESTPHAL: Die Korrespondenz zwischen Kurfürst Friedrich dem Weisen von Sachsen und der Reichsstadt Nürnberg. Analyse und Edition (Kieler Werkstücke, Reihe E, 10), Frankfurt a. M. u. a. 2011, passim.

dings *in aller wahrhait gantz ungelegen*, da er alle seine *sachen und hendl* ihn selbst betreffend *zu ruck slahen und ansten lassen* müsse.[24]

Währenddessen verzeichnete Georg Spalatin die antiken Gepräge Pfeffingers in dessen Münzkatalog, die zahlenmäßig mit 222 Münzen an zweiter Stelle stehen. Es handelt sich dabei um Münzen nicht-christlicher, römischer Kaiser und Kaiserinnen. Die meisten Stücke (15) stammen von Konstantin dem Großen (270/288-337) und seinen Söhnen Constantius I. (250-306) (10), Konstantin II. (317-340) (7) sowie Constans (320-350) (5). Ebenfalls mit fünf oder mehr Stücken vertreten sind der römische Gegenkaiser Magentius (303-353) sowie die Kaiser Nero (37-68), Trajan (53-117), Antoninus Pius (86-161) und Probus (232-282). Darüber hinaus besaß Pfeffinger Münzen von 22 weiteren römischen Kaisern, zeitlich beginnend mit Gaius Julius Caesar (100 v. Chr.-44 v. Chr.) und endend mit Gratian (359-383), unter dessen Herrschaft das Christentum Staatsreligion des Römischen Reiches wurde. Daneben beinhaltete die Sammlung 21 antike Münzen, die keinem Kaiser zugeordnet werden konnten und daher in der Kategorie der kaum lesbaren, unbestimmten Gepräge aufgeführt wurden. Auf den Münzen waren zumeist nur noch die Worte *AVGVSTVS*, *CAESAR*, *PONTIFEX MAXIMVS*, *COS* oder *S.C.* lesbar.

Überraschend deutlich spiegelt sich die lange Dienstzeit Degenhardt Pfeffingers am kurfürstlichen Hof auch in seiner Münzsammlung wider: Addiert man die Gepräge des Herzogtums Sachsen, der Landgrafschaft Thüringen sowie der Markgrafschaft Meißen, dann ergibt sich eine Summe von 53 Münzen zuzüglich Goldgeprägen, die sowohl aus Sachsen als auch aus Thüringen und Meißen vertreten waren. Ob diese vergleichsweise hohe Anzahl sächsischer Münzen ein spezielles Sammlungsinteresse zum Ausdruck bringt oder ob sie vornehmlich Pfeffingers Bezugsmöglichkeiten an seinem kursächsischen Wohnsitz reflektiert, sei dahingestellt.

Auf ähnliche Weise prägte sich die intensive Gesandtschaftstätigkeit Pfeffingers im Auftrag des Kurfürsten am Hofe Maximilians I. auf die Sammlung aus. Mit 49 vor allem silbernen Münzen zuzüglich der Goldgepräge besaß der Niederadlige eine beachtliche Anzahl an Stücken vor allem erzherzoglicher Provenienz.

Einer ausführlicheren Erklärung bedarf dagegen die hohe Zahl an Sammlungsstücken aus dem Herzogtum Mailand, das im 15. Jahrhundert nach dem Aussterben der Visconti in männlicher Linie von den Sforzas regiert wurde. 31 Münzen, zwei Medaillenabgüsse sowie Goldgepräge befanden sich 1514 in der Sammlung. Möglicherweise ist das besondere Interesse Pfeffingers im wechselvollen und dramatischen Zeitgeschehen zu suchen, denn das Herzogtum Mailand war nach der Eroberung durch König Ludwig XII. von Frankreich (1462-1515), einem Enkel der Valentina Visconti, im Jahr 1500 in sich jahrzehntelang hinziehende Kämpfe verwickelt worden.[25] Auch Maximilian I., der seit 1493 in zweiter Ehe mit Bianca Maria Sforza (1472-1510) verheiratet war, engagierte sich gegen die Expansionspolitik des französischen Königs.

24 WESTPHAL: Korrespondenz (wie Anm. 23), S. 451, Nr. 252.

25 Robert W. SCHELLER: Gallia cisalpina: Louis XII and Italy 1499-1508, in: Simiolus: Netherlands quaterly for the history of art 15 (1985), H. 1, S. 5-60; Christine SHAW: The politics of Exile in Renaissance Italy (Cambridge studies in Italian history and culture), Cambridge 2000.

Mit 28 Objekten sowie einer unbestimmten Anzahl an Goldmünzen kam auch den Münzen der Päpste innerhalb der Sammlung eine besondere Bedeutung zu, die bezeichnenderweise größer war als diejenige der christlichen, römischen Kaiser und Könige, die nur mit 13 Exemplaren, zuzüglich Goldgeprägen, vertreten waren.

Ebenfalls stechen die Münzen der Landgrafschaft Hessen (15), diejenigen der Markgrafschaft Mantua (15), die des Herzogtums Bayern (14) und die der Königreiche Ungarn und Böhmen (14) aufgrund ihrer Anzahl hervor. Die Erbeinung zwischen den Herzögen von Sachsen und der sich darauf begründende Anspruch der Ernestiner auf die Vormundschaft über Philipp von Hessen nach dem Tod seines Vaters Wilhelm im Juli 1509 mag das besondere Interesse Pfeffingers an der Landgrafschaft geweckt haben und kann als Erklärung für die hohe Zahl an landgräflichen Münzen dienen.[26] Als Erbmarschall in Niederbayern und gebürtiger Bayer bot sich Degenhardt Pfeffinger vermutlich vielfältige Gelegenheit, Münzen aus dem Herzogtum Bayern zu sammeln. Dass er nicht über eine mit den sächsischen Münzen vergleichbar große Anzahl bayerischer Münzen verfügte, unterstreicht seine Verbundenheit mit dem Kurfürstentum. Die Königreiche Ungarn und Böhmen waren mehrfach im Sammlungskatalog vertreten. Vermutlich interessierte Pfeffinger sich aufgrund der räumlichen Nähe zu Böhmen und der wechselvollen Geschichte der beiden Königreiche im 15. und frühen 16. Jahrhundert für diese Stücke, während die weite Verbreitung böhmischer und ungarischer Gold- und Silbergepräge in Mitteleuropa den Aufbau einer Sammlung erleichterte. Die Vorliebe Pfeffingers für Münzen und Medaillen der Markgrafschaft Mantua schließlich belegt erneut den Einfluss der Zeitgeschichte auf die Ausgestaltung der Sammlung: Die Gonzaga hatten sich in der zweiten Hälfte des 15. Jahrhunderts mit diplomatischem Geschick und Kriegstüchtigkeit eine zentrale Rolle in der italienischen Politik gesichert.[27] Nach den französischen Angriffen in den 1490er Jahren war es demgemäß auch Francesco Gonzaga, der 1495 als Generalkapitän der Heiligen Liga die Gegenoffensive führte.

Bemerkenswert an der Sammlung Pfeffingers sind schließlich die Medaillen. Die Tatsache, dass er sich selbst schon früh (1498) eine Medaille von dem italienischen Medailleur Fiorentino anfertigen ließ, lässt auf eine Vorliebe für diese Kleinkunstwerke schließen. Zwar besaß Pfeffinger selbst kaum Renaissancemedaillen im Original, die in der Regel in Silber oder Kupfer ausgeführt wurden, wohl aber verfügte er über eine stattliche Sammlung an Abgüssen von Medaillen des italienischen Medailleurs Pisanello (1395-1455). Insgesamt elf solcher Bleiobjekte nannte Pfeffinger 1514 sein Eigen. Dabei handelte es sich um einen Abguss der 1438/39 entstandenen Medaille auf den byzantinischen Kaiser Johannes VIII. Palaiologos,[28] einen Abguss der Medaille auf Filippo Maria Visconti von Mailand (um 1441)[29] und einen solchen

26 LUDOLPHY: Friedrich der Weise (wie Anm. 16), S. 256-258.

27 Daniela FRIGO: ‚Small states‘ and diplomacy: Mantua and Modena, in: DIES. (Hrsg.): Politics and diplomacy in early modern Italy: the structure of diplomatic practice, 1450-1800 (Cambridge studies in Italian history and culture), Cambridge 2000, S. 147-175.

28 Interaktiver Katalog des Münzkabinetts Berlin (www.smb.museum/ikmk), Objektnr. 18203909 (Stand: 03.04.2012).

29 Interaktiver Katalog des Münzkabinetts Berlin (wie Anm. 28), Objektnr. 18228119.

der Medaille auf Francesco Sforza (um 1441).[30] Er besaß zwei Abgüsse von Medaillen auf Leonello d'Este (ca. 1441-1450),[31] einen Abguss der Medaille auf Lodovico Gonzaga (um 1445),[32] zwei Abgüsse von Medaillen auf Sigismondo Pandolfo Malatesta (um 1445),[33] den Abguss einer Medaille auf Niccolò Piccinino (um 1441)[34] sowie den Abguss einer Medaille auf Cecilia Gonzaga (um 1448).[35] Ebenfalls Teil der Sammlung war ein Abguss der Medaille auf Inigo d'Avalos (um 1449).[36] Dieses Stück konnten Pfeffinger und Spalatin allerdings nicht korrekt zuordnen, so dass es unter den unbekannten Stücken aufgeführt wurde.

Neben Geprägen zahlreicher weiterer Königreiche, Herzogtümer, Grafschaften, Erzbistümer, Bistümer und Herrschaften sammelte der kursächsische Kämmerer auch städtische Münzen. Untergliedert waren die Münzen in solche aus *welschen stet* und solche aus *teutschen stet* beziehungsweise *Urbium Germaniae*. Unter den *welschen* Münzständen fanden sich mit Rom, Florenz, Ragusa, Pisa, Siena, Lucca, Ancona, Pesaro, Trient, Mailand und Bologna vor allem italienische Städte. Die *teutschen stet* waren mit den Freien und Reichsstädten Aachen, Augsburg, Basel, Esslingen, Frankfurt, Hamburg, Köln, Konstanz, Lübeck, Metz, Mühlhausen, Nördlingen, Nürnberg, Ravensburg, Regensburg, St. Gallen, Straßburg, Ulm und Worms sowie den Städten Baden im Aargau, Bamberg, Bern, Bingen, Bratislava, Braunschweig, Breslau, Danzig, Deventer, Erfurt, Freiburg, Freiburg im Breisgau, Goslar, Göttingen, Graz, Groningen, Halberstadt, Hannover, Hildesheim, Kempten, Krakau, London, Löwen, Lüneburg, Miltenberg, Mühlheim, Nancy, Neuss, Prag, Rottweil, Rouen, Schwabach, Schwyz, Solothurn, Tours, Wismar, Xanten und Zürich vertreten. Die Unterscheidung zwischen *welschen* und *teutschen* Münzen scheint sich in diesem Fall auf Münzen südlich und nördlich der Alpen zu beziehen. Gegebenenfalls wurde der Begriff ‚welsch' von Georg Spalatin allein auf die italienischen Münzen bezogen.

Wie bereits erwähnt, war sich Pfeffinger des Fehlens einzelner Prägestände in seiner Sammlung bewusst und strebte danach, diesen Mangel zu beheben. Von fünf Städten (Bremen, Breslau, Mühlhausen, Ragusa und Verona) besaß er keine Exemplare und beabsichtigte daher, Silbergepräge zu erwerben. Dagegen verfügte er bereits über Goldmünzen des Giovanni II. Bentivoglio aus Bologna (1443-1508), des Herzogtums Burgund, des Königreichs Schottland sowie der Markgrafschaft Montferrat, wünschte aber offenbar zusätzlich Silbermünzen zu akquirieren.

Wie viele Goldmünzen Degenhardt Pfeffinger insgesamt besaß, lässt sich aufgrund der Quellenlage nicht mehr sicher abschätzen. Aufgrund des Umfangs des ersten Bandes seines Münzkatalogs ist eine Zahl von mehreren hundert Münzen wahrscheinlich. Es ist zumindest auffällig, dass die Prägestände, von denen er eine verhältnismäßig hohe Zahl an Silber-, Kupfer- und Bleiobjekten besaß, mit denjenigen korrelieren, von denen er

30 Ebd., Objektnr. 18228124 oder 18200157.

31 Ebd., Objektnr. 18228147, 18228140, 18200156, 18228153, 18219804, 18219805, 18200155, 18200168 [genaue Zuordnung ungewiss].

32 Ebd., Objektnr. 18200169 (Stand: 03.04.2012).

33 Ebd., Objektnr. 18218936 und 18200128.

34 Ebd., Objektnr. 18200162.

35 Ebd., Objektnr. 18200169 (Stand: 03.04.2012), Objektnr. 18200161.

36 Ebd., Objektnr. 18200134.

über Goldmünzen verfügte. Allerdings führt der Münzkatalog auch 17 Münzstände auf, von denen Pfeffinger ausschließlich Goldmünzen sein Eigen nannte.

Anhand der Münzsammlung Degenhardt Pfeffingers lässt sich dessen Weltbild mithin relativ deutlich nachzeichnen: Er sammelte neben antiken Münzen vor allem sächsische, bayerische und habsburgische Gepräge, was seine Dienstverpflichtungen als kursächsischer Kämmerer und niederbayerischer Erbmarschall sowie seine häufigen Aufenthalte am Hof Maximilians I. reflektiert. Darüber hinaus befanden sich in seiner Sammlung vornehmlich Münzen von Prägeherren, die zu seiner Zeit eine besondere politische Rolle spielten: Zu nennen sind in diesem Zusammenhang etwa die Herzöge von Mailand sowie die Markgrafen von Mantua. Die Perspektive auf das Reich wird in der Trennung zwischen *teutschen* und *welschen* Städtemünzen deutlich. Die Wirtschaftskraft der einzelnen Prägeherren schließlich lässt sich durch das Vorhandensein oder Fehlen von Gold- beziehungsweise Silbermünzen nachvollziehen. Das Bewusstsein der Unvollständigkeit dieses ‚metallenen Weltbildes' wird anhand der in der Sammlung noch als fehlend ausgewiesenen Städte erkennbar.

Anhang: Die Münz- und Medaillensammlung Degenhardt Pfeffingers (1514)

Münzstand	**Gold**	**Silber**	**Kupfer**	**Blei**	Σ[37]
Kleinmünzen ohne Buchstaben *d und heller an buchstaben*		268			268
Römische Kaiser (nicht christlich) *Romanorum Caesarum Imperiorum, Uncristlicher romischer kayser*	X	88	113	2	203
Kleinmünzen mit Buchstaben *d und heller mit buchstaben*		171			171
Münzen mit wenig Schrift *die wenig schrifft haben*	X	65			65
Erzherzogtum Österreich *Archiducum Austriae, Der ertzhertzogen zu Osterraich*	X	32	2		34
Herzogtum Mailand *Ducum Mediolanensium, Der hertzogen zu Maylandt*	X	25	6	2	33
Papst *Pontificum Maximorum, Bebstlicher hailickait*	X	17	9	2	28
Herzogtum Sachsen *Ducum Saxoniae, Hertzogen zu Sachssen*	X	22			22
Kurfürst Friedrich III. von Sachsen *Dn. Friderici III. Sanc. Ro. Imp. Elect. Ducis Saxoniae Lantgr. Tur. et March. Misn., Hertzogen Fridrichs zu Sachssen, churfursten etc. des namens des dritten*	X	10	7	2	19
Römische Kaiserinnen *Augustarum, Romischer kayseryn*		14	5		19
Landgrafschaft Hessen *Lantgraviorum Hasiae, Der lantgraven zu Hessen*	X	15			15
Markgrafschaft Mantua *Marchionum Mantuanorum, Der marggraven von Mantua*	X	8	4	3	15
Maximilian I. *Unsers allergnedigsten herren des itzigen romischen kaysers herren Maximilian etc., Dn. Maximilian Ro. Imp. Caes. Aug.*	X	15			15
Herzogtum Bayern *Ducum Bavariae, Der hertzogen zu Bayrn etc.*		14			14

37 Ohne Goldmünzen.

Münzstand	Gold	Silber	Kupfer	Blei	∑
Königreich Ungarn und Böhmen *Regum Ungarie et Boemiae, Der konyg zu Ungarn*	X	13	1		14
Römische Kaiser und Könige (christlich) *Romanorum Caesarum Christianorum, Cristlicher romischer kayser und konyg*	X	10	2	1	13
Münzen ohne Schrift *Muntz die keyn schrifft haben*	X	11			11
Herzogtum Ferrara *Ducum Ferrariensium, Der hertzogen von Ferrar*	X	7		2	9
Herzogtum Jülich *Ducum Iuliaecensium, Der hertzogen zu Julich*	X	9			9
Herzogtum Venedig *Ducum Venetorum, Der hertzogen von Venedig*	X	8	1		9
Königreich Sizilien *Regum Siciliae, Der konyg zu Sicilien*	X	7	2		9
Herzogtum Kleve *Ducum Clivensium, Der hertzogen zu Cleven*	X	8			8
Plaketten				8	8
Mongolische Münzen *Dattrisch Pfenning*		7	1		8
Erzbistum Mainz *Archiepiscoporum Maguntinorum, Ertzbischofen zu Meintz*	X	7			7
Königreich Frankreich *Regum Galliae, Der Konyg zu Franckraich*	X	5	2		7
Landgrafschaft Thüringen und Markgrafschaft Meißen *Lantgraviorum Turingiae et Marchionum Misniae, Lantgraven zu Duringen und marggraven zu Meissen*	X	7			7
Patriarchat Aquileia *Patriarcharum Aquileiensium, Patriarchen zu Aquiley*		7			7
Herzogtum Savoyen *Ducum Sabaudieae, Allobrogum, Der hertzogen zu Sophoy*	X	6			6
Johanniter auf Rhodos *Magistrorum Rhodiorum, Der mayster zu Rodys*		6			6
Köln		6			6
Bologna		5			5

Münzstand	Gold	Silber	Kupfer	Blei	∑
Erzbistum Köln *Archiepiscoporum Coloniensium, Ertzbischofen zu Coln*	X	5			5
Grafschaft Schwarzburg *Comitum Swartzburgensium, Der graven zu Schwartzburg*		5			5
Herzogtum Mecklenburg *Ducum Mechelburgensium, Der hertzogen zu Mechelburg*		5			5
Herzogtum Sachsen (ohne Namensnennung) *Ducum Saxoniae nomine non expresso, Der hertzogen zu Sachssen on namen*	X	5			5
Lübeck		5			5
Prag		5			5
Rom		1	4		5
Zürich		5			5
Aachen (*Ach, Aquae*)		3	1		4
Bistum Lüttich *Episcoporum Leodiensium, Bischoven zu Luttich*	X	4			4
Bistum Würzburg *Episcoporum Herbipolensium, Bischofen zur Wurtzburg*	X	4			4
Deventer		4			4
Erfurt		4			4
Erzbistum Bremen *Archiepiscoporum Bremensium, Ertzbischofen zu Bremen*	X	4			4
Fürstentum Anhalt *Principum Anhaltensium, Der fursten zu Anhalt*	X	4			4
Goslar		4			4
Grafschaft Henneberg *Principum et comitum Hennebergiorum, Der graven zu Hennenberg und fursten etc.*		4			4
Grafschaft Stolberg *Comitum Stolbergensium, Der graven zu Stolberg*		4			4
Herzogtum Braunschweig *Ducum Braunsvicensium et Luneburgensium, Der hertzogen von Braunswig etc.*	X	4			4
Konstantinopel			4		4
Konstanz		4			4

Münzstand	**Gold**	**Silber**	**Kupfer**	**Blei**	**∑**
Mailand		1	3		4
Markgrafschaft Baden *Marchionum Badensium, Der marggraven von Baden*	X	4			4
Münzen mit unbekanntem Prägeherrn *mit Spruchumschriften*			2	2	4
Nürnberg		4			4
Bern		3			3
Bistum Chur *Episcoporum Curiensium, Bischoven zu Chur*		3			3
Bistum Maastricht *Episcoporum Traiectensium, Bischoven zu Mastricht*	X	3			3
Bistum Sion/Sitten *Episcoporum Sedunensium, Bischoven zu Sedin oder Syttich*		3			3
Bratislava (*Presla*)		3			3
Augsburg, Ulm, Esslingen? (*Der dreyen stet in Swaben*)		3			3
Erzbistum Magdeburg *Archiepiscoporum Magdeburgensium, Der Ertzbischofen zu Magdburg*		3			3
Erzbistum Trier *Archiepiscoporum Trevirensium, Ertzbischofen zu Tryer*	X	3			3
Freiburg im Breisgau		3			3
Hamburg		3			3
Herzogtum Württemberg *Ducum Vurtenbergensium,Der hertzogen zu Wurtenberg*		3			3
Königreich Dänemark *Regum Daciae, Der konyg zu Dennemarck*	X	3			3
Königreich England *Regum Britanniae sive Angliae*	X	3			3
Königreich Jerusalem und Zypern *Regum Cypri et Hierusalem, Der konyg zu Jerusalem und Cypern*		3			3
Königreich Polen *Regum Poloniae, Der konyg zu Poln*		3			3
Lucca		2	1		3

Münzstand	Gold	Silber	Kupfer	Blei	∑
Lüneburg		3			3
Markgrafschaft Brandenburg *Marchionum Brandenburgensium, Marggraven zu Brandenburg*	X	3			3
Nördlingen		3			3
Pfalzgrafschaft Rhein *Comitum Palatonorum Rheni et Ducum Bavariae, Pfaltzgraven am Reyn, churfursten*	X	3			3
Tours (*Turon in Franckraich*)		3			3
Tramonti (*Tramund*)		3			3
Abtei Quedlinburg *Abbatissarum Quidlingburgensium, Der eptyssin zu Quidlingburg*		2			2
Basel		2			2
Bingen		2			2
Bistum Bamberg *Episcoporum Bambergensium, Bischoven zu Bamberg*	X	2			2
Bistum Passau *Episcoporum Pataviensium, Bischoven zu Passau*	X	2			2
Braunschweig		2			2
Burggrafschaft Nürnberg *Burggraviorum Nurmbergensium, Der burggraven zu Nurmberg*	X	2			2
Erzbistum Salzburg *Archiepiscoporum Saltzburgensium, Ertzbischofen zu Saltzburg*	X	2			2
Florenz		2			2
Freiburg (Fribourg)		2			2
Grafschaft Lippe *Comitum Lippensium, Der graven vin Lippen*		2			2
Grafschaft Mansfeld *Comitum Mansfeldensium, Der graven zu Mansfelt*		2			2
Grafschaft Oettingen *Comitum Otingensium, Der graven zu Otingen*		2			2
Grafschaft Oldenburg *Comitum Aldenburgensium, Der graven von Aldenburg*		2			2

Münzstand	**Gold**	**Silber**	**Kupfer**	**Blei**	**∑**
Graz (*Gretz*)		2			2
Hannover		2			2
Herzogtum Bretagne *Ducum Britonum, Der hertzogen von Brytoni*		2			2
Herzogtum Lauenburg *Ducum Leoburgensium, Der hertzogen von Lauenburg*		2			2
Herzogtum Lothringen *Ducum Lothoringiae, Der hertzogen von Lothring*		2			2
Hildesheim		2			2
Gian Giacomo Trivulzio (1441-1518) *Jacobi Joan Comit Trivultiii, Des graven von Trivultz in Franckraich etc.*			2		2
Kempten (*Campidon*)		2			2
Königreich Kastilien *Regum Castiliae, Der konyg zu Castilien*	X	2			2
Metz		2			2
Neuss		2			2
Neustadt (*Neuenstat*)		2			2
Pisa		2			2
Regensburg		2			2
Xanten (*Sannden*)		2			2
Sankt Gallen		2			2
Siena (*Siens*)		1	1		2
Sigismondo Pandolfo Malatesta (1417-1486) *Herrn Sigmund Malatesta*				2	2
Solothurn (*Solodorn*)		2			2
Tann		2			2
Unterwalden (*Underwalt*)		2			2
Usingen? (*Usne*)		2			2
Enna (auf Sizilien) (*Annon*)		1			1
Ancona *PPS QVIRIACVS DE ANCONA*			1		1

Münzstand	Gold	Silber	Kupfer	Blei	∑
Baden (Kanton Argau)		1			1
Bamberg		1			1
Bistum Bratislava *Episcoporum Vratislaviensium, Bischoven zu Presla*		1			1
Bistum Hildesheim *Episcoporum Hildeshennensium, Bischoven zu Hyldesheym*		1			1
Bistum Konstanz *Episcoporum Constantiensium, Bischoven zu Constenz*		1			1
Bistum Münster *Episcoporum Minasteriensium, Bischoven zu Munster*	X	1			1
Cecilia Gonzaga (1426-1451) *CECILIA MANTVANA*				1	1
Danzig		1			1
Degenhardt Pfeffinger *Degenhart Pfeffingers etc. gestalt*			1		1
Deutscher Orden in Livland *Der maister zu Litten*		1			1
Deutscher Orden in Preußen *Magistrorum Prussiae, Der maister zu Preussen*		1			1
Dukat Kalabrien *Ducum Calabriae, Der hertzogen von Calabrien*		1			1
Frankfurt am Main		1			1
Fürstentum Litauen *Ducum Lituaniae, Der hertzogen zu Litten*		1			1
Göttingen		1			1
Grafschaft Arlon? *Comitum Arun, Der graven zu Arun*		1			1
Grafschaft Friesland *Comitum Phrisiae, Der graven zu Friesen*	X	1			1
Grafschaft Gorinchem *Comitum Goricensium, Der herren von Gorich*		1			1
Herzogtum Troppau? (an der Oppa) *Comitum Hobarten, Der graven zu Hobbart*		1			1
Grafschaft Württemberg *Comitum Wurtenbergensium, Der graven von Wurtenberg*		1			1

Münzstand	Gold	Silber	Kupfer	Blei	∑
Groningen		1			1
Grönitz (*Grünz*)		1			1
Großau (*Große Au*)		1			1
Halberstadt		1			1
Herrschaft Carrara *Carrariorum*		1			1
Herrschaft der Obodriten? *Regum Slavorum, Der konyg zu Slawen oder Wynden*		1			1
Herrschaft Padua *Der herren von Padua*		1			1
Herrschaft Pesaro *Dominorum Pisauri*	X	1			1
Herrschaft Pisa *Dominorum Pisanorum, Der herren von Pisane*		1			1
Herzogtum Bari *Der hertzogen zu Bari*			1		1
Herzogtum Berg *Ducum de Monte, Der hertzogen vom Berg*		1			1
Herzogtum Brabant *Ducum Brabantiae, Der hertzogen zu Brabant etc.*	X	1			1
Herzogtum Geldern *Ducum Gelrensium, Der hertzogen zu Gelrn*		1			1
Herzogtum Glogau *Ducum Glogaviensium, Der hertzogen zu Glogau*		1			1
Herzogtum Modena *Ducum Mutinae, Der hertzogen von Mutina*		1			1
Herzogtum Pommern *Ducum Pomeraniae, Der hertzogen zu Pommern*	X	1			1
Herzogtum Spoleto *Ducum Spoletanorum, Der hertzogen von Spolet*		1			1
Iñigo I. d'Avalos (bis 1484) *DON INIGO - DE DAVALOS / PER VVI SE FA / OPVS PISANI PICTORIS*				1	1
Königreich Lotharingien? *Regum Lothariorum sive Lotharingiae, Der konyg zu Lothringen*		1			1

Münzstand	Gold	Silber	Kupfer	Blei	∑
Krakau		1			1
London (*Londin in Engellandt*)		1			1
Löwen (*Lowen*)		1			1
Miltenberg		1			1
Mühlheim		1			1
Nancy (*Nancey in Lothryngen*)		1			1
Niccolò Piccinino (1380-1444) *Nicolaen Picinin*				1	1
Pesaro (*Pisauren*)		1			1
Ravensburg		1			1
Rottweil		1			1
Rouen (*Rotomag in Franckraich*)		1			1
Schwabach (*Swobach*)		1			1
Schwollen (*Schwoll*)		1			1
Schwyz (*Sweitz*)		1			1
Straßburg		1			1
Trient (*T[ri]ent*)		1			1
Wismar		1			1
Worms		1			1
Bistum Regensburg *Episcoporum Ratisbonensium*	X				
Breslau (*Bosraw*)		—			
Bremen		—			
Giovanni II. Bentivoglio, Bologna (1443-1508) *Bentivolorum, Der Bentivol von Bononia oder Bolonia*	X	—			
Grafschaft Flandern *Comitum Flandriae*	X				
Grafschaft Hardegg *Comitum Hardeck*	X				
Herzogtum Bourbon *Ducum Borbonii*	X				

Münzstand	Gold	Silber	Kupfer	Blei	∑
Herzogtum Brabant und Holland *Ducum Brabantiae et Hollandiae*	X				
Herzogtum Burgund *Ducum Burgundiae, Der hertzogen zu Burgundy*	X	—			
Herzogtum Jülich und Geldern *Ducum Iuliaecensium et Gelrensium*	X				
Herzogtum Urbino *Ducum Urbinatium*	X				
Königreich Böhmen *Regum Boemiae*	X				
Königreich Portugal *Regum Lusitaniae sive Portugalliae*	X				
Königreich Schottland *Regum Scottiae, Der konyg zu Schotten*	X	—			
Königreich Spanien *Regum Hispaniae, Der konyg zu Hispanien*		—			
Königreich Ungarn *Regum Ungariae*	X				
Markgrafschaft Montferrat *Marchionum Montferrat, Montferratensium, Der marggraven von Montfurt*	X	—			
Markgrafschaft Saluzzo *Marchionum Salutiarum*	X				
Mühlhausen		—			
Ragusa (Dubrovnik) (*Rhagus*)		—			
Urbium Externarum	X				
Urbium Germaniarum	X				
Verona (*Verona oder Bern*)		—			
	63				1.375

Gabriel Zeilinger

Eine Stadt zwischen Gebot und Gemeindefreiheit. Rufach als Interaktionsraum von Bischof und Bewohnern vom 12. Jahrhundert bis zur Mitte des 14. Jahrhunderts

Die Frage, welche Aspekte eine mittelalterliche Siedlung zur Stadt machten oder gar was denn ‚die' Stadt des europäischen Mittelalters ausmachte, wirft Probleme auf, die bereits viele Generationen von Mittelalter- bzw. Stadthistorikerinnen und -historikern umgetrieben haben und wohl weitere beschäftigen werden. Denn trotz oder vielleicht auch gerade wegen der kaum noch überschaubaren Vielfalt der Deutungs- und Definitionsangebote in der Forschungs- und Handbuchliteratur sind diese doch stets nur Annäherungen an das Phänomen von Stadtentstehung und Stadtentwicklung im Mittelalter.[1] Doch vielleicht ist gerade diese Pluralität der Ansätze besser geeignet und sogar schärfer in der Analyse der Dynamik und Vielfalt des europäischen Städtewesens. Denn die mittelalterlichen Städte Europas waren in mancherlei Hinsicht zuvorderst durch ihre je eigenen Bedingtheiten geprägte „Monaden"[2] in dem weiten Spektrum urbaner Erscheinungsformen zwischen den oftmals sehr früh kommunal verfassten Kathedralstädten und den zumeist fest in den patrimonialen Ordnungsrahmen aristokratischer Herrschaft eingebundenen Klein- und Kleinststädten, deren intensivere Erforschung in den letzten beiden Jahrzehnten neben und mit anderen auch von Gerhard Fouquet angeregt und betrieben wurde.[3]

1 Als besonders gelungene jüngere Einführungen zum Problem und zur Forschungsgeschichte seien hier nur genannt: Franz IRSIGLER: Was machte eine mittelalterliche Siedlung zur Stadt? (Saarbrücker Universitätsreden, 51), Saarbrücken 2003; Peter JOHANEK/Franz-Joseph POST (Hrsg.): Vielerlei Städte. Der Stadtbegriff (Städteforschung, Reihe A, 61), Köln/Weimar/Wien 2004; Ferdinand OPLL/Christoph SONNLECHNER (Hrsg.): Europäische Städte im Mittelalter (Forschungen und Beiträge zur Wiener Stadtgeschichte, 5; Veröffentlichungen des Wiener Stadt- und Landesarchivs, Reihe C, 14), Innsbruck/Wien/Bozen 2010. – Dieser Beitrag stellt die punktuelle Vertiefung eines Teilaspekts der Kieler Habilitationsschrift des Verfassers mit dem Titel „Verhandelte Stadt. Herrschaft und Gemeinde in der frühen Urbanisierung des Oberelsass vom 12. bis 14. Jahrhundert" dar; die Anmerkungen werden daher hier eher knapp gehalten. Die Arbeit daran steht in einem kollegialen Verbund mit dem von Gerhard Fouquet und Oliver Auge geleiteten Kieler DFG-Projekt „Städtische Gemeinschaft und adlige Herrschaft in der mittelalterlichen Urbanisierung ausgewählter Regionen Zentraleuropas".

2 Ulf DIRLMEIER/Gerhard FOUQUET/Bernd FUHRMANN: Europa im Spätmittelalter 1215-1376 (Oldenbourg Grundriss der Geschichte, 8), München 2003, S. 213.

3 Statt einer Gesamtliste sei hier nur verwiesen auf Gerhard FOUQUET: Stadt, Herrschaft und Territorium – Ritterschaftliche Kleinstädte Südwestdeutschlands an der Wende vom Mittelalter zur Neuzeit, in: Zeitschrift für die Geschichte des Oberrheins 141 (1993), S. 70-120; DERS.: Stadt und Residenz (12.-16. Jahrhundert) – ein Widerspruch?, in: Katrin KELLER/Gabriele VIERTEL/Gerald DIESNER (Hrsg.): Stadt, Handwerk, Armut. Eine kommentierte Quellensammlung zur Geschichte der Frühen Neuzeit. Helmut Bräuer zum 70. Geburtstag zugeeignet, Leipzig 2008, S. 163-184.

Freilich lohnt selbst bei jenen, meist mittelgroßen Städten, die jedenfalls nach dem weithin gängigen und akzeptierten „kombinierten Stadtbegriff“[4] schon für das späte Mittelalter durch eine diversifizierte Ausstattung mit zentralörtlichen Funktionen und Angeboten in ihrer urbanen Qualität nur wenig vermissen lassen, immer wieder ein genau prüfender Blick auch und gerade in die frühe Überlieferung. Denn die Zurückschau von heute auf einen städtischen Bestand des ausgehenden Mittelalters kann bei der Rückverlängerung in die besonders dynamische Phase der mittelalterlichen Urbanisierung Europas vom 12. bis zum 14. Jahrhundert dazu verleiten, Stadtentwicklung als allzu linearen Prozess aufzufassen und mögliche Diskontinuitäten oder Fehlstellen gegenüber dem Idealbild der ausgebildeten (spätmittelalterlichen) Stadt zu vernachlässigen oder *ex post* zu relativieren.

Ein eindrucksvolles Beispiel dafür bietet das hier näher betrachtete Rufach im Oberelsass, mithin in einem der besonders dicht urbanisierten Räume des Reichs. Der viel zitierte anonyme Colmarer Dominikanerchronist notierte um 1300 in seiner Rückschau auf das vergehende Säkulum im Elsass und die darin stattgefundene rasante Veränderung nicht nur des Landschaftsbildes, Rufach und mit ihm Colmar, Schlettstadt, Mülhausen *et alie parve* seien um 1200 eben noch keine *civitates* gewesen.[5] Für Sebastian Münster und seine Kundschafter war Rufach in dem erstmals 1544 vorgelegten Großwerk ‚Cosmographia‘ hingegen *ein sunderliche alte statt*, die *vor zeiten künigs Dagoberti wonung gewesen* sei. Nun aber habe sie ihre Glanzzeit schon hinter sich und sei von manchen Städten in der Region überholt worden, weil diese *schon ietz hoch über Rufach irer reichthumb vnnd herlichkeit halb gestigen sein*[6]. Die wissenschaftliche Ermittlung der Stadtqualität Rufachs weist für die Mitte des 14. Jahrhunderts hingegen eine durchaus beachtliche Urbanität auf: Neben der ‚Grundausstattung‘ mit der Pfarrkirche St. Maria, mit Burg und Amtssitz des Bischofs von Straßburg als Stadtherr, mit Mauer, Markt (später Märkten) und Gemeinde (mit immerhin neun Zünften) sind schon für diese Zeit außerdem eine jüdische Gemeinde, Stadthäuser der Franziskaner und des Deutschen Ordens sowie ein zunächst extramurales, später in die Stadt

4 Zuletzt im Überblick Frank G. HIRSCHMANN: Die Stadt im Mittelalter (Enzyklopädie deutscher Geschichte, 84), München 2009, S. 67f.; zugleich mit Referat des Untersuchungsprogramms des wichtigen Grundlagenwerks Monika ESCHER/Frank G. HIRSCHMANN (Hrsg.): Die urbanen Zentren des hohen und späteren Mittelalters. Vergleichende Untersuchungen zu Städten und Städtelandschaften im Westen des Reiches und in Ostfrankreich, 3 Bde. (Trierer Historische Forschungen, 50,1-3), Trier 2005.

5 *De rebus Alsaticis ineundis saeculi XIII*, in: MGH SS 17, S. 232-237, hier S. 236. Dazu und zum unmittelbar Folgenden siehe ZEILINGER: Verhandelte Stadt (wie Anm. 1), Kapitel B.I. sowie DERS.: Städte in der Landschaft – Städtelandschaft(en)? Thesen zu einer Geschichte der Urbanisierung des mittelalterlichen Elsass, in: Laurence BUCHHOLZER-RÉMY u. a. (Hrsg.): Neue Forschungen zur elsässischen Geschichte im Mittelalter (Forschungen zur oberrheinischen Landesgeschichte) [in Vorbereitung zum Druck].

6 Sebastian MÜNSTER: Cosmographei oder beschreibung aller länder, herrschafften, fürnemsten stetten, geschichten, gebreuchen, hantierungen etc. […], Basel 1550, S. 529. Zur Prähistorie bzw. Antike siehe Carte archéologique de la Gaule, 68 – Le Haut-Rhin, bearb. von Muriel ZEHNER, Paris 1998, S. 268-271.

verlegtes Benediktinerpriorat, mehrere Stadthöfe auswärtiger Klöster und Adelsfamilien, zwei Hospitäler, eine Schule und ein Bad belegt.[7]

Angesichts dieses städtischen Tableaus fällt freilich auf, dass für Rufach erst im 15. Jahrhundert ein allerdings nur krudes Stadtrecht erwähnt wird und kaum etwas über die einzelnen Rechte der Gemeinde oder ihrer Bürger bekannt ist. Diese sind zumeist nur indirekt erschließbar und waren, wie zu zeigen sein wird, wenn überhaupt vergeben, so doch mager gehalten und auf Rückruf gewährt. Wie aber stellte sich vor einem solchen Hintergrund die in der gegebenen Überlieferung aufscheinende Interaktion[8] zwischen dem Stadtherrn, seit alters der Bischof von Straßburg, sowie seinen Vertretern und den Bewohnern der Stadt dar – und wie ‚frei' konnte da die ‚Stadtluft' in Rufach im Übergang vom Hoch- zum Spätmittelalter sein?

Der Ort, seine Herren und seine Bewohner im Hochmittelalter

Wie bereits Sebastian Münster in stupender Quellenkenntnis verraten hat, schenkte König Dagobert II. der Straßburger Kirche angeblich 662 unter anderem einen Hof *in pago, qui vocatur Rubiaca*, über den in einer Art von kurzem Hofrecht auch die Abhängigkeits- und Diensverhältnisse zu dieser *curtis* beschrieben werden.[9] Die in die erste Hälfte des 12. Jahrhunderts verortete, womöglich auf legitimem Erwerb fußende Fälschung dieser Urkunde deutet immerhin an, dass der bischöflichen Kanzlei zu dieser Zeit daran gelegen war, der bereits ausgebildeten Herrschaft über die sogenannte Obermundat,[10] den oberelsässischen, wohlgemerkt im Bistum Basel gelegenen

7 Frank G. HIRSCHMANN/Bernhard METZ: Rufach, in: ESCHER/HIRSCHMANN: Zentren (wie Anm. 4), S. 533-535; Pierre-Paul FAUST: Rouffach, in: Raymond OBERLÉ/Lucien SITTLER (Hrsg.): Le Haut-Rhin. Dictionnaire des communes, 3 Bde., Colmar 1980-1982, Bd. 3, S. 1234-1253; Médard BARTH: Handbuch der elsässischen Kirchen im Mittelalter (Etudes général publ. sous les auspices de la Société d'Histoire de l'Eglise d'Alsace, N. S., 4; Archives de l'Eglise d'Alsace, 27, N. S., 11), ND Bruxelles 1980, Sp. 1156-1164.

8 ‚Interaktion' wird hier dementsprechend pragmatisch, mehr sozial-kommunikativ denn primär im Sinne performativer Akte verstanden, also als schriftgewordene Handlung und Aushandlung im „Kommunikations- und Begegnungsraum" Stadt, wie ihn Nikolas JASPERT: Politische Öffentlichkeit im Spätmittelalter: Zusammenfassung, in: Martin KINTZINGER/Bernd SCHNEIDMÜLLER (Hrsg.): Politische Öffentlichkeit im Spätmittelalter (Vorträge und Forschungen, 75), Ostfildern 2011, S. 433-449, Zitat S. 437, versteht. Siehe aber etwa auch – mit je eigenen Nuancen – Rudolf SCHLÖGL (Hrsg.): Interaktion und Herrschaft. Die Politik der frühneuzeitlichen Stadt (Historische Kulturwissenschaft, 5), Konstanz 2004; Christoph DARTMANN: Politische Interaktion in der italienischen Stadtkommune (11.-14. Jahrhundert) (Mittelalter-Forschungen, 36), Ostfildern 2012.

9 Theobald WALTER (Hrsg.): Urkunden und Regesten der Stadt Rufach (662-1350) (Beiträge zur Geschichte der Stadt Rufach, 2), Rufach 1908, Nr. 1, S. 1, der im Übrigen die meisten frühen Belege Rufachs aufnimmt, wie sie auch bei Albert BRUCKNER (Hrsg.): Regesta Alsatiae aevi merovingici et karolini (496-918), Straßburg/Zürich 1949, erscheinen. Vgl. außerdem Eduard HERR: Gesammelte Bruchstücke elsässischer Weistümer aus dem 11.-14. Jahrhundert, in: Elsässische Monatsschrift für Geschichte und Volkskunde 4 (1913), S. 62-67, hier S. 66f. [erster von mehreren Teilen in jenem Band].

10 Ungefähr zwischen Colmar und Ensisheim von der Rheinebene in die Vogesen hinein situiert; dazu im Überblick Odile KAMMERER: Entre Vosges et Forêt-Noire: pouvoirs, terroirs et villes de l'Oberrhein 1250-1350 (Histoire ancienne et médiévale, 64), Paris 2001, S. 72-78; Johannes

Teil des Hochstifts, Anciennität zu verleihen. Der Straßburger Bischof hatte wie andere Kirchenfürsten schon um 1100 eben nicht allein in seiner Kathedralstadt Stützpunkte seiner Herrschaft. Ein solcher war die *villa* Rufach, in deren Gemarkung damals auch das Domkapitel sowie mehrere Klöster der Region begütert waren. Die bischöfliche Veste Isenburg lag nordöstlich des ersten Rufacher Siedlungskerns auf dem von der Rheinebene aus gesehen nächsten Vogesenvorberg und wurde erst gegen Ende des 14. Jahrhunderts in den städtischen Mauerring einbezogen.[11] Für das beginnende 12. Jahrhundert lässt sich mithin neben der Burg eine noch eher lose Besiedlung um einige Herrenhöfe annehmen.

Umso erstaunlicher mag es zunächst wirken, dass und wie die Bewohner Rufachs im Jahr 1106 einen Aufstand gegen das Gefolge Heinrichs V. während des Königsumritts bewerkstelligt haben sollen. Dieser Vorgang ist mehrfach belegt, doch in der ‚Vita Heinrici quarti imperatoris' ausführlicher geschildert: Demzufolge hätten sich Heinrichs Leute in der angeblich stark bevölkerten und bewaffneten Ortschaft übel benommen, sie hielten sich vermutlich an den Vorräten der Bewohner frei. Trotz einer *frequentia civium* (!) sei das Gefolge auch vom König selbst nicht gezügelt worden. Deswegen sei die Ortsbevölkerung zum Sturm aufgelaufen, habe das Königsgefolge vorübergehend in die Flucht geschlagen und dabei sogar die Reichsinsignien in ihre Gewalt gebracht. Dass die Sache für die Rufacher letztlich nicht gut endete, ist da weniger erstaunlich: *villam incendio praedaque vastaret*[12]. Bei aller auch topischen Anklage der Vita Heinrichs IV. gegen den unbotmäßigen Sohn zeigt die Episode aber immerhin, dass in Rufach 1106 nicht nur eine gewisse Bevölkerungsverdichtung gegeben war, sondern zumindest eine Notgemeinschaft der wohl verschiedenen Herrschaften zugehörenden Bewohner, wenn nicht gar, was durchaus plausibel erscheint, außer nachbarschaftlichen Beziehungen bereits gewisse genossenschaftliche Strukturen existierten.[13] Eine rein tumultuarische Spontanaktion eines Haufens von Familialen ver-

FRITZ: Das Territorium des Bisthums Strassburg um die Mitte des XIV. Jahrhunderts und seine Geschichte, Köthen 1885, S. 120-135, der auf die auch etymologische Bedeutung des alten Immunitätsbezirks hinweist. Das für ‚Mundat' verwendete Genus changiert in der Literatur zwischen feminin und maskulin, dieser Beitrag folgt dem zeitgenössischen, meist femininen Gebrauch.

11 Theobald WALTER: Die Dinghöfe und Ordenshäuser der Stadt Rufach, nebst einem Anhange: Zur Baugeschichte des Münsters zu Unserer Lieben Frauen, Zabern 1898; DERS.: Urkunden (wie Anm. 9), S. XI-XXV; Joseph M. B. CLAUSS: Historisch-topograhisches Wörterbuch des Elsass, Lieferungen 1-16 (A – Schlierbach), Zabern 1895-1914, S. 521, 928-936.

12 MGH SSrerGerm 58, S. 35f., Zitat S. 36; zum reichs- und regionalpolitischen Hintergrund siehe u. a. Hans-Peter SÜTTERLE: Die Salier und das Elsass. Studien zu den Herrschaftsverhältnissen und zu den politischen Kräften in einer „Randregion" des Reiches (1002-1125) (Europäische Hochschulschriften, III, 1058), Frankfurt a. M. u. a. 2009, S. 40-45; sowie demnächst Gabriel ZEILINGER: Zwischen *familia* und *coniuratio*. Stadtentwicklung und Städtepolitik im frühen 12. Jahrhundert, in: Gerhard LUBICH (Hrsg.): Heinrich V. in seiner Zeit. Herrschen in einem europäischen Reich des Hochmittelalters (Forschungen zur Kaiser- und Papstgeschichte des Mittelalters – Beihefte zu J. F. Boehmer, Regesta Imperii) [in Vorbereitung zum Druck].

13 Gerold BÖNNEN: Aspekte gesellschaftlichen und stadtherrschaftlichen Wandels in salierzeitlichen Städten, in: Tilman STRUVE (Hrsg.): Die Salier, das Reich und der Niederrhein, Köln/Weimar/Wien 2008, S. 207-281, hierfür S. 238f., vermutet hier wie in anderen (noch eher) ländlichen Situationen vor allem die ‚Wehrgemeinschaft' der Ortsansässigen am Werk. Henri DUBLED: La

schiedener Zugehörigkeiten gegen das königliche Gefolge erschien dem Verfasser der Vita wie dem heutigen Betrachter schwer vorstellbar. Weitere Informationen zu den Rufachern und ihrer Verfasstheit oder dem Straßburger Bischof als größtem Ortsherrn liefert der Biograph freilich nicht.

Die zu dieser Zeit im Ort lebenden Menschen werden kaum problematisiert haben, ob sie denn einen ländlichen oder bereits einen ‚prä-urbanen' Ort bewohnten – was die heutige Forschungsgemeinde in ihrer Sprechweise über Stadtwerdung und Urbanisierung stärker beachten sollte. Festzuhalten ist aber – zumal die Unterscheidung zwischen Dorf und Kleinstadt bzw. werdender Stadt im Elsass nicht nur im 12. Jahrhundert besonders schwerfällt[14] – die zumindest situative Existenz einer herrschaftsübergreifenden Bewohnergemeinschaft an einem Ort mit gewisser Bedeutung zumindest für das direkte Umland. Dass diese Gemeinschaft schon sakral als Kirchengemeinde gegeben war, zeigt sehr schön eine – wenn auch nur später kopial überlieferte – Urkunde aus dem Jahr 1142: In ihr gelobt die *vniuersitas nobilium et ciuium sexus utriusque opidi Rubiaci* nach reiflichem Ratschlag und mit Zustimmung *curatorum animarum nostrarum* dem Basler Bischof Ortlieb als ihrem geistlichen Oberhirten eine jährliche Marienwallfahrt ins nahe Thierenbach.[15] Nicht allein wegen der Selbstbezeichnung, sondern auch wegen des Vorgangs an sich ist mit der in diesem Fall sicher

communauté de village en Alsace au XIIIe siècle, in: Revue d'histoire économique et sociale 41 (1963), S. 5-33, sieht auch die Landgemeinde im Elsass erst im 13. Jahrhundert ausgebildet, weil er als Kriterium die Gegebenheit des Quellenbegriffs *communitas* voraussetzt. Das prominent von Franz STEINBACH: Stadtgemeinde und Landgemeinde. Studien zur Geschichte des Bürgertums I, in: Rheinische Vierteljahrsblätter 13 (1948), S. 11-50, angesprochene Problem des Verhältnisses der Entstehungszeiten von Land- und Stadtgemeinde zueinander ist eben deswegen schwer zu lösen, weil wir die Sicht der Zeitgenossen zumeist nur vom Ende der Entwicklung her kennen; siehe nun auch Franz IRSIGLER: Was ist Landgemeinde?, in: Kurt ANDERMANN/Oliver AUGE (Hrsg.): Dorf und Gemeinde. Grundstrukturen der ländlichen Gesellschaft in Spätmittelalter und Frühneuzeit (Kraichtaler Kolloquien, 8), Epfendorf 2012, S. 31-44.

14 Siehe z. B. Gabriel ZEILINGER: Grenzen der Freiheit. Stadtherrschaft und Gemeinde in spätmittelalterlichen Städten Südwestdeutschlands, in: Kurt ANDERMANN/Gabriel ZEILINGER (Hrsg.): Freiheit und Unfreiheit. Mittelalterliche und frühneuzeitliche Facetten eines zeitlosen Problems (Kraichtaler Kolloquien, 7), Epfendorf 2010, S. 137-152; Bernhard METZ: Les enceintes urbaines en Alsace d'après les sources écrites, in: Yves HENIGFELD/Amaury MASQUILIER (Hrsg.): Archéologie des enceintes urbaines et de leurs abords en Lorraine et en Alsace (XIIe-XVe siècle) (Revue Archéologique de l'Est, Supplément 26), Dijon 2008, S. 39-50; Tom SCOTT: Kleine Städte, keine Städte. Das sogenannte „urbane Netz" in Südwestdeutschland im ausgehenden Mittelalter, in: Herbert KNITTLER (Hrsg.): Minderstädte, Kümmerformen, gefreite Dörfer. Stufen zur Urbanität und das Märkteproblem (Beiträge zur Geschichte der Städte Mitteleuropas, 20), Linz 2006, S. 181-200; Henri DUBLED: Ville et village en Alsace au moyen âge. Essai de définition, critères de distinction, in: Jean SCHLUMBERGER (Hrsg.): La Bourgeoisie alsacienne. Études d'histoire sociale (Publications de la Société Savante d'Alsace et des Régions de l'Est, 5), Strasbourg 1954, S. 57-69.

15 Theobald WALTER (Hrsg.): Urkundenbuch der Pfarrei Rufach, nebst einem Anhange: Kurze Pfarrchronik von Westhalten (Beiträge zur Geschichte der Stadt Rufach, 1), Rufach 1900, Nr. 3, S. 2. Zur Geschichte der mittelalterlichen Pfarrei in Rufach, deren Patronat seit 770 beim Kloster Eschau nahe Straßburg lag und die auch Sitz des Basler Landkapitels in jenem Gebiet war, siehe die Einführung ebd., S. IX-XXXIII, und BARTH: Handbuch (wie Anm. 7).

älteren Pfarrgemeinde hier einigermaßen plausibel auch die Ortsgemeinde zu fassen.[16] Es sollte dabei weder stören noch zu voreiligen, gewissermaßen stadterhebenden Schlüssen führen, dass nach dem Bericht der Heinrichsvita hier abermals sehr früh von Rufacher *cives* die Rede ist. Denn dieser Begriff wurde mancherorts bereits im Früh- und Hochmittelalter für Land- wie Stadtbewohner verwendet, insbesondere wenn es um Belange der Allmende ging.[17] Dies stärkt im Grunde das Argument für die (profane) Gemeindebildung bzw. -existenz, wiewohl zu konzedieren ist, dass der Blick des Basler Bischofs auf sein Kirchenvolk in Rufach ein anderes, homogeneres Bild ergeben musste als es aus Sicht der weltlichen Herren am Ort zu verzeichnen war – die mitbenannten *nobiles* legen dies nahe.

Die episkopale Perspektive ist gewiss auch für jene Urkunde aus dem Jahr 1183 zu Grunde zu legen, mit der Bischof Heinrich von Basel die Zustimmung zur Gründung des Benediktinerpriorats aus Metzer Wurzel *ad locum nostrum Rubiacensem* gab und deren Verhältnis zur Ortspfarrei festlegte – unter mehrfacher Nennung *totius Rubiacensis populi tam militum quam aliorum*[18]. Unter den zahlreichen Zeugen dieses Dokuments firmieren neben der Ordens- und der Bistumsseite die lokalen Funktionsträger aller Wahrscheinlichkeit nach der Straßburger Hochstiftsverwaltung, nämlich *Anselmus advocatus, Wernherus Marsalcus, Sifridus Burggravius, Ruodolfus de Rinowa, Ruodolfus scultetus et frater ejus*, dann auf Seiten *de Rubiaco* einige Adlige bzw. Dienstmannen aus der unmittelbaren Umgebung,[19] schließlich *omnisque Rubiacensis populus cum plebano suo Hartung* – eine weitere Referenz zur Pfarrgemeinde. Für das Ende des 12. Jahrhunderts sind also verschiedene Herren und Herrschaftstitel in Rufach genauso greifbar wie eine zunehmend gemeinschaftlich verfasste Einwohnerschaft. Diese musste nach den Marbacher Annalen im Jahr 1199 übrigens eine neuerliche Zerstörung ihres Orts im Behauptungskrieg König Philipps von Schwaben

16 Dafür, dass die Kirchspielgemeinde wohl älter war als die weltliche, aber in vielen Fällen auch als deren Basis vermutet werden kann, sei hier nur verwiesen auf Dietrich KURZE: Ländliche Gemeinde und Kirche in Deutschland während des 11. und 12. Jahrhunderts, in: DERS.: Klerus, Ketzer, Kriege und Prophetien. Gesammelte Aufsätze, hrsg. von Jürgen SARNOWSKY, Marie-Luise HECKMANN und Stuart JENKS, Warendorf 1996, S. 47-83.

17 Siehe zuletzt Thomas KOHL: Lokale Gesellschaften. Formen der Gemeinschaft in Bayern vom 8. bis zum 10. Jahrhundert (Mittelalter-Forschungen, 29), Ostfildern 2010, besonders S. 126f., mit Verweis auf Gerhard KÖBLER: *Civis* und *ius civile*. Untersuchungen zur Geschichte zweier Rechtswörter im frühen deutschen Mittelalter, in: Zeitschrift der Savigny-Stiftung für Rechtsgeschichte. Germanistische Abteilung 83 (1966) S. 35-62. Zu frühen ländlichen Kommunen in ihrer Bedeutung für die Stadtgeschichte siehe auch Otto Gerhard OEXLE: Gilde und Kommune. Uber die Entstehung ‚Einung' und ‚Gemeinde' als Grundformen des Zusammenlebens in Europa, in: Peter BLICKLE (Hrsg.): Theorien kommunaler Ordnung in Europa (Schriften des Historischen Kollegs. Kolloquien, 36), München 1996, S. 75-97.

18 WALTER: Urkunden (wie Anm. 9), Nr. 13, S. 6-8, der im Übrigen hier vorrangig herangezogen wird, wenn nicht andere Abdrucke gewichtige weitere Informationen oder Variationen anbieten.

19 Darunter *Cuonradus causidicus*, der funktional-herrschaftlich kaum zuzuordnen ist, ein Hugo von Laubgassen und ein Friedrich von Wegesoden; zu diesen (später zu gewissen Zeiten stadtsässigen) Familien siehe Theobald WALTER: Der alte Adel der Stadt Rufach, in: Jahrbuch für Geschichte, Sprache und Litteratur Elsass-Lothringens 16 (1900), S. 36-66, besonders S. 48f., 62.

erleiden und bewältigen.[20] Die Rolle der Straßburger Bischöfe als vorderste Herrschaftsträger und nicht zuletzt Grundherren im Ort wird zumindest in ihrer Beziehung zur Ortsgemeinde freilich erst mit der ab dem 13. Jahrhundert anschwellenden Überlieferung stärker profiliert.

Verhandelte Stadt – Momentaufnahmen aus dem 13. und 14. Jahrhundert

Wiewohl die Besitzschwerpunkte des Hochstifts zwischen Straßburg und Schlettstadt sowie in der rechtsrheinischen Ortenau lagen, war Rufach, das nicht allein durch den Amtssitz schon früh zum Zentralort der bischöflich-straßburgischen Obermundat geworden war, mehr oder minder in alle politischen und militärischen Auseinandersetzung der Stadtherren in den Jahrzehnten des Übergangs vom Stauferreich über das ‚Interregnum' bis zum Königtum Rudolfs von Habsburg und darüber hinaus verwickelt. Die stadtherrlichen Kämpfe mit den Staufern, Habsburgern und anderen Dynasten sowie mit der Bürgerschaft und dem Stadtadel der Kathedralstadt können hier allein in ihrer Bedeutung für die Rufacher behandelt werden, aber mehrere der nun behandelten Episoden sind auch für die größeren Zusammenhänge durchaus aussagekräftig. Vorab sei allerdings noch vermerkt, dass dem Machtbereich des Straßburger Bischofs im Oberelsass mit den Zentralorten Rufach und Sulz im zweiten Viertel des 13. Jahrhunderts aus der Erbmasse der Grafen von Dagsburg noch die sich zu Kleinstädten mausernden größeren Orte Egisheim und Heiligkreuz (Sainte-Croix-en-Plaine) hinzugefügt werden konnten und dass die Habsburger nicht nur seit 1135 Landgrafen im Oberelsass, sondern schon längere Zeit auch Vögte in der Obermundat waren.[21] Die habsburgische Vogtei wurde trotz mitunter agonaler Interessen und Parteinahmen noch im 13. Jahrhundert mehrfach erneuert, wodurch wir auch von einer habsburgischen Beteiligung zu einem Drittel an den Einkünften unter anderem aus den *homines vel bona in curiam Rubiacensem pertinentia* gegen Hilfe bei der Eintreibung der Bede wissen.[22]

20 MGH SS 17, S. 169.

21 Zu all dem im Überblick wiederum KAMMERER: Entre Vosges et Forêt-Noire (wie Anm. 10), S. 72-78; Christine REINLE: Das Elsass im hohen und späten Mittelalter (10.-15. Jahrhundert), in: Michael ERBE (Hrsg.): Das Elsass. Historische Landschaft im Wandel der Zeiten, Stuttgart 2002, S. 41-60; Thomas BILLER/Bernhard METZ: Die Burgen des Elsaß. Architektur und Geschichte, 2 Bde. [bisher Bd. 2 (1200-1250) und 3 (1250-1300)], München 1995-2007, mit den konzisen Einführungen zur politischen und zur Sozialgeschichte in Bd. 2, S. 19-32, und Bd. 3, S. 11-16; Francis RAPP: Straßburg, Bf.e von, in: Werner PARAVICINI (Hrsg.): Höfe und Residenzen im spätmittelalterlichen Reich. Ein dynastisch-topographisches Handbuch, Teilbd. 1: Dynastien und Höfe (Residenzenforschung, 15/I), Ostfildern 2003, S. 615-617; sowie die ältere Arbeit von Alfred HESSEL: Die Beziehungen der Straßburger Bischöfe zu Kaisertum und Stadtgemeinde in der 1. Hälfte des 13. Jahrhunderts, in: Archiv für Urkundenforschung 6 (1916), S. 266-275. Zu Egisheim, Heiligkreuz und Sulz siehe als jüngere Überblicke z. B. die Artikel in ESCHER/HIRSCHMANN: Zentren (wie Anm. 4), S. 174f., 255f., 601f.

22 So jedenfalls in einem betont friedensstiftenden Vertrag zwischen dem Bischof von Straßburg (nebst Domkapitel, Ministerialen und Bürgerschaft) und Graf Rudolf von Habsburg aus dem Jahr 1201, siehe WALTER: Urkunden (wie Anm. 9), Nr. 23, S. 11; ausführlicher allerdings in: Regesten der Bischöfe von Straßburg, veröff. von der Kommission zur Herausgabe elsässischer Geschichtsquellen, 2 Bde., Innsbruck 1908-1928, hier Bd. 1, Nr. 726, S. 329f.

Mit einer bemerkenswerten Urkunde aus dem Jahr 1216 schauen wir gleich einem Schnappschuss in die frühe, im Auf- und Ausbau befindliche Stadt hinein: In dieser erteilt Bischof Heinrich von Straßburg seinen Leuten (*hominibus nostris*) zu Rufach nämlich die Erlaubnis, auf seinem Grund zwischen dem bischöflichen Dinghof im Ort und jenem der Abtei Eschau Wohnstätten zu errichten.[23] Die dafür ausgewiesenen *areae* sollten gegen einen jährlichen, auf zwei Termine aufgeteilten Erbzins ausgegeben werden. Der Bischof behielt sich dabei aber den Vorkauf sowie bei jedwedem Besitzerwechsel eine Gebühr, *que dicitur erscaz*, vor, die bei Herrschaftsübergängen zu einem neuen Bischof jedoch nicht zu leisten sei. Selbst wenn unter den begünstigten *homines* wie 1183 *milites quam alii* gewesen sein mögen und selbst wenn Zins und ‚Ehrschatz' hier nicht taxiert sind, greifen wir mit diesem innerörtlichen Ausbau- und Leiheprogramm doch einen wichtigen Moment sozialer Dynamik in der frühen Stadt. Denn die Grundstücke wurden „wenn auch gegen Zins, so doch erblich und also so gut wie zu eigen"[24] vergeben – obschon in diesem Fall an Leute, die noch in einem dienstlichen oder anderen Abhängigkeitsverhältnis zum Stadtherrn standen – und waren damit Trittstein für eine Entwicklung zu größerer Freiheit in der Stadt.[25] Wie 1183 treten als Zeugen wieder mehrere Offiziale des Bistums und des Domkapitels, regional-lokale Adlige, darunter nun auch vier Hattstatt, auf, aber auch ein *Algotus scultetus Robiacensis*, für den sich in dieser Zeit aber kaum entscheiden lässt, ob er als Schultheiß noch vorrangig herrschaftlich bestimmter oder schon von der Gemeinde mitbenannter Vertreter war.[26]

Die folgenden vier Jahrzehnte sind in der Überlieferung vor allem durch solche Dokumente gekennzeichnet, die eine bischöfliche Förderung des Orts und seiner Wirtschaft, unter anderem durch mehrere Zollbefreiungen, sowie der Rechtspflege ausweisen. Dadurch erfahren wir aber immerhin, dass schon 1234 ein Deutschordenshaus in Rufach bestand und dass der Ort ab 1238 immer wieder als *civitas* bezeichnet wird.[27] Und es bildeten sich nun offensichtlich auch festere Gemeindestrukturen aus: Denn der Schultheiß und die ‚Gemeinschaft des Rufacher Rats' treten 1244 als Beurkunder der Stiftung eines gewissen Heinrich König von Suntheim und seiner Frau an

23 WALTER: Urkunden (wie Anm. 9), Nr. 28, S. 15f.; vgl. mit Erläuterungen Regesten der Bischöfe von Straßburg (wie Anm. 22), Bd. 2, Nr. 830, S. 17f.

24 Hierfür immer noch grundlegend Friedrich KEUTGEN: Untersuchungen über den Ursprung der deutschen Stadtverfassung, Leipzig 1895, S. 118-129, Zitat S. 118; vgl. Karl BEER: Beiträge zur Geschichte der Erbleihe in elsässischen Städten. Mit einem Urkundenanhang (Schriften des Wissenschaftlichen Instituts der Elsaß-Lothringer im Reich an der Universität Frankfurt, N. F. 11), Frankfurt a. M. 1933; und nun Gabriela SIGNORI: Hauswirtschaft und Hofherrschaft im spätmittelalterlichen Straßburg (13. und 14. Jahrhundert), in: Zeitschrift für historische Forschung 38 (2011), S. 1-24.

25 Dazu umfassend Knut SCHULZ: Die Freiheit des Bürgers. Städtische Gesellschaft im Hoch- und Spätmittelalter, Darmstadt 2008.

26 Vgl. KAMMERER: Entre Vosges et Forêt-Noire (wie Anm. 10), S. 46-48; Henri DUBLED: L'administration de la seigneurie rurale en Alsace du XIIIe au XVe siècle, in: Vierteljahrschrift für Sozial- und Wirtschaftsgeschichte 52 (1965), S. 433-484; Georges BISCHOFF: Les villes seigneuriales de Haute-Alsace et leurs autorités (XIIIe-XVIe siècles), in: Actes de la Société Jurassienne d'Émulation 92 (1989), S. 269-286.

27 WALTER: Urkunden (wie Anm. 9), Nr. 32f., S. 17f.; Nr. 38, S. 21.

die Augustinerinnen von Häusern (Husern) in Erscheinung. In dem Ehepaar mag man wegen der Hinwendung an den Rufacher Rat entweder ein Bürgerpaar daselbst vermuten oder aber Eheleute aus dem benachbarten Suntheim, die sich des Rufacher Rats gewissermaßen als Notariat des nächstgrößeren Zentralorts bedienten. Selbst wenn die Intitulatio *sculthetus universitasque consilii* für einen (frühen) Rat selten gebräuchlich war,[28] wird der korporative Charakter durch das erstmals erwähnte (*presentam cedulam sigilli nostri munimine roboratam*) und noch erhaltene Siegel unterstrichen.[29]

Es sind wie so oft derart beiläufige Erwähnungen, die auf ganz enorme Entwicklungen in der kommunalen Verfasstheit früher Städte hinweisen, sie aber dennoch über bisweilen lange Zeitstrecken im Dunkeln lassen.[30] Dass in diesen Entwicklungen keineswegs immer revolutionäre, sondern oft genug eher evolutionäre, vom Stadtherrn zumindest nicht offensichtlich bekämpfte Entfaltungen zu greifen sind, lassen die überlieferten Stücke der direkten Folgezeit auch für Rufach plausibel erscheinen. Eine Streitschlichtung des Straßburger Bischofs zwischen den *cives nostros Rubiacenses* und dem Konstanzer Domkapitel wegen einiger Güter und der Nutzung der *strata publica* im Sulzbachtal wurde 1259 mittels *sigillorum nostrorum et civium predictorum Rubiacensium* bekräftigt.[31] Der Stadtherr hatte also den vormaligen *populus* bzw. seine *homines* in Rufach nunmehr wenigstens in Teilen als Bürger und somit als rechtlich zunehmend bessergestellte Menschen und als politische ‚Partner'[32] akzeptiert. Im Angriff des Kirchenfürsten auf die eher rasant als allmählich schwindende staufische Machtbasis im Elsass waren die Rufacher zuvor – gezwungen oder nicht – an der Seite ihres Stadtherrn gestanden und sogar ins Feld gezogen. Die sogenannten ‚Kleineren Colmarer Annalen' vermerken für das Jahr 1248 jedenfalls lakonisch: *Rubeacenses*

28 So aber beispielsweise auch für Speyer im Jahr 1242 belegt, siehe Sabine HAPP: Stadtwerdung am Mittelrhein. Die Führungsgruppen von Speyer, Worms und Koblenz bis zum Ende des 13. Jahrhunderts (Rheinisches Archiv, 144), Köln/Weimar/Wien 2002, S. 140, Anm. 310.

29 WALTER: Urkunden (wie Anm. 9), Nr. 43, S. 23f.; Urkundenbuch der Stadt Basel, hrsg. von der Historischen und Antiquarischen Gesellschaft zu Basel, Bd. 1, Basel 1890, Nr. 179, S. 124f., mit Nachweis des Siegels, allerdings ohne Beschreibung desselben. Nach Brigitte BEDOS: Corpus des sceaux Français du Moyen Age, Bd. 1: Les sceaux des villes, Paris 1980, Nr. 596, S. 445, weist ein nicht näher datiertes Typar des 13. Jahrhunderts die Umschrift SIGILLUM RUBIACENSIS CIVITATIS auf. Der Beleg für 1244 wurde von HIRSCHMANN/METZ: Rufach (wie Anm. 7), S. 533, Anm. 2, nicht aufgenommen oder nicht akzeptiert.

30 Vgl. etwa Gerhard FOUQUET: Heilbronn – eine Königsstadt im 13. Jahrhundert und ihr Speyerer Recht, in: Andreas BIHRER/Mathias KÄLBLE/Heinz KRIEG (Hrsg.): Adel und Königtum im mittelalterlichen Schwaben. Festschrift für Thomas Zotz zum 65. Geburtstag, Stuttgart 2009, S. 341-358, mit dem Befund für die Zeit vor der Stadtrechtsverleihung König Rudolfs 1281.

31 WALTER: Urkunden (wie Anm. 9), Nr. 25, S. 12f., mit dem falschen Datum 1209, wie HIRSCHMANN/METZ: Rufach (wie Anm. 7), S. 533, Anm. 2, nachweisen.

32 Diese Zuschreibung – für das spätmittelalterliche Oberelsass insgesamt – auch bei Benoît JORDAN: Landesherrliche Städte im Oberelsaß während des späten Mittelalters, in: Jürgen TREFFEISEN/Kurt ANDERMANN (Hrsg.): Landesherrliche Städte in Südwestdeutschland (Oberrheinische Studien, 12), Sigmaringen 1994, S. 231-244, hier S. 238, und BISCHOFF: Les villes seigneuriales (wie Anm. 26), S. 278.

Columbarienses vicerunt – was nicht der einzige Händel zwischen den beiden Städten in jenem Jahrzehnt war.[33]

Die Jahre 1261 bis 1263 brachten gewaltige Veränderungen für den Bischof von Straßburg, das Domkapitel, das Hochstift und die Kathedralstadt. Die schweren Auseinandersetzungen Bischof Walthers von Geroldseck mit der Straßburger Bürgerschaft über die Stadtherrschaft resultierten bekanntlich im Auszug des Bischofs und eines Teils seines Hofes, in mehreren Gefechten sowie in seiner Niederlage bei Hausbergen am 8. März 1262 gegen das von mehreren Adligen unterstützte und von Graf Rudolf von Habsburg angeführte Heer. Graf Rudolf – eigentlich Lehnsmann und Vogt des Bischofs in der Obermundat, aber eben auch Landgraf im Oberelsass – hatte die Situation offensichtlich gut eingeschätzt und gut genutzt. Denn sein Erfolg beschränkte sich nicht allein auf die Stadt Straßburg und ihr Umland. Es gelang ihm in jenen Jahren auch, nicht nur die oberelsässischen Königsstädte von Bischof Walthers zuvor ausgeweitetem Zugriff zu befreien. Allein die Rufacher, so der Bericht des ‚Bellum Waltherianum', hätten noch für einige Zeit zum Bischof gehalten.[34]

Gemäß dem im Juli 1262 geschlossenen Vorfrieden sollte Graf Rudolf seine Rechte als Vogt der Obermundat untermauern. Dies führte Ende des Jahres zu einer Weistumsbefragung, nach der zu Protokoll gegeben wurde: *Wir die rittere vnde die burgere von der Mvntat ze Ruuach sprechen daz bi dem eide, daz vnser herre der bischof von Strazburc ze einem mal in dem iare nach herbeste in der Mvntat eine bette haben sol ze rehte vnde alleine legen sol*[35]. Das Ergebnis der Bede solle dem *botten* des Vogts, also des Grafen von Habsburg, vorgelegt und ein Drittel der Einnahmen überantwortet werden – genau so wie 1201 festgelegt.[36] Außerdem sitze der Bote des Vogts mit dem Schultheißen zu Gericht und erhalte für seinen Herrn wiederum ein Drittel der anfallenden Bußgelder. Die Vollstreckung von Todesurteilen falle – wie zu erwarten – dem Vogt bzw. seinem Vertreter zu, er dürfe aber die Bewohner der Mundat nicht vor ein anderes Gericht laden als vor das bischöfliche, *dem vronehoue ze Ruuach*. Der städtische Rat hatte diese Gerichtsfunktion also noch nicht übernommen. Besonders beachtenswert ist ferner die Gewähr freien Zugs für die Leute des jeweils anderen: *Swer och hinnan usser der Mvntat zùhet uber Turen*[37]*, den sol vnser herre der bischof niht irren, der och har wider zùhet, den sol der graue nit irren*. Beeidet

33 MGH SS 17, S. 190. Dazu auch KAMMERER: Entre Vosges et Forêt-Noire (wie Anm. 10), S. 77.

34 MGH SS 17, S. 109. Zur Ereignisgeschichte im Überblick zuletzt BILLER/METZ: Burgen (wie Anm. 21), Bd. 3, S. 11-16; Karl-Friedrich KRIEGER: Rudolf von Habsburg, Darmstadt 2003, S. 68-70; Yuko EGAWA: Stadtherrschaft und Gemeinde in Straßburg vom Beginn des 13. Jahrhunderts bis zum Schwarzen Tod (1349) (Trierer Historische Forschungen, 62), Trier 2007, S. 95-127.

35 WALTER: Urkunden (wie Anm. 9), Nr. 62, S. 31f.; vgl. Regesten der Bischöfe von Straßburg (wie Anm. 22), Bd. 2, Nr. 1698, S. 216f., mit Erläuterungen des Kontexts. Das in Helmut de BOOR/Dieter HAACKE (Hrsg.): Corpus der altdeutschen Originalurkunden bis zum Jahr 1300, Regesten Bd. 1-4, Lahr 1963, Nr. 77, S. 9, vorgebrachte Argument für eine Datierung auf 1263 überzeugt nicht.

36 Vgl. Anm. 22.

37 Das Flüsschen Thur steht hier wohl *pro toto* für die Grenze zwischen den habsburgischen und bischöflich-straßburgischen Territorien im Oberelsass; so auch WALTER: Urkunden (wie Anm. 9), S. 32, Anm. a.

wurden diese allein von den Rufacher Bürgern besiegelten Aussagen von insgesamt 41 Männern, deren Unterscheidung in ,Ritter' und ,Bürger' allenfalls durch die Titulierung der knappen Hälfte als *her* erkennbar wäre. Auch hier finden sich wieder die üblichen Ministerialen-, später Nieder- wie Stadtadelsfamilien, allen voran Werner, Rudolf und Andreas von Laubgassen. Am Ende der Zeugenliste erscheint hingegen *Henrich, der Meyer in dem vronhoue*, ein sich offenbar mit der Stadtgemeinde identifizierender, vielleicht auch das Bürgerrecht besitzender Vertreter des Stadtherrn.

Dieses städtische Weistum von 1262, das in seiner Anbahnung und Ausführung nicht alleine steht, sondern fast typisch für kleinere Städte des spätmittelalterlichen Südwestens ist,[38] zeigt die Rufacher ,Ritter' und ,Bürger' fest eingebunden in einen herrschaftlichen Rahmen, den jedenfalls zu dieser Zeit gleich zwei regionale Machtgrößen gespannt hielten. Ihre Freiheiten bezogen die Rufacher vor allem aus der Zugehörigkeit zum Ortsrecht, das eben nur vage bekannt ist. Selbst wenn man nicht annehmen kann, dass die Weistumszeugen viel Spielraum in der Benennung der Rechtsverhältnisse hatten,[39] muss man sie doch als – wenn auch untergeordnete – Akteure in diesem Austragsprozess zwischen den Großen ernstnehmen.

Wiewohl das Verhältnis zum neuen Straßburger Bischof Heinrich von Geroldseck zunächst weniger schwierig war, gab Rudolf von Habsburg 1269 die Vogtei über die Obermundat im Tausch gegen andere Lehnsgüter zurück.[40] Sie wurde hernach nur noch durch adlige Dienstmannen des Bischofs wahrgenommen. Rudolf wollte sich möglicherweise auf sein folgendes Machtringen mit dem ,mitten' im Habsburger Stammland liegenden Basler Hochstift konzentrieren.[41] Die folgenden Jahrzehnte waren wiederum nicht eben ruhig für Rufach und sein Umland: Die nachstaufische Sortierung der partikularen Herrschaftsträger und ihrer Ansprüche war nicht abgeschlossen und die Revindikationspolitik Rudolfs von Habsburg als König tat ihr Übriges zu allerhand auch militärisch ausgetragenen Auseinandersetzungen im Oberelsass. Besonders einschneidend war dann der nicht zuletzt dort ausgetragene Kampf Albrechts von Habsburg gegen König Adolf von Nassau im Jahr 1298. Als dessen Interessenvertreter in der Region zog Graf Theobald von Pfirt vor verschiedene habsburgische Orte und solche des Hochstifts Straßburg, denn der Bischof hielt zur habsburgischen Partei, und zerstörte diese mehrerteils. In Rufach gelang dem König höchstselbst trotz längerer Belagerung jedoch nur die Einnahme und Zerstörung des *suburbium*.[42] Die Stadt, die nach der Mauererweiterung zur Mitte des Jahrhunderts

38 Siehe ausführlicher z. B. ZEILINGER: Grenzen (wie Anm. 14).

39 Vgl. etwa Sigrid SCHMITT: Territorialstaat und Gemeinde im kurpfälzischen Oberamt Alzey. Vom 14. bis zum Anfang des 17. Jahrhunderts (Geschichtliche Landeskunde, 38), Stuttgart 1992, besonders S. 26-34.

40 WALTER: Urkunden (wie Anm. 9), S. XVIII; Regesten der Bischöfe von Straßburg (wie Anm. 22), Bd. 2, Nr. 1885, S. 262-264.

41 Siehe KRIEGER: Rudolf (wie Anm. 34), S. 81-83.

42 MGH SS 17, S. 263. Zu den Vorgängen im Überblick BILLER/METZ: Burgen, Bd. 3, S. 15f.; und die Regesten-Erläuterungen in Regesten der Bischöfe von Straßburg (wie Anm. 22), Bd. 2, S. 391-396.

nun einen Durchmesser von mehreren hundert Metern hatte,[43] war also hinreichend stark befestigt, bemannt und versorgt, sie hielt ihrem Stadtherrn und seinen Verbündeten, der früheren Vogtsdynastie, auch die Treue.

Damit nun ein nicht zu harmonisches Bild dieses Verhältnisses gezeichnet werde, ist noch auf einen veritablen Konflikt zwischen dem Bischof und seiner Stadt in der ersten Hälfte des 14. Jahrhunderts einzugehen, der zumindest vorübergehend ein Ende der Auskömmlichkeit zwischen beiden Seiten bedeutete, in der Forschung aber erstaunlich wenig Beachtung gefunden hat. Zum Verständnis des historischen Kontextes ist zunächst zu vergegenwärtigen, dass nach dem faktischen Ausfall der Kathedralstadt ab 1262 die anderen Stützpunkte der bischöflichen Herrschaft, die beiden Residenzen Molsheim und Zabern im Unterelsass, aber auch die anderen Amtssitze des Hochstifts, nicht nur stärker in den Blick, sondern auch unter den intensivierten Zugriff des bischöflichen Regiments fielen – einhergehend mit den allgemein zu beobachtenden Tendenzen zur herrschaftlichen Verdichtung.[44]

1274 habe der unternehmungsfreudige Bischof Konrad von Lichtenberg – so vermelden es die ‚Annales Basileenses' – eine Steuer (*exactionem magnam*) erhoben, deren Höhe noch keiner seiner Vorgänger gewagt habe.[45] Aus einem bis mehreren Schillingen Bedelast seien so kurzerhand ein bis zwei Pfund geworden, die auch ‚erzwungen' wurden – wie zuvor jedoch unter Ausnahme der Reichen und der Ritter. Als sich darüber ein *clamor pauperum* erhob, kam der Bischof nach Rufach und Sulz – die zu Basel bzw. Colmar als Niederschriftsorte der Annalen am nächsten gelegenen und daher hier wohl erwähnten Zentralorte des Hochstifts – und ließ sich *tabulas exactionum* zeigen, was an sich schon einen eklatanten fürstlichen Einbruch in die Sphäre des Rats, in das, was man später ‚Ratsgeheimnis'[46] nannte, darstellte. Die räumliche Nähe zum Geschehen und die Beziehungen der Städte und Ratsgremien untereinander[47] mag die Annalen-Notiz überhaupt evoziert haben. In einem spontanen Eingriff in das fast ubiquitäre Prinzip der Gesamtbesteuerung bzw. der gemeindlichen Bede-Erhebung habe der Stadtherr dann befohlen, aus den Pfundbeträgen mit einem Federstrich

43 François J. HIMLY: Atlas des villes médiévales d'Alsace (Publications de la Fédération des Sociétés d'Histoire et d'Archéologie d'Alsace, 6), Nancy 1970, S. 104f., der freilich mit Vorsicht zu genießen ist; vgl. Bernhard METZ: Die elsässischen Stadtmauern nach den Schriftquellen, in: Olaf WAGENER (Hrsg.): „vmbringt mit starcken turnen, murn". Ortsbefestigungen im Mittelalter (Beihefte zur *mediaevistik*, 15), Frankfurt a. M. u. a. 2010, S. 225-238.

44 JORDAN: Städte (wie Anm. 32), für das Hochstift Straßburg besonders S. 236-242; Marcel THOMANN: Molsheim und Zabern. Residenzstädte im Bistum Straßburg, in: Volker PRESS (Hrsg.): Südwestdeutsche Bischofsresidenzen außerhalb der Kathedralstädte (Veröffentlichungen der Kommission für geschichtliche Landeskunde in Baden-Württemberg, Reihe B, 116), Stuttgart 1992, S. 35-48.

45 MGH SS 17, S. 196f.; vgl. die Kommentierung in Regesten der Bischöfe von Straßburg (wie Anm. 22), Bd. 2, Nr. 1983, S. 292; sowie JORDAN: Städte (wie Anm. 32), S. 238, jedoch mit leicht verschobener Ereigniskette.

46 Das Ratsgeheimnis stellte ja ein fast magisches Politikum zumindest der größeren und relativ autonomen Städte Alteuropas dar, vgl. nur Gerhard FOUQUET: Die Affäre Niklas Muffel. Die Hinrichtung eines Nürnberger Patriziers im Jahre 1469, in: Vierteljahrschrift für Sozial- und Wirtschaftsgeschichte 83 (1996), S. 459-500.

47 Siehe z. B. Odile KAMMERER: Réseaux de villes et conscience urbaine dans l'Oberrhein (milieu XIIIe siècle – milieu XIVe siècle), in: Francia 25 (1998), S. 123-176.

Markbeträge zu machen, was zur Folge gehabt habe, dass einige Reiche 10, 20 oder gar 50 Mark Silber zu entrichten hatten.[48] Davon seien nun noch nicht einmal die Witwen – auch nicht diejenigen, die den Schleier genommen hatten – ausgespart worden. Und in der Folge sei es zu einem merklichen Exodus aus dem Straßburger Hochstift in andere Herrschaftsgebiete gekommen.

Es gärte offenbar im Hochstift und seinen Städten. Die chronikalische Episode lässt vermuten, dass sich die vielerorten zu verzeichende stärkere innere Differenzierung der Stadtgemeinden in politischer, aber auch wirtschaftlich-sozialer Hinsicht nun auch in Rufach Bahn brach. Das mag jenes gut ein Vierteljahrhundert später erlassene Gebot des gerade erst gegen mehrere Kandidaten und nur durch päpstliche Provision durchgesetzten Bischofs Johann (angeblich von Dürbheim) erklären, welches ansonsten etwas isoliert in der Überlieferung zu Rufach aufscheint: Ende August 1306 nämlich verordnete *er ze vride und ze heile unsirir stat ze Ruvach* eine *sazzvnge*, in der er *bi unsern hvldin* verfügte, *das alle zvnfte in der stat ze Ruvach und meistirschoͤfte und gesoͤllirschoͤfte, die von der selbin zvnfte wegen unze har da gewesin sint, abe sin und das nieman dem andern von den sachin deheins dinges hinnan fvr gebvndin si*[49]. Doch nicht nur die formalisierten Verbünde der Zünfte wurden aufgehoben und für die Zukunft verboten – jedwede beeidete Vereinbarung, *heimliche odir offinliche*, zwischen zwei Seiten, die nicht *mit gerichte, des unsirs voget und der rat von Ruvach von unsern wegen in der stat phlegent und waltint*, zustande gekommen sei, sowie überhaupt alle *eide odir gelvbde* kündigte und untersagte der Bischof. Und noch mehr: In Rufach sei es niemandem – *er si edile, burger odir gebvre* – erlaubt, irgendeine Waffe oder Harnisch offen oder verborgen zu tragen. Eine Ausnahme davon gelte allein für *unsirs vogtis recht ingesinde*, das seien jene, *die sin brot tegelich essint,* und *sine phert ritint und sine kleidir tragent*. Die Sanktionierung von zehn Pfund Basler Pfennige nebst einem Monat Stadtverweis war dem überaus energischen Duktus des Gebots entsprechend ‚überzeugend' ausgelobt. Für Auswärtige, die das Verbot überträten, sollten deren Gastgeber oder Wirte haften.

Schließlich – und damit wird die Motivation dieses Verdikts ein wenig erhellt: Wer mit Worten oder Gebärden jene ‚Sühne' breche, die vereinbart worden war, *vmbe den kriek und den vnvride, der in vnsirir vorgenantin stat, do das bistum astvre was, vfstvnd,* dessen Leben und Gut falle in des Bischof Hände *ane alle gnade*. Offenbar waren die Monate der Sedisvakanz nach Bischof Friedrichs von Lichtenberg Tod Ende 1305 und der umstrittenen Nachbesetzung von einigen Gruppen, wenn nicht der Mehrheit der Stadt genutzt worden, um sich gegen das stadtherrliche Regiment oder zumindest einen der Prätendenten auf den Bischofsstuhl zu erheben. Diese Annahme lässt sich daraus ableiten, dass zum einen sämtliche Zünfte und sonstigen Eidesverbände verboten

48 Diese Einlassung ist deshalb etwas mysteriös, weil ein (altes) Basler Pfund ungefähr zwei Mark Silber (kölnisch), wie sie sich um die Mitte des 13. Jahrhundert auch im Elsass verbreitete, entsprach, so jedenfalls Hermann MULSOW: Mass und Gewicht der Stadt Basel bis zum Beginn des 19. Jahrhunderts, Diss. phil. Freiburg i. Br. 1910, S. 27f. Die Heranziehung von Basler Währung beruht auf der Zugehörigkeit Rufachs zum Umlaufgebiet der (bischöflichen) Basler Münze, siehe HIMLY: Atlas (wie Anm. 43), S. 40.

49 WALTER: Urkunden (wie Anm. 9), Nr. 171, S. 79-81.

wurden und zum anderen allein die bischöflichen Dienstleute vor Ort, nicht aber die ‚Edlen' in der Stadt vom Verbot des Waffentragens ausgenommen wurden. Ein rein innerstädtischer Machtkampf kann aber nicht ausgeschlossen werden. Die sonst über die Vorgänge im Elsass meist gut informierten Straßburger Fritsche Closener und Jakob Twinger von Königshofen wissen hier nur allgemein vom *kriege* im Bistum um die Neubesetzung, nichts Spezielleres aus Rufach oder der Mundat zu berichten.[50]

Auf alle diese Bestimmungen hatte die *gemeinde von Ruvach* mit ihrem Huldigungseid mitzuschwören. Damit es auch jeden erreiche, den es betreffe, wurde das Gebot *offinliche gekvndit und gelesen in der stat ze Ruvach vor richin und vor armin*. Stadtherrliche Zunftverbote wurden, insbesondere vor dem zweiten Viertel des 14. Jahrhunderts, zwar hin und wieder ausgesprochen, waren dabei aber doch Maßnahmen einer bereits fortgeschrittenen Eskalationsstufe.[51] Das intensive Drohvokabular des Rufacher Gebots zeigt dies auch hier an. Merkwürdigerweise finden sich keine Bemerkungen auf das ‚Nachspiel' zu diesem Akt, was als Hinweis für den disziplinierenden Erfolg des Gebots gewertet werden kann, aber nicht muss.

Johanns Nachfolger, Bischof Berthold von Buchegg, bestätigte in Übereinkunft mit dem Domkapitel, vielleicht auch befördert durch dieses, im Jahr 1343 *vnsser vndt Vnsers Stüfft Luten* in Städten, Dörfern und Gebieten, dass diese bei ihrer *gewonlichen alten Betten* bleiben sollten, die auch hinfort nicht mehr geändert werde.[52] Diese kurze Versicherung könnte zum einen als Schlussstein über die vorhergegangenen Konflikte gesetzt worden sein, zum anderen ist aber erstaunlich, dass dieses Dokument sowohl in der späteren Überlieferung als auch in der Forschungsliteratur stets als die älteste Freiheit der Hochstiftsleute überhaupt und der Rufacher im Besonderen angesehen wird.[53] Ungefähr in diese Zeit wird aber auch ein Verzeichnis der Besitztümer und Einkünfte des Straßburger Bischofs *in districtu Rubiacensi, qui vulgariter dicitur die Mundat* datiert.[54] Darin werden zunächst die Grundzinse und Zinstermine *infra muros Rubiacenses* aufgeführt, nach einigen extramuralen, aber auf die Stadt bezogenen Titeln sodann *in opido Rufach* die *collecta sive stùra antiqua* in Höhe von 66 Mark, die zwar wieder gemeinschaftlich an den Stadtherrn entrichtet werde, aber von diesem auch erhöht oder gesenkt werden könne. Die Gerichtssporteln, das Ungelt, der Weinbann und der Zoll würden demnach alljährlich für einen Pauschalbetrag ausgeschrieben, während das Mar-

50 Karl HEGEL (Hrsg.): Die Chroniken der oberrheinischen Städte. Straßburg 1-2 (Chroniken der deutschen Städte, 8-9), Leipzig 1870-71 [ND Göttingen 1961], S. 90-92 (Closener) und S. 666f. (Twinger), bei denen die illegitime Geburt des neuen Bischofs und die erstmalige und nicht wiederholte Besetzung durch päpstliche Provision besonders hervorgehoben werden.

51 Eberhard ISENMANN: Die deutsche Stadt im Spätmittelalter 1250-1500. Stadtgestalt, Recht, Stadtregiment, Kirche, Gesellschaft, Wirtschaft, Stuttgart 1988, S. 306f.

52 WALTER: Urkunden (wie Anm. 9), Nr. 363, S. 155, kollationierte Abschrift des 17. Jahrhunderts.

53 Siehe WALTER: Urkunden (wie Anm. 9), S. 155, Anm. a; sowie DERS.: Urkunden und Regesten der Stadt Rufach (1350-1500) (Beiträge zur Geschichte der Stadt Rufach, 3), Rufach 1913, S. IX.

54 WALTER: Urkunden (wie Anm. 9), S. 179-183, Zitat S. 179; zur Datierung ebd., S. 179, sowie FRITZ: Territorium (wie Anm. 10), S. V-VII. Sie ergibt sich nicht zuletzt aus der häufigen Wendung, Bischof Johannes habe dies so gehalten, womit spätestens der 1371 verstorbene Johann von Luxemburg gemeint ist, wenn nicht einer seiner beiden gleichnamigen Vorgänger des 14. Jahrhunderts.

schalls- und das Schultheißenamt zu Rufach jeweils mit Weingärten ausgestattet seien. Die *curia episcopalis, sita sub castro Rufach* erhielt herrschaftliche Gefälle des üblichen Spektrums von Naturalien, aber auch eine Umsatzgebühr aus dem städtischen Getreidemarkt von jährlich 24 Vierteln Weizen. Notiert werden ferner die *feoda expedienda de oppido Rufach*: Als Lehnsnehmer finden sich hier wieder die Nieder- bzw. Stadtadelsfamilien die in der früheren Überlieferung des 13. und 14. Jahrhunderts eine Rolle spielen, nämlich die von Schönau, die von Laubgassen und andere mehr. Sie waren eben nicht nur bischöfliche oder habsburgische Amtsleute in Rufach, sondern zum Teil auch Bürger der Stadt, wie etwa der 1312 dort verstorbene Egelolf von Hattstatt.[55]

Zusammengenommen zeigen diese beiden Stücke etwa der Mitte des 14. Jahrhunderts Rufach weiterhin als Landstadt des Bischofs, die jedenfalls aus der Sicht seiner Kanzlei, aber wohl nicht ganz ohne realisierbare Grundlage, einigermaßen fest in die Hochstiftsherrschaft eingefasst war, ja in gewisser Weise sogar der bischöflichen Hausherrschaft zugeordnet werden kann. Die Bezeichnung als *oppidum* in dem zuletzt gezeigten Urbar – geradezu entgegen der sonst im Lande Verwendung findenden und daher als Einschätzung zu berücksichtigenden Zuschreibung als *civitas* – markiert dies deutlich. Auch das 1384/85 von König Wenzel *den Burgern vnd Luten, gesessen zu Rufach in der stat vnd ouch doraus*, gewährte ‚Privilegium de non evocando' hebt die Städter kaum über die bischöflichen Hintersassen im Amt und kam recht eigentlich als Gunsterweis des am Königshof intervenierenden Stadtherrn zustande.[56] Und das offenbar teils gewiesene, teils gewillkürte, obendrein vergleichsweise knappe ‚Stadtrecht' aus den 1420er Jahren weist mit seinen Bestimmungen über die Besetzung der Mauern und Tore in Kriegszeiten – vor allem mit den längst wieder zugelassenen Zünften[57] –, über den Rat als Gericht und über verschiedene Rechte in und um die Stadt keine wirklich autonome Gemeinde aus.[58]

Zum Schluss

Was macht man aus einer solchen Stadtentwicklung ohne ‚regelgerecht' statuierte Freiheit bei einer gleichwohl gegebenen Vielfalt gewisser urbaner Aspekte? Freiheiten im engeren Sinne von vornehmlich gemeindlichen, weniger individuellen ‚Befreiungen' machten einen wesentlichen Teil der sozialen Dynamik des 12. bis 14. Jahrhunderts aus und brauchten als Bezugsorte eben nicht unbedingt die ohnehin wenig zahlreichen Städte, die voll umfänglich ausgebildet waren.[59] Rufach steht wohl in etwa mittig auf der Skala gemeindlicher Freiheit und Handlungsspielräume, die sich von

55 WALTER: Adel (wie Anm. 19), S. 44 und passim; Julius KINDLER VON KNOBLOCH: Der alte Adel im Oberelsass, Berlin 1882.

56 WALTER: Urkunden (1350-1500) (wie Anm. 53), Nr. 74f., S. 24-26.

57 Die der Herren/Räte, der Rebleute, der Ackerleute, der Schmiede, der Bäcker, der Schneider, der Schuhmacher, der Wirte und der Metzger.

58 Theobald WALTER: Der Stat von Rufach Recht und Gewonheit, in: Alemannia 25 (1898), S. 136-143; sowie DERS.: Urkunden (1350-1500) (wie Anm. 53), Nr. 154, S. 63-69.

59 Vgl. Anm. 3 sowie nun auch Franz IRSIGLER: Luft macht frei – Wie frei macht Stadtluft?, in: Lukas CLEMENS/Sigrid HIRBODIAN (Hrsg.): Christliches und jüdisches Europa im Mittelalter. Kolloquium zu Ehren von Alfred Haverkamp, Trier 2011, S. 9-26.

den Dorfgemeinden bis zu den Freien Städten des Reichs im Mittelalter erstreckt, und war damit wie eingangs beschrieben eher ein (klein-) städtischer Normalfall. Doch sollte man eben diese Dynamik nicht unterschätzen: Urbanisierung, die schon im Mittelalter weit mehr war als bloße Stadtentstehung und -entwicklung, veränderte nicht nur das Siedlungsbild einer Landschaft, sondern auch die Beziehungen von Herrschenden und Beherrschten – mitunter weit über die Stadtmauern hinaus.[60] Es ist bezeichnend, dass sich die Herren des Oberelsass 1331 auf Einladung des Straßburger Bischofs zu einem Landtag in Rufach versammelten, um der offenbar grassierenden Landflucht und den vielen Herrschaftswechseln von Hintersassen innerhalb der Region einen halbwegs verträglichen Rahmen zu geben.[61]

In einem solchen Rahmen waren die Städte und ihre Bewohner, vorrangig die Bürger, wie wir gesehen haben in der Tat gleichzeitig oder abwechselnd „Objekte, Akteure und Antagonisten"[62] nicht unbedingt nur (kirchen-) fürstlicher, sondern allgemeiner gesprochen aristokratischer Herrschaft. Sie verstanden es durchaus, mit, gegen und zwischen den verschiedenen Herren bzw. Herrenrechten zu agieren, wiewohl sie dabei bisweilen auch den Kürzeren zogen. Selbst bei ‚nur' empfangenen oder gar gebotenen Dokumenten sind meist Prozesse der vorangegangenen, begleitenden oder nachfolgenden Interaktion anzunehmen oder sichtbar zu machen.[63] Schließlich waren es nicht die dort verbauten Steine, auch nicht mysteriöse ‚Triebkräfte der Geschichte', noch nicht einmal die oft genug apersonal gedachten Institutionen, sondern vor allem Menschen als Individuen in sozialen Gruppen, die Städte machten und ausmachten, wie schon Isidor von Sevilla wusste: *Nam urbs ipsa moenia sunt, civitas autem non saxa, sed habitatores vocantur*[64].

60 Vgl. die in Anm. 1 aufgeführten Forschungsprojekte sowie in knapper Auswahl: Franz IRSIGLER: Urbanisierung und sozialer Wandel in Nordwesteuropa im 11. bis 14. Jahrhundert, in: Gerhard DILCHER/Norbert HORN (Hrsg.): Sozialwissenschaften im Studium des Rechts. Bd. 4: Rechtsgeschichte, München 1978, S. 109-123 [ND in: Volker HENN u. a. (Hrsg.): Miscellanea Franz Irsigler. Festgabe zum 65. Geburtstag, Trier 2006, S. 153-167]; Peter STABEL: Dwarfs among giants. The Flemish urban network in the late Middle Ages (Studies in urban social, economic and political history of the medieval and modern Low Countries, 8), Leuven/Apeldoorn 1997; Gerhard FOUQUET/Gabriel ZEILINGER (Hrsg.): Die Urbanisierung Europas von der Antike bis in die Moderne (Kieler Werkstücke, Reihe E, 7), Frankfurt a. M. u. a. 2009.

61 WALTER: Urkunden (wie Anm. 9), Nr. 293, S. 129f.; vgl. BISCHOFF: Les villes seigneuriales (wie Anm. 26), S. 278f.

62 Sven RABELER: Der Geschichtsschreiber, die Dynastie und die Städte. Städte als Objekte, Akteure und Antagonisten dynastisch orientierter Politik in der Chronik Levolds von Northof (1279-ca. 1359), in: Jahrbuch für Regionalgeschichte 27 (2009), S. 15-40.

63 Programmatisch Rudolf SCHLÖGL (Hrsg.): Interaktion und Herrschaft. Die Politik der frühneuzeitlichen Stadt (Historische Kulturwissenschaft, 5) Konstanz 2004; Hagen KELLER: Mündlichkeit – Schriftlichkeit – symbolische Interaktion. Mediale Aspekte der ‚Öffentlichkeit' im Mittelalter, in: Frühmittelalterliche Studien 38 (2004), S. 277-286. Als Anwendungsbeispiel Sven RABELER: Urkundengebrauch und Urbanität. Beobachtungen zur Formierung der städtischen Gemeinde in Pforzheim im 13. und 14. Jahrhundert, in: Neue Beiträge zur Pforzheimer Stadtgeschichte 3 (2010), S. 9-40.

64 Wallace Martin LINDSAY (Hrsg.): Isidori Hispalensis Episcopi Etymologiarum sive Originum libri XX, 2 Bde., Oxford 1911 [ND ebd. 1957], Bd. 2, lib. XV, II; zur hoch- und spätmittelalterlichen Rezeption siehe Ulrich MEIER: Mensch und Bürger. Die Stadt im Denken spätmittelalterlicher Theologen, Philosophen und Juristen, München 1994, S. 10f., 36-39.

Verzeichnis der Beitragenden

Christian Hagen, geb. 1980 in Greifswald. Von 2001 bis 2008 Studium der Mittleren und Neueren Geschichte, der Soziologie sowie der Politischen Wissenschaft an der Christian-Albrechts-Universität zu Kiel und an der Università di Bologna. 2008 Magister Artium in Kiel mit der Arbeit „Hamburgische Gesandte am Ende des 15. Jahrhunderts". 2008 bis 2010 Wissenschaftliche Hilfskraft an der Professur für Wirtschafts- und Sozialgeschichte sowie für das Präsidium der CAU. Seit Juli 2010 wissenschaftlicher Mitarbeiter im Rahmen des DFG-Projekts „Städtische Gemeinschaft und adlige Herrschaft in der mittelalterlichen Urbanisierung ausgewählter Regionen Zentraleuropas", zuständig für den Projektteil zu den Städten der Grafen von Tirol im Mittelalter.

Jan Hirschbiegel, geb. 1959, Studium der Alten, Mittleren und Neueren Geschichte und Volkskunde in Kiel, Magisterexamen 1993. Promotionsstipendium des Landes Schleswig-Holstein 1993 bis 1995, Stipendiat des Deutschen Historischen Instituts Paris 1994, Promotion 1998 mit einer Arbeit über den höfischen Geschenkverkehr im spätmittelalterlichen Frankreich der Zeit Karls VI. (1380-1422). Habilitation 2011 mit einer Schrift zur historischen Vertrauensforschung. 1995 bis 2011 Wissenschaftlicher Mitarbeiter in der Kieler Arbeitsstelle der Residenzen-Kommission der Akademie der Wissenschaften zu Göttingen, seit 2012 Wissenschaftlicher Mitarbeiter in der Kieler Arbeitsstelle des Akademienprojekts „Residenzstädte im Alten Reich (1300-1800)".

Hendrik Mäkeler, geb. 1979. Von 1999 bis 2004 Studium der Mittleren und Neueren Geschichte, Nordischen Philologie sowie Ur- und Frühgeschichte in Kiel. 2005 Kustos am Dänischen Nationalmuseum in Kopenhagen. 2006 bis 2008 Wissenschaftlicher Angestellter am Historischen Seminar der Universität Kiel. Seit 2008 Leiter des Münzkabinetts der Universität Uppsala.

Hans-Peter Maume, geb. 1938 in Wernigerode/Harz, 1957-1965 Germanistik- und Geschichtsstudium in Göttingen und Kiel. Lehrtätigkeit an den beiden Gymnasien in Heide (Dithmarschen) bis zur Pensionierung 2000. Anschließend Studium von Volkswirtschaftslehre, Ethnologie und Wirtschafts- und Sozialgeschichte des Mittelalters und der Frühen Neuzeit an der Christian-Albrechts-Universität zu Kiel.

Anja Meesenburg, geb. 1984. Von 2003 bis Juli 2008 Studium der Mittleren und Neueren Geschichte, der Soziologie sowie der Neuen Deutschen Literatur- und Medienwissenschaft in Kiel. 2008 bis 2010 Wissenschaftliche Angestellte am Historischen Seminar der Universität Kiel, ab Oktober 2010 bis Februar 2011 Stipendiatin am Deutschen Historischen Institut Rom. Im Anschluss u.a. Mitarbeiterin eines Projektes der Possehl-Stiftung und nun im DFG-Projekt „Stadtbürgerliche Verwandtschaft und kirchliche Macht. Karrieren und Netzwerke Lübecker Domherren 1400 bis 1530".

Gunnar Meyer, geb. 1970, Studium von Wirtschaft/Politik und Geschichte für das gymnasiale Lehramt an der CAU Kiel (1992-1997); Wissenschaftliche Hilfskraft im DFG-Projekt „Hanse und Flandern" und bei der Residenzen-Kommission der Akademie der Wissenschaften zu Göttingen (1995-1999); Referendariat an der Lornsenschule Schleswig (1999-2001); Gymnasiallehrer in Neumünster und Kiel (2001-2009), nebenamtlicher Studienleiter für das Fach Wirtschaft/Politik am Institut für Qualitätsentwicklung an Schulen Schleswig-Holstein (2006-2009); Dissertation „Testamente als Quelle für die Untersuchung sozialer Strukturen. Lübeck 1400-1449", Kiel 2009; seit 2009 in der Bildungsverwaltung tätig, Arbeitsschwerpunkte: gymnasiale Oberstufe, Abiturprüfung.

Anna Paulina Orlowska, geb. 1983 in Warschau (Polen). Von 2002 bis 2007 Magisterstudium der Geschichte in Warschau und in Kiel. Seit 2007 Promotionsstudium in Kiel. 2008 bis 2010 Wissenschaftliche Hilfskraft in der Kieler Arbeitsstelle der Residenzen-Kommission der Akademie der Wissenschaften zu Göttingen. Seit 2011 Wissenschaftliche Mitarbeiterin im DFG-Projekt „Johan Pyre – ein Kaufmann und sein Handelsbuch im spätmittelalterlichen Danzig (15. Jahrhundert)".

Sven Rabeler, geb. 1971, Studium in Kiel (Mittlere und Neuere Geschichte, Osteuropäische Geschichte, Kunstgeschichte), 1998 Magisterprüfung, 2005 Promotion, derzeit Wissenschaftlicher Mitarbeiter im Projekt „Residenzstädte im Alten Reich (1300-1800)" der Göttinger Akademie der Wissenschaften (Arbeitsstelle Kiel).

Kerstin Schnabel, von 2000 bis 2006 Studium an der Christian-Albrechts-Universität zu Kiel, Doktorandin am Lehrstuhl für Wirtschafts- und Sozialgeschichte der Universität Kiel, Bordesholmer Universitätspreisträgerin 2006, Stipendiatin des Landes Schleswig-Holstein 2007 und 2008, seit August 2008 Mitarbeiterin im Projekt „Rekonstruktion und Erforschung niedersächsischer Klosterbibliotheken" an der Herzog August Bibliothek Wolfenbüttel.

Harm von Seggern, geb. 1964, studierte in Kiel und Trier Mittlere und Neuere Geschichte, Alte Geschichte und Geographie, promovierte mit einer Schrift unter dem Titel „Die Herrschermedien im Spätmittelalter" über die Informationsverbreitung in Burgund unter Karl dem Kühnen, habilitierte mit einer Arbeit über das Lübecker Stadtbuch, lebt und forscht als ao. Professor in Kiel.

Marc Sgonina, geb. 1981, 2001-2007 Studium der Mittleren und Neueren, der Osteuropäischen Geschichte und Politischen Wissenschaft, Magisterexamen mit einer Arbeit zum Thema „Der Herold als Diplomat an den Höfen des Spätmittelalters". Promotion 2012 mit einer Dissertation unter dem Titel „Die Johanniterballei Westfalen. Unter besonderer Berücksichtigung der Lebensformen der Zentralkommende Steinfurt und ihrer Membra".

Matthias Steinbrink, geb. 1974, Geschichts-, Englisch- und Schwedischstudium in Kiel, Erstes Staatsexamen 2000, Stipendiat der Studienstiftung des Deutschen Volkes 2000-2003, 2003-2009 Wissenschaftlicher Mitarbeiter an der Universität der Bundeswehr München, 2005 Promotion in Kiel, 2009-2011 Studienreferendar in München, seit 2011 Studienrat am Athenaeum, Stade.

Sabrina Stockhusen, geb. 1981, 2004 bis Juli 2009 Studium der Mittleren und Neueren Geschichte, der Alten Geschichte und der Ur- und Frühgeschichte an der Christian-Albrechts-Universität zu Kiel. Promotionsprojekt zum Thema „Das Memorial des Lübecker Krämers Hinrich Dunkelgud aus den Jahren 1479 bis 1517 und der Detailhandel in Lübeck im 15. und 16. Jahrhundert".

Tanja Storn-Jaschkowitz, geb. 1973 in Hamburg, 1993-1998 Studium der Mittleren und Neueren Geschichte in Kiel und Göttingen, Promotion 2005. Daneben ab 2004 Fortbildung zur individualpsychologischen Beraterin. Nach kurzer Tätigkeit 2007/2008 als Assistentin einer Personalberatung nun seit 2009 selbstständige Psychologische Beraterin in Oberusel und Frankfurt am Main.

Angelika Westermann, geb. 1945 in Gießen/Lahn. 1982 erfolgte nach beruflicher Selbstständigkeit das Studium der Fächer Geschichte, Deutsch und Politikwissenschaften an der Pädagogischen Hochschule in Karlsruhe. Die Dissertation (1993) zur Problematik der Vorderösterreichischen Montanwirtschaft im 16. Jahrhundert wurde 1994 mit einem Sonderpreis des ABB-Wissenschaftspreises ausgezeichnet. Habilitation 2005 in Kiel mit einer umfassenden Geschichte der Montanregion Vorderösterreichs vom ausgehenden Mittelalter bis ins 17. Jahrhundert. Lehraufträge und Teilabordnungen an die PH Karlsruhe, Lehraufträge und Professorenvertretung an der PH Heidelberg und an der Universität Hannover, ao. Professorin in Kiel.

Sina Westphal, geb. 1982. 2002 bis 2006 Studium der Mittleren und Neueren Geschichte, Alten Geschichte und Politischen Wissenschaft in Kiel, Promotion 2009. 2010 bis 2012 Archivreferendarin beim Landesarchiv Nordrhein-Westfalen. Seit Mai 2012 als Manager Corporate History im Unternehmensarchiv der BASF tätig.

Gabriel Zeilinger, geb. 1975 in Freiburg im Breisgau, 1996 bis 2002 Magisterstudium der Geschichte und Nordischen Philologie (anfangs auch der Geographie) in Kiel und Oslo. 2002/2003 Wissenschaftliche Hilfskraft an der Universität Greifswald im Forschungsprojekt „Principes. Das soziale Beziehungsnetz der Reichsfürsten und die innere Struktur des Reichsfürstenstandes im Spätmittelalter". Von 2003 bis 2005 Stipendiat der Gerda-Henkel-Stiftung mit dem Dissertationsthema „Lebensformen im Krieg. Eine Alltags- und Erfahrungsgeschichte des süddeutschen Städtekriegs 1449/50" (Promotion im Januar 2006). Ab August 2005 Wissenschaftlicher Mitarbeiter, seit 1.1.2011 Akademischer Rat a. Z. an der Kieler Professur für Wirtschafts- und Sozialgeschichte.